女性农民工迁移婚姻风险

评估与防范

EVALUATION AND PREVENTION OF
MARRIAGE RISK OF
FEMALE MIGRANT WORKERS

仰和芝 / 著

社会科学文献出版社
SOCIAL SCIENCES ACADEMIC PRESS (CHINA)

序

和芝是 2002 年进复旦大学成为我的博士研究生的，她攻读的是外国哲学专业的博士学位。和芝 2005 年毕业选择去了井冈山大学，考虑到学校学科发展的需要，她开始从事社会学方面的教学与研究，近年来主持完成两项国家社会科学基金项目，出版了五部社会学方面的学术专著。

和芝的一部题为《女性农民工迁移婚姻风险：评估与防范》的专著又要推出了，她要我为这一新著写个序。尽管就和芝研究的内容来说我是个"外行"，但我还是十分乐意。

我通读了整部书稿，觉得这部著作非常有价值，特别具有现实意义。为了正确把握本书的理论观点，我翻阅了相关著作，也请教了相关专家。我可以有把握地说，和芝的这一著作确实具有创新性。

正如和芝在书中所指出的，女性农民工迁移婚姻风险是一个多维度的社会现象，不只关系到迁移婚姻中的当事人夫妻，同时还关系到其家庭成员与其他社会群体；不只关涉婚姻家庭问题，还关涉人口、经济、社会网络、健康、养老与社会稳定等问题。我国正处在深刻社会转型中，面临各方面的社会风险治理新挑战与新任务。随着女性农民工迁移婚姻的持续发生与常态化存在，其因迁移效应引发的风险势必成为我国婚姻变迁中的现实问题与社会治理中的新问题，迫切需要政策干预。和芝的这部著作为破解和回应这一重大社会现象做出了富有说服力的研究。

在我看来，具体地说，本书的主要贡献在于以下五个方面。

其一，构建了女性农民工迁移婚姻风险理论框架。基于女性农民工迁移婚姻风险的时代背景，参考相关研究，把婚姻迁移理论与风险理论结合，提出并界定女性农民工迁移婚姻风险概念，将其定义为"女性农民工迁移婚姻的各种因素与属性在特定时空范围内可能引发的事件给个体、家庭、社区与社会带来损失的不确定性"。提出女性农民工迁移婚姻风险是在婚姻风险和迁移风险叠加基础上延伸出来的风险类型，有其基本的内涵与分析视角。在此基础上，针对女性农民工迁移婚姻风险产生、发展与影响的自身逻辑，构建包含分析视角、基本属性、要素构成的女性农民工迁移婚姻风险理论框架。

其二，初次对女性农民工迁移婚姻风险内容进行了识别并提出核心范畴。目前关于女性农民工迁移婚姻风险的范畴与维度的专门学术研究尚少见，并没有形成统一或一致的理解和梳理总结。女性农民工迁移婚姻风险内容与维度表现为哪些方面是研究女性农民工迁移婚姻风险必须首先回答的问题。该著作运用扎根理论，对深度访谈原始质性资料进行开放式登录、关联式登录、核心式登录的三级逐级编码分析，抽象出 369 个初始概念，将其范畴化为 39 个女性农民工迁移婚姻风险主范畴。在此基础上分析总结核心类属，最终提炼出人口风险、婚恋风险、家庭风险、经济风险、社会网络风险、健康风险、养老风险、社会稳定风险 8 个核心范畴，使得所有范畴类属之间围绕女性农民工迁移婚姻风险建立联系并成为一个整体，建构了女性农民工迁移婚姻风险的范畴分析框架，达成对女性农民工迁移婚姻风险内容和维度的基础性理解，使得对女性农民工迁移婚姻风险的认识更全面、深刻和细致。

其三，构建了女性农民工迁移婚姻风险评估模型。基于质性数据，遵循风险评估相关理论和风险指标构建基本原则，借鉴相关研究思路和研究成果，充分考虑女性农民工迁移婚姻风险的具体性和特殊性，依据女性农民工迁移婚姻风险逐级编码的结果，明确女性农民工迁移婚姻风险的一级指标与二级指标，构建女性农民工迁移婚姻风险评估指标体系，明确女性农民工迁移婚姻风险评估的类型并进行等级赋值，编制女性农民工迁移婚姻风险评估问卷，最终构建女性农民工迁移婚姻风险评估模型。

其四，对女性农民工迁移婚姻风险进行了评估。运用自主设计的女性农民工迁移婚姻风险评估问卷，抽取迁移婚姻女性、迁移婚姻男性、迁移婚姻家庭子女、迁移婚姻女性父母、迁移婚姻男性父母、失婚男性、失婚男性父母 7 类群体样本，运用统计分析方法，对女性农民工迁移婚姻风险的可能性、关联性、严重性、传导性、克服性的基本状况、群体差异、相关性进行评估，有助于深入了解与理解女性农民工迁移婚姻风险的内在结构性与逻辑性。

其五，提出了女性农民工迁移婚姻风险防范对策建议。全面评估女性农民工迁移婚姻风险，基于研究结果，提出有针对性和可操作性的对策建议，探索构建女性农民工迁移婚姻风险防范机制，使理论研究具有应用价值。辨析政府、社会、社区、家庭、个人等主体在女性农民工迁移婚姻风险防范中的角色与责任，从宏观、中观与微观层面，明确女性农民工迁移婚姻风险防范的目标、主体、内容、措施、路径，构建女性农民工迁移婚姻风险防范机制。在风险防范目标方面，要建立有责任的婚姻、有保障的家庭、有秩序的社会；在风险防范主体方面，要形成多元主体广泛参与、良好合作与协同的局面；在风险防范内容方面，要加强婚姻伦理道德建设、健全婚姻家庭保障制度、推动婚姻市场良性运转、构建社会支持网络、健全心理卫生服务体系、促进社区融合；在风险防范措施方面，要强化法律规范、实施社区层面的婚姻家庭关系调适与危机干预、提供全方位社区支持、畅通多元化心理疏导渠道、提升个体抵御风险能力、保护弱势群体；在风险防范路径方面，要实施风险动态监测、构建风险预警机制、降低与阻断风险传导。

我相信，和芝的这一著作一定会对防范女性农民工迁移婚姻风险，对维护女性农民工的婚姻权利与家庭稳定，对维护农村的婚姻家庭稳定起到积极的作用。我郑重地向上级有关部门，向读者推荐此书。

是为序！

陈学明

2023 年 8 月 8 日

目　录

第一章　绪论

我国正处在深刻社会转型中，面临各方面的社会风险治理新挑战和新任务。随着女性农民工迁移婚姻的持续发生与长期存在，其因迁移效应引发的风险势必成为我国婚姻变迁中的现实问题与社会治理中的新问题，迫切需要理论研究与政策干预。

第一节　研究背景与研究价值

大量农村未婚女性外出务工经商成为女性农民工，是改革开放以来我国农村人口大规模流动的重要特征，并成为我国经济社会发展和社会变迁的常态。未婚女性农民工在外出务工经商过程中实现经济角色转变的同时，她们的生活也被不断重塑和建构。其中，未婚女性农民工的流动与迁移使得婚姻匹配跨越地域范围走向空间开放性，婚姻资源在更大空间范围内流动。未婚女性农民工有条件在更大空间范围内寻求合适的婚配对象，她们选择配偶的机会、观念与行为均发生着深刻变化，使得婚姻匹配超越地域、民族、文化、信仰等种种樊篱成为可能。由此，我国大范围内持续出现女性农民工在外出务工经商过程中认识配偶并远嫁异地的迁移婚姻现象，从而迎来一种全新的女性农民工迁移婚姻模式。婚姻不是私事，具有鲜明的时代特征，不同时期人们的婚姻行为反映该时期社会发展的基本特征。伴随农村劳动力大规模转移而发生的女性农民工迁移婚姻是我国农村婚姻变迁的重要方面，也是我国现代社会变迁的重要方面，其对婚姻家庭乃至社会产生了深远影响。相对于同一空间范围内的婚姻，跨地域的女性农民工迁移婚姻改变了农村传统的婚姻实践，冲击着原有的婚姻秩序，其本身可能带来更多的不确定性和问题，引发风险。女性农民工迁移婚姻风险问题由个人问题和家庭问题可能演变为社区问题和社会问题，它的存在和发展给个人、家庭、社区、社会造成一系列深层次影响，值得关注和研究。

一 研究背景

改革开放以来，随着我国经济社会的快速深入发展、工业化和城镇化进程的持续推进，大量农业劳动力开始进入工业和服务行业等非农产业寻找就业和发展机会。在这个过程中，涌现出一支被称为"农民工"的新型劳动大军，农民工由此成为我国社会转型时期的一个特殊群体。农民工分布在我国国民经济各行各业，已成为我国产业工人的主体，是推动国家现代化建设的重要力量，为经济社会发展做出了巨大贡献。

我国农民工数量庞大。1990年第四次全国人口普查数据显示，务工经商流动人口为725.4万人。2000年第五次全国人口普查数据显示，务工经商流动人口为1.4亿人。2010年第六次全国人口普查数据显示，务工经商流动人口为2.4亿人。2020年第七次全国人口普查数据显示，务工经商流动人口为2.9亿人。

国家统计局于2008年建立了农民工监测调查制度，2009～2022年每年发布《农民工监测调查报告》。其中，2009～2022年的农民工总量、女性农民工比例、外出农民工总量、外出农民工中未婚者比例如表1-1所示。数据显示，2009年以来，农民工总量持续保持在2亿人以上，外出农民工总量持续高出本地农民工总量，女性农民工比例持续保持在33.00%及以上，外出农民工中未婚者比例保持在23.00%～42.50%。

表1-1 2009～2022年全国农民工基本数据

单位：亿人，%

年份	农民工总量	女性农民工比例	外出农民工总量	外出农民工中未婚者比例
2009	2.2978	34.90	1.4533	41.50
2010	2.4223	34.90	1.5335	42.50

年份	农民工总量	女性农民工比例	外出农民工总量	外出农民工中未婚者比例
2011	2.5278	34.10	1.5863	41.80
2012	2.6261	33.60	1.6336	36.80
2013	2.6894	33.50	1.6610	35.50
2014	2.7395	33.00	1.6821	33.70
2015	2.7747	33.60	1.6884	32.90
2016	2.8171	34.50	1.6934	35.20
2017	2.8652	34.40	1.7185	35.50
2018	2.8836	34.80	1.7266	31.90
2019	2.9077	35.10	1.7425	31.20
2020	2.8560	34.80	1.6959	31.90
2021	2.9250	35.90	1.7172	32.30
2022	2.9562	36.60	1.7190	23.00

资料来源：国家统计局。

上述农民工人口的各种数据表明，改革开放以来，数以千万计的农村未婚女性劳动力从农村流向城市，从农业流向非农产业，大量未婚女性农民工的存在是不争的事实。对未婚女性农民工而言，离开农业农村外出务工经商无疑是她们生命历程中具有重要影响的重大事件。未婚女性农民工踏出家门和村庄的那一刻，她们也许想到也许没有想到，她们的人生将要发生巨大变化。这巨大变化，不只表现在职业和经济方面，还表现在日常生活的空间和实践、社会交往的空间和实践方面，未婚女性农民工的人生道路由此将发生重大变化，从而出现多种可能性。

在外出务工经商过程中，随着工作、生活、社会交往的空间和实践发生巨大变化，未婚女性农民工的择偶空间、婚姻资源、婚姻市场也在发生着巨大变化，未婚女性农民工的婚姻观念和婚姻行为也必然潜移默化地发生着巨大变化。大量未婚女性农民工在全国范围内迁移和流动，必然导致全国范围内的婚姻市场和婚姻资源发生根本变化，婚姻匹配跨越地域范围走向空间开放性，婚姻资源在更大的空间范围内流动，婚姻匹配超越传统的地域限制，未婚女性农民工在更大空间范围内寻求合适的婚姻资源和择偶成为现实。

女性农民工外出务工经商改变不了她们恋爱、结婚、成家的人生轨迹，但改变了她们与谁恋爱、与谁结婚的空间轨迹。由于我国从夫居的传统，对女性农民工来说，婚姻问题不只是当下的情感问题，还决定着她们结婚后是否要从夫居的根本大问题。在人口结构变迁和婚姻结构变迁的大背景下，很多农村家庭上演着这样一幕：未婚女儿在外出务工经商过程中认识一名异地的适婚男性，并选择与之恋爱、结婚，父母一开始并不同意，但最终拗不过女儿，在父母的心疼和无奈中，女儿最终选择远嫁到异地并在异地定居。

在社会变迁中，无数个个人的婚姻选择汇集起来成为时代发展的洪流，改变了农村的婚姻走向，形成了女性农民工迁移婚姻模式。一桩桩女性农民工迁移婚姻就这样在全国范围内上演，慢慢演变为迁移婚姻成了很多女性农民工婚姻的常态，女性农民工迁移婚姻模式也成为我国人口大规模流动中的一种全新的婚姻模式。婚姻不仅具有个体和家庭意义，更具有普遍的社会意义。婚姻变迁与社会变迁具有内在一致性，女性农民工迁移婚姻模式是社会变迁在婚姻领域的具体呈现。女性农民工迁移婚姻已经在观念、行为、婚姻市场、婚姻关系、社会关系、社会资本等方面改变了我国传统农村婚姻的发生与运行逻辑。我国大范围内出现的女性农民工迁移婚姻模式，必将对个人、家庭和社会产生深远的影响。

任何婚姻都具有不确定性，都有可能给婚姻当事人、相关者和社会造成不同程度的负面影响，产生伤害与损失，从而产生婚姻风险。婚姻风险是社会风险的重要组成部分，也是影响人们社会生活和社会关系以及社会稳定性的重要风险。作为婚姻的新模式，女性农民工迁移婚姻正在改变传统中国农村婚姻的运行逻辑与基本结构，婚姻的行为方式和姻亲结构正在被系统化地重构。与同一空间范围内的农村女性同地域婚姻相比，女性农民工迁移婚姻本身可能带来更多的不确定性。因其呈现权宜性、策略性与自我建构性等特点，女性农民工迁移婚姻现实中呈现早恋与早婚、早孕与早育、婚恋市场失衡与婚姻挤压、娘家-婆家社会资本割裂、闪婚与私婚、闪离与逃婚等因迁移效应引发的多元困境，必然会引发和呈现新的风险（仰和芝、张德乾，2021）。女性农民工迁移婚姻风险是一个多维度的社会现象，不只关系到迁移婚姻中的当事人夫妻，还关系到其家庭成员和其他群体；不只关系到婚姻家庭问题，还关系到人口、养老、社会资本、心理健康、社会稳定等问题。女性农民工迁移婚姻不只会给迁移婚姻女性带来风险，同时也会给迁移婚姻女性的原生家庭和新生家庭成员以及其他社会成员带来风险。

二　研究价值

随着我国城镇化和工业化的持续推进，女性农民工迁移婚姻将持续发生和发展，女性农民工迁移婚姻关涉到婚姻资源、性别比平衡、婚姻幸福、家庭稳定、子女成长、家庭养老、社会网络与社会稳定等诸多婚姻家庭领域与社会领域的问题。这些问题与广大人民的美好生活密切相关，是切实的民生问题，基于风险的视角研究女性农民工迁移婚姻具有一定的理论价值和实践价值。

（一）理论价值

（1）推动女性农民工迁移婚姻研究重心的适度转换。尝试以风险为切入点关注女性农民工迁移婚姻负面影响，尝试将风险理论与迁移婚姻相结合，重点关注女性农民工迁移婚姻风险的评估与防范，从而推动以风险视角研究女性农民工迁移婚姻，实现研究重心的转换，以回应农村婚姻的变迁。

（2）构建女性农民工迁移婚姻风险的理论框架。尝试从定义、内涵、分类等角度对女性农民工迁移婚姻风险、风险评估与风险防范等进行阐释，构建女性农民工迁移婚姻风险评估指标体系，为进一步研究女性农民工迁移婚姻风险提供理论框架。

（3）丰富社会风险研究领域。尝试把风险理论引入迁移婚姻研究领域，首次提出女性农民工迁移婚姻风险概念，对女性农民工迁移婚姻风险的分析视角、基本属性、要素构成等进行分析，对女性农民工迁移婚姻风险进行范畴化，提出女性农民工迁移婚姻风险的可能性、关联性、严重性、传导性和克服性，并进行理论提炼，扩展迁移婚姻风险理论研究的视域，可进一步丰富我国社会风险理论的研究领域。

（二）实践价值

（1）有助于真实了解女性农民工迁移婚姻风险的实际状况。尝试识别女性农民工迁移婚姻风险的主范畴与核心范畴，呈现女性农民工迁移婚姻风险的主要内容及其承受者，揭示女性农民工迁移婚姻风险的基本状况及其群体差异，分析女性农民工迁移婚姻风险的可能性、关联性、严重性、传导性与克服性的基本状况、群体差异与相关性，形成对女性农民工迁移婚姻风险真实状况的基本判断，有助于将迁移婚姻风险纳入经济社会变迁的结构中，有助于迁移婚姻风险承受者和社会大众更好地了解并理性对待女性农民工迁移婚姻风险，从而更好地预防和规避女性农民工迁移婚姻风险。

（2）有助于构建风险防范机制。在评估女性农民工迁移婚姻风险的基础上，把握女性农民工迁移婚姻风险的走向，尝试在宏观、中观与微观层面，构建女性农民工迁移婚姻风险防范机制，建立有道德的恋爱、有责任的婚姻、有保障的家庭服务，从而拓宽决策部门防范女性农民工迁移婚姻风险的视域和政策思路，提升管理部门实施女性农民工迁移婚姻风险防范行为的针对性和实效性。

第二节　概念界定

本节对女性农民工、女性农民工迁移婚姻、女性农民工迁移婚姻风险、风险评估、风险防范等概念进行阐释，为构建理论分析框架奠定基础。

一　女性农民工

（一）农民工

农民工是我国传统的城乡二元户籍制度与改革开放后市场经济制度相结合的产物，农民工群体是我国经济社会发展特定阶段的特殊群体。"农民工"这个称谓具有强烈的时代性。打工者、打工仔（妹）、民工、进城务工人员、流动人口、外来务工人员、新市民等都是不同语境下对农民工的称谓，也是农民工权利不断获得保障和社会地位不断演变的发展，反映了我国工业化和城镇化发展的不同阶段。

农民工这个词表明的不仅仅是一种职业，也不仅仅是一种社会身份或职业结合。其中，"农民"表明他们的社会身份，"工"则表明他们的职业，农民工就是"农民"这种身份和"工"这种职业的一种特殊结合（孙立平，2003）。应该从职业、制度身份、劳动关系、地域共四个层面去认识和界定农民工，农民工指的是被雇用去从事非农活动、属于农业户口的农村人口（王春光，2005），即那些在城市中从事工业活动但保留农民身份的人（贺汉魂、皮修平，2005）。总之，农民工是指离开农村流入城市的人口，他们依旧有农村户口，但在城市就业或居住（李树苗等，2008）。

梳理政府各种政策文件和报告使用农民工称谓的历史来看，1991年7月25日发布的《全民所有制企业招用农民合同制工人的规定》使用了农民工称谓。梳理2003年至今的中央一号文件，发现每年都会在不同政策语境中提及农民工。2006年1月31日出台的《国务院关于解决农民工问题的若干意见》，指出农民工是我国改革开放和工业化、城镇化进程中涌现的一支新型劳动大军。为了有效调查监测农民工的变化状况，国家统计局对农民工的概念与口径进行了明确，提出"农民工是指户籍仍在农村，在本地从事非农产业或外出从业6个月及以上的劳动者"。[①]

① 《2017年农民工监测调查报告》，国家统计局网站，http://www.stats.gov.cn。

从已有相关研究的界定和政府政策文件的表述，可以归纳出农民工概念的共同特征：第一，户籍在农村；第二，主要从事非农产业工作；第三，从事非农产业工作地可能在其户籍所在地，也可能不在；第四，从事非农产业工作每年至少有 6 个月；第五，具有特殊的"两栖"身份，即"农民"与"工"的结合。

农民工，是我国工业化历史上的一个新概念，是我国在特殊的历史时期出现的一个特殊的社会群体（陆学艺，2003）。也有学者对"农民工"等概念的使用提出异议，认为农民工概念是国家将公民划分为城乡两种身份的政策实施的结果，具有时代的局限性，提出"农民工"是一个不宜再提的概念（贺汉魂、皮修平，2005），亟待重新对"农民工"概念予以廓清（陶余来，2018）。

改革开放以来，政府先后出台了一系列有利于农民工权利保障的政策与法规，农民工的权利得到"制度性确认"，农民工的权利和社会地位以及生活在不断发生变化。农民工及其群体是我国特殊时代和特殊阶段发展的产物，农民工称谓可以很好地表达这一群体的内涵和特征，因此本书沿用农民工称谓。

本书采用国家统计局对农民工的定义，即"农民工是指户籍仍在农村，年内在本地从事非农产业或外出从业 6 个月及以上的劳动者"。

（二）女性农民工

农民工这一概念具有多重属性，前面可以加不同属性的限定词。从性别属性来说，农民工可以分为女性农民工和男性农民工。

依据农民工的概念，本书的女性农民工即"户籍仍在农村，在本地从事非农产业或外出从业每年时长 6 个月及以上的女性劳动者"。女性农民工作为一种工作状态，可能是一个女性生命一定期间的工作状态，她可能以前是或不是女性农民工，可能现在是或不是女性农民工，可能未来一段时间是或不是女性农民工。

如前文所述，国家统计局 2009～2021 年《农民工监测调查报告》显示，历年的女性农民工数量占农民工总量的比例均接近或超过 1/3，女性农民工是农民工的重要组成部分；在外出农民工人口中，未婚者的比例保持在 1/3 左右。[①]

从婚姻状态来看，女性农民工可能是未婚状态，可能是已婚（初婚或再婚）状态，可能是离异状态或丧偶状态。

本书的研究对象女性农民工，其婚前一定是农民工；其婚后有可能一段时间或一直在家照顾孩子和老人，不再是农民工的身份；也有可能婚后一段时间或一直是农民工的身份。本书提及的女性农民工的婚姻，既包括到婚姻登记机关申请结婚登记确立的婚姻，也包括未办理结婚登记但同居的事实婚姻[②]。女性农民工的婚姻状态可能是已婚、离异、丧偶中的某一种状态。

二 女性农民工迁移婚姻

（一）迁移婚姻

婚姻具备多重属性和因素，从地域因素来说，人们选择自己的婚配对象时总是在一定的空间距离范围内进行。不同时代，因为经济社会发展的程度不同，婚配对象的空间距离范围也有所不同，并不断发生着变化。一个国家、地区通婚空间范围的大小往往在相当程度上是该国家、地区经济发展和社会、文化变迁的一种反映（仰和芝，2006）。

改革开放以来，随着市场经济发展和人口流动加剧，人们的通婚空间距离日益扩大，我国配偶双方原生家庭空间距离有一定跨度的婚姻大幅度增加。相关研究也随之增多，但因研究的目标、旨趣以及关注的核心问题不一样，国内已有的相关研究对"配偶双方原生家庭空间距离有一定跨度的婚姻"并没有一个统一的称谓，各自的理解也存在一定的差异。基于相关文献梳理，据不完全统计，已有对"配偶双方原生家庭空间距离有一定跨度的婚姻"的称谓达 26 种。例如，远距离联姻、东迁婚配、跨省市远嫁远娶、外进婚、远距离婚姻、跨省区联姻、省际婚姻、跨地婚姻、异地

---

① 2009~2021 年《农民工监测调查报告》，国家统计局网站，http://www.stats.gov.cn。

② 本书关注未婚同居和未婚生育及其风险，所以把事实婚姻也纳入研究范围。

族际通婚、异省结婚、异地联姻、远亲婚恋、远嫁、跨省婚姻、跨地区婚姻、跨省通婚、跨省外来女婚姻、迁移婚姻、城乡联姻、跨省联姻、异地婚姻、跨省市之间的通婚、跨市通婚、两地婚姻、跨省婚嫁、外来婚嫁。

在上述关于"配偶双方原生家庭空间距离有一定跨度的婚姻"的不同称谓中，相同之处在于都关注了婚姻中配偶双方的空间距离或不同的行政区划管辖，不同之处在于对空间距离的长短和空间范围的大小理解并不一样，所以称谓也体现出差异性。其中，有些称谓不同但内涵一致。但有的称谓比较模糊，如两地婚姻、异地婚姻，因为两地或异地可能指夫妻婚后特定时期居住或工作在两地，也可能指夫妻婚前原生家庭分属不同的区域。

本书的目标是关注女性农民工婚姻的迁移属性或特征可能产生的风险，所以本书把"配偶双方原生家庭空间距离有一定跨度的婚姻"称为"迁移婚姻"。迁移婚姻中的迁移是发生在婚姻之后，因为婚姻而发生的行为。迁移的基本内涵在于空间距离的变化以及由空间距离的变化可能引致的社会关系距离、心理距离、情感距离与文化距离及其变化，以及迁移带来的各种可能风险。

在分析关于"配偶双方原生家庭空间距离有一定跨度的婚姻"的各种称谓后，本书将其称为"迁移婚姻"，主要是考虑到"配偶双方原生家庭空间距离有一定跨度的婚姻"具有的本质特征就是配偶中的一方婚后要迁移到另一方的原生家庭居住地定居，迁移的一方发生了空间位置移动，因婚姻产生了迁移行为。"配偶双方原生家庭空间距离有一定跨度的婚姻"不仅体现了静态的距离跨度，还体现了空间位置上的迁移及其可能产生的影响。可见，"迁移婚姻"能体现上述称谓中的异地、两地、跨地区、跨省、跨市、外来、远嫁、远距离等婚姻的基本特征，体现婚姻中的一方从某一特定地区向另一特定地区的空间位置移动。

基于相关研究成果和本书的目标，考虑到人口学的一般表述，本书界定"迁移婚姻"为"女性或男性认识和选择异地的配偶并在婚后迁移到配偶居住地定居生活而缔结的婚姻"。

从行政区划来看，迁移婚姻中的迁移可能是跨省（自治区、直辖市、特别行政区）、跨地级市、跨县（县级市、区）、跨乡镇、跨行政村的迁移（仰和芝、张德乾，2018）。但考虑到跨省（自治区、直辖市、特别行政区）、跨地级市、跨县（县级市、区）存在近距离的相邻的省（自治区、直辖市）、市、县（县级市、区），考虑到区域风俗文化差异、交通时间及经济成本等因素，本书中的迁移设定了空间距离限制，具体为配偶双方原生家庭的空间直线距离不低于 150 公里。因此，判断一桩婚姻是不是"迁移婚姻"，一看配偶双方是否跨行政区划，二看这种跨行政区划是否符合一定的空间距离限定。

（二）女性农民工迁移婚姻

对迁移婚姻中的配偶双方来说，迁移的主体呈现为两种情况：或者女方是迁移的主体，婚后女方迁移到具有一定空间距离的男方居住地定居，女方是婚姻中的迁移者，男方没有发生迁移行为；或者男方是迁移的主体，婚后男方迁移到具有一定空间距离的女方居住地定居，男方是婚姻中的迁移者，女方没有发生迁移行为。当然，也可能呈现的情况是，婚后男女双方既不是到女方原生家庭所在地也不是到男方原生家庭所在地定居，而是选择了在男女双方原生家庭定居地之外的其他地方定居。但不论是上述三种婚后居住情况中的哪一种居住模式，共同之处是配偶双方婚前的原生家庭居住地不在特指的某一共同行政区域或空间距离范围内。

对于迁移婚姻的配偶来说，因婚姻而迁移的可以是女性，也可以是男性。但在我国，因为从夫居的传统，实际婚姻中发生迁移的以女性为主体。鉴于此，本书关注的是女方迁移到男方原生家庭居住地居住的迁移婚姻。考虑到迁移婚姻模式的时代性、社会性、群体性及其产生的影响，本书关注的女性是女性农民工。

具体来说，本书的女性农民工迁移婚姻是指"女性农民工因外出务工经商而认识异地的配偶并在婚后迁移到配偶原生家庭居住地定居生活而引起女性迁移的婚姻"。

三 女性农民工迁移婚姻风险[①]

（一）迁移婚姻风险

婚姻是人类的一种行为模式，任何婚姻及其生命历程中都可能产生风险，婚姻风险是人类面临的风险之一。目前对婚姻风险没有明确的定义，研究者主要关注婚姻中当事人的财产风险、生命安全风险、养老风险、夫妻相处风险、心理健康风险、社会支持风险。婚姻风险可以理解为"特定时空下发生于人们婚姻过程中的由各种因素引发的相应事件给相关的个人、群体以及社会带来损失的不确定性"。

迁移是人类的行为模式之一，人口或人群迁移行为同样可能产生风险。迁移风险可以理解为"发生于人们迁移行为过程中的由各种因素引发的相应事件给相关的个人、群体以及社会带来损失的不确定性"。

作为迁移和婚姻结合产物的迁移婚姻，在迁移风险和婚姻风险叠加的基础上可能产生什么样的风险，正是本书所关注的。本书尝试把风险与迁移婚姻结合起来，提出迁移婚姻风险概念。迁移婚姻风险是风险的组成部分，迁移婚姻风险概念是风险在迁移婚姻基础上延伸出来的风险类型，迁移婚姻风险研究属于社会领域风险研究的分支。但到目前为止，国内尚没有学者提出迁移婚姻风险概念并对此进行界定。

基于迁移婚姻的特殊性和风险的内涵，本书将迁移婚姻风险定义为"迁移婚姻的各种因素与属性在特定时空范围内可能引发的事件给个体、家庭、社区与社会带来损失的不确定性"（仰和芝、张德乾，2020）。迁移婚姻风险包含风险因素、风险属性、风险事件、风险损失和风险承受者。

[①] 本部分内容参见仰和芝、张德乾（2020）。

（二）女性农民工迁移婚姻风险

在对迁移婚姻风险概念定义基础上，本书将女性农民工迁移婚姻风险定义为"女性农民工迁移婚姻的各种因素与属性在特定时空范围内可能引发的事件给个体、家庭、社区与社会带来损失的不确定性"（仰和芝、张德乾，2020）。

女性农民工迁移婚姻是在迁移和婚姻结合基础上形成的一种婚姻形态，女性农民工迁移婚姻风险是在迁移风险和婚姻风险叠加的基础上产生的风险类型。本书关于女性农民工迁移婚姻风险概念的定义强调以下六个方面：第一，以迁移婚姻的损失为研究对象，需要关注可能造成迁移婚姻风险的各种因素与属性；第二，迁移婚姻风险的核心要素是损失的不确定性，不确定性既包括损失发生及其程度的不确定性，也包括风险产生的后果及其负面影响程度的不确定性；第三，迁移婚姻带来损失的影响的不确定性的范围包括风险发生的时间、空间、过程、内容、结果以及风险承受者等的不确定性；第四，迁移婚姻风险涉及的领域非常广泛，可能表现在人口、婚姻、家庭、养老、伦理、健康、公共安全等各个方面；第五，迁移婚姻风险的发生与影响不只是贯穿于迁移婚姻生命周期内，也存在于具体迁移婚姻结束以后；第六，迁移婚姻风险的承受者不只包括婚姻当事人夫妻双方及其子女以及夫妻原生家庭成员，同时包括社区以及整个社会（仰和芝、张德乾，2020）。

四　风险评估

风险概念的提出与风险理论的不断发展的初衷是理性地认识风险，提高人类应对风险的能力，从而从源头上规避、预防、化解、减少、控制和应对可能产生的各种风险及其后果。认识风险就要对风险进行识别、测量与分析，开展风险评估的理论研究和实践操作，风险评估是风险理论的重要组成部分。研究者从不同的学科视角和实践需要出发，给出了各自的风险评估概念界定。

国外学者的定义主要有：风险评估意指在风险事件（风险事

件是指风险的各种因素转化成为现实的各种损失）发生之前或之后，判断某项风险性因素所具有的危险性给居民、社会、财产等造成的影响或损失的可能程度（贝克，2018）；风险评估是识别可能引起事故、灾害或带来伤害的危险的过程（丹尼，2009）；风险评估指以详细的、通常是量化的术语来定义某一危险的成分及其含义的一种科学的过程（雷恩、罗尔曼，2007）。

国内学者对风险评估的定义主要有：风险评估是指在风险事件发生之前或之后对该事件给人们的生活、生命、财产等各个方面造成的影响和损失的可能性进行量化评估的工作（李志伟，2010）；风险评估包括风险识别、风险分析和风险评价的全过程（李存建，2012）；风险评估指对风险事件发生之前或之后的影响以及损失的可能性所进行的量化评估工作（王通，2016）；风险评估旨在为有效的风险应对提供基于证据的信息和分析，包括风险识别、风险分析和风险评价三个步骤（张曾莲，2017）。

一些国际组织和国家的风险评估协会也给出了风险评估的定义。例如，国际标准化组织（ISO）把风险评估定义为风险识别、风险分析和风险评价的整个过程（ISO，2018）；美国风险分析协会（SRA）认为风险评估是运用现有知识表达和评价以理解风险本质的系统过程（Committee on Foundations of Risk Analysi）；我国颁布的《风险管理　术语》（GB/T 23694—2013）把风险评估定义为风险识别、风险分析和风险评价的整个过程（全国风险管理标准化技术委员会，2014）。

综合上述研究者和相关风险管理组织关于风险评估概念的解释，本书采用我国颁布的《风险管理　术语》（GB/T 23694—2013）中的风险评估定义，即风险评估指的是风险识别、风险分析和风险评价的整个过程。风险评估包括风险识别、风险分析、风险评价三个相互衔接的基本过程，但风险评估并不是一个严格按照顺序依次完成的单向过程，风险评估往往是一个多方向的、反复的过程。

五　风险防范

认识风险、评估风险的最终目的在于提出并采取一定的措施对风险进行防范，风险防范是认识风险的归宿和目的。

本书认为，风险防范是提出并采取科学合理的防备和处理的方法与措施以规避风险、减少风险和积极应对风险的活动及其过程。风险防范的主要内容包括：风险防范目标、风险防范主体、风险防范内容、风险防范实施优先顺序、风险防范措施、风险防范途径。

对于女性农民工迁移婚姻风险而言，风险防范主要包括以下几个方面。①风险防范目标：建立有责任的婚姻、有保障的家庭、有秩序的社会；②风险防范主体：多元主体广泛参与、良好合作与协同；③风险防范内容：加强婚姻伦理道德建设、健全婚姻家庭保障制度、推动婚姻市场良性运转、健全心理卫生服务体系、共建社会支持网络、促进社会融合；④风险防范措施：实施社区层面的婚姻家庭关系调适与危机干预、提供全方位社区支持、畅通多元化心理疏导渠道、强化法律规范、提升个体抵御风险能力、保护弱势群体；⑤风险防范路径：实施风险动态监测、构建风险预警机制、降低与阻断风险传递。

第三节　研究目标与研究框架

本书把女性农民工迁移婚姻放至农村劳动力大规模流动与婚姻变迁的背景下，在赋予女性农民工迁移婚姻重要意义基础上，坚持问题导向，以风险视角考察女性农民工迁移婚姻的问题及其影响，遵循"理论研究—实证研究—对策研究"的研究路径，构建女性农民工迁移婚姻风险的理论框架与评估指标体系，建立女性农民工迁移婚姻风险评估模型，分析女性农民工迁移婚姻风险的基本状况、群体差异、不同类型相关性，构建女性农民工迁移婚姻风险防范机制，提出有前瞻性与针对性的政策建议。

一 研究目标

（一）构建女性农民工迁移婚姻风险理论框架

基于女性农民工迁移婚姻风险的时代背景，参考相关研究，把婚姻迁移理论与风险理论相结合，提出并界定女性农民工迁移婚姻风险概念。在此基础上，针对女性农民工迁移婚姻风险产生、发展与影响的自身逻辑，构建包含分析视角、基本属性、要素构成的女性农民工迁移婚姻风险理论框架。

（二）识别女性农民工迁移婚姻风险范畴

采用深度访谈获得的原始质性数据，运用扎根理论进行逐级编码分析，解读、识别并确定女性农民工迁移婚姻风险内容的基本方面，在此基础上，形成女性农民工迁移婚姻风险的主范畴和核心范畴并进行理论分析，达成对女性农民工迁移婚姻风险内容和维度的基础性理解。

（三）构建女性农民工迁移婚姻风险评估模型

基于质性数据，遵循风险评估相关理论和风险指标构建基本原则，借鉴相关研究思路和研究成果，充分考虑女性农民工迁移婚姻风险的具体性和特殊性，依据女性农民工迁移婚姻风险逐级编码的结果，明确女性农民工迁移婚姻的一级指标与二级指标，构建女性农民工迁移婚姻风险评估指标体系，明确女性农民工迁移婚姻风险评估的类型并进行等级赋值，编制女性农民工迁移婚姻风险评估问卷，最终构建女性农民工迁移婚姻风险评估模型。

（四）对女性农民工迁移婚姻风险进行评估

运用自主设计的女性农民工迁移婚姻风险评估问卷，抽取迁移婚姻女性、迁移婚姻男性、迁移婚姻家庭子女、迁移婚姻女性父母、迁移婚姻男性父母、失婚男性、失婚男性父母七类群体样本，运用统计分析方法，对女性农民工迁移婚姻风险的可能性、关联性、严重性、传导性、克服性的基本状况、群体差异、相关性进行评估。

（五）提出女性农民工迁移婚姻风险防范对策建议

全面评估女性农民工迁移婚姻风险，基于研究结果，提出有针对性和可操作性的对策建议，探索构建女性农民工迁移婚姻风险防范机制，使理论研究具有应用价值。

二 研究框架

基于研究目标，本书研究框架包括九个部分，合计九章，各章节及其内容如下。

第一章为绪论。本章由四节构成，主要介绍研究背景，明确研究价值，阐释主要概念界定，明确研究目标与研究框架，介绍主要创新之处。

第二章为研究述评。本章由四节构成，主要对风险、女性农民工迁移婚姻、女性农民工迁移婚姻风险的相关研究进行梳理和分析，在此基础上提出女性农民工迁移婚姻风险研究趋势和未来研究重点方向。

第三章为女性农民工迁移婚姻风险理论框架。本章由三节构成，提出女性农民工迁移婚姻风险分析视角，阐述女性农民工迁移婚姻风险的基本属性，分析女性农民工迁移婚姻风险的要素构成，构建女性农民工迁移婚姻风险理论框架。

第四章为女性农民工迁移婚姻风险的识别与范畴化。本章由三节组成，运用扎根理论与深度访谈方法，对女性农民工迁移婚姻风险进行概念化与范畴化，构建女性农民工迁移婚姻风险范畴体系。

第五章为女性农民工迁移婚姻风险评估模型构建。本章由三节构成，界定女性农民工迁移婚姻风险的一级指标与二级指标并构建评估指标体系，明确女性农民工迁移婚姻风险评估的类型并进行等级赋值，设计女性农民工迁移婚姻风险评估工具，最终构建女性农民工迁移婚姻风险评估模型。

第六章为女性农民工迁移婚姻风险的基本状况分析。本章由六节构成，从风险的可能性、风险的关联性、风险的严重性、风险的传导性、风险的克服性共 5 种类型，对女性农民工迁移婚姻风险的 8 个一级指标和 39 个二级指标分别进行评估，评估结果以均值形式呈现。

第七章为女性农民工迁移婚姻风险的群体差异分析。本章由六节构成，通过定量数据统计分析，分别对女性农民工迁移婚姻风险的可能性、关联性、严重性、传导性、克服性的 7 组样本群体差异进行比较。

第八章为女性农民工迁移婚姻风险的相关性分析。本章由九节构成，通过定量数据统计分析，揭示女性农民工迁移婚姻风险的可能性、关联性、严重性、传导性与克服性 5 种类型之间的相关性。

第九章为研究结论与对策思考。本章由三节构成，提炼本书的主要结论，就防范女性农民工迁移婚姻风险提出对策建议，指出本书的局限性和未来研究方向。

第四节　主要创新

一　首次提出"女性农民工迁移婚姻风险"概念

坚持问题导向，突出女性农民工迁移婚姻时代性、群体性与建构性特征，认为女性农民工迁移婚姻不只是个体婚姻行为，其反映的是女性农民工群体回应时代变迁与现实婚姻境遇的自我调适与自我建构。在女性农民工迁移婚姻影响日益显现的现实背景下，聚焦女性农民工迁移婚姻已产生或可能产生的问题及其后果，将风险理论引入迁移婚姻领域，首次提出"女性农民工迁移婚姻风险"概念，并将其定义为"女性农民工迁移婚姻的各种因素与属性在特定时空范围内可能引发的事件给个体、家庭、社区与社会带来损失的不确定性"（仰和芝、张德乾，2020）。女性农民工迁移婚姻风险是在婚姻风险和迁移风险基础上叠加延伸出来的风险类型，有其基本的内涵与分析视角（仰和芝、张德乾，2020）。

从社会变迁、经济社会发展、发生空间、基本属性、要素构成、危害性等方面提出女性农民工迁移婚姻风险的视角，从未来性、不确定性、时代性、客观性、复杂性、关联性、传导性等方面分析女性农民工迁移婚姻风险的属性，从风险源、风险事件及其原因、风险后果与风险承受者等方面分析女性农民工迁移婚姻风险的构成要素，丰富了女性农民工迁移婚姻风险概念内涵。

二 初次对女性农民工迁移婚姻风险内容进行识别并提出核心范畴

目前关于女性农民工迁移婚姻风险的范畴与维度的专门学术研究尚少见，并没有形成统一或一致的理解和梳理总结。女性农民工迁移婚姻风险内容与维度表现为哪些方面是研究女性农民工迁移婚姻风险必须首先回答的问题。为此，本书运用扎根理论，对深度访谈原始质性资料进行开放式登录、关联式登录、核心式登录的三级逐级编码分析，抽象出 369 个初始概念，将其范畴化为 39 个女性农民工迁移婚姻风险主范畴。在此基础上分析总结核心类属，最终提炼出人口风险、婚恋风险、家庭风险、经济风险、社会网络风险、健康风险、养老风险、社会稳定风险 8 个核心范畴，使得所有范畴类属之间围绕女性农民工迁移婚姻风险建立联系并成为一个整体，建构了女性农民工迁移婚姻风险的范畴分析框架，使得对女性农民工迁移婚姻风险的认识更全面、深刻和细致。

三 构建了女性农民工迁移婚姻风险评估模型

基于深度访谈获取的质性数据，遵循风险评估相关理论，借鉴相关研究成果，充分考虑女性农民工迁移婚姻风险的具体性和特殊性，提出了包含科学性、客观性、系统性、全面性、针对性、可操作化、可行性的女性农民工迁移婚姻风险评估指标体系构建原则，构建了包含 8 个一级指标和 39 个二级指标的女性农民工迁移婚姻风险评估指标体系，明晰了包含迁移婚姻女性、迁移婚姻男性、迁移婚姻家庭子女、迁移婚姻女性父母、迁移婚姻男性父母、失婚男性、失婚男性父母共 7 组群体的女性农民工迁移婚姻风险承受者，明确了包含可能性、关联性、严重性、传导性与克服性的女性农民工迁移婚姻风险评估类型，把风险评估等级量化并赋值，最终构建女性农民工迁移婚姻风险评估模型。

四 揭示了女性农民工迁移婚姻风险的群体差异与不同类型之间的相关性

关注现实情境，基于风险承受者的视角，运用单因素方差分析和多重比较方法，对迁移婚姻女性、迁移婚姻男性、迁移婚姻家庭子女、迁移婚姻女性父母、迁移婚姻男性父母、失婚男性、失婚男性父母共7组群体关于女性农民工迁移婚姻风险的群体差异进行比较分析，识别群体内部差异，更好地呈现了女性农民工迁移婚姻风险承受者的复杂性，有助于深入了解与理解女性农民工迁移婚姻风险影响的群体性特征。运用相关性分析方法中的两两统计分析方法，分析女性农民工迁移婚姻风险的可能性、关联性、严重性、传导性与克服性两两之间是否存在相关关系以及相关关系的方向，揭示了女性农民工迁移婚姻风险的多变性和变化方向，有助于深入了解与理解女性农民工迁移婚姻风险的内在结构性与逻辑性。

第二章 研究述评

女性农民工迁移婚姻风险是在婚姻风险和迁移风险叠加基础上延伸出来的风险类型，有其基本的内涵、分析视角与评估要求。目前国内对女性农民工迁移婚姻风险并没有专门研究，尚没有系统的理论建构和分析。本章内容分为四节，围绕风险理论、女性农民工迁移婚姻、女性农民工迁移婚姻风险的相关研究展开述评，并对研究趋势进行展望。

第一节 风险理论研究

一 风险概念的发展演变

"风险"一词，反映了人类对客观世界对自身影响的认识，是在人类有意识行为出现之后才有可能意识到并提出来的。现代意义的"风险"概念源自欧洲，风险这个词最早出现在中世纪文献中，风险最初指的是商船在航行过程中可能遭遇的各种招致损失的危险，并非人为的自然事件，排除了人的过失和责任因素（勒普顿，2016）。16世纪中期以来，风险概念开始有了它的现代意涵，即与人的认识和实践发生了关联，不是单纯指一种类似于地震、海啸的自然灾害现象，而是强调人与外在世界之间的一种可能的损害关系。风险理念与人类实施控制的抱负，特别是与控制未来的观念密切相关（吉登斯、皮尔森，2000）。人们对风险关注意识和认识的变化也在一定程度上反映了特定历史条件下人类所面临的生存发展状态和人类认识的发展水平。从世界范围来看，20世纪70年代以来，人们对风险的关注与日俱增，尤其是1986

年乌尔里希·贝克《风险社会》一书的出版，使得人们对现代社会的风险有了更为广泛与深入的认识。

随着人们对风险的认识不断发生变化，风险的含义也在不断变迁和不断扩展中。风险概念被提出后，进而成为新的理论视角，被广泛应用到很多研究领域，哲学、社会学、经济学、政治学、统计学、心理学、文化学、法学、生态学、工程学、医学等领域普遍运用风险并对其进行界定。特别是乌尔里希·贝克提出了风险社会概念以后，风险被认为是现代社会的主要特征，风险理论发展成一般性的社会变迁理论（吉登斯、萨顿，2019）。随着风险理论的不断发展，风险不只是专家学者运用的概念，也成了大众公共话语中的常用词语。

目前对风险的审视主要有实在论、建构论两种视角，分别对应自然科学与社会科学的视角。实在论的视角认为风险是独立于人的认识和感受的客观存在，人们对风险的认识基于风险的客观存在性，而不是依赖于人们的内心感知或者各种经验判断；建构论的视角主要把风险理解为协商的结果，风险本质上是社会问题而不是科学问题，风险是社会建构的结果（潘斌、袁媛，2009；唐彦东等，2019）。

二　国外学者关于风险的主要观点

由于研究视角的差异，学者关于风险概念的理解并不完全一致。

从经济学视角理解，风险概念表示能够测量的不确定性，风险意味着损失，不论是当下的风险还是未来的风险都具有统计学上的规律，风险发生的不确定性可以用"客观"概率来指代（Knight，1921）。

从风险文化视角理解，风险就是人们在某个特定时刻所选择关注的特定危险，关键不在于外部世界中有多少危险、有什么样的危险，而在于人们为什么在这个时刻选择这种特定的危险来关注，风险是关于未来的知识与在最期盼的前景上所持共识的联合产物（Douglas & Wildavsky，1983）。

从风险社会视角理解，风险的概念与自反性现代化概念密切相关，风险可被定义为以系统的方式应对由现代化自身引致的危险和不安，风险有别于传统的危险，它是由现代化的威胁力量和令人怀疑的现代化所引发的后果，风险在政治上具有自反性（贝克，2018）。由此，风险的内涵已超越传统意义，特指人类社会进入现代社会后具备的特有性质，现代社会是风险社会（吉登斯、萨顿，2019）。

从现代性视角理解，风险与冒险或者危险是不同的，风险概念的内涵与可能性和不确定性概念是分不开的，风险指的是在与将来可能性关系中被评价的危险程度。风险是伴随着现代性的发展而被发明出来用以刻画社会未来发展前景的不确定性和可能性的一个概念，风险概念被视为一个现代概念。风险强调的恰恰是人类自身知识不断增长带来的结果，是在现代化的条件下新科技、新技术等人为的不确定性所带来的后果，人类正从一个传统的现代社会进入一个新型的风险社会（吉登斯，2001）。

从概率视角理解，风险意味着现实中一个有害状态的概率，（有害结果）可能作为自然事件或人类活动的结果而发生，风险包括有害结果、发生概率和现实状态三个因素，所有的风险视角提供了这三个因素不同的概念化（克里姆斯基、戈尔丁，2005）。

从现实与可能性之间区分视角理解，风险可被理解为人类的行动、情境或事件会带来一些影响人们所珍视的东西的后果的可能性；从危险的角度，风险可以被定义为因某一特定时间框架内的危险而导致出现的物理的、社会的或经济的危害/破坏/损失的可能性。因此，风险既是一个描述性概念，也是一个规范性概念（雷恩、罗尔曼，2007）。

从哲学伦理学视角理解，风险是情境依赖的社会对象，风险依赖于物理事件，并在世界中发生；同时风险也依赖于人的信念和行动的系统，在一定社会结构下才有意义（塞雷佐等，2017）。

总之，从人的责任与关联性视角理解，风险概念被广泛地用来解释偏离标准、不幸和恐怖事件，风险概念强调人类的责任并认为通过采取某些行动可以防止不幸的发生（勒普顿，2016）。

三 国内学者关于风险的主要观点

20 世纪 80 年代以来，我国学者开始关注风险理论并运用到相关研究领域，学者们对风险概念也有各自的理解。

从经济学视角，将风险界定为"国家、企业或个人从事某一项经济活动，因决策正确程度、技术水平、经营状况、市场变化以及资金借贷等因素作用，其收益存在着发生多种结果的可能性，但将来收益究竟是哪一个结果则不肯定"（罗福凯、汪葛平，1986）。从管理学视角，界定风险是人们的决策结果中可能出现的不利或失败因素（王文超，1989）。从科学技术角度，将风险界定为"选择的某种行为之结果的不确定性，以及由于这种不确定性使行动者的期望目标与实际状况之间发生差异，而给行动者造成损失的可能性"（赵万里，1998）。从金融视角，把风险定义为"在一定条件下和一定时期内，由于各种结果发生的不确定性而导致行为主体遭受损失的大小以及这种损失发生可能性的大小，风险以损失发生的大小与损失发生的概率两个指标进行衡量"（朱淑珍，2002）。从数量视角，认为风险是在一定时间内，以相应的风险因素为必要条件，以相应的风险事件为充分条件，有关行为主体承受相应的风险结果的可能性（郭晓亭等，2004）。从产业发展视角，风险指"在特定范围的客观情况和条件下，某一事件其预期结果与实际产生的不良结果间的变动程度"（李欣广，2002）。从治理视角，将风险界定为"个人和群体在未来遇到伤害的可能性以及对这种可能性的判断与认知"（杨雪冬，2004）。从发展视角，将风险界定为"一个关系性范畴，指的是一种不确定性的可能状态，它特指一切自然存在和社会存在相对于人的生存和发展而言可能形成的一种损害性关系状态。相对于人的对象差异来说，可以把风险分为自然风险和社会风险"（刘岩，2006）。从哲学视角，将风险界定为"客体对主体的一种可能的、不确定的负价值（负功能、负结果、负状态）"（黄金华，2008）。从比较视角，认为风险指未来的不确定性可能造成的影响，包含危险和机遇双重内涵；风险本质上是以主体性为依托的主客体相统一的关系性范畴；风险侧重于预测客观事实或运行状态在未来时间上的可能性，及其对当下生活构成的威胁与可能造成的损害（潘斌，2012）。从工效学视角，认为风险是特定情境下特定时期内特定事件出现负面结果（如损失）的可能性（李宏利等，2013）。从保险学视角，认为"风险是指，相对于某一主体（当事人、决策者）而言，由外因和内因的相互作用所导致的、偏离当事人预期目标的综合效应，其中，综合效应指后果的不利偏差的严重程度及其发生的可能性大小"（谢志刚、周晶，2013）。从失地农民城市化视角，将风险界定为"指向未来的一种可能性后果，它既是一种客观的存在，又是一种社会性的建构，这种建构既来源于外在于行动者的社会制度、经济制度和文化制度等因素，也来自行动者的主观认知和主体行动所造成的后果。它既意味着某种伤害的可能性，又意味着对主体的某种机遇"（冯晓平，2017）。从灾害学视角，界定风险为"对人类有价值的事物产生不确定性后果的状态"（于汐等，2019）。

四　本书对风险概念的理解[①]

分析国内外关于风险概念的理解，虽然没有一个统一的严格的定义，但梳理后发现各种定义都包含了"风险"概念的某些共同要素，在风险与人类的实践活动息息相关、风险发生的未来指向性、未来结果或损失的不确定性等方面达成了广泛的共识。风险概念不断被拓宽，它适用于对各个历史时期人类社会实践活动中发生损失和灾害的可能性的预测和思考（何小勇，2009）。风险领域也不断扩展，人们将其转换为符合不同领域具体情况的特定领域的风险并展开研究。

在参考国内外风险概念的共同要素基础上，本书认为：风险是特定时空下发生于人们实践活动过程中的特定事件给相关的个人、群体以及社会带来损失的不确定性。本书关于风险概念的定义突出了风险的核心是损失的不确定性，同时强调了风险发生于

① 此部分主体内容参见仰和芝和张德乾（2020）。

特定时空下、风险是相对于人的利益和目标而言的损失、风险影响的是特定时空下的相关人群。风险是主客观状态的结合，风险既是一种不以人的意志为转移的客观状态，又可以通过人的主观意识加以感受、认识和预防（仰和芝、张德乾，2020）。

具体可以从以下维度来理解风险：第一，时间维度的未来指向，风险不是已经或正在发生的事件，而是可预见的、将要发生的特定时期内的事件；第二，存在维度的不确定指向，风险的发生是客观的，但风险何时何地在何领域发生是不确定的，产生什么样的损失也是不确定的；第三，行为维度的活动情境指向，风险一定发生于人的具体的现实实践活动中，这个实践活动与个体或群体的某种生存与发展行为有关；第四，关系维度的互相影响指向，风险是各种构成要素相互作用的结果；第五，发生领域维度的多元指向，风险会发生于经济、政治、文化、社会和生态各个领域，现代社会风险发生于与人类生存发展有关的一切领域；第六，结果维度的消极指向，发生的事件可能会产生损失或不良的结果和影响；第七，价值维度的目标指向，发生的损失或负面影响是相对于人的目标而言的，是对人的生存和发展的目标产生损失；第八，承受者维度的广泛指向，人是风险发生后损失的承受者，这里的承受者可能是特定的个人、家庭、社区、组织，也可能是某个群体或某些国家乃至整个人类（仰和芝、张德乾，2020）。

第二节　女性农民工迁移婚姻研究

作为一种婚姻现象和婚姻模式，女性农民工迁移婚姻的出现是我国农村劳动力向城市转移过程中所发生的诸多社会现象中的一个重要方面，也反映了我国农村婚姻的变迁与发展。女性农民工迁移婚姻与传统农村女性迁移婚姻在很多方面表现出不同，自发生以来一直受到关注并被赋予重要研究意义（风笑天，2006）。

一 女性农民工迁移婚姻产生的原因

女性农民工迁移婚姻发生在我国改革开放后农村劳动力向非农产业转移时期，发生在我国社会结构发生变迁时期，分析女性农民工迁移婚姻产生的原因必须考虑我国经济社会发展和转型的宏观背景。

多数研究者认为农村女性迁移婚姻与拉力因素和推力因素有关，迁入地与迁出地之间社会、经济发展水平存在较大差异，形成了东部地区对中西部贫困地区较强的婚姻迁移拉力；而中西部贫困地区落后的经济状况、交通不便、生产生活困难、家庭难以致富等则成为女性婚姻迁移的主要推力（田华，1991；张和生，1995；谭琳、黄博文，1999；程广帅、万能，2003；孙琼如，2004；吴文，2010；程广帅、万能，2003；艾大宾等，2010；胡莹、李树茁，2015；石人炳、林文辉，2022）。婚姻迁移的拉力和推力不仅与各地的经济发展有关，而且与各地的生活习俗，特别是通婚习俗和网络有关（谭琳等，2003）。

大量农村未婚女性人口外出务工经商是女性农民工迁移婚姻产生的直接动因。大量女性农民工迁移婚姻的实证研究表明，外出务工经商过程突破了原有地域范围的限制，许多来自农村的未婚男女青年在务工经商过程中认识并找到婚姻对象，大量农村未婚青年男女外出为婚姻模式变革提供了直接动因，于是在全国较大范围内出现了新一轮的农村女性迁移婚姻现象，出现了女性农民工迁移婚姻现象（谭琳等，2003；风笑天，2006；石人炳，2006；沈文捷，2007；刘芝艳，2009；仰和芝，2007；陆淑珍，2010；艾大宾、周丽，2010；靳小怡等，2011；邓晓梅，2011；陈业强，2015；仰和芝、张德乾，2018；黄佳鹏，2019；张冠李，2020；李艳等，2022）。

可见，女性农民工迁移婚姻在全国大范围内发生，是我国经济社会发展的必然产物，迁移婚姻的出现与经济社会发展密切相关，呈现结构性特征，是我国现代社会变迁的重要组成部分，具有强烈的时代性。

二 女性农民工迁移婚姻的积极影响[①]

女性农民工迁移婚姻是我国社会变迁和婚姻变迁的重要表现和结果。作为一种新的迁移婚姻模式，女性农民工迁移婚姻扩大了农村通婚地域圈，有利于不同区域的文化传播和交流，有利于提高下一代的人口素质。

女性农民工迁移婚姻扩大了农村通婚地域圈。随着女性农民工迁移婚姻的出现与发展，农村传统的婚姻地域观念逐渐被打破（黄润龙，2002），农村通婚地域范围逐渐扩大，原来相对封闭的农村通婚地域圈逐渐开放并慢慢地卷入全国性的婚姻市场（仰和芝、张德乾，2018）。农村通婚地域范围的不断扩大，给农村青年带来更多的选择配偶的机会，使婚姻资源能够突破传统通婚地域圈的限制，在更为广阔的婚姻市场范围内达到优化配置，全国性统一的婚姻市场因此逐渐形成（田先红，2009），一种城乡融合的、建立在扩大了的通婚地域圈基础上的婚姻迁移地域平衡关系终将形成（艾大宾等，2010）。

女性农民工迁移婚姻有利于不同区域的文化传播和交流。婚姻迁移在一定程度上可以促进落后地区的婚姻观念和生活方式变化（谭琳等，1998），推动农村的各种习俗趋于多元化（刘芝艳，2009），促进乡村与外界的良好互动（邓国彬、刘薇，2001），促使迁入地的婚姻习俗、人际关系、权力关系、乡土文化、老人赡养方式等社会文化的诸多方面发生更趋于多元化的改变（马丽，2004；仰和芝，2006），对于开阔视野与接受异域文化的熏陶具有巨大的促进作用（甘品元，2007），有利于不同地区间、不同民族间的文化传播交流和民族精神的优化组合（顾耀德，1991），有利于不同地区人们思想观念的碰撞和融合（周亮红，2009），在一定程度上可促进东西部地区的文化交流和思想观念的融合（程广帅、万能，2003），有利于中华民族"多元一体"格局的形成（陈业强，2012）。

[①] 女性农民工迁移婚姻的负面影响在本章第三节以风险的视角展开分析。

女性农民工迁移婚姻有利于提高下一代的人口素质。我国农村传统的通婚地域范围狭窄，通婚地域半径小，不利于人口素质提高。从遗传学角度，通婚地域距离越远的夫妇之间遗传差异越大，其后代中基因组合的变异范围可能性越大。因此，远距离的婚姻迁移，有利于婚配双方在遗传基因方面取长补短，有利于优生，有利于促进下一代人口素质提升（顾耀德，1991；董天恩，1994；程广帅、万能，2003；孙琼如，2004；吴文，2010；宋丽娜，2010）。

三　迁移婚姻女性农民工的社会适应

对于迁移婚姻女性来说，婚后需要对未来生活的社区文化进行再社会化，尽快实现婚后在居住地的经济、文化、社会和心理的适应或融合（杨建霞，2012；仰和芝、张德乾，2018），完成社会适应。迁移婚姻女性婚后的社会适应是学者们重点关注的问题，研究主要涉及社会适应的内容、类型、影响因素与存在的问题[①]等方面。

迁移婚姻女性面临家庭生活、生活方式、社区认同、社会互动、社会关系、空间归属感、经济、文化、心理认同、生活方式融入、重新建构社会关系网络、培育社区归属感和社区参与等方面的社会适应（沈文捷，2007；赵丽丽，2008；宋丽娜，2010；仰和芝、张德乾，2018；刘燕，2018；李艳等，2022）。有研究从社会性别视角出发，从主观感知、经济、社会关系、文化等方面探索迁移婚姻女性的社会适应状况，发现婚姻移民的主观适应感较好，其总体经济适应程度要低于本地居民，在社会关系、文化等方面仍有少数人未能融入当地生活（邓晓梅，2011；杨建霞，2012）；有研究从经济融合、社区融合、文化融合和心理融合层面分析农村女性迁移婚姻的社会融合（仰和芝、张德乾，2018）。

迁移婚姻女性从自己熟悉的场域来到陌生的场域，其社会适应需要一个磨合的过程（黄润龙，2002；叶萧科，2006；仰和芝，2007；赵丽丽，2008；沈文捷，2007；陈业强，2012）。有研究认为，迁移婚姻女性从一开始的迁入到最终完全适应迁入地生活并

---

① 社会适应存在的问题在本章第三节阐述。

被迁入地居民认同的过程，可以划分为三个阶段：第一阶段以陌生与孤单为主要特点，时间为一至三个月；第二阶段以调整与适应为主要特点，时间为半年至一年；第三阶段以被同化与认同为主要特点（游正林，1992）。

影响迁移婚姻女性社会适应的因素分为微观、中观和宏观层面。微观层面的因素主要指女性婚姻移民自身及其家庭的一些资源，如女性婚姻移民的受教育程度、家庭地位、职业、迁移距离、婚龄、经济状况、个体心理素质和态度、家庭成员态度、家庭支持等（赵丽丽，2008；邓晓梅，2011；韦艳、段婷婷，2016；仰和芝、张德乾，2018；李容芳，2019；李艳等，2022）；中观层面的因素主要指女性婚姻移民的社会关系、社会支持网络和信息交换（邓智平，2004；赵丽丽，2008）；宏观层面的因素则是指社会性别、制度和社会组织方面的因素（叶萧科，2006；赵丽丽，2008）。迁移婚姻女性的社会适应状况是微观、中观和宏观层面因素综合发挥作用的结果。

第三节　女性农民工迁移婚姻风险研究

基于女性农民工迁移婚姻的实际状况，有研究者转向关注并探讨女性农民工迁移婚姻已产生或可能产生的问题及其危害，虽然尚少以风险视角进行探讨，但相关研究试图分析女性农民工迁移婚姻各种因素与属性在特定时空范围内可能引发的事件给个体、家庭、社区与社会带来损失的不确定性，识别到了女性农民工迁移婚姻引发的某些风险及其不良后果。

一　迁移婚姻女性[①]婚后存在不同程度的社会适应[②]风险

顶着父母亲人反对婚姻迁移的压力，怀着对未来幸福婚姻的

---

① 对于选择迁移婚姻的女性农民工的称谓并不相同，在研究综述中，本书统一使用"迁移婚姻女性"称谓，具体见第三章第三节"风险承受者"部分相关内容。

② 多数研究者以社会适应视角关注迁移婚姻女性婚后生活，少数研究者以社会融合视角关注迁移婚姻女性婚后生活。

期待，跨过千山万水走到一起，并不意味着就一定会有稳定美满的婚姻生活，距离的相隔、地域的差异、冲突不适是迁移婚姻女性婚后生活的一个基本主题（仰和芝，2007）。随着婚后生活空间的转换，迁移婚姻女性离开了原生家庭熟悉的生活空间环境，呈现与原生家庭的空间隔离，与原生家庭的日常互动与互相支持变得难以实现，其原有的社会网络与社会关系日渐削弱或断裂，难以有效地发挥社会支持功能，迁移婚姻女性失去原有的社会支持和资源，而在本地建立新的社会网络又面临种种困境，她们在以丈夫为结点的社会网络中所得到的资源有限（田华，1991；邓晓梅，2011；杨建霞，2012；宋丽娜、王娜，2017）。同时，迁移婚姻女性与当地人存在语言、饮食习惯、风俗习惯、宗教信仰乃至生育环境上的差别（黄润龙，2002；谭琳等，2003；仰和芝，2007；陈业强，2012）。可见，从社会领域看，迁移婚姻女性离开原来熟悉的人群、社区环境和社会关系网，面对完全陌生的人群、社区环境和社会关系网，开始新生活并不是件容易的事（仰和芝，2007）。同时，迁移婚姻女性想与迁入地女性建立良好的关系也并不是件容易的事，她们很少被邀请参加邻里的女性活动，在家庭出现矛盾时，迁移婚姻女性可能缺乏社区支持，她们与家人闹矛盾后很少向他人诉说，也无处诉说（谭琳等，2003；仰和芝，2007）。以上种种，使迁移婚姻女性在婚后的社会适应中时常面临诸多困难。

由于迁移婚姻女性在当地社会和家庭中兼有"移民""媳妇""双重外来者"的身份（谭琳等，2003），她们既是当地社区生活的"外来者"，又是婆家家庭生活的"外来者"，她们是外来人，远离自己的家人和朋友，结婚后在新的家庭中又被视为另类，刚开始她们对于这种转变还不太适应，经常感到很孤独，也面临必须寻找策略融入家庭和社区，从而找到自己的一席之地的压力（谭琳等，2003；邓晓梅，2014）。远离原来的家庭网和社会关系网，面对完全陌生的家庭、社区环境和社会关系网，在承受适应新的生活环境与人际关系带来的巨大压力的同时，迁移婚姻女性可能还会遇到来自丈夫及其家人的不信任、不尊重，甚至提防、监视（谭琳等，1998；仰和芝，2007；张冠李，2020），时常会受到当地人的冷眼、排斥和孤立，生活圈子小，心中比较压抑。另外，面临陌生的社区环境，迁移婚姻女性思念亲人、家乡的情感会特别强烈，充满着漂泊感和孤独感。因此，迁移婚姻女性更易受焦虑、抑郁、孤独等不良情绪侵扰，思乡、恋家情绪较重。时间一长，造成非正常心态，容易出现各种心理问题（仰和芝，2007；邓晓梅，2014）。正因为遇到种种困难，迁移婚姻女性在婚后很长一段时间里往往缺乏对婚入地的归属感，更缺乏幸福感（黄润龙，2002；仰和芝，2007；宛敏华，2009）。迁移婚姻女性在社会关系、文化等方面也仍有少数人未能融入当地生活（邓晓梅，2011）。

迁移婚姻女性婚后迁移到夫家所在地生活需要适应新环境，克服语言、风俗、价值观、文化差异等障碍（仰和芝、张德乾，2018），婚后的社会适应或社会融合过程中，"双重外来者身份"（谭琳等，2003）、"性别身份"（邓晓梅，2011）与婚姻迁移行为多重交织，使得迁移婚姻女性需要更多地改变自己来主动适应当地社会。在父权制的研究视角下，迁移婚姻女性在父权制及其实体组织宗族的种种制度和文化规范的约束和歧视下，有陌生感和无力感，沦为不折不扣的"弱者"，在经济、政治权利和心理上基本属于弱势群体（邓晓梅，2014）。而迁移婚姻女性所在村庄居民作为一个整体，通过生活美德、道德规则以及交往规则等方面对外地媳妇群体进行先在的"污名化"，进一步固化甚至加深了农村外地媳妇的弱势地位。这种"污名化"也在很大程度上实现对该群体的社会排斥，成为迁移婚姻女性这一群体顺利融入家庭和社会生活的重大阻力和障碍（申艳芳、栾殿飞，2012；申艳芳、郝大海，2014）。

从农村婚姻迁移到城市的迁移婚姻女性婚后生活面临的适应问题具有一定的特殊性。在接纳与排斥之间，由农村流动到城市居住的农村女性成为受市场竞争、社会性别和制度身份三重因素影响的个体，其面对传统社会性别角色期待，这使迁移婚姻女性在城市中面临更大的挑战，城市融入受到限制（张翠娥、付敏，2011），与农村女性结婚的城市男性很多本身是城市中的相对弱势者，无论是个人还是家庭条件多处于城市的底层；而婚姻迁移到城市的农村女性在进入城市后，无论是在职业竞争力还是文化层次等方面都处于明显劣势，因此，这样的城乡联姻让农村女性婚姻迁移者往往面临许多生存危机和矛盾（沈文捷，2007）。另外，我国户籍制度的改革并未彻底改变城乡差别以及长期存在于人们思维中的对农村的歧视和偏见，作为嫁到城市的农村女性婚姻迁移者，她们在城市的生活之路不会顺利，她们要真正适应城市生活和被城市所接纳认同需要一定的时间并要为此付出相当的努力（赵丽丽，2008）。作为一个特殊的社会群体，其经济收入、政策保障、社会接纳、家庭关系、身份认同等方面的弱势造成了这一群体的边缘化地位（王思怡、陆经纬，2013）。迁移婚姻女性的社会地位并没有因为婚姻而得到提高，换句话说，婚姻迁移到城市的女性并没有因为婚姻而改变自己的社会地位（赵丽丽，2008）。

综上，迁移婚姻女性婚后必须面对新的生活环境、文化环境和社会情境，她们婚后的社会适应或社会融合会面临很多挑战与不确定性。研究者们发现迁移婚姻女性婚后的社会适应或社会融合的不同方面存在不同程度的风险，并认为长距离的婚姻迁移将作为移民主体的迁移婚姻女性暴露在社会风险中（张冠李，2020）。迁移婚姻女性婚后的社会适应或社会融合问题，不仅影响其本人的生活，也影响迁移婚姻的稳定和家庭的稳定，进而给子女的抚养与成长带来风险。如何提升农村女性婚姻迁移者婚后的社会适应或社会融合水平已经成为我国当前人口流动进程中越来越突出的问题。

二　女性农民工迁移婚姻及其家庭存在不稳定与易破裂的风险

迁移婚姻女性婚后转换了生活空间，也就必然要经历不同社区和文化的转变、地理距离带来的文化距离和心理距离，从本质上看她们也属于"移民"群体，同时她们又是特殊的"移民"（邓晓梅，2011）。迁移婚姻女性婚后从娘家到夫家生活后需要适应新的环境，改变生活方式，调整心理状态，面临多重困境（仰和芝、张德乾，2018）。由此，相对于同一个地区男女缔结的婚姻和成立的家庭，迁移婚姻生活中除了有常规问题外还会产生由地区差异造成的其他问题，有些可能是潜在的，暂时没暴露出来，诸多因素都有可能成为导致婚姻家庭不稳定和破裂的诱因，预示着地域差异给迁移婚姻女性的婚姻和家庭的维系带来更多的风险。

因为双方原生家庭距离遥远，存在双方信息的不对称风险。婚前男性为了博得女方的青睐，甚至刻意隐瞒不利于自己的一些坏的信息，同时也刻意地制造有利于自己的一些好的信息，女方对男方及其家庭很难有较全面和深入的了解；反之亦然，男性对女性及其家庭同样也缺乏深入了解。迁移婚姻女性的婚姻多是自己在外出务工经商中自行决策的，缺少家庭的集体决策，也缺少对对方家庭和个人的信息间接评价机制，容易产生信息不对称，增加迁移婚姻女性择偶的盲目性风险（仰和芝，2007；王文龙，2010）。未婚女性农民工涉世不深，缺乏正确的判断力，对于恋爱与婚姻过于感性，在外嫁过程中存在盲目性，难免要遭受社区舆论的负面评价，也很难获得家人和他人的祝福。有的人在没有完全了解对方的情况下就同居和草率登记结婚，而这些信息在婚后都真实地呈现出来。嫁过去以后，才知不合心意，有上当的感觉，这难免为以后的婚变埋下隐患（仰和芝，2007；王文龙，2010）。即使一些恋爱中的女性已经发现男友的欺骗，但受传统思维的影响，她们认为生米已经煮成熟饭而没有果断地分手，致使一错再错，使远嫁婚姻充满辛酸与不幸。有的女性婚后提出离婚或直接逃离回娘家或偷偷地跑到外面去打工，极端的甚至自杀（邓智平，2004；刘芝艳，2009；王文龙，2010）。

迁移婚姻女性中很多人不适应当地的生活习惯，婚后的妇女面对丈夫和家庭，也不再是恋爱时候的浪漫和感情，而是柴米油盐、抚育儿女、照顾老人和处理各种家庭关系的琐事。如果当地生活条件很差，并且男方家庭条件也差，女方在产生各种婚后不适应的时候没有得到丈夫和其家人的理解和关照，那么就很可能因无法忍受而离开（宋丽娜，2010）。而距离遥远产生的差异冲突，会成为迁移婚姻的不稳定因素。正因为距离的相隔，冲突是一个基本主题，远嫁女在未来的婚姻生活中会遇到不习惯夫方的气候水土、语言交流障碍、生活方式和风俗习惯不同、思想观念与价值观的冲突、本地人的排斥与孤立等一系列影响婚姻稳定的因素，远嫁女如果难以承受压力，不能调适这些因距离产生的差异、冲突，不能在自己努力和丈夫及其家人的帮助下顺利度过这段非常艰难的岁月，可能会导致婚姻的不适、冲突，轻则影响家庭和睦，严重的会造成婚姻当事人走向陌路（仰和芝，2007；熊星星，2012），从而影响家庭生活的美满和婚姻的稳定。

迁移婚姻女性与娘家的远离，导致亲情断裂，在婆家处于孤立地位，同时家庭矛盾缺乏外部缓冲，容易激化，使迁移婚姻更为脆弱。远离父母与兄弟姐妹，必然造成远嫁女情感的缺失、亲情的断裂，特别是遇到矛盾时缺乏倾诉与理解、关心的对象（邓晓梅，2014；仰和芝、张德乾，2018），家庭矛盾缺乏外部力量的介入，难以调解缓冲，使迁移婚姻女性家庭内部矛盾不断积累、激化，影响婚姻与家庭的稳定（宛敏华，2009；王文龙，2010）。

迁移婚姻女性的丈夫及其家人，担心外地媳妇不适应本地的生活或是不满意目前的生活，选择离开不再回来，有的甚至怀疑迁移婚姻女性是来诓骗自己家钱财的，拿到之后会偷偷地跑掉，因而对她们持有怀疑与不信任的态度，还会处处提防着她们，有些偏激的家庭甚至会限制外嫁女跟娘家联系，平时也不让她们单独外出（仰和芝，2007；熊星星，2012）。这对于期待真挚的爱情和美满的婚姻的迁移婚姻女性来说无疑是一种打击，极易导致矛盾与冲突，有的妻子在忍无可忍的情况下提出离婚或想办法逃走，从而导致婚姻破裂。

另外，迁移婚姻在婚姻稳定性上也弱于传统的双方都来自当地的婚姻，因为这类婚姻源于农村青年的外出务工，而不再像传统婚姻那样根植于乡土社会，受乡土社会传统伦理观念、道德规范的约束。而且，这类婚姻中有部分执行习惯婚，并未按法定程序办理结婚登记手续。法律保障和乡土社会传统伦理约束的双重缺失使婚姻双方在感情破裂之时几乎马上就产生了婚姻的瓦解（马丽，2004；宋丽娜，2010）。因此，迁移婚姻有着更多的矛盾和不稳定性，有时甚至引发恶性事件（周亮红，2009）。

综上，由于存在信息不对称、择偶的盲目性与不够理性、早恋、早婚、未婚先育、早育、缺乏娘家的庇护与支持、彼此不信任、克服婚后生活适应困难等实际问题，女性农民工迁移婚姻与家庭的稳定性脆弱，更易破裂，迁移婚姻及其家庭充满变数和风险。

三　迁移婚姻女性的新生家庭与原生家庭的关系存在疏离与部分解体的风险

在我国婚姻文化和传统中，婚姻所强调的不是信托或契约关系，而是因姻缘的连接而成为姻亲关系（陈庆德，2000）。姻亲关系是我国农村社会的基本社会关系结构，也是我国农村社会整个亲缘关系网的重要基础。由婚配构成的姻亲关系在我国农村地区的经济与社会生活中一直发挥着重要功能，人们在日常生活和社会交往中也十分倚重这一姻亲关系，随着我国农村婚姻家庭和社会关系的变迁，姻亲关系的地位、重要性不断上升（郭于华，1994）。在实际生活中，姻亲关系的重要性不一定亚于由族谱、祠堂等符号规定的宗族制度（刁统菊，2019）。"合二姓之好"的联姻也体现在家族之间的利益结盟中，日常生活中的相互扶助、农业生产或是买卖中的长期合作以及政治联盟更是经常基于姻亲而非宗亲（阎云翔，2017）。

对已婚农村女性来说，来自娘家的姻亲关系是其及其新生家庭最重要的社会关系和最重要的社会支持来源。以姻亲关系为基础拓展的社会网络是新婚夫妇与新生家庭开始社会生活的基础（吉国秀，2000）。娘家在已婚女性生活中具有与婆家相当甚至更重要的意义，娘家在分家、提高或巩固已婚妇女在小家庭中的主导地位、建构亲属和邻里关系网络甚至是死亡后的葬礼等仪式中都发挥着重要的支持与庇护作用（李霞，2010）。娘家往往是为新家庭提供生活和经济支持的重要资源，新家庭与娘家维持着很紧密的互助合作关系，娘家是小家庭最重要也最有可能提供支持的关系资源（李霞，2010）。姻亲关系可以扩大社会关系网，增加家庭社会资本，实现社会资本的互补（王文龙，2010）。娘家还保留了对女儿生命和幸福的关心和监护权，如果嫁出去的女儿被认为在婆家受到了不公正的对待，娘家就有权扮演女儿的保护者的角色。女儿与娘家双方间的日常走动，也方便娘家确认女儿的生活状态，娘家的庇护可以为其生活增加安全的砝码（李霞，2010）。

已婚女性与娘家的关系，不仅表现在已婚女性对娘家各种支持的需要和婚后的情感维系上，也表现在娘家特别是父母对已婚女儿的牵挂以及各种回归支持的期待和实际需要上。已婚女儿的婚姻具有扩展其娘家亲属关系的功能（李霞，2010）。女儿远嫁后，情感上的交流与相互关心，农忙时的相互帮助，物质上的互通有无，年老时的赡养与照料都难以实现（仰和芝、张德乾，2018）。女儿远嫁，就削弱了未来与娘家的联系，娘家也"白养了"女儿。这些也是农村父母一般都不愿意女儿选择迁移婚姻的直接原因（李磊，2012）。可见，对于娘家与已婚女性双方来说，彼此之间不仅会有情感支持、经济支持和社会关系支持，也是社会风险化解与承担的保障，更是新婚夫妇及其新生家庭矛盾化解的有效减压阀。

但对迁移婚姻女性而言，因为空间距离，回娘家有诸多不方便，如路途遥远，孩子年幼，走一趟娘家费用不菲，有的女性远嫁后几年都不回娘家，并不是她们不想回娘家，而是各种经济算计与时间考量使得她们不能回家，她们还要面对自身生活中的问题（宋丽娜，2010）。迁移婚姻女性很少回娘家，其在与娘家联系密度、与娘家联系内容、与娘家互相帮助状况、参加娘家家族活动状况等方面普遍趋于疏离或疏远（仰和芝、张德乾，2018），也就基本上失去了娘家的社会关系，失去了重要的经济支持和生活支持（宋丽娜，2010；邓晓梅，2014），当然娘家也失去了来自女儿及其新生家庭的支持。

对迁移婚姻女性来说，婚姻可以利用的本土资源在迁移婚姻的事实中被消解，所以婚姻结合所延伸出来的亲属关系基本失去了意义，亲属制度在迁移婚姻女性生活中的支持和象征意义部分解体（仰和芝、张德乾，2018；宋丽娜，2010）。远离了农村社会制度给予婚姻的各种社会救济，迁移婚姻可以利用的本土社会资源越来越有限。有学者研究拉祜族女性婚姻迁移发现，女性大量远嫁打破了传统的族内婚基本框架，老一辈稳固的亲戚联盟的社会链条断裂，导致原本默契的换工联盟受到前所未有的削弱甚至解体，从而冲击了传统的农业协作方式，严重影响了当地农业经济的发展（杨云燕、张阳，2014）。

迁移婚姻女性离开了过去的生活环境，失去了原有的社会支持资源，主要依靠丈夫和家庭。但她们的丈夫往往在村庄中被人看不起，使得她们在以丈夫为结点的社会网络中所得到的资源也有限（杨建霞，2012）。在缺乏娘家支持与庇护的情况下，迁移婚姻女性的亲属关系并没有随婚姻而形成一种"跨越村庄界限的娘家-婆家关系结构"，她们被迫放弃婚前的社会支持网尤其是"娘家"这一重要的庇护与支持力量，独自一人适应新的婆家生活，甚至还要应对当地人和婆家的歧视与排斥（申艳芳、郝大海，2014）。失去了必要的依靠和支持，特别是和丈夫及其家人有矛盾时，迁移婚姻女性会有孤立无援的感觉，甚至后悔当初的选择，处理不好，会引发迁移婚姻女性人格和心态的严重挫伤，从而影响婚姻家庭稳定。正因为如此，"远嫁"在传统语境里，乃为不幸和凄凉的同义词（仰和芝，2006）。

另外，从我国农村养老支持保障的现状来看，农村养老特别是年迈父母的日常照顾主要依赖家庭支持，也就是依赖儿女支持。养儿女防老，现在女儿远嫁了，一年到头难得回来一次，在年老父母赡养方面，迁移婚姻女儿不能经常回娘家看望和照顾年迈体弱的父母，她们对父母的赡养更多体现在物质方面，精神方面的赡养难以正常实现（马丽，2004）。女儿远嫁的老人期望女儿以后照顾和养老的想法已不太现实，从而可能带来老人的心理孤独、疾病医护和生活照料等问题，女性婚姻迁移对自己父母的养老支持会产生一定冲击，引发有迁移婚姻女儿的父母的养老危机，最终可能演变为农村一个较严重的社会问题（同亮红，2009；宋丽娜，2010；仰和芝、张德乾，2018）。

综上，女性农民工婚后迁移到新生家庭所在地生活，其与娘家处于时空上离散状态，迁移婚姻女性与娘家亲属之间容易弱化和失去彼此的社会资本和社会支持，原生家庭与新生家庭两个家庭的社会资本彼此割裂，社会网络萎缩且功能弱化，甚至失去功能，从而引致迁移婚姻女性基于姻亲的亲属关系存在弱化和部分解体的风险。

四　加大婚姻迁出地的适婚男性婚姻挤压风险，由此加剧婚姻挤压男性的一系列社会问题

我国改革开放以来农村女性外出务工经商，引致农村女性人口大规模流动和本地未婚女性资源普遍外流，农村婚姻资源跨越了区域性并在全国范围内流动，这已经成为农村婚姻资源变动变迁的事实。在农村传统婚姻地域圈的格局中，男方的婚姻资源需求与女方的婚姻资源供给能够保持相对的平衡（桂华、余练，2010）。经济社会发展带动了大规模的农村人口流动，很多女性资源从本地婚姻市场流失，引发迁移婚姻，农村女性的迁移婚姻在一定程度上有利于缓解迁入地性别比的失调（顾耀德，1991），在一定程度上缓解了经济发达地区的婚姻挤压（胡莹、李树茁，2015）。但在我国"从夫居"的传统婚姻形式下，农村女性（农民工）迁移婚姻常态化，农村婚姻资源出现不平衡状态，这必然会造成流出地区的人口性别比例失调（马健雄，2004；甘品元，2007；桂华、余练，2010；李雪彦，2016；杨筠、付耀华，2015；仰和芝、张德乾，2018）。

在婚姻迁移在地理空间上对女性婚姻资源重新配置的大背景下，女性资源大量外流，全国婚姻资源市场逐步取代传统通婚圈（黄佳鹏，2019）。地理位置更为优越、经济发展更好地区的未婚男青年，自然而然会在婚姻资源市场上占据优势地位，能够获取更多的婚姻资源；经济发展较为落后、地理位置偏僻地区的农村男青年处于整个社会的底层，自身经济条件的限制、资源的贫乏使得他们在全国性的婚姻资源市场上处于相对弱势的地位，从而加剧了婚姻资源市场的不平等性和弱势地区男性的婚配困难（田先红，2009；冯乐安、马克林，2010；胡莹、李树茁，2015；杨筠、傅耀华，2015；仰和芝、张德乾，2018；杨华，2019）。

"嫁出去容易娶回来难"，在我国农村适龄男女性别比失衡的背景下，较大规模的女性跨省婚姻迁移推高了中西部地区男性的婚姻挤压程度（胡莹、李树苗，2015）。这必然引起某些地区男性与女性的婚姻资源失衡，进而引发某些地方婚姻资源市场竞争加剧，特别是相对贫困地区和偏远民族地区成为婚姻挤压的直接受害区，导致偏远贫困地区男性的"弱势积累"问题（石人炳，2006）。本地男性特别是相对弱势的男性无法在本地找到婚姻对象，从而引发某些不具有竞争性的地区男性的婚姻挤压，并成为特定时期内特定区域婚姻市场竞争和婚姻挤压的末端（邓国彬、刘薇，2001；甘品元，2007；田先红，2009；栗志强，2011；靳小怡等，2011；黄佳鹏，2019）。

女性农民工迁移婚姻会不同程度地加剧落后地区男性成婚困难，引发婚姻迁出地男性婚姻挤压已经成为不争的事实。研究者在一些地方的调查研究也证实了农村男性婚姻挤压情况的严重性。例如，对云南毛南族一个村屯 56 年来的婚姻行为变迁进行研究，发现随着社会的变迁，毛南族的通婚圈总体呈扩大趋势，且女性的通婚圈要较男性大。随着女儿输出外嫁的增多，男性单身者就更多，给社会带来不可忽视的影响（甘品元，2007）。对辽东 X 村调查研究发现，当地女性出现大量的外嫁，使得当地的婚姻市场上男女比例出现了严重失调，给男性的婚姻造成了很大的困境，1100 多人的村庄中在 2000 年以后出现的男性单身者已达到 31 例（陈锋，2012）。对鄂西农村地区调查研究发现，打工潮兴起后，农村女性资源大量外流，全国婚姻市场逐步取代传统通婚圈，2000 年以来所调查的茅坪村共有 20 位外嫁女（嫁到本县之外），另有 6 位嫁到本县内其他乡镇，村内通婚极少（12 位嫁到省外），这进一步挤压了本地男性的婚配机会（黄佳鹏，2019）。

因受到婚姻挤压而面临成婚困难的男性，往往集中在落后的农村地区，他们家庭经济贫困、文化程度低、健康状况较差，而这些群体恰恰对婚姻和家庭有着更强烈的需求和依赖性（苟欢迎、刘慧君，2018）。迁移婚姻进一步加剧婚姻迁出地的男女比例失调，男性面临婚姻挤压，在农村婚姻市场上，适婚青年男女比例失衡产生的"女性赤字"成为女性要价的基础性要件，也会推高彩礼，增加男性的婚姻成本，进而转化为针对中下层家庭的婚姻挤压和代际剥削（桂华、余练，2010）。

较贫困农村地区女性因婚姻迁移流出的现象更加普遍，条件较差的男青年找到配偶的难度更大，他们成为中国男性婚姻挤压后果的主要承担者。婚姻挤压导致一部分婚龄人口暂时或永久地游离于婚姻与家庭之外，因而他们不能享有正常的家庭生活，缺乏与异性进行情感与生理上的交流，也缺少与家庭其他成员思想等方面的沟通（余练，2011），长此以往，必然会给当事人的生理与心理等方面带来许多危害（陈友华，2004）。同时，受到婚姻挤压的男性在正常婚姻缔结渠道得不到满足的情况下，可能造成买婚和骗婚等从事诱骗、拐卖妇女的犯罪活动、事件增多，干扰正常的社会秩序，势必成为严重的社会问题（孙琼如，2004；吴文，2010；靳小怡等，2011）。同时，迁移婚姻解体高发，在农村婚姻挤压状态下，离异的女性几乎都能很快再嫁，并且享受婚姻市场所带来的好处更多；而男性在离婚之后却很难再婚，他们无力支付再婚的成本，往往会再次沦为单身者，产生新的婚姻家庭问题，往往成为所在家庭和所在地的不安定因素（宋丽娜，2015）。

综上，农村女性迁移婚姻在不同程度上加剧婚姻迁出地男性的婚姻挤压，那些"被迫"承受婚姻挤压的大龄未婚男性的存在，不仅会引发个人身心问题和家庭问题，还可能会引发某些威胁社会稳定与安全的社会问题，特别是当这种大龄未婚单身现象出现聚集的时候，尤其会对正常婚姻秩序、传统道德维系和公共卫生安全构成威胁，成为影响社会稳定的因素。

第四节 研究评价与展望

综上，相关研究准确地捕捉到了女性农民工迁移婚姻风险的某些方面，为进一步研究提供了很好的思路，也奠定了良好的理论基础。但总的来说，对女性农民工迁移婚姻风险关注不够，且鲜有专门研究，已有的成果散见于有关研究中且多限于初步探索阶段，限制了研究的针对性、广度和深度，一些重要问题有待进一步厘清和展开研究，具体来说表现在以下方面。

一 拓展研究视角

改革开放以来，女性农民工迁移婚姻慢慢演变为我国婚姻的常态，业已成为一种全新的迁移婚姻模式。女性农民工迁移婚姻是在婚姻和迁移叠加基础上延伸出来的婚姻模式，相比传统农村同一通婚圈的婚姻，其因迁移效应引发的多元困境可能带来更多的不确定性，必然会引发和呈现新的婚姻风险，女性农民工迁移婚姻风险已成为我国社会风险治理中的新问题。已有研究缺乏专门从风险视角关注女性农民工迁移婚姻的负面影响，随着女性农民工迁移婚姻的社会影响增强，女性农民工迁移婚姻风险日益凸显。未来研究应转换视角，重点关注女性农民工迁移婚姻风险的评估与防范。

本书进一步拓展研究视角，尝试把风险理论引入迁移婚姻研究领域，从风险的视角关注女性农民工迁移婚姻引发的问题和负面影响，提出女性农民工迁移婚姻风险概念，并将其放入宏观的社会风险治理的视角展开研究。

二 建构理论分析框架

女性农民工迁移婚姻风险是在婚姻风险和迁移风险叠加基础上延伸出来的风险类型（仰和芝、张德乾，2020），属于社会风险，有其基本的内涵与分析视角，应该有其自身理论分析框架。已有的关于女性农民工迁移婚姻风险的研究，多关注微观的婚姻家庭问题和个体的社会适应问题，存在理论基础与经验研究相互分离的情况，缺乏整体性和系统性。未来研究要加强理论建构，有必要构建适用于女性农民工迁移婚姻风险的理论框架。

本书在风险和迁移婚姻相关理论的基础上，充分考虑女性农民工迁移婚姻风险的特殊性，尝试建构包括分析视角、基本属性、要素构成等方面的女性农民工迁移婚姻风险理论框架。

三　识别风险内容

女性农民工迁移婚姻风险是一种多维度和多属性的社会风险，其不只关系到婚姻家庭问题，还关系到人口、经济、养老、社会网络、健康、社会稳定等问题，涉及的风险内容多元。已有研究缺少对女性农民工迁移婚姻风险内容全方位的关注，研究内容主要涉及女性农民工迁移婚姻风险的某一方面或某些方面，呈碎片化状态，缺乏总体把握，无法了解女性农民工迁移婚姻风险的总体状况，无法为风险治理和决策部门提供针对性强的参考信息。未来研究应形成对女性农民工迁移婚姻风险内容的基本判断。

本书将运用扎根理论和深度访谈方法，通过逐级编码识别并确定女性农民工迁移婚姻风险内容的基本方面，从人口风险、婚恋风险、家庭风险、经济风险、社会网络风险、健康风险、养老风险、社会稳定风险八个范畴展开分析，力求更全面地把握整体状况，达成对女性农民工迁移婚姻风险内容和维度的基本理解。

四　扩大研究对象

任何一种风险发生后，其后果必然是由特定的个体和群体承受，不同的风险发生后承受的个体和群体范围并不一样，研究风险应该识别所发生风险的特定承受者。女性农民工迁移婚姻风险发生后可能涉及不同的个人和群体，风险承受者可能呈现多样化。已有研究主要聚焦于迁移婚姻中的女性农民工，研究对象较单一，事实上，女性农民工迁移婚姻的相关利益者均可能成为风险承受者。为了更好地了解风险影响范围，未来研究应识别多样化的风险承受者，扩大研究对象，关注多样化风险承受者的承受性及其相互关系。

本书关注女性农民工迁移婚姻风险多样化承受者及其之间的相互关系，将把迁移婚姻女性、迁移婚姻男性、迁移婚姻家庭子女、迁移婚姻女性父母、迁移婚姻女性兄弟姐妹、迁移婚姻男性父母、失婚男性、失婚男性父母等纳入风险承受者，关注风险效应和损失的传导性和广泛性，同时比较不同风险承受者之间的差异性。

五 构建风险评估指标体系

已有研究识别了女性农民工迁移婚姻的某些风险，但对如何测量女性农民工迁移婚姻风险关注明显不够，到目前为止，尚没有针对女性农民工迁移婚姻风险评估的指标体系。未来研究应构建风险评估指标体系并据此编制风险评估工具。

本书将在风险评估理论的基础上，借鉴风险理论和迁移婚姻的研究成果，充分考虑女性农民工迁移婚姻风险的特殊性，尝试构建包含一级指标和二级指标的女性农民工迁移婚姻风险评估指标体系，并结合风险评估类型，制定风险评估工具。

六 丰富风险评估类型

风险评估要了解、分析和评价风险性质、风险等级、风险可能性、风险关联性、风险严重性与风险传导性等基本情况，还要了解和反映不同风险承受者的风险克服能力。已有研究主要从后果严重性视角关注女性农民工迁移婚姻风险，风险评估比较单一。未来研究应该基于风险评估理论，对女性农民工迁移婚姻风险进行全方位评估。

本书将丰富风险评估类型，对女性农民工迁移婚姻风险的可能性、关联性、严重性、传导性和克服性进行评估。风险的可能性，旨在了解风险过去、现在或未来发生的可能程度；风险的关联性，旨在了解特定风险可能影响到的人群范围；风险的严重性，旨在了解风险后果对相关人群产生影响的程度；风险的传导性，旨在了解风险是否有传导性及其传导程度；风险的克服性，旨在了解人们克服风险的能力。

第三章　女性农民工迁移婚姻
风险理论框架

目前国内对女性农民工迁移婚姻风险并没有专门的研究，更没有系统的理论建构和分析。对迁移婚姻风险理论的研究涉及人口学、社会学、心理学、管理学等多个学科，本书将基于多学科视角，尝试构建女性农民工迁移婚姻风险理论框架。

第一节　女性农民工迁移婚姻风险的
分析视角[①]

女性农民工迁移婚姻不只是个体婚姻行为，其反映的是女性农民工群体回应时代变迁与现实婚姻境遇的自我调适与自我建构，其必将对婚姻家庭乃至社会产生深远影响。女性农民工迁移婚姻风险是我国婚姻变迁领域产生的风险类型，是我国婚姻领域的新风险和我国社会变迁中社会治理面临的新问题。女性农民工迁移婚姻风险的产生、发展与影响有其自身逻辑，本书尝试从社会变迁、经济社会发展、发生空间、基本属性、要素构成、危害性等视角分别分析女性农民工迁移婚姻风险产生的必然性、结构性、跨区域性、本质性、系统性与防范性，旨在为更好地评估与防范女性农民工迁移婚姻风险提供理论分析视角。

[①]　此部分主体内容作为研究阶段性成果已发表：仰和芝、张德乾（2020）。

一　从社会变迁视角正视女性农民工迁移婚姻风险产生的必然性

风险本身伴随着人类社会而存在，风险产生于人类为了自身更好地生存和发展的实践活动中。不同历史条件下、不同社会阶段、不同社会发展水平下，人类实践活动的目标、手段、内容具有一定的差异性，由此产生的风险也具有差异性，风险随着人类实践活动和人类社会变迁而不断发生变化。风险是人类社会的一种客观存在和现象，但风险在人类社会的不同历史阶段表现出的特征不尽相同，人类社会变迁过程中不断产生新的风险。人类社会发展过程中要不断面临新的风险，人类对风险的关注意识和认识的变化也在一定程度上反映了特定历史条件下人所面临的生存发展状态和人自身认识的发展水平。

大量农村未婚女性外出务工经商成为女性农民工，是改革开放以来我国农村人口流动的重要特征，也是我国现代社会变迁的重要组成部分。国家统计局 2009 年以来的农民工监测数据显示，历年来女性农民工数量占全部农民工比例接近或超过 1/3，说明女性农民工是农民工的重要组成部分，而女性农民工中一部分是未婚女性农民工。未婚女性农民工在外出务工经商中实现经济角色转变和社会地位提升的同时，她们选择配偶的空间、机会、观念与行为均发生着深刻变化。由此，我国大范围内持续出现女性农民工在外出务工经商过程中认识配偶并远嫁异地的女性农民工迁移婚姻（仰和芝、张德乾，2018）。婚姻不是私事，女性农民工迁移婚姻发生于全国范围内，随着女性农民工迁移婚姻的持续发生与长期存在，其因迁移效应引发的风险正在成为我国婚姻变迁中的现实问题与社会治理中的新问题，其必将对婚姻家庭乃至社会产生深远影响。可见，女性农民工迁移婚姻是社会变迁过程中必然出现的婚姻现象，由此引发的女性农民工迁移婚姻风险是社会变迁过程中必然衍生的新风险。女性农民工迁移婚姻风险反映了女性农民工群体在现实婚姻境遇中面临的多元困境，是我国社会领域风险的新现象，有显著的社会变迁特征和中国社会特色。女性农民工迁移婚姻风险是我国社会变迁的必然产物，警醒我们必须正视我国婚姻领域的新变化及其引发的新风险，站在社会变迁和婚姻变迁的高度，理性认识女性农民工迁移婚姻风险现象及其可能引发的新问题，并积极防范女性农民工迁移婚姻风险。

二　从经济社会发展视角分析女性农民工迁移婚姻风险的结构性

改革开放前，在我国传统的农业社会，农村婚姻模式呈现的是小农经济社会的特征，农村婚姻风险也呈现传统的乡村社会的特征。而改革开放后，工业化、城市化、市场化等对农村婚姻的影响日益明显，农村婚姻与经济社会发展密切相关，呈现结构性特征，微观的个体婚姻境遇与宏观的经济社会发展相遇并碰撞，由此产生了女性农民工迁移婚姻，并改变了农村婚姻的发展走向。

相应地，当前女性农民工迁移婚姻作为农村婚姻变迁的重要表现形式，其风险也与工业化、城市化密切相关，现代化因素对迁移婚姻风险的影响日益明显，迁移婚姻风险呈现经济社会发展的结构性特征。具体表现在以下五个方面。其一，女性农民工迁移婚姻风险的物质基础和历史基础是经济社会的发展，是由人口流动带来的婚姻缔结空间变化所引致，是时代赋予的婚姻缔结要素发生了根本变化，是个体的婚姻境遇与经济社会结构发生了勾连，从而产生了风险要素。其二，女性农民工迁移婚姻的风险源并不是个人，其呈现结构性，主要表现为迁移风险源引发的一系列风险源，只不过是结构性风险源下，引发的迁移婚姻风险事件不尽相同，风险后果影响不尽相同。其三，女性农民工迁移婚姻风险的承受者是不同的群体，光靠个体无法改变迁移婚姻风险的发生和传导，个体承受的风险是宏观经济社会发展引致的婚姻变迁的结果，个体不得不承受迁移婚姻的负面影响和后果。其四，女性农民工迁移婚姻风险呈现跨区域、多领域、多元承受者、影响周期长等特征，因此容易被放大为结构化的社会风险，产生广泛影响。其五，女性农民工迁移婚姻风险是宏观经济社会发展的产物，是婚姻变迁的产物，作为迁移婚姻风险的承受者，个体只能在经济社会发展的大环境中去积极应对风险，从而降低风险等级及其后果影响。

三　从发生空间视角诠释女性农民工迁移婚姻风险的跨区域性

特定类型风险的发生及其影响都具有区域性的特征，有的风险发生及其影响在相对封闭的空间内，有的风险发生及其影响具有不同程度的跨区域性的特征。对于婚姻风险来说，一般的非迁移婚姻风险的发生往往是在特定的区域内，风险的发生空间具有相对的封闭性，由此产生的风险影响也具有明显的区域封闭性。作为一种典型的迁移婚姻模式，其迁移的本质性，致使女性农民工迁移婚姻风险具有跨区域性的特征。

女性农民工迁移婚姻风险的跨区域性主要表现为风险发生的跨区域性、风险影响范围的跨区域性、风险后果承受者的跨区域性。其一，风险发生的跨区域性。主要体现为，同样的风险源引发的风险事件跨区域，同样的风险事件引发的风险后果跨区域。譬如，女性婚姻迁移作为风险源可能引发原生家庭和新生家庭的养老问题及婚姻稳定等风险事件，女性婚姻迁移可能引发迁出地和迁入地的适婚男性与女性性别比例失调的风险后果。其二，风险影响范围的跨区域性。主要体现为，发生在某一区域的某些风险后果的影响是跨区域的，譬如，某个女性选择迁移婚姻后，迁移这一风险事件造成的风险后果，不仅会影响到迁出地的原生家庭和社区，也会影响到迁入地的新生家庭和社区。其三，风险后果承受者的跨区域性。主要体现为，同一个风险事件和风险后果承受者的区域是多元的，可能是迁出地，也可能是迁入地，还可能是迁入地与迁出地之外的区域。总之，女性农民工迁移婚姻风险的发生及其影响具有跨区域性特征，提醒我们对其评估与防范必须扩大视野，跳出封闭的区域，站在更宏观和广泛的角度提出治理思路和措施，防止风险的传导和扩大化。

四　从基本属性①视角诠释女性农民工迁移婚姻风险的本质性

迁移婚姻是迁移和婚姻结合的产物，女性农民工迁移婚姻风险在迁移风险和婚姻风险叠加基础上形成，女性农民工迁移婚姻风险基本属性具备风险一般属性的同时也具备自身特殊的属性，从而呈现多重属性，集多重属性于一体的女性农民工迁移婚姻风险呈现自身的本质性。

女性农民工迁移婚姻风险的多重属性具体表现为未来性、不确定性、时代性、客观性、复杂性、关联性、传导性。女性农民工迁移婚姻风险的未来性指的是女性农民工迁移婚姻相关风险要素发展演化引致风险在未来发生的可能性，未来性属性提示女性农民工迁移婚姻风险的潜在性、动态性和隐蔽性；女性农民工迁移婚姻风险的不确定性指的是相关当事人不能控制或预先不知道的风险事件的未来状态，不确定性属性提示女性农民工迁移婚姻风险的多种可能性和动态发展性；女性农民工迁移婚姻风险的时代性指的是女性农民工迁移婚姻风险是我国新时代婚姻变迁中的现实问题与社会治理中的新问题，时代性属性表明女性农民工迁移婚姻风险发生的阶段性、新颖性与发展性；女性农民工迁移婚姻风险的客观性是指风险是不以相关当事人的意志为转移的一种本来存在的客观状态，客观性属性表明女性农民工迁移婚姻风险的实在性和现实性；女性农民工迁移婚姻风险的复杂性是指风险要素组成、形成原因、表现形式、彼此关系、后果及其影响的复杂多样且不以相关当事人的意志为转移的一种本来存在的状态，复杂性属性表明女性农民工迁移婚姻风险的系统性、结构性、多样性和差异性；女性农民工迁移婚姻风险的关联性指的是风险发生并存在于人与特定的对象所形成的各种关联性关系之中，关联性属性表明女性农民工迁移婚姻风险的系统性、综合性和共存性；女性农民工迁移婚姻风险的传导性指的是风险通过一定的传导载

---

① 基本属性在本章第二节进行详细分析。

体并经由一定的传导路径在迁移婚姻体系内部进行传导，传导性属性表明女性农民工迁移婚姻风险的连锁效应与扩散性。女性农民工迁移婚姻风险的基本属性表现出多重性，只有从基本属性视角诠释风险，才能更好地认识女性农民工迁移婚姻风险的本质性。

五　从要素构成视角分析女性农民工迁移婚姻风险的系统性

风险是由一系列要素构成的系统综合体。国际标准化组织（ISO）认为风险包括风险源、潜在事件、后果及其可能性（ISO，2018），全国风险管理标准化技术委员会颁布的《风险管理　术语》（GB/T 23694—2013）从风险源、事件及其原因、潜在后果识别风险。风险的各种不同要素之间相互交织、相互作用，形成复杂多样的风险系统综合体。

本书参考国际标准化组织和全国风险管理标准化技术委员会的观点，基于女性农民工迁移婚姻风险的特殊性，从风险源、风险事件、风险后果及风险承受者四个方面分析女性农民工迁移婚姻风险的构成要素。第一，风险源。风险源指的是可能单独或共同引发风险的内在要素。在迁移婚姻领域内可能引起风险发生并产生风险损失的因素和条件都是风险源，女性农民工迁移婚姻风险源包括个体的思想认识与价值观念、个体的行为方式与适应能力、家庭的条件与家庭结构、区域文化差异、社会大众的认知和态度、制度保障等。第二，风险事件。风险事件也称风险事故，是指产生损失的直接原因和条件，风险事件的发生使潜在的可能风险转化成为现实的损失。女性农民工迁移婚姻风险事件受风险源的影响，不同的风险源可能产生不同的风险事件，风险事件表现多样。第三，风险后果。风险后果指的是风险事件发展过程中和发生后呈现的某种状态并产生影响的结果。女性农民工迁移婚姻风险后果因特定的某些事件和行为而产生，风险后果的发生是不确定的，风险后果可能影响不同的相关人群，风险后果发生后又可能引发新的风险，风险后果的影响范围是复杂多样的，风险后果的形态是多样的，风险后果的承受者是多元的，风险后果的影响可能是直接的也可能是间接的。第四，风险承受者。风险承受者指的是风险发生后受风险产生的损失影响的当事人。从女性农民工迁移婚姻概念来看，似乎风险承受者只是女性农民工。但婚姻不只是婚姻中夫妻双方及其家庭的私事，女性农民工迁移婚姻发生后，迁移婚姻缔结与发展过程中涉及不同的人，女性农民工迁移婚姻的相关当事者均可能成为风险承受者，女性农民工迁移婚姻风险承受者主要包括迁移婚姻女性及其丈夫、子女、父母、公婆以及其他家人，同时也包括其他相关社会成员。风险源、风险事件、风险后果及风险承受者是女性农民工迁移婚姻风险的基本构成要素，风险各要素内部、各要素之间形成了相互依存的要素系统，从而形成女性农民工迁移婚姻风险的因果链和损失链。

六　从危害性视角分析女性农民工迁移婚姻风险的防范性

风险概念的提出与风险理论的不断发展的初衷是科学地认识风险，风险研究的目标是理解与控制风险带来的不确定性，增强人类应对风险的意识和能力，采取及时而有效的防范措施规避风险，从而从源头上规避、预防、化解、降低、控制可能产生的各种风险及其后果。

产生于我国改革开放后人口大流动进程中的女性农民工迁移婚姻现象是我国社会变迁中婚姻领域的新现象，在一定程度上反映了我国婚姻变迁的趋势。随着农村人口流动持续化与常规化，农村女性婚姻迁移作为社会现象将会在一定时期内持续存在并日益普遍，农村女性婚姻迁移者群体的数量将日益增加。女性农民工迁移婚姻现象发生于全国各地，涉及很多地区和广大家庭，其引发的风险不仅会影响婚姻家庭安全也会影响社会安全，不仅关乎个人与家庭的生存状态和生活质量也关系到整个社会的稳定与和谐。可见，随着女性农民工迁移婚姻的持续发生与长期存在，其因迁移效应引发的风险也正成为我国婚姻变迁中的现实问题与社会治理中的新问题，迫切需要构建相应的风险防范机制。为此，要科学分析女性农民工迁移婚姻风险防范现状和存在的问题，辨析政府、社会、社区、家庭、个人等主体在女性农民工迁移婚姻风险防范中的角色与责任，从宏观、中观与微观层面，明确女性农民工迁移婚姻风险防范的目标、主体、内容、措施、路径。构建女性农民工迁移婚姻风险防范机制，在风险防范目标方面，要建立有责任的婚姻、有保障的家庭、有秩序的社会；在风险防范主体方面，要形成多元主体广泛参与、良好合作与协同的局面；在风险防范内容方面，要加强婚姻伦理道德建设、健全婚姻家庭保障制度、推动婚姻市场良性运转、健全心理卫生服务体系、共建社会支持网络、促进社会融合；在风险防范措施方面，要实施社区层面的婚姻家庭关系调适与危机干预、提供全方位社区支持、畅通多元化心理疏导渠道、强化法律规范、提升个体抵御风险能力、保护弱势群体；在风险防范路径方面，要实施风险动态监测、构建风险预警机制、降低与阻断风险传递。

第二节　女性农民工迁移婚姻风险的基本属性[①]

女性农民工迁移婚姻风险是风险在迁移婚姻基础上延伸出来的风险类型，属于社会领域的风险。婚姻是人类的一种行为模式，任何婚姻在其生命历程中都可能产生风险，婚姻风险是人类面临的风险之一。迁移是人类的行为模式之一，人口或人群迁移行为同样可能产生风险。女性农民工迁移婚姻风险在迁移风险和婚姻风险基础上叠加形成，其具备风险一般属性的同时，也具备自身特殊的属性。本节尝试从未来性、不确定性、时代性、客观性、复杂性、关联性、传导性七个方面分析女性农民工迁移婚姻风险属性，为认识和防范女性农民工迁移婚姻风险提供理论分析视角。

一　未来性

未来性是风险时间维度的属性。风险在时间维度上具有未来性指向，表明风险不是已经或正在发生的事件及其后果，而是可

---

① 此部分主体内容作为研究阶段性成果已发表：仰和芝、张德乾（2021）。

预见的、将要发生于特定时刻或时期内的事件及其后果，风险是面向未来的一种可能性状态，而不是一种事实性状态。已经发生的事件的不良后果，是事故、灾难、危害、危机，不是风险。正是风险在时间维度上具有未来指向性，让风险具备了不确定性，也揭示了风险具有动态发展的特征。风险是面向未来的一种可能性状态，未来性是风险的基本属性，但发生在未来的事件和行为并不一定具有风险，风险也不是一定会发生。关于风险未来性的不同认识决定了人们对待风险的态度：决定论的观点认为未来是一系列确定的事件，这些事件在今天或现在已经决定了；而系统论的观点则认为有无限多种可能的未来，通往未来的路径是未知的，它包括不可胜数的分岔、突变和偶然事件的放大影响（王志宇、方淑芬，2007）。风险的未来性要求人们审时度势，把握事件发展方向，强化风险意识。

女性农民工迁移婚姻风险的未来性指的是女性农民工迁移婚姻相关风险要素发展演化引致风险在未来发生的可能性。所有女性农民工迁移婚姻风险在时间维度上都是指向未来的某一时刻或某一阶段，是与迁移婚姻有关的某一（些）行为或事件发展演化在未来的某种可能性。人们对女性农民工迁移婚姻风险未来性的态度和认识的不同会影响人们对风险的判断，影响人们的行为选择，影响人们在风险发展中的行为方式，进而影响女性农民工迁移婚姻风险发展的进程和后果。女性农民工迁移婚姻风险的未来性体现风险发展的动态性和影响的持续性，女性农民工迁移婚姻风险的未来性具体表现为：其一，风险发生于迁移婚姻相关者未来的生活事件和生活行为中，风险发生与迁移婚姻相关者的未来生活密切关联；其二，风险发生的未来性具有多种可能性，风险的未来不只是发生在特定的某个可能的时刻或阶段，而可能发生在一系列特定的时刻或阶段；其三，风险的后果不只是在未来特定的某个时刻或阶段一次性呈现，也可能是在一系列未来特定的时刻或阶段逐渐呈现；其四，风险的未来性的影响是递进的，发生于未来的风险事件或行为又会影响其未来的风险事件或行为，进而产生新的风险事件或行为，以此类推；其五，风险影响的未来性是扩散的，不只是发生于某个人或某个特定群体的未来生活或行为中并产生影响，也可能发生于不同个人或不同群体的未来生活或行为中并产生影响；其六，风险的未来性要求迁移婚姻相关者对未来的风险事件和风险影响有充分预见和判断。

未来性属性提示女性农民工迁移婚姻风险的潜在性、动态性和隐蔽性，正是因为女性农民工迁移婚姻风险具有未来性，所以提醒并要求迁移婚姻相关的行为主体不能只关心当下的感受和认识，要基于目前相对确定的事物、目标与要素，对将要发生的与迁移婚姻相关的事件进行预测，想到并分析未来的各种可能风险，积极主动地采取可行的防范措施，努力降低某些风险未来发生的可能性，规避和降低风险发生后的负面影响，从而积极迎接未来并努力适应未来和创造未来。

二　不确定性

不确定性既是风险本身存在维度的属性，也是人类对风险认识维度的属性。不确定性是风险的根本来源，正是有不确定性才可能有风险。风险定义中的不确定性如果是指纯粹的不确定性，则这种风险称为绝对风险；如果是指可以进行概率估计的不确定性，则是相对风险（杨子平，2006）。风险的根本属性是不确定性，但风险与不确定性既有联系又有区别，具有不确定性的事件不一定就是风险或产生风险。对风险的不确定性解释可以是定性的或定量的，也可以是定性和定量的结合。美国风险分析协会从定性与定量两方面总结了风险的不确定性，风险不确定性的定性主要表现为：对于一个人或一群人来说，不知道数量的真实价值或某项行为的未来结果；对于假设、数量或事件的不完全的信息或知识。风险不确定性的定量主要表现为：主观概率；可能性分布；不确定性测量与支撑不确定性的背景知识的结合；不确定性的信息缺口模型。定性解释风险的不确定性，强调人们的主观感受；定量解释风险的不确定性，强调不确定性的数量特征，注重的是人们对不确定性进行科学认识。无论是定量还是定性解释风险的不确定性，都无法改变不确定性作为风险的根本属性。不确定性是一切风险的来源，不确定性也成为认识风险和研究风险的出发点。

　　女性农民工迁移婚姻风险的不确定性指的是迁移婚姻的相关当事人不能控制或预先不知道的风险事件和风险影响的未来状态。不确定性既是女性农民工迁移婚姻风险自身发生与发展特有的规定性，也是人们对女性农民工迁移婚姻风险认识上的一种不充分状态。没有不确定性就谈不上风险，也不会有风险，女性农民工迁移婚姻风险与不确定性密切相关。对女性农民工迁移婚姻风险不确定性的研究正是为了认识不确定性的程度，对风险不确定性的认识越深入，对风险的预防将越到位，不确定性带来的可能后果及其危害将越小。女性农民工迁移婚姻风险的不确定性具体表现为：其一，何种风险事件会发生具有不确定性，风险是否发生具有不确定性；其二，风险发生的特定时间点或特定时期具有不确定性，风险发生后持续的时长具有不确定性；其三，风险发生的区域范围或特定地点具有不确定性；其四，引发风险的风险源及不同风险源之间的关系具有不确定性，各种风险事件及其之间的关系具有不确定性，风险发生的机理具有不确定性，风险发生过程具有不确定性；其五，风险发生后所产生的影响范围和影响程度具有不确定性；其六，风险发生后风险的具体承受者具有不确定性，不同风险承受者对风险的敏感性和认知能力具有不确定性，风险发生后不同的风险承受者的态度、心理状态和承受能力具有不确定性，不同的风险承受者选择处置风险影响的方式具有不确定性。

　　不确定性属性提示女性农民工迁移婚姻风险的多种可能性和动态发展性，正是因为女性农民工迁移婚姻风险具有不确定性，所以要求运用科学的方法识别和分析女性农民工迁移婚姻风险各种不确定性及其不确定的程度，从完全的不确定性转化成可以进行认识和评估的不确定性，从而可以为分析、评估和防范女性农民工迁移婚姻风险提供前提和可能，以便规避和尽可能降低风险的不确定性。

三 时代性

时代性是风险历史维度的属性。任何风险都是相对于生存于特定时代的人类而言的，风险一定会表现其时代特有的特点、因素、结构、影响和应对措施，风险具有鲜明的时代性。不同时代风险的发生原因和表现形式体现了当时时代的经济社会发展水平，不同时代人们对风险的意识、认识和防范也体现了当时时代人们的认识水平，不同时代风险的影响范围和影响程度也体现了当时时代人们对风险的应对态度和应对能力。人类进入 21 世纪以来，风险呈现多样化、复杂化、交织化、全球化等时代特征，人们对风险日益重视，对风险的认识日趋理性化，对风险的防范日趋科学化和规范化。

女性农民工迁移婚姻风险的时代性指的是女性农民工迁移婚姻风险是我国新时代婚姻变迁中的现实问题与社会治理中的新问题。时代性表明了女性农民工迁移婚姻风险的发展性，表明风险本身会因时间与空间的因素变化而不断发展变化。女性农民工迁移婚姻风险的时代性具体表现为：其一，女性农民工群体是我国改革开放以来经济社会发展过程中出现的特殊社会群体，女性农民工群体产生及其长期存在具有强烈的时代性；其二，女性农民工迁移婚姻发生于我国婚姻资源和婚姻结构的时代变化中，是我国婚姻领域发展过程中发生的特殊婚姻现象，是我国现代社会婚姻变迁的重要部分，具有强烈的时代性；其三，发生于女性农民工迁移婚姻中的风险不只是个体行为的产物，其也反映了女性农民工群体回应时代婚姻变迁境遇的自我调适与自我建构中的多元困境，具有强烈的时代特色；其四，女性农民工迁移婚姻引发的风险不仅影响婚姻家庭安全也影响社会安全，防范女性农民工迁移婚姻风险是我国婚姻家庭变迁与社会治理中的现实时代性问题；其五，对女性农民工迁移婚姻风险的认识和防范，不能只局限于婚姻中的个体和家庭，要站在时代的高度构建女性农民工迁移婚姻风险防范机制。

时代性属性表明女性农民工迁移婚姻风险发生的阶段性、新颖性与发展性，正是女性农民工迁移婚姻风险具有时代性，提示人们要有风险的历史思维与时代思维，必须正视我国婚姻领域的新变化及其引发的婚姻中的新风险，要采取与时俱进的措施防范女性农民工迁移婚姻风险，确保婚姻幸福、家庭稳定与社会和谐。

四　客观性

客观性是风险存在维度的属性。风险发生于客观世界和客观事件中，风险存在本身是客观的，风险对任何人都以相同的状态存在。风险的客观性属性，表示风险是独立于人的意志存在的一种状态，无论人是否意识到和承认其存在，风险都是客观存在的。风险是独立于人的主观性的客观存在，但人可以凭借自身的主观努力通过一定的方法与手段不断认识和了解客观存在的风险，运用客观科学的方法评估风险发生的概率和后果的影响程度，从而获得对风险客观性的认识。风险的客观性为人们通过主观努力客观地对风险进行认识、评估、防范奠定了基础，正是因为风险具有客观性，人们才可以发挥主观能动性去认识和防范风险，风险的客观性提示人们要敬畏风险和高度重视风险。

女性农民工迁移婚姻风险的客观性是指风险是不以相关当事人的意志为转移的一种本来存在的客观状态，不管人们是否意识到和主动去认识风险，风险时时刻刻都客观存在并产生影响。女性农民工迁移婚姻风险与相关当事人基于自身某种主观性选择有一定关系，但当相关当事人基于主观性选择某种行为并实践时，某种客观风险将会随相关当事人的某种选择行为而产生，风险具有客观性。女性农民工迁移婚姻风险的客观性具体表现为：其一，改革开放以来我国大范围内持续出现的女性农民工在外出务工经商过程中认识配偶并远嫁异地的女性农民工迁移婚姻及其影响，是我国婚姻领域发生变迁的客观事实；其二，引起风险的根本原因是客观的，其表现为女性农民工婚后离开原住地，到其配偶所在地定居与生活的客观迁移行为，女性农民工婚后一旦选择了迁移，一定会产生风险，这是迁移婚姻必然产生的客观效应；其三，引发迁移婚姻风险发生的各种风险源是客观存在的，其表现为与婚姻迁移有关的各种因素；其四，与迁移婚姻风险有关的各种风险事件和风险行为是客观的，风险随着迁移婚姻相关人群的不同选择行为和各种行为事件而产生；其五，风险产生的后果及其影响是客观的，会实实在在影响到个人、家庭、社区与社会；其六，风险承受者是客观存在的，其表现为迁移婚姻中的夫妻及其子女、夫妻双方原生家庭成员、其他社区成员、社会大众等客观真实的存在者。

客观性属性表明女性农民工迁移婚姻风险的实在性和现实性，正是女性农民工迁移婚姻风险具有客观性属性，警醒我们因迁移效应引发的女性农民工迁移婚姻风险正成为我国婚姻变迁中的现实问题与社会治理中的新问题，无论是迁移婚姻的相关当事人还是社会大众和政府都要正视这种风险，强化风险意识和风险自觉性，并做到及时识别风险和有效防范风险。

五　复杂性

复杂性是风险组成要素维度的属性。风险发生于与人相关的复杂多样的自然界和人类社会中，发生于复杂多样的人们实践活动和各种行为中。一方面，风险本身是复杂的，各种不同风险因素之间的内在关系错综复杂，风险发生原因、时间、地点、领域以及发生的机理与过程都是复杂的，各种风险源与风险点相互交织、相互作用，风险类型与风险影响复杂多样，各种风险相互交织显示出多层次性，各种风险可能形成复杂多样的风险综合体；另一方面，因为人的认识水平和手段的限制，无法认识风险的本质和复杂性而造成对风险的不同认识结果，导致关于风险认识的复杂性。风险的复杂性增加了人们认识风险的难度，也提示人们需要高度重视风险和科学认识风险并建立科学的风险识别理论和采取风险防范措施，从而透过复杂的风险现象把握风险本质。

女性农民工迁移婚姻风险的复杂性是指风险的要素组成、发生原因、表现形式、彼此关系、后果及其影响的复杂多样的一种存在状态。女性农民工迁移婚姻风险的复杂性本身也在发展变动过程中，复杂性程度和复杂性表现会发生变化。女性农民工迁移婚姻风险的复杂性具体表现为：其一，引致风险发生的因素是复杂的，任何一种具体风险的发生都是诸多风险因素共同作用的结果；其二，风险发生机理是复杂的，风险在何时、何地、何领域发生，以何种方式和规模发生都是复杂多变的；其三，风险层次及其相互关系是复杂的，风险的表现形式也是复杂的；其四，风险的表现内容是复杂的，可能涉及人口、婚姻、家庭、养老、伦理、健康、经济、文化、公共安全等方面；其五，风险发生后的后果表现及其危害程度是复杂的，风险的后果可能影响到个体、家庭、社区、社会，风险后果的危害程度也是复杂的；其六，风险承受者是复杂的，其可能表现为婚姻中的夫妻及其子女、夫妻原生家庭成员、其他社区成员、相关社会大众等，同一风险危害对于不同的承受者危害是不一样的；其七，风险的防范主体与防范措施是复杂的，复杂的风险防范主体涉及政府、社会、社区、家庭、个体等，复杂的风险防范措施涉及危机干预、关系调适、社区支持、法律规范、制度保障等。

复杂性属性表明女性农民工迁移婚姻风险的系统性、结构性、多样性和差异性，正是女性农民工迁移婚姻风险具有复杂性，提示我们要提升识别、分析和评估风险的能力，系统分析风险形成的复杂性机制和复杂性影响，建立多层次、系统化的风险监测、预警和防范机制。

六　关联性

关联性是风险的关系维度属性。风险发生并存在于人与特定的对象所形成的各种关联性关系之中，风险是相对于人而言的。单个风险内部的各要素之间具有关联性，风险各要素相互交织、相互作用形成某个特定的风险。不同风险之间也具有关联性，各种风险往往不是孤立出现的，因而很可能相互交织而形成特定的风险组合，进而可能形成互相关联的特定风险综合体。风险造成损失的风险承受者之间同样存在关联性，不同的风险承受者相互关联可能形成特定的风险承受者群体。

女性农民工迁移婚姻风险的关联性指的是风险发生并存在于

迁移婚姻相关当事人与特定的对象所形成的各种关联性关系之中。对女性农民工迁移婚姻而言，风险的关联性具体表现为：其一，引起风险发生的因素之间是关联的，不同的因素互相关联形成不同的风险源、风险事件，不同的风险源、风险事件之间相互关联产生不同的风险，譬如某个区域女性农民工迁移婚姻可能造成迁出地男性的婚姻挤压；其二，风险的可能承受者之间是相互关联的，迁移婚姻中夫妻及双方父母与子女、迁移婚姻中夫妻双方的其他亲属、迁移婚姻中夫妻双方所在地的相关社会成员，他们之间可能因为特定的风险事件而相互关联，譬如女性农民工因婚姻而迁移会影响其父母的养老照顾和养老质量；其三，风险带来的损失之间是相互关联的，某种风险损失导致新的风险进而产生新的风险损失，譬如婚姻解体会影响子女的正常成长，子女的正常成长受到影响又可能产生其他风险损失；其四，风险防范的主体是关联的，多主体协同联动才能把风险发生及其影响降到最小化。

关联性属性表明女性农民工迁移婚姻风险的系统性、综合性和共存性，正是女性农民工迁移婚姻风险具有关联性，提醒我们要从整体和综合的视角看待女性农民工迁移婚姻风险的各主体、各风险源、各风险事件、各风险承受者以及各种风险损失之间的联动连锁和交织叠加，防止小风险演化为大风险、个人风险演化为群体风险、个别风险演化为综合风险、局部风险演化为区域性或系统性风险。

七 传导性

传导性是风险性能维度的属性。风险具有传导性性能，主要指的是某种风险发生可能会引发另外一种风险发生，以此类推，从而出现风险连锁反应，形成风险传导链条。风险的传导要素主要包括风险源、传导载体、传导路径、被传导对象、传导效应等，风险的传导性具体表现为不同风险源、不同传导载体、不同传导路径、不同被传导对象、不同传导效应之间会发生传导，从而呈现风险的扩散和蔓延。风险的传导性，提示人们各种风险往往不是孤立出现和存在的，各种风险很可能相互交织并形成特有的风险组合。

女性农民工迁移婚姻风险的传导性指的是风险生成后在迁移婚姻各种要素组成的体系内部长期积累，当风险达到一定的临界值时，通过一定的传导载体，经由一定的传导路径，风险在迁移婚姻体系内部进行传导并产生效应，进而刺激与放大风险，形成风险的扩散和蔓延并产生损失的过程。当然，在不同条件下，女性农民工迁移婚姻风险传导的方向、广度、深度、效应会体现出一定的差异性。女性农民工迁移婚姻风险的传导性具体表现为：其一，风险传导对象包括风险源、风险承受者和风险发生领域；其二，风险源是女性农民工迁移婚姻风险传导的关键，风险源指的是引发女性农民工迁移婚姻风险的内禀潜在要素或导致风险事件发生的载体，譬如配偶婚前互相了解的程度、娘家与婆家生活和风俗习惯的差异性等；其三，风险承受者的传导包括个人与个人、群体与群体、家庭与家庭、社区与社区之间的传导，也包括经由个人传递至家庭、社区与社会的传导；其四，风险发生领域的传导包括风险内部的传导、风险外部的传导以及风险内部与外部之间的传导，也包括不同风险维度之间的相互传导；其五，风险传导过程中要借助一定的载体，风险传导载体是指承载或携带着风险因子的有形物质或无形效应（戴胜利，2009），女性农民工迁移婚姻风险传导载体表现为多样性，如早恋与早婚、早孕与早育、婚恋市场失衡与婚姻挤压、娘家-婆家社会资本割裂、闪婚与私婚、闪离与逃婚；其六，女性农民工迁移婚姻风险传导方向指的是从某个风险源开始，向风险传导对象移动的特定方向，风险传导方向呈现单向传导、双向传导、多向传导或交叉传导等多元传导方向。

传导性属性表明女性农民工迁移婚姻风险的连锁效应与扩散性，正是因为女性农民工迁移婚姻风险具有传导性，所以要求人们提升识别、分析和评估风险的能力，系统分析风险形成的复杂机制，科学预见风险传导走势和隐藏在其中的后果，建立多层次、系统化的风险监测、预警和防范机制，及时发现风险并防止风险传导扩散。

第三节 女性农民工迁移婚姻风险的要素构成

风险是多要素综合体，本节从风险源、风险事件、风险后果与风险承受者等方面对女性农民工迁移婚姻风险的构成要素进行基本的内在结构化分析，同时分析各要素之间的关系。

一 女性农民工迁移婚姻风险要素

任何具体风险的发生都是由各种风险要素相互作用和相互制约引起的，风险是由一系列要素构成的综合体。识别风险，首先必须识别风险要素。风险识别过程中，在对风险要素描述时，国际标准化组织颁布的 "31000：2018 Risk Management—Guidelines"，认为风险包括风险源、潜在事件、后果及其可能性（ISO，2018）；全国风险管理标准化技术委员会提出的《风险管理 术语》（GB/T 23694—2013），也认为风险包括风险源、事件、原因和后果。许多学者在研究风险要素时，也提出了自己的看法。李存建认为风险包括潜在事件、风险源、风险原因、后果（李存建，2012）；孙建平认为风险包括风险性因素、风险事件、风险损失（孙建平，2016）；叶青、易丹辉认为，风险要素由风险因素、风险事故和风险结果组成（叶青、易丹辉，2000）。

本书在参考上述标准和相关学者研究的基础上，基于女性农民工迁移婚姻风险的特殊性和研究需要，从风险源、风险事件、风险后果与风险承受者等方面对女性农民工迁移婚姻风险的构成要素进行基本的内在结构化分析，同时分析各要素之间的关系。

（一）风险源

风险源是指单独或共同引发风险的内在要素（全国风险管理标准化技术委员会，2014）。风险源是风险发生的根源，是诱发风险事件的载体，所回答的问题是"什么"引发风险（李存建，2012）。风险源是风险产生和存在的前提，是风险产生的必要条件。从一般性质来看，风险源具有一系列特性，具体表现为：风险源的来源是多领域的，可能来自物质环境、经济环境、社会环境、政治环境、法律环境、行为环境、认识环境；风险源可以是有形的，也可以是无形的；风险源可能是来自内部的，也可能是来自外部的，还可能是同时来自内部和外部的；风险源可能是单一的，也可能是多样的；风险源可能是静止的，也可能是动态发展的；风险源可能是显在的，也可能是潜在的；风险源可能是直接的，也可能是间接的；风险源有可能是容易识别的，也有可能是不容易识别的；风险源可能引发风险，也可能不会引发风险；单一的风险源可能引发多种风险，某个风险可能由多种风险源引发；风险源可能是可控的，也可能是不可控的；风险源有些是可以确定、能进行评估和量化的，有些则是不能确定、难以进行评估和量化的。风险源是引发风险的根源，识别风险源是风险评估的关键，也是风险应对的基础。评估风险源就是要认识和辨别出全部风险的"源"，具体包括识别和分析出有哪些风险源、风险源的类型、风险源的级别、风险源发生的顺序、风险源的存在形式、风险源发生的机理。

　　女性农民工迁移婚姻风险的风险源是指单独或共同引发迁移婚姻风险的所有要素，回答的是"什么"引发女性农民工迁移婚姻风险。对女性农民工迁移婚姻风险而言，构成风险源的要素越多，风险事件发生的可能性就越大，造成风险后果和损失的可能性也越大。女性农民工迁移婚姻风险源的特征具体表现为以下方面：第一，风险源是客观存在的，其具体表现为与女性农民工迁移婚姻风险有关的各种可能引发风险的因素；第二，风险源的类型是多样的，能够引发女性农民工迁移婚姻风险的人、物（钱财）、距离、环境、信念、思想认识、价值观念、风俗习惯、行为方式、事件都可能成为风险源，这些风险源存在于婚姻、家庭、经济、养老、健康、社会支持、文化等方面；第三，风险源是分层级（原生和次生）的，迁移是女性农民工迁移婚姻的原生风险源，迁移风险源又会产生次生风险源，次生风险源又可能会产生次生风险源，以此类推；第四，风险源的主体是多元的，女性农民工迁移婚姻的风险源可能是迁移婚姻女性及其原生家庭和新生家庭的成员，也可能是社会上的其他成员；第五，风险源是分内部和外部的，有的风险承受者承受的风险是来自其外部的风险源引发的，有的风险承受者承受的风险是来自其内部的风险源引发的；第六，风险源具有关联性，不同的风险源因某种原因或某个事件而相互关联并互相作用，从而可能引发某类女性农民工迁移婚姻风险；第七，风险源因主体而异，同一风险源，对某些主体而言可能会引发风险，对某些主体而言可能不会引发风险。

（二）风险事件

风险事件也称风险事故，是某一类或某些情形的发生或变化（全国风险管理标准化技术委员会，2014），由此引发的各种不确定性事件，是风险发生的直接原因和条件。风险只是一种损失的可能性，而风险事件的发生往往会使损失的可能性转化成为现实的损失。风险事件是损失或风险发生的媒介物，风险只有通过风险事件的发生才能导致损失（孙建平，2016），一切风险的发生都是某个（些）事件引起的。风险是否发生，取决于风险事件是否发生。风险事件的发生意味着，风险从可能性变成了现实。在特定条件下，如果某一事件是造成风险的直接原因，其就是风险事故；如果某一事件是造成风险的间接原因，它则是风险源。风险事件发生后一定会发生风险，只是风险的等级和风险的影响可能有程度差异。风险事件可以表现为某一个或多个情形，某个具体的风险事件可能由某一种原因引发，也可能由多种原因引发。一个风险事件可能引致多个风险后果，一个风险后果也可能由多个风险事件引致。风险事件是风险源和风险后果的媒介，风险识别的核心任务就是要发现、辨识和分析一切可能引发风险的潜在事件（李存建，2012），具体包括识别风险事件有哪些、风险事件的类型、风险事件发生的过程和风险事件的可能后果。风险事件发生并不等同于风险损失已经发生，还可以通过相应措施进行应对。风险事件发生后是否产生风险损失，取决于风险事件对目标的影响方式或作用途径。

女性农民工迁移婚姻风险事件也称风险事故，是某一类情形的发生或变化引致风险的发生。与女性农民工迁移婚姻风险有关的风险事件呈现多样性特征。第一，风险事件表现为多样性，这个事件可能是婚姻、家庭、养老、健康、文化、社会交往中的某一情形，譬如未婚先孕、离婚、文化冲突、婚姻挤压、婆媳矛盾等。第二，风险事件的主体也是多元的，可能是迁移婚姻夫妻及双方原生家庭成员，也可能是与其有关联的其他社会成员。第三，风险事件可能由多种原因造成，如一对迁移婚姻夫妻离婚事件，可能由女性对婚后生活的不适应、丈夫及其家人的不信任、双方文化的差异和冲突等原因造成。第四，风险事件具有随机性，风险事件是否发生、何时发生、发生后会引发什么样的后果并不是确定的。第五，风险事件可能是有形的，也可能是无形的；可能是看得见的，也可能是看不见的；可能是来自内部的，也可能是来自外部的。第六，风险事件后果呈现多样性，某一事件发生后，引发的后果可能是多样的，如一对迁移婚姻夫妻离婚后，孩子的成长会受到影响，夫妻双方的再婚会受到影响，双方的父母也会受到影响。第七，风险事件后果和影响的差异性，同一个风险事件对不同的主体造成的风险后果及其等级是不一样的，影响也是不一样的。

（三）风险后果

风险后果指的是风险事件发展过程中和发生后呈现的某种状态并产生影响的结果。后果是某事件对目标影响的结果，某个风险事件可能引致一个风险后果或一系列风险后果。某个或某些风险事件一旦发生一定会产生风险后果，只是所产生的风险后果的性质、影响程度并不一样。风险后果的性质并不是绝对的，相对于不同主体和目标而言，风险后果的性质可能是负面的，也可能是正面的（全国风险管理标准化技术委员会，2014）。风险后果发生后，可能是明确的，也可能是不明确的。风险后果造成的损失可能是直接的，也可能是间接的。风险事件产生的风险后果可能呈现多样性的特征，风险后果的表现形态呈现多样性，风险后果的性质和产生影响的程度呈现多样性，风险后果影响的时间、空间、人群呈现多样性。风险后果随着风险事件的发生和发展，可能会产生连锁反应，从而引致风险后果影响升级（全国风险管理标准化技术委员会，2014）。不同的风险源、风险事件可能造成不同的风险后果。风险后果发生后，不同的风险承受者应对风险后果的意识、能力、方式也会呈现差异性，风险后果对不同的风险承受者的影响也会呈现差异性。某个风险事件可能引致一个风险后果或一系列风险后果。

女性农民工迁移婚姻风险后果，是指因风险源而引发的某些风险事件发生过程中和发生后呈现的某种状态并产生影响的结果。风险后果的影响可能是正面的，也可能是负面的。本书所关注的女性农民工迁移婚姻风险后果是负面性质的，其具体特征主要表现为：其一，风险后果发生于与迁移婚姻有关的各种事件和行为中，某一种事件可能产生多种风险后果，多种事件可能只产生某一种风险后果；其二，女性农民工迁移婚姻风险后果发生是不确定的，引发风险后果的风险事件、如何发生、什么时候发生、在哪发生、影响范围与程度、哪些人是风险承受者等都是不确定的；其三，女性农民工迁移婚姻风险后果发生后，某一种风险后果可能影响不同的相关人群，某个个体或人群可能承受多种不同的风险后果；其四，女性农民工迁移婚姻风险后果发生后又可能演变成为新的风险源，从而引发新的风险事件，产生新的风险后果，如此风险后果的影响是递进和连锁反应的；其五，在时间维度方面，风险后果可能发生于某一阶段和时刻，但风险后果的影响可能是短期的也可能要持续相当长时期；其六，在空间维度方面，女性农民工迁移婚姻风险后果的影响空间范围是广泛的，可能出现在不同家庭、社区，不仅发生在迁移婚姻家庭所在地，也会影响女性原生家庭所在地；其七，女性农民工迁移婚姻风险后果引致的损失，可能是直接的，也可能是间接的；其八，女性农民工迁移婚姻某种风险事件发生后的后果形态往往是多样的，譬如一对迁移婚姻的夫妻离异后，子女与母亲或父亲长期分离或彼此信息中断、离异后的丈夫再婚困难；其九，女性农民工迁移婚姻风险后果的承受者是多主体的，同一风险后果可能由不同的人（群）

承受，同一人（群）可能要承受不同的风险后果；其十，女性农民工迁移婚姻风险后果及其程度的测量和判定，有的是可以量化和评估的，有的则不能量化和评估，有的风险后果除了可以计算、衡量可量化的经济损失外，还包括不可量化的价值损失。

（四）风险承受者

风险必须有作用对象，即不利事件的作用对象，该作用对象是承受风险的主体，一切都是以作用对象为中心展开的。该作用对象可以是人、物、某一个系统（如生态系统、社会系统、经济系统等）、某一个计划、目标甚至愿望等。

风险是针对人的生存和发展可能受到的损害或损失而提出来的，风险存在于人与特定对象可能对人产生影响的关系之中。风险是相对于人的目标预期或对人的影响而言的，研究风险必然是针对特定人群的风险。风险发生后一定有承受风险后果影响的客体，这个客体可以称为风险承受者。风险承受者也可称为利害关系方，指的是风险发生后，受风险产生的损害或损失影响的当事人。风险发生后产生的后果由特定的个人和人群承受，不同的风险发生后承受的个人和人群范围并不一样，有的风险可能所有的人都是承受者，有的风险可能只有部分人是承受者。风险承受者可能是对与风险有关的某项活动的执行或决策产生影响的人，也可能不是。风险承受者是风险组成要素中人的要素，研究风险应该识别所发生的风险的特定承受人群。因为风险的复杂性和传导性的属性，风险发生以及风险在传导过程中产生的危害会传导至相关个体和人群，风险承受者往往不是单一的个人或群体，而是呈现多样性。

从女性农民工迁移婚姻概念来看，似乎风险承受者只是女性农民工。事实上，婚姻不只是婚姻中夫妻双方及其家庭的私事，女性农民工迁移婚姻发生后，迁移婚姻的缔结和维护发展过程中可能涉及不同的人或群体，女性农民工迁移婚姻的相关当事者均可能成为风险承受者。女性农民工迁移婚姻风险的同一后果，对某些人是风险，对另一些人可能不是风险。女性农民工迁移婚姻风险发生后，有的是风险的直接承受者，有的是风险的间接承受者。具体分析，女性农民工迁移婚姻风险承受者主要包括但不限于迁移婚姻女性及其丈夫、子女、父母、公婆以及其他家人，其他相关社会成员也可能成为风险承受者。其中，其他相关社会成员视具体情况而定，譬如，某个地区有大量女性因婚姻迁移到外地，而没有或较少其他区域的女性嫁进来，那么当地的男性就必然会受到婚姻排挤，从而面临无法找到合适婚配对象的风险，主要表现为失婚男性与失婚男性父母。

在本书中，女性农民工迁移婚姻风险的主要承受者包括以下人群。其一，迁移婚姻女性：特指选择迁移婚姻且婚后从夫居的女性，此女性在婚前是女性农民工，包括已离异（未再婚或再婚）的迁移婚姻女性；其二，迁移婚姻男性：特指其妻子是迁移婚姻女性的男性，包括已离异（未再婚或再婚）的迁移婚姻男性；其三，迁移婚姻家庭子女：特指其母亲是迁移婚姻女性家庭的子女，包括父母离异的迁移婚姻家庭子女；其四，迁移婚姻女性父母：特指迁移婚姻女性的父母，包括已离异迁移婚姻女性的父母；其五，迁移婚姻男性父母：特指迁移婚姻男性的父母，包括已离异迁移婚姻男性的父母；其六，失婚男性：特指因婚姻挤压而被动失婚的男性，其可能是暂时失婚，也可能是终身失婚，失婚男性年龄在 28 岁以上①，本书的失婚男性为农村地区的失婚男性；其七，失婚男性父母：特指失婚男性的父母；其八，迁移婚姻女性兄弟姐妹：特指迁移婚姻女性的兄弟姐妹，包括已离异迁移婚姻女性的兄弟姐妹。女性农民工迁移婚姻风险承受者的多样化，体现了风险传导扩散可能产生的社会化效应和损失的社会广泛性，提醒我们要关注多元化的女性农民工迁移婚姻的风险承受者及其之间的相互关系，尽可能规避和预防风险在不同承受者之间的传导和扩大。

二 女性农民工迁移婚姻风险要素之间的关系

就女性农民工迁移婚姻风险内部结构而言，风险源、风险事

---

① 在农村，28 岁是一个很重要的婚姻年龄分水岭，28 岁及超过 28 岁结婚的机会逐渐变少（张群林等，2015）。

件、风险后果和风险承受者是风险的基本构成要素，风险是上述各要素相互作用的结果和统一体。其中，风险源、风险事件、风险后果三者之间具有因果关系，而风险承受者是风险发生后产生影响的承受者。

风险源是女性农民工迁移婚姻风险发生和存在的前提，风险源的存在可能会导致风险事件的发生或增加风险事件，风险源是风险发生的必要条件。风险源是风险的诱因，风险源是客观存在的，但有风险源不一定就产生风险事件。譬如，女性农民工选择迁移婚姻，迁移是风险源，但如果迁移婚姻当事人及其原生家庭成员能很好地处理因迁移可能带来的各种问题，迁移作为风险源就不会产生风险事件，也就不会产生风险损失。

风险事件是女性农民工迁移婚姻风险发生的载体和媒介物，是风险发生和存在的充分条件，风险只有通过风险事件的发生才可能产生。风险事件是风险源和风险后果的中间环节，风险事件是风险发生的充分条件。风险源引发了风险事件，但风险事件又可能成为新的风险源。譬如，迁移婚姻女性婚后不能适应因距离产生的生活习惯和气候等的差异，选择离婚。其中，迁移引发的不适应就是风险源，离婚就是风险事件。但离婚这一风险事件，有可能导致迁移婚姻男性对离婚的不满意，然后选择对女方产生伤害。这样，本来是风险事件的离婚就变成了伤害风险事件的风险源。可见，某一（些）风险事件在一定条件和环境下是风险事件，在另外的条件和环境下可能转化成为风险源，从而可能引发新的风险事件，这提醒我们女性农民工迁移婚姻风险要素具有复杂性和转化性。

风险后果是经由风险源引发的风险事件而产生损失的结果，没有风险源和风险事件就不会有女性农民工迁移婚姻风险后果。风险后果由风险源经由风险事件而产生，但风险后果也可能成为新的风险源。譬如，迁移婚姻夫妻离婚（风险事件）后，孩子的成长必然会受到负面影响，这是风险后果。但孩子的不良成长，对孩子的未来人生必然产生某些不良风险事件和风险后果。这样，本来是风险后果的孩子不良成长就变成了影响孩子未来人生的风险源。可见，某一（些）风险后果在一定条件和关系下是风险后果，在另外的条件和关系下可能转化成为风险源，从而可能引发新的风险事件，由此引发新的风险后果，这提醒我们女性农民工迁移婚姻风险的发生具有复杂性和传导性。

总而言之，风险源、风险事件和风险后果并不是互相独立的，三者之间相互影响和相互作用，三者具有紧密联系的因果关系。没有风险源，就不会产生风险事件，没有风险事件就不会产生风险后果（郭晓亭等，2004）。风险源是风险后果发生的内在和间接原因，风险事件是风险后果发生的直接和外在原因，三者之间的相互作用形成风险因果关系链，构成了风险形成的基本过程。当然，这是风险要素关系的一般关系，具体到不同风险及其发生过程中，三者的关系也会呈现相应的特殊性。

没有风险承受者，也就没有所谓的风险源、风险事件、风险后果。任何风险都是相对于人而言的，是相对于人的生存和发展及其可能损失而言的，风险承受者是风险后果的承受者，风险源、风险事件、风险后果都是相对于风险承受者而言的。风险承受者可以是个体、群体、社区、国家乃至人类社会。

从风险的内在基本要素的关系来理解，女性农民工迁移婚姻风险的发生过程可以表述为风险源—风险事件—风险后果—风险承受者。所以，从风险的内部构成要素来看，女性农民工迁移婚姻风险是在特定时间内，以相应的风险源为必要条件，以相应的风险事件为充分条件，相应的风险承受者承受相应的风险后果（郭晓亭等，2004；叶青、易丹辉，2000）。

第四章　女性农民工迁移婚姻风险的识别与范畴化

女性农民工迁移婚姻风险是特定的社会风险，目前关于女性农民工迁移婚姻风险内容与维度的专门研究尚少见。女性农民工迁移婚姻风险内容与维度表现为哪些方面？女性农民工迁移婚姻风险承受者或可能承受者过去经历了哪些风险，现在正在经历哪些风险，未来又将经历哪些风险？这些都是评估女性农民工迁移婚姻风险必须首先回答的问题。本章将运用扎根理论和深度访谈方法，对女性农民工迁移婚姻风险内容与维度进行探索性的识别与归纳，为评估女性农民工迁移婚姻风险的基本状况、群体差异和相关性奠定基础。

第一节　研究设计

一　研究目标

基于前文对迁移婚姻风险概念的阐释，运用扎根理论，通过深度访谈收集原始的质性资料，从访谈对象视角尽可能全面、系统、深入地了解并理解女性农民工迁移婚姻风险内容的具体表现和不同维度。对访谈获得的质性原始资料进行逐级编码分析，识别并确定女性农民工迁移婚姻风险内容的基本方面，在此基础上形成女性农民工迁移婚姻风险的主范畴和核心范畴，达成对女性农民工迁移婚姻风险内容和维度的基础性理解，同时也为后续的女性农民工迁移婚姻风险评估指标体系构建、问卷设计与定量研究奠定基础。

二 研究方法

（一）扎根理论方法

扎根理论最初由美国社会学家格拉泽（Barney Glaser）和斯特劳斯（Anselm Strauss）于1967年提出，其后逐步发展成为质性研究的重要方法。扎根理论是一种自下而上在经验资料基础上建立理论的方法，是在系统收集资料的基础上探寻反映社会现象的核心概念，然后通过在这些概念之间建立联系而形成理论（陈向明，2000）。

扎根理论方法的关键程序是对原始访谈资料进行逐级编码，具体包括三个级别的编码：开放式登录（一级编码）、关联式登录（二级编码）和核心式登录（三级编码）。开放式登录是对原始资料进行开放式探究，从原始资料中发现概念类属，并对概念类属加以命名；关联式登录是发现和建立概念类属之间的各种联系，以展现原始资料中不同部分之间的有机联系，分辨主要类属和次要类属；核心式登录是在发现的概念类属中选择并确定"核心类属"，且这个核心类属要具有统领性，能起到提纲挈领作用（陈向明，2000）。

人们对某一特定风险内容的认识和理解受到多种因素影响，某一特定风险内容并不是一目了然的，而是需要探索的。基于人们的性别、年龄、受教育程度、立场、价值观、认识能力、利益以及社会心理等因素，以及特定风险与人们的关联度、特定风险对人们的影响度、人们可能承受特定风险后果的可能性程度等因素影响，人们对特定风险内容的判断可能会有差异甚至迥然不同。由此，不同群体、不同个人对同一风险的内容会形成自己的态度、感受、理解、判断。基于上述考虑，本书在访谈相关对象前不预设迁移婚姻风险内容，而是在实际访谈基础上尝试通过多群体、多视角、多领域对女性农民工迁移婚姻风险的内容进行识别与分析。

基于以上考虑，本次研究运用质性研究中的扎根理论分析方法，对访谈的原始资料进行逐层登录编码并进行探索性分析，从原始访谈资料中归纳出风险概念与范畴，从而建构女性农民工迁移婚姻风险内容识别分析框架与测量指标。

（二）深度访谈方法

运用扎根理论，首先必须获得大量鲜活、丰富、深入、细致的访谈对象的原始资料，然后通过对获得的原始资料进行分析、归纳，从而建构某种理论。基于扎根理论运用需要，本次研究运用质性研究经常运用的深度访谈方法。深度访谈方法又被称作无结构访谈方法或自由访谈方法，是指没有事先设计的问卷和固定的程序，只是预先设定一个访谈主题范围，由访谈员与被访者围绕这个主题范围进行自由交谈（风笑天，2009）。深度访谈方法富有灵活性与弹性，是实地研究中收集第一手资料的重要研究方法。

深度访谈方法分为正式的深度访谈方法与非正式的深度访谈方法。有目标、有计划、有安排、有正式访谈对象、有分析的访谈是正式访谈，其常见于学术研究中和正式的交谈中；没有明确目标，没有事先计划和安排，偶遇或偶然的闲聊式交谈是非正式访谈，其常见于日常生活中。根据研究的性质和目标达成需要，本次研究运用正式的深度访谈方法。

从访谈对象的数量和规模来说，深度访谈方法分为个别深度访谈和集体深度访谈。个别深度访谈是访谈者与一名访谈对象的交谈；集体深度访谈是访谈者同 2 名及以上的访谈对象一起进行访谈。本次研究运用个别深度访谈方法。

基于研究目标和女性农民工迁移婚姻风险可能承受者的特殊性，为全面收集资料，避免先入为主和简单的外在性描述，本次访谈站在访谈对象视角进行内在性探讨，努力理解访谈对象对女性农民工迁移婚姻风险内容的感受、理解和判断。在访谈过程中，与访谈对象建立起轻松融洽愉快的访谈关系，开放式聆听不同访谈对象的声音，尊重访谈对象的体验和感受，引导和鼓励访谈对象自由而充分地表达其对风险内容的认识与判断，从访谈对象视角出发了解和理解女性农民工迁移婚姻风险内容，感受访谈对象曾经承受、正在承受以及未来可能承受的风险。

三　访谈点和访谈对象的选取

（一）访谈点选取

女性农民工迁移婚姻已成为我国常态的婚姻模式，女性农民工迁移婚姻风险的可能承受者分布在全国各地。基于人力、物力和精力的限制，本研究从目的性、可行性和经济性原则出发，采取非概率抽样办法确定研究地点和研究对象。在采取非概率抽样办法抽取研究地点和研究对象时，主要从研究者的访谈方便性和可操作性以及跟踪访谈的可能性和顺利程度出发。

基于本次研究的目标，选择的访谈点来自农村地区，访谈点以行政村（以下简称村庄）为单位。遵循以下选择原则。第一，典型性。选择的村庄要有以下人群：有迁出的迁移婚姻女性；有从异地迁入的迁移婚姻女性；有失婚男性。第二，可进入性。通过熟人（主要是课题组成员、课题组成员所在学校的在校大学生和已经毕业的毕业生）与可能的访谈对象或村庄的管理者建立可信任的联系。

访谈点来源：一是本课题组成员及其同事的家乡；二是从本课题组成员所在学校的社会工作专业学生（本科生和硕士研究生）家乡中发现的相对典型的地区；三是从本课题组成员所在学校毕业的在乡镇工作的毕业生工作地点中发现的相对典型的地区。

在确定本次研究的访谈点之前，基于本次研究的目标和对访谈点的需要，预先由课题组的成员、课题负责人所在学校的在校大学生和已经毕业的毕业生寻找符合研究需要的访谈点。最初寻找到的符合本次访谈需要的访谈点共 86 个，然后在符合需要的访谈点中进行遴选。最终选择的访谈点共 26 个，具体如表 4-1 所示。

表 4-1　访谈点分布及其数量

序号	访谈点分布	实际访谈数量（个）
1	安徽省（肥西县、肥东县）	5

序号	访谈点分布	实际访谈数量（个）
2	江西省（泰和县、赣县区、宜黄县）	5
3	贵州省（兴义市、黔西市、大方县）	3
4	河南省（西平县、潢川县）	3
5	四川省（武胜县、罗江区）	2
6	河北省（易县、新河县）	2
7	江苏省（阜宁县、启东市）	2
8	广西壮族自治区（昭平县、合山市）	2
9	重庆市（秀山土家族苗族自治县）	2

（二）访谈对象选取

基于访谈目标，本次访谈对象的选择遵循以下原则。第一，全面性。选择的访谈对象要涵盖女性农民工迁移婚姻风险的所有可能类型的承受者，本次访谈对象包括迁移婚姻夫妻、迁移婚姻夫妻双方父母、迁移婚姻家庭子女、迁移婚姻女性兄弟姐妹、失婚男性、失婚男性父母、访谈点村委（社区）管理人员。第二，代表性。考虑到女性农民工迁移婚姻风险承受者的多元化，以及在不同阶段、不同状态下风险内容的差异性，访谈对象选择尽量具有代表性。第三，自愿性。所选择的所有访谈对象自愿并同意接受本次访谈，且知情同意本次访谈的资料用于学术研究。

在确定本次访谈对象之前，基于研究目标和选择的访谈点特征，预先由课题组的成员、课题组成员所在学校在校大学生和已经毕业的毕业生在选择的访谈点寻找符合需要的访谈对象，然后在符合需要的访谈对象中进行遴选。访谈对象是女性农民工迁移婚姻风险的可能承受者、目睹者与管理者，有的访谈对象既是承受者又是目睹者。访谈对象在特定情境下曾经、正在或未来可能经历（目睹、管理）女性农民工迁移婚姻风险。在访谈时间段愿意并方便接受访谈的对象共259人，实际访谈213人，具体如表4-2所示。

表 4-2 参与深度访谈的人群类型及其数量

编码	人群类型	实际访谈人数（人）
$a_1 \sim a_{28}$	迁移婚姻女性（包括离异）	28
$b_1 \sim b_{26}$	迁移婚姻男性（包括离异）	26
$c_1 \sim c_{21}$	迁移婚姻女性子女（包括单亲家庭子女）	21
$d_1 \sim d_{27}$	迁移婚姻女性父母（包括女儿离异）	27
$e_1 \sim e_{28}$	迁移婚姻男性父母（包括儿子离异）	28
$f_1 \sim f_{20}$	迁移婚姻女性兄弟姐妹（包括姐姐或妹妹离异）	20
$g_1 \sim g_{23}$	失婚男性	23
$h_1 \sim h_{25}$	失婚男性父母	25
$i_1 \sim i_{15}$	村委（社区）管理人员	15

四 访谈实施

本次访谈是深度访谈，访谈人员经过统一培训，保证访谈人员清楚理解访谈主题的内容和访谈的基本程序。本次访谈的主题是"女性农民工迁移婚姻风险"。在向访谈对象解释"迁移婚姻"含义基础上，考虑到"风险"这个词的抽象性，在访谈时，首先使用风险这个词，再根据访谈对象的文化程度、年龄特征以及语言特征，把风险具体分解为以下表述方式——迁移婚姻已经或可能产生的问题、担心出现的问题、消极的影响、不好的影响、带来的损失和伤害、发生的不好事件、发生的后果，力求访谈人员与访谈对象语境一致，能达成彼此理解与领会，以保证访谈围绕"女性农民工迁移婚姻风险"的核心话题有效展开。

为了保证谈话不偏离主题，致力于围绕主题进行内在性探讨，同时注重访谈的细节性和丰富性。访谈实施过程中，在尊重访谈对象自由叙述的基础上，始终集中于访谈主题，当访谈对象偏离主题时，访谈人员会适时地提示引导访谈对象聚焦访谈主题和访谈方向，并适时对访谈对象所谈内容进行追问，以保证访谈目标的实现和访谈效果。

考虑到部分访谈对象平时外出务工，访谈时间选择在 2019 年春节期间，具体为 2019 年 2 月实施。本次正式访谈的访谈员为课题组成员、课题负责人所在学校的硕士研究生和本科生，共 36 名访谈员参与本次质性访谈。每位访谈员访谈的时长为 50~60 分钟，所有访谈对象均为现场访谈。访谈过程中，访谈员对当天的访谈资料进行整理、核对、编码与归档，建立原始资料文本，用于后续研究的概念化与范畴化工作。

第二节　概念化与范畴化

本次研究收集了 213 名访谈对象对女性农民工迁移婚姻风险理解和判断的原始访谈数据，运用扎根理论的开放式登录、关联式登录、核心式登录的三级编码，对原始资料进行逐级分析归纳出概念和范畴，建构女性农民工迁移婚姻风险内容的分析框架，使女性农民工迁移婚姻风险内容系统化与整体化。

一　开放式登录

开放式登录是对原始资料进行开放式探究，从原始资料中发现概念类属，并对概念类属加以命名（陈向明，2000）。本次研究将 213 名访谈对象的原始数据按其本身的状态进行登录，合并同类型后，选择其中的 356 条代表话语进行编码登录，开放式探索其相对应的初始概念并加以命名，初始概念命名使用访谈对象使用的话语。在确定初始概念的基础上，对初始概念进行范畴化处理，寻找他们之间的联系，最终抽象出 369 个初始概念（见表 4-3）。

二　关联式登录

关联式登录是发现和建立概念类属之间的各种联系，以展现原始资料中不同部分之间的有机联系（陈向明，2000）。在开放式登录的基础上，对 369 个女性农民工迁移婚姻风险的初始概念进行二级编码，探寻并建立各个初始概念类属之间的有机关联，并归为同一个类别，最终将 369 个概念范畴化为 39 个女性农民工迁移婚姻风险主范畴。关联式登录的过程与结果如表 4-3 所示。

表 4-3　女性农民工迁移婚姻风险的关联式登录

初始概念 （369 个）	范畴化 （39 个）
女孩外出打工/打工女孩外嫁/没几个未婚女孩/男的有危机/男多女少/外地嫁进来不多/找到外面女孩子是本事/男性相亲排队/挑花眼/离婚女都求着介绍/女儿不愁嫁/女孩子越来越少/女孩子只出不进/大龄未婚男越积越多	迁移婚姻女性净迁出地婚姻适龄人口性别比失衡风险
就他一个老人/男性老人比女性老人多/老龄化问题严重/养老院男性老人多/老寡汉子以后多	迁移婚姻女性净迁出地人口老龄化风险
儿子没给我留下女儿走了/没有联系过女儿/与女儿失去联系/1 岁多妈妈离开/孩子没让带/奶奶带大孙女/孩子没要/孩子跟着父亲生活多	迁移婚姻破裂单亲家庭子女数量增加风险
没成家没后代/这户没了/没下一代/怕绝后/指望不上抱孙子/绝户/没有自己小孩	迁移婚姻女性净迁出地人口总量减少风险
女孩子出去不回来/不能添丁进口/劳动力流失/增加不了劳动力/想人丁兴旺	迁移婚姻女性净迁出地劳动力人口减少风险
不能知根究底/只说好的/早知道肯定不嫁/远嫁打听不到/他都没讲过/互相了解并不深/一去就再也没回来/被骗了	骗婚风险
同居很普遍/谈恋爱同居很多/哄女孩子一起住/同居不告诉父母/未婚同居对女孩子不好/吃亏的是女孩子	未婚同居风险
打掉孩子/生下孩子后面领证/孩子生下来跑了/女儿出生 4 个月离开/只能同意远嫁/孩子生了留下走了/生下孩子又不结婚	未婚生育风险
没有父母祝福/远嫁离婚都难/日子没过好/吵吵闹闹/跑了/不肯领证结婚/狠狠心离婚/走了找不回来/离婚和离开	迁移婚姻破裂风险
33 岁还没有找到女朋友/父母到处托人介绍/提前找个女朋友/男孩子带回外地女孩子有本事/大龄未婚男 30 岁以上的多/只要找到女朋友哪人都行/光棍好几个/孩子少不好找/女孩子外嫁了	男性婚姻挤压风险
42 岁哥哥未婚/儿子娶不上媳妇/离异女人都有人排队等着相亲/打一辈子光棍/家里条件不好/到处托人介绍/男子 30 岁以上找不到对象的人多	男性失婚风险
常闹矛盾/盘算着离开/想一走了之/不知道能撑到什么时候/孩子大了要离婚/舍不得孩子狠不下心/各种不习惯/带着孩子回娘家没有回来/可以走/担心儿媳妇会不会跑掉/仗着娘家人远欺负/经常闹误会	迁移婚姻家庭不稳定风险

续表

初始概念 （369 个）	范畴化 （39 个）
婆婆处处针对／欺负娘家远／是一个外人／不想让儿媳妇听到／矫情难伺候／孤军作战／坐月子婆婆按照当地老习惯／欺负远嫁媳妇／爷爷奶奶欺负妈妈／在婆家受委屈受排挤／夫家鄙视排挤	迁移婚姻女性家庭排斥风险
离得远顾不上／对不起孩子／平时帮不了／力所能及给点钱／儿从小没有妈妈陪／对妈妈没有印象／十几年了没有联系过／妈妈完全不管不顾孩子／孩子从小就没有妈妈陪伴看管	迁移婚姻破裂家庭教育弱化风险
对哥哥有个照应／孤孤单单／身边没有说话人／日子过得不带劲／不想过一人吃饱全家不饿生活／父母着急带孙子／一个人出出进进	失婚男性家庭功能不完整风险
跑一趟大半年积蓄没了／回娘家得看老公脸色／一等就是几年／路费吃不消／真金白银／回娘家太多东西要考虑／父亲心疼钱推三阻四／有事都叫不回／担心外甥女路上受了风寒住院／孩子小长途不方便／回娘家一趟要耗费东西多／父母路上不放心／一年的收入就完了	迁移婚姻女性新生家庭与原生家庭交往成本高风险
防贼一样／担心妻子把工资给父母／你防我我也防你／经济上留点后路／偷偷存钱／婆婆防着儿媳／互相防着点／想造成他们误会／自己的钱自己管／给父母钱得躲躲藏藏	迁移婚姻家庭经济上互不信任风险
有事出不上力／搭不上手／啥也帮不了／生病不能及时赶到／不是心狠不帮忙带孩子／鞭长莫及／真心没用／父母生病没有回来照顾／儿媳妇亏欠父母／缺席父母生活	迁移婚姻女性新生家庭与原生家庭劳动力支持割裂风险
条件都好就得比／没买房想结婚难／二婚都给彩礼／不买房就没有竞争力／男多女少结婚费用高／娶媳妇门槛越来越高／女孩子眼光越来越高／排队等着娶／攒钱娶儿媳／不想过离婚了人财两空	推高男性婚姻成本风险
头晕倒地不起没说／娘家人当不了后背和靠山／受了委屈没地方可去／与外公外婆不亲／与舅舅家孩子不熟／帮出头的人都没有／姐弟来往少／互相不能有帮衬／权当没有这女儿／外公过世外孙外孙女没有到场	迁移婚姻女性的新生家庭与原生家庭社会支持割裂风险
礼貌而疏离／邻居说你外乡人／眼神都很好奇／妈妈是外地人／要我防着我老婆／怕外来媳妇跑掉／有点偏见／正常人为何不嫁本地人／很少主动跟我媳妇联系／怕惹是非	迁移婚姻女性社会排斥风险
方言似懂非懂／很难融入／放弃过往从头开始／背井离乡／孤立无援／没一个朋友／叫她出去走走也不愿意／种种不习惯／适应要靠她自己／不适应饮食气候／做好吃苦准备／很压抑／是个外人／脚底无根	迁移婚姻女性社会适应风险

续表

初始概念 （369 个）	范畴化 （39 个）
很少与人搭话/很少与人主动往来/很少去别人家串门/很少到场/不愿意回老家过年/没共同话题/不好意思往上凑/不出去找人玩/他们会在一起聚	失婚男性社会疏离风险
不会主动往来/怕别人指点/主动交往不多/不主动通知/没结婚就被人贴标签/慢慢疏远/到哪都不受待见/可有可无/亲戚有事不喊/指指点点/多多少少会防着点	失婚男性社会排斥风险
后悔/陌生感/孤独感/心里有时空荡荡/孤独无助/内心愧疚/郁郁寡欢/愧疚只增不减/苦/活在悔恨中/辛酸苦辣自己放心里/心中的苦自己往肚子里咽/心里不好受/闷闷不乐	迁移婚姻女性心理健康风险
不爱说话/容易发脾气和哭闹/恨妈妈抛弃/对不起孩子/哭着问妈妈在哪/没妈孩子可怜/胆子很小/不主动跟同学玩/没有笑容/不主动说话	单亲迁移婚姻家庭子女心理健康风险
父亲无声抹泪/父母一定会很难过/在床上躺了一个月/叹气/哭了大半年/走还是哭/撕心裂肺哭喊/不是很踏实/心里空空/伤心/怨/总是叹气/舍不得/担心/心伤得拔凉拔凉	迁移婚姻女性父母心理健康风险
长期压抑/对生殖健康不好/经常自慰不好/被染上性病/吃亏不能讲/染上艾滋病	失婚男性生殖健康风险
脾气越来越差/没有什么精气神/无奈/心里也急/好像做了亏心事/心慌慌/挫败感/压力大/另类/想不开/还凶还委屈/不好受/没面子	失婚男性心理健康风险
唉声叹气/蒙羞/焦虑/对不起/没本事/日日愁夜夜愁/抬不起头/笑不出来/丧气沉沉/揪心/着急上火/心揪着/没有面子/自责	失婚男性父母心理健康风险
难以照顾尽孝/临终前没有等到/明知道他们身体不舒服/平时指望不上/不能经常在身边照顾/人家女儿跑前后/在天边/就是电话问候/远嫁就是不孝/2 年回家看一次父母	迁移婚姻女性对父母养老支持弱化风险
哥哥说我心太狠/弟媳妇有很大意见/姐姐怪我/自私/偏心/远嫁就等于不想管父母/人不在眼前怎么行孝/只为自己活着/对不起父母	迁移婚姻女性与兄弟姐妹间赡养老人纠纷风险
照顾没那么周到/或多或少尽力/老了怎么办/老了孤零零/不敢奢望/没有那么大力量管	失婚男性对父母养老支持弱化风险
对哥哥有个照应/进养老院/期待能找个老伴互相照顾/无依无靠/孤老/妹妹多多少少要照顾哥哥/老龄未婚男农村养老重点	失婚男性家庭养老功能缺失风险

初始概念 （369 个）	范畴化 （39 个）
钱被骗走/没有离婚同居/骗你钱花/专门骗大龄未婚男钱/吃个闷亏/没有离婚租房子同居/开口就要 10 万元彩礼/拆迁款被卷跑	非正常婚姻行为风险
反感你拿远嫁说事/矛盾升级/婆婆找麻烦/暗里较劲挤兑/当外人/没笑容/甩脸色/一大家欺负/远嫁家庭遇到矛盾扩大升级	迁移婚姻家庭矛盾纠纷多发风险
吼还动手打/拿着菜刀就不顾一切砍/动不动就想一走了之/不辞而别/慢慢适应/儿媳妇不见了/天天跟着不让她回来/纠缠/草堆点火烧了	迁移婚姻夫妻行为失范风险
距离大龄未婚男远远的/强行发生关系/未找不三不四女/想办法满足/找一些网站看看发泄/会到那些地方找女的	失婚男性性行为失范风险
睡觉打游戏/喝闷酒/打牌/网上赌博/脾气不好/迷上赌博/抽烂烟/大吼大叫/没有出去找事情做/只躲在房间玩游戏/吸毒	失婚男性行为失范风险

三 核心式登录

根据关联式登录编码形成的范畴关系，分析总结核心类属，使得所有类属之间围绕女性农民工迁移婚姻风险能建立联系并成为一个整体。将其提炼为人口风险、婚恋风险、家庭风险、经济风险、社会网络风险、健康风险、养老风险、社会稳定风险 8 个更为系统的核心范畴。核心式登录的过程与结果如表 4-4 所示。

表 4-4 女性农民工迁移婚姻风险的核心式登录

核心范畴 （8 个）	主范畴 （39 个）	范畴关系
人口 风险	迁移婚姻女性净迁出地婚姻适龄人口性别比失衡风险	性别比失衡、人口老龄化属于人口结构风险，人口总量、劳动力总量、单亲家庭子女数量变化属于人口数量风险，均属于人口风险
	迁移婚姻女性净迁出地人口老龄化风险	
	迁移婚姻破裂单亲家庭子女数量增加风险	
	迁移婚姻女性净迁出地人口总量减少风险	
	迁移婚姻女性净迁出地劳动力人口减少风险	

核心范畴 （8个）	主范畴 （39个）	范畴关系
婚恋 风险	骗婚风险	骗婚、未婚同居、未婚生育、迁移婚姻破裂属于婚恋行为和婚姻解体中的风险，男性婚姻挤压与男性失婚属于婚姻资源与婚姻结构中的风险，均属于婚恋风险
	未婚同居风险	
	未婚生育风险	
	迁移婚姻破裂风险	
	男性婚姻挤压风险	
	男性失婚风险	
家庭 风险	迁移婚姻家庭不稳定风险	不稳定、排斥、教育弱化、功能不完整属于家庭结构、家庭功能、家庭关系、家庭发展中的风险，均属于家庭风险
	迁移婚姻女性家庭排斥风险	
	迁移婚姻破裂家庭教育弱化风险	
	失婚男性家庭功能不完整风险	
经济 风险	迁移婚姻女性新生家庭与原生家庭交往成本高风险	交往成本高、经济上互不信任、劳动力支持割裂、推高婚姻成本都是经济方面的风险，均属于经济风险
	迁移婚姻家庭经济上互不信任风险	
	迁移婚姻女性新生家庭与原生家庭劳动力支持割裂风险	
	推高男性婚姻成本风险	
社会 网络 风险	迁移婚姻女性的新生家庭与原生家庭社会支持割裂风险	社会支持割裂、社会排斥、社会适应、社会疏离均属于社会网络风险
	迁移婚姻女性社会排斥风险	
	迁移婚姻女性社会适应风险	
	失婚男性社会疏离风险	
	失婚男性社会排斥风险	
健康 风险	迁移婚姻女性心理健康风险	不同人群的心理健康、失婚男性的生殖健康可能引发的给特定时空范围内相关人群身心健康带来损失，均属于健康风险
	单亲迁移婚姻家庭子女心理健康风险	
	迁移婚姻女性父母心理健康风险	
	失婚男性生殖健康风险	
	失婚男性心理健康风险	
	失婚男性父母心理健康风险	

核心范畴 （8个）	主范畴 （39个）	范畴关系
养老 风险	迁移婚姻女性对父母养老支持弱化风险	对父母养老支持弱化、赡养老人纠纷、家庭养老功能缺失都会给养老带来一定损失，均属于养老风险
	迁移婚姻女性与兄弟姐妹间赡养老人纠纷风险	
	失婚男性对父母养老支持弱化风险	
	失婚男性家庭养老功能缺失风险	
社会 稳定 风险	非正常婚姻行为风险	非正常婚姻行为、家庭矛盾纠纷多发、夫妻行为失范、失婚男性性行为失范、失婚男性行为失范可能给社会稳定带来一定损失，均属于社会稳定风险
	迁移婚姻家庭矛盾纠纷多发风险	
	迁移婚姻夫妻行为失范风险	
	失婚男性性行为失范风险	
	失婚男性行为失范风险	

第三节　范畴体系分析

经过开放式登录、关联式登录、核心式登录三阶段逐级编码，最终确定了范畴间的关系结构。关于女性农民工迁移婚姻风险的识别表现在369个初始概念中，最终提炼为39个主范畴并聚焦为8个核心范畴。从整体上说，女性农民工迁移婚姻所面临的风险呈现复杂性与多元性，在人口、婚恋、家庭、经济、社会网络、健康、养老与社会稳定等多个风险场域间相互影响，体现在不同风险承受者生命周期和婚姻家庭生命周期中风险的交叉共生。本节基于逐级编码的结果，结合相关研究，对最终抽象出来的关于女性农民工迁移婚姻风险的8个核心范畴和39个主范畴逐一进行分析，在此基础上建构女性农民工迁移婚姻风险范畴体系模型。

一　人口风险

人口风险是人口各要素和人口发展过程中发生损失的不确定性。广义上的人口风险包括人口发展过程中人口的出生、数量、分布、质量、结构、流动、迁移、健康、死亡等风险。人口风险在人类社会的不同发展阶段、不同地区、不同领域，其原因、特征、表现和危害并不相同，人类社会发展过程中总是会经历各种各样的人口风险。本研究中的人口风险特指女性农民工迁移婚姻可能引发的给特定时空范围内人口数量、人口分布和人口结构方面带来损失的不确定性，其是广义人口风险的组成部分。女性农民工迁移婚姻可能引发的人口风险主要表现在以下五个方面。

（一）迁移婚姻女性净迁出地婚姻适龄人口性别比失衡风险

经济社会发展相对落后的农村地区，未婚女性外出务工经商过程中，部分女性认识并选择异地的男性恋爱并结婚，且迁移婚姻女性流出数量会超过流入数量，一定时期内同一地区婚姻适龄女性人口净流出必然导致该地区婚姻适龄女性人口数量减少。同一时间段内同一地区的婚姻适龄女性人口减少和不足，而该地区婚姻适龄男性人口数量相对稳定情况下，婚姻适龄男性失婚人口数量必然会相应地增加（马健雄，2004；田先红，2009；冯乐安、马克林，2010；胡莹、李树茁，2015；杨筠、傅耀华，2015；杨华，2019）。可见，特定地区特定时期内男女婚姻适龄人口总数量相对稳定情况下，迁移婚姻女性流出如果持续超过流入，适龄婚姻女性人口总量就会减少，适龄婚姻男性人口就会过剩，并在经济社会发展相对落后的农村地区聚集，这样必然会引发或加剧该地区适龄婚姻人口性别比失衡风险（刘慧君、李树茁，2010；李成华，2017）。

（二）迁移婚姻女性净迁出地人口老龄化风险

经济社会发展相对落后的农村地区，如果迁移婚姻女性净流出，婚姻迁移地适龄婚姻人口性别比失衡，被动失婚男性人口必然增多。失婚男性失去人口再生产机会和能力，当地新生人口总量就会相应减少。这必然会导致特定地区某个时间段内老年人口数量的增加，尤其是男性老年人口数量的增加，从而加剧人口老龄化风险，增加经济发展相对落后农村地区的养老压力（靳小怡等，2010；杨筠、付耀华，2015；郭秋菊、靳小怡，2018；刘涛、王玉涵，2021）。

（三）迁移婚姻破裂单亲家庭子女数量增加风险

迁移引发的迁移婚姻及其家庭不稳定因素多，迁移婚姻及其家庭的矛盾、冲突等问题多，迁移婚姻容易破裂。迁移婚姻破裂后，父母离异，按照我国农村地区的传统，子女往往是随父亲共同生活的。而离异后的男性再婚往往困难，成为失婚人口，家庭也成为单亲家庭，单亲家庭子女数量会增加，这必然会给父母婚姻破裂的未成年人健康成长埋下隐患（宋丽娜，2010；孙发平等，2019；陈建兵，2020）。

（四）迁移婚姻女性净迁出地人口总量减少风险

迁移婚姻女性农民工数量迁出超过迁入的经济社会发展相对落后的农村地区，婚姻适龄女性人口总量减少，人口总量也相应减少，引发人口数量分布不均衡。同时，经济社会发展相对落后的农村地区遭受婚姻挤压的失婚男性失去人口再生产能力，失婚男性家庭无新出生人口。长此以往，经济发展相对落后的农村地区的女性适婚人口持续减少，新出生人口持续减少，必然引发该地区人口总量减少的风险（刘涛、王玉涵，2021）。

（五）迁移婚姻女性净迁出地劳动力人口减少风险

经济社会发展相对落后的农村地区，因婚姻迁出的女性劳动力数量超过迁入，女性劳动力人口总量必然相应减少，引发已婚女性劳动力人口数量分布不均衡。同时，遭受婚姻挤压的失婚男性家庭失去人口再生产能力，无新增加劳动力。长此以往，必然引发迁移婚姻女性净迁出地区总劳动力人口数量减少的风险。

综上，女性农民工迁移婚姻可能引发或加剧某些不利的人口因素产生和集聚，产生人口问题，引发迁移婚姻女性净迁出地婚姻适龄人口性别比失衡、人口老龄化、人口总量减少、劳动力人口减少以及迁移婚姻破裂单亲家庭子女数量增加等不利的人口学后果，引发人口风险，影响特定地区人口的均衡和可持续发展。女性农民工迁移婚姻可能诱发的人口风险具有累积性、渐变性和传导性等特征，引发特定地区的人口数量、人口结构均衡和人口可持续发展风险，可能会产生严重的社会问题，为特定地区的人口安全埋下隐患。

二　婚恋风险

婚恋风险是婚姻缔结、存续和发展过程发生损失的不确定性。广义的婚恋风险包括婚姻资源、婚姻结构、婚姻缔结、婚恋行为、婚姻功能、婚姻存续以及婚姻解体过程中面临和发生的各种风险。婚恋风险在不同地区、不同时代、不同人群中，其来源、特征、表现、危害并不相同，婚恋风险内容呈现多样性。本研究的婚恋风险特指女性农民工迁移婚姻可能引发的给特定时空范围内相关人群婚姻带来损失的不确定性，其是宏观婚姻风险的组成部分。女性农民工迁移婚姻可能引发的婚恋风险主要表现在以下六个方面。

（一）骗婚风险

未婚女性农民工在外出务工经商过程中认识异地的异性并恋爱，因为双方原生家庭的距离相隔，容易产生信息不对称，在一定程度上存在对彼此个人信息及其原生家庭信息了解不全面和不深入的风险。男方为了博得女方的好感，恋爱时和结婚前有时会有意隐瞒一些对自己及其家庭不利的信息，甚至带有欺骗性地制造一些对自己及其家庭有利的假象和信息，女方对男方及其家庭很难有较全面和深入的了解；反之，男方对女方及其家庭同样也缺乏全面和深入的了解。即使一些女性在恋爱过程中已经发现异地男友的不实信息和欺骗，但由于已同居或已怀孕，以及受传统男女关系思维的影响，并没有果断地选择分手，可能致使一错再错，女性因被骗婚而使迁移婚姻充满艰难与不幸，让当事人也深受其害。当然，男方同样也可能承受被骗婚风险。由此，恋爱中的异地男女双方均可能存在被对方骗婚的风险，但主要表现为女性被骗婚的风险（邓智平，2004；刘芝艳，2009；王文龙，2010；仰和芝、张德乾，2018）。

（二）未婚同居风险

外出务工经商的未婚女性农民工希望主宰自己的恋爱婚姻，她们在恋爱婚姻对象选择上表现出很强的独立自主。同时，外出务工经商的未婚女性农民工正处在性心理与性行为活跃的年龄阶段，远离父母亲人的监管和家乡社会关系网络的监督约束，在恋爱中非常容易在性观念和性行为上失范，最终一部分未婚女性农民工出现了婚前性行为和未婚同居现象（风笑天，2006；高发元、桂宇，2014）。当然，外出务工经商的未婚女性农民工在恋爱婚姻上也会与父母沟通并征求他们的意见，但一旦父母不同意或不支持，她们往往会顶住来自父母的劝阻和反对，捍卫自己恋爱婚姻自由权利，最终不顾父母的反对和担心而选择未婚同居甚至私婚。

（三）未婚生育风险

未婚女性农民工恋爱后未婚同居比较普遍，而她们在性心理、性观念与性行为方面并不成熟和理性，在未婚同居过程中，对科学避孕、安全性生活并不十分看重，未婚怀孕和未婚生育比较常见。婚前同居后一旦发现怀孕，有的没到结婚年龄就先生下孩子；有的到了结婚年龄也不领取结婚证，却选择生下孩子；还有的对男方并不满意，但怀孕后也选择生下孩子。其中，有的女性未婚生下孩子后并不考虑结婚而是选择分手或逃离，把孩子丢给男方或男方父母。在未婚女性农民工群体中，这种未婚生育现象时有发生。当然，有一部分女性未婚生育后会选择领取结婚证步入婚姻。许多当事人在怀孕之前并没有做好结婚和为人父母的准备，只是在怀孕后才有了结婚的考虑与选择（谭琳、黄博文，1999；马丽，2004；刘芝艳，2009；陈锋，2012；何甜田，2019）。《中国流动人口发展报告2012》指出，新生代农民工的恋爱婚姻与性行为的态度在逐渐发生变化，婚前怀孕现象较为普遍，监测数据显示，新生代农民工婚前怀孕的比例为42.70%（国家人口和计划生育委员会流动人口服务管理司，2012）。

（四）迁移婚姻破裂风险

一方面，女性农民工与谁恋爱和结婚多是在外出务工经商中自行决策的，缺少父母亲人的集体决策和在场监督，对于恋爱和婚姻的谨慎和正确判断不够，也缺少对对方个人和家庭情况的全面深入了解，不同程度存在恋爱婚姻的冲动性和盲目性。有的女性在没有完全了解对方的情况下就选择同居和草率登记结婚，出现闪婚现象。迁移婚姻女性农民工远嫁异地后，才慢慢发现对方及其家庭不适合并有上当受骗的感觉，这为婚姻破裂埋下了隐患，从而出现闪离（或同居后逃离），迁移婚姻女性农民工的丈夫和公婆特别担心其会逃离或提出离婚。事实上，不少女性婚后逃离回娘家、独自跑到外面去打工或直接提出离婚，从而出现婚姻破裂的风险（邓智平，2004；李磊，2012；施磊磊，2014；方安迪，2020）。另一方面，相较于近距离婚姻，迁移会给迁移婚姻带来更多不稳定因素，迁移婚姻当事人如果不能及时应对因迁移产生的差异、冲突与不适，轻则影响婚姻和谐，严重的则会造成婚姻破裂（刘芝艳，2009；宋丽娜，2010；肖涯宾，2018）。

（五）男性婚姻挤压风险

在农村地区男女适婚人口不流动或较少流动的情况下，特定婚姻地域空间范围内的适婚男女人口能够保持相对的结构供给动态平衡。随着大量未婚女性农民工在外出务工经商中实现婚姻迁移，大范围的婚姻地域圈逐步取代传统农村的近距离婚姻地域圈。地理位置更优越、经济社会发展更好地区的未婚男青年在婚姻资源市场上占据优势地位，地理位置相对偏僻、经济社会发展相对落后地区的农村未婚男青年在婚姻资源市场上处于相对弱势地位。女性农民工迁移婚姻的出现，加剧了婚姻资源匹配的不平衡性和不平等性，给女性农民工净迁出地的婚姻适龄男性择偶带来压力，从而加剧弱势地区男性的婚姻挤压程度，引发或加剧男性婚姻挤压风险（田先红，2009；胡莹、李树苗，2015；王向阳，2017；

黄佳鹏，2019；魏永祺，2020）。

（六）　男性失婚风险

经济社会发展相对落后地区的女性农民工净流出，在一定程度上引发了相对弱势地区婚姻资源匹配中男女性别结构失衡，加剧弱势地区男性的婚姻挤压，部分婚姻适龄男性甚至被迫丧失婚姻机会，这在很多地方已成为有目共睹的社会问题，有的男性甚至成为终身失婚人群（王磊光，2017；黄佳鹏，2019；孙发平等，2019）。

综上，女性农民工迁移婚姻可能引发某些不良的婚姻现象和后果，产生骗婚、未婚同居、未婚生育、迁移婚姻破裂、男性婚姻挤压、男性失婚等婚恋风险，这些婚恋风险正在成为影响很多个体和家庭的民生事件，给特定地区的婚姻安全埋下隐患和不确定因素，对相关人群和地区的婚姻和谐与家庭有序发展产生负面影响。

三　家庭风险

家庭风险指的是家庭领域发生损失的不确定性。广义的家庭风险包括家庭形成、家庭存续、家庭结构、家庭关系、家庭功能等方面面临的各种风险，家庭风险在不同时代、不同地区、不同制度和不同文化中，其来源、特征、表现和危害并不相同，家庭风险内容呈现多样性。本研究的家庭风险特指女性农民工迁移婚姻可能引发的给特定时空范围内相关人群家庭带来损失的不确定性，其是广义家庭风险的组成部分。女性农民工迁移婚姻可能引发的家庭风险主要表现在以下四个方面。

（一）　迁移婚姻家庭不稳定风险

因与原生家庭距离的遥远、不同地域风俗习惯的差异、对女性迁移婚姻的传统偏见以及迁移婚姻女性原生家庭与新生家庭的社会资本时空割裂等因素，冲突与不适是迁移婚姻夫妻及其家庭面临并要努力应对的基本问题，迁移婚姻夫妻及其家庭面临矛盾纠纷多发的风险（谭琳等，2003；陈业强，2012；肖涯宾，2018；李卫东，2019）。如果迁移婚姻女性及其家庭成员不能正确面对和有效应对迁移带来的种种问题，家庭矛盾纠纷就会不断扩大和累积，甚至导致婚姻家庭破裂，从而引发迁移婚姻家庭不稳定风险。

（二）迁移婚姻女性家庭排斥风险

因为原生家庭与新生家庭的距离遥远，迁移婚姻家庭中风俗习惯与饮食习惯有不同程度的差异，迁移婚姻女性丈夫及其父母往往会从他们的角度去理解和处理差异。同时，迁移婚姻女性丈夫及其父母担心迁移婚姻女性婚后适应不良可能会选择离婚，对迁移婚姻女性存在不同程度的偏见和提防。由此，迁移婚姻女性在新生家庭中可能易遭受来自丈夫及其父母的家庭排斥风险（邓晓梅，2014；陶自祥，2019；张冠李，2020；易文彬，2021）。

（三）迁移婚姻破裂家庭教育弱化风险

从调查获得的数据来看，迁移婚姻破裂家庭子女基本上跟随父亲生活。因为距离遥远，离异母亲很少甚至完全不会出现在随父亲生活的子女的成长过程中。有的父母离婚早，孩子甚至对母亲没什么印象。父母婚姻破裂，再加上母亲不会出现在自己成长过程中，迁移婚姻破裂家庭子女在成长过程中，缺少来自母亲的陪伴以及情感支持，存在家庭教育弱化风险，不利于孩子健康成长（唐立，2014；孙发平等，2019；陈建兵，2020）。

（四）失婚男性家庭功能不完整风险

迁移婚姻加剧男性的婚姻挤压，导致一部分相对弱势地区的相对弱势男性暂时或永久失去进入婚姻组建家庭的机会，失婚男性难以享有正常家庭的夫妻生活和有子女的家庭生活，从而无法正常享有家庭的生育功能、娱乐功能、感情功能、经济功能、社会保障功能等家庭功能，产生失婚男性家庭功能发挥失调和家庭功能不完整风险（邓希泉，2010；薛敏霞、舒曼，2020）。

综上，女性农民工迁移婚姻可能引发某些不良家庭问题，产生迁移婚姻家庭不稳定、迁移婚姻女性家庭排斥、迁移婚姻破裂家庭子女教育弱化、失婚男性家庭功能不完整等家庭风险，给特定地区和人群的家庭稳定和家庭功能正常发挥埋下安全隐患，对相关家庭及其家庭成员的生存和发展产生负面影响。

四　经济风险

广义的经济风险是指经济发展和经济活动发生过程中不同主体遭受损失的不确定性。经济风险在不同时代、不同地区、不同人群、不同领域中，其来源、特征、表现、危害、强烈程度和承受者并不相同，经济风险内容也呈现多样性。本研究的经济风险特指女性农民工迁移婚姻可能引发的特定时空范围内相关人群经济损失的不确定性，其是广义经济风险的组成部分。女性农民工迁移婚姻可能引发的经济风险主要表现在以下四个方面。

（一）迁移婚姻女性新生家庭与原生家庭交往成本高风险

因为距离遥远，迁移婚姻女性回原生家庭交通费用成本高，路上花费的时间成本高，来来往往的路上还有不安全因素，再加上迁移婚姻女性生育过程中不方便路上来往，迁移婚姻女性子女到上学年龄时又没有时间等诸多限制，迁移婚姻女性与原生家庭来往较少。访谈的对象往往平均一年都难得回娘家一次。因为距离遥远，迁移婚姻女性的父母年龄渐长不方便路上奔波，迁移婚姻女性的父母与原生家庭亲人也很少到其新生家庭，有的父母一次都没有来过迁移婚姻女性的新生家庭。因距离阻隔，迁移婚姻女性的新生家庭与原生家庭来往成本高是不争的事实（沈文捷，2007；邓晓梅，2014；仰和芝、张德乾，2018；李艳等，2022）。

（二）迁移婚姻家庭经济上互不信任风险

在我国传统婚姻观念里，父母普遍不看好女儿远嫁和儿子远娶，儿子远娶媳妇的家庭对迁移婚姻女性往往有不信任和防范，担心迁移婚姻女性不能很好地适应迁入地生活而不能安心在迁入地长久生活，担心迁移婚姻女性卷走钱款逃离或贴补娘家。呈现在经济方面，往往是来自公婆与丈夫的经济防范，就算迁移婚姻女性生了孩子以后，也难以获得丈夫和公婆的完全经济信任。反之，迁移婚姻女性对丈夫及公婆对自己的经济不信任也有一定防备，在经济上也会对丈夫与公婆有一定防范（谭琳等，2003；任亚萍，2012；仰和芝、张德乾，2018）。可见，迁移婚姻家庭经济上的不信任是互相的，迁移婚姻女性与丈夫和公婆之间在经济上有不信任风险。

（三）迁移婚姻女性新生家庭与原生家庭劳动力支持割裂风险

婚姻不只是夫妻之间的情感联结与关系联结，还涉及夫妻二人原生家庭与新生家庭的资源联结，原生家庭与新生家庭存在资源交换和资源支持。彼此的资源交换和资源支持，可以强化原生家庭和新生家庭之间的关系联结。而对于迁移婚姻女性来说，因为距离遥远，原生家庭与新生家庭在空间上割裂，日常的劳动力交换和劳务支持无法实现，必然存在劳动力支持割裂风险（申艳芳、郝大海，2014；陈讯，2020）。

（四）推高男性婚姻成本风险

迁移婚姻女性净迁出的地区，婚姻资源中的男性与女性性别结构失衡，婚姻适龄女性相对缺失，婚姻适龄男性多于婚姻适龄女性。在此背景下，男性要想顺利成婚，就要在婚姻市场上处于相对优势地位，提高在婚姻市场上的竞争力，往往得付出更高的婚姻成本。由此，迁移婚姻会推高经济社会发展相对落后地区和相对弱势家庭男性的婚姻成本，引发或加剧婚姻市场上男性婚姻成本不断推高的风险（魏国学等，2008；李致江，2016；赵代博等，2017；王向阳，2017；李树苗等，2019；刘中一，2021）。

综上，女性农民工迁移婚姻可能引发某些不良的经济问题，产生迁移婚姻女性新生家庭与原生家庭交往成本高、迁移婚姻家庭经济上互不信任、迁移婚姻女性新生家庭与原生家庭劳动力支持割裂、推高男性婚姻成本等经济风险，为相关人群的经济能力和经济安全埋下隐患。

五　社会网络风险

在本研究中，社会网络风险包括社会支持风险与社会适应风险。广义的社会支持风险是指相关主体在社会支持获得方面遭受困难与损失的不确定性；广义的社会适应风险是指相关主体在社会适应方面遭受困难与损失的不确定性。社会支持风险与社会适应风险在不同时代、不同地区、不同人群、不同制度与不同文化中，其来源、特征、表现、危害和强烈程度并不相同，风险内容也呈现多样性。本研究的社会支持风险特指女性农民工迁移婚姻可能引发的给特定时空范围内相关人群社会支持带来损失的不确定性；社会适应风险特指女性农民工迁移婚姻可能引发的给特定时空范围内相关人群社会适应带来损失的不确定性。女性农民工迁移婚姻可能引发的社会支持风险与社会适应风险主要表现在以下五个方面。

（一）迁移婚姻女性的新生家庭与原生家庭社会支持割裂风险

女性农民工选择迁移婚姻，婚后迁移到夫家所在地定居并生活，其新生家庭与原生家庭处在时空上分离状态，日常社会交往也处于空间阻隔与分离状态。这必然导致迁移婚姻女性的原生家庭与新生家庭的社会支持彼此割裂和难以发挥正常功能，不能充分获得彼此的资源和支持，导致对彼此的社会支持弱化（王文龙，2010；仰和芝、张德乾，2018；李艳等，2022）。割裂与弱化的社会支持，会引发迁移婚姻女性新生家庭基于姻亲的亲属关系弱化和部分解体的风险，给迁移婚姻女性新生家庭与原生家庭造成不利影响。这种社会支持割裂不只是对迁移婚姻女性及其丈夫有影响，还会影响到迁移婚姻女性的子代，造成社会支持弱化的代际传递。

（二）迁移婚姻女性社会适应风险

因迁移行为与婚姻行为的双重交织，迁移婚姻女性与迁入地居民存在语言、饮食习惯、风俗习惯、社会心理、社会支持、宗教信仰乃至生育环境上的差别，必然面临社会适应问题（黄润龙，2002；谭琳等，2003；邓晓梅，2011；陈业强，2012；仰和芝、张德乾，2018）。再加上远离原来的社会支持网络和社会资本支持，迁移婚姻女性婚后社会关系脆弱，对迁入地归属感不强、身份认同感不高。由此，迁移婚姻女性在婚后的经济适应、社区适应、文化适应、心理适应等方面面临困境和压力（韦艳、段婷婷，2016；刘月平，2017；李艳等，2022），在迁入地的社会适应过程中易陷入困境，存在社会适应风险。

（三）迁移婚姻女性社会排斥风险

婚后迁移到丈夫原生家庭所在地居住的迁移婚姻女性往往被迁入地居民标签化，被称为"外地媳妇""外来媳妇"，或被称为"外乡人""外地人"，一个"外"字包含的是迁入地居民对迁移婚姻女性在一定程度上的负面认知、歧视、疏离和不接纳（谭琳等，2003；申艳芳、栾殿飞，2012；陈讯，2020），从而引发迁移婚姻女性社会排斥风险。

（四）失婚男性社会疏离风险

因婚姻挤压而失婚的男性群体往往在经济条件、社会地位、社会支持、社会角色等诸多方面存在不同程度弱势，可能产生孤独、自卑、冷漠、消极等社会交往情绪状态。成婚是一名男性成年和人生完满的标志，是其家庭延续和传承的前提，婚姻机会被剥夺，失婚男性会不同程度降低对自己的身份认同，存在自动回避或减少社会交往、消极对待甚至退出人情互动、自动疏远与他人关系、消极对待社会参与、减少社会互动、减少社会角色扮演等心理和行为，甚至自动沦为社会的沉默者，从而引发社会疏离风险（余练，2011；谢娅婷等，2015；陆卫群等，2019）。

（五） 失婚男性社会排斥风险

因婚姻挤压而失婚的男性群体往往在经济地位、社会地位、社会支持、人际关系、身体健康、性格特征、行为品德等诸多方面存在不同程度的弱势或问题，多重弱势累积的失婚男性群体同时还有可能存在各种行为失范风险（刘燕舞，2015）。在此情境下，无论是在熟人社会还是在陌生人社会，遭受婚姻挤压的弱势失婚男性群体容易被贴上各种负面身份标签和被污名化（孟阳、李树苗，2017a），容易深陷负面社会舆论中。再加上他们社会参与和社会融入意愿也不高，获得的社会资本和社会支持较少。在社会环境因素与失婚男性自身身心因素共同作用下，失婚男性可能成为社会边缘群体，成为社会分层中的边缘人或末端，感受不到关心，遭受有意无意的社会排斥风险（何绍辉，2010；靳小怡等，2010；孟阳、李树苗，2017b；陆卫群等，2019）。

综上，女性农民工迁移婚姻可能引发某些不良的社会支持与社会适应问题，产生迁移婚姻女性的新生家庭与原生家庭社会支持割裂、迁移婚姻女性社会适应、迁移婚姻女性社会排斥、失婚男性社会疏离、失婚男性社会排斥等社会网络风险，给相关人群的社会支持和社会适应带来不良的影响和后果。

六 健康风险

健康风险是指诸多因素给人身心健康造成损失的不确定性。健康风险在不同社会、不同地区、不同人群、不同医疗条件中，其来源、特征、表现、危害并不相同，健康风险内容和承受者也呈现多样性。本研究的健康风险特指女性农民工迁移婚姻可能引发的给特定时空范围内相关人群身心健康带来损失的不确定性。女性农民工迁移婚姻可能引发的健康风险主要表现在以下六个方面。

（一） 迁移婚姻女性心理健康风险

婚后迁移到夫家所在地居住并生活的迁移婚姻女性，远离原生家庭熟悉的生活环境和风俗习惯，与原生家庭社会关系和社会资本的空间割裂，使得她们的原有地域身份认同与归属感也必然发生变动，在适应婚后生活和迁入地生活的双重适应过程中，还会不同程度遇到来自丈夫及其家人的不信任、迁入地居民的偏见歧视和疏离排斥，因而可能会产生低安全感、无依无靠孤单感、无力无助感、对父母亏欠感、社会排斥感、孤立无助感、后悔远嫁、强烈思念故乡、独自忍受委屈与压抑、精神慰藉缺失等问题，从而产生心理健康风险（景晓芬、李松柏，2013；韦艳等，2014；陈业强，2015；丁百仁，2018）。

（二）单亲迁移婚姻家庭子女心理健康风险

基于迁移婚姻调查发现的实际情况，本研究单亲家庭子女包括婚生子女和非婚生子女①。迁移婚姻破裂单亲家庭具有自身重要特征，无论是婚生子女还是非婚生子女，因为父母双方原生家庭距离遥远，父母离婚或分开后，母亲或父亲很少去探望子女，有的甚至终生不见。根据我国农村传统，父母离婚或分开后大多数孩子跟随父亲生活，且往往由爷爷奶奶照顾。生活在单亲迁移婚姻家庭的孩子心理上往往有难以磨灭的震荡、不适和创伤，容易产生不同程度的被抛弃、自卑、自闭、焦虑、抑郁、逆反、不安全感、社会疏离等不良情绪，致使他们在认知、情绪、情感与社会交往等方面产生一系列心理健康风险（焦丽，2009；樊利，2013）。

（三）迁移婚姻女性父母心理健康风险

从访谈情况看，迁移婚姻女性父母一般情况下都不同意女儿远嫁异地，而迁移婚姻女性为了恋爱婚姻自由和自己追求的爱情不顾父母亲人的反对，义无反顾选择了追随爱人来到异地他乡，却远离了爱着自己和牵挂自己的父母。女儿选择迁移婚姻后，父母总是牵挂思念女儿，担心女儿异地生活适应困难，担心女儿在

---

① 非婚生子女指的是父母恋爱同居期间生育的子女，子女出生后，父母并没有领取结婚证且母亲离开。

婆家受欺负却无法及时提供支持。同时，迁移婚姻女性的父母因女儿无法为其提供日常的探望和照顾，晚年生活也产生诸多养老困境和生活不如意。以上诸多因素，可能会引发迁移婚姻女性父母心理健康风险（宋丽娜，2010；仰和芝、张德乾，2018）。

（四）失婚男性生殖健康风险

在性活跃年龄被动失婚的男性没有婚姻内性伴侣，正常的性心理和性需求无法通过婚姻获取正常稳定的实现和满足，可能引发失婚男性群体生殖健康风险。失婚男性性生理和性心理需求得不到满足，可能会参与风险性行为，引发商业交易性行为、多性伴侣行为、同性性行为、婚外性行为等失范性行为风险，失范性行为可能诱发与性安全有关的健康问题，引发与性有关的诸如性病、艾滋病等疾病传播风险，失婚男性可能成为性传播疾病的高危人群（张群林等，2011；王晓蕾，2012；张群林、孟阳，2015；杨博、李树茁，2016；尹旦萍，2022）。

（五）失婚男性心理健康风险

在我国传统婚姻家庭文化中，对男性来说，结婚成家与生儿育女是非常重大的人生目标与人生任务。完成不了人生的婚姻大事和生育任务，被动失婚男性的自尊心、自信心、生活目标、人生价值、社会关系和生活质量均会受到很大程度的影响，还可能遭受社会的负面评价和排斥，从而容易引发失婚男性人群的被剥夺感、挫败感、生活无望感、无用感、无助无力感与不安全感，进而可能产生悲观失落、失意、自责、自卑、不思进取、焦虑、怨天尤人、反社会等不良情绪和行为。同时，失婚男性因没有妻子和子女的陪伴，承受着单身的孤单困境。这些因素的存在和共同发挥作用，会引发失婚男性人群不同程度的心理健康风险（李艳、李树茁，2008；王晓蕾，2012；张群林、杨博，2014；谢娅婷等，2015；刘慧君，2017；孙发平等，2019）。

（六）失婚男性父母心理健康风险

在农村，操办好儿子的婚姻大事和儿子成家是父母认为自己必须完成的人生重要任务和重大人生目标，也是父母努力赚钱和生活的动力。自己儿子遭遇成婚困难直至失婚在父母那里被看作他们人生中重大的负面生活事件，父母也认为自己因此处在负面的社会舆论中，觉得自己脸上无光，在熟人社会中抬不起头。有儿子没有完成婚姻大事和家庭传承延续，父母会认为对不起失婚的儿子，认为自己没有尽到父母的责任，同时父母也会担心失婚儿子无依无靠的晚年生活。失婚儿子也可能因为自己失婚而责怪父母，从而导致家庭关系紧张。因此，家有失婚儿子的父母会有无奈感、挫败感、无望感，也会陷入深深的低自我价值感、生活失意、心态失衡和持久自责中。以上诸多因素，必然会不同程度引发失婚男性父母心理健康风险（韦艳等，2008；郭秋菊、靳小怡，2012）。

综上，女性农民工迁移婚姻可能引发有关人群的健康问题，引发迁移婚姻女性心理健康、单亲迁移婚姻家庭子女心理健康、迁移婚姻女性父母心理健康、失婚男性生殖健康、失婚男性心理健康、失婚男性父母心理健康等方面的风险，给当事人身心健康及其婚姻家庭带来危害，引发新的公共卫生问题，加剧我国公共卫生问题的复杂化和多元化，增加公共卫生问题治理的压力与难度。

七 养老风险

养老风险，指个体、家庭、群体和社会在养老方面可能发生或遭受损失的不确定性，包括风险发生与否及损失程度大小的不确定性。养老风险的主体是多元的、内容是多样的，其是社会保障风险的重要组成部分。养老风险在不同地区、不同时代、不同社会、不同人群、不同家庭、不同个体中，其来源、特征、内容、表现、影响范围和危害并不相同，养老风险内容也呈现多样性。本研究中的养老风险特指女性农民工迁移婚姻可能引发的给特定时空范围内相关个人、群体、家庭和社会养老带来损失的不确定性，其是宏观养老风险的组成部分。女性农民工迁移婚姻可能引发的养老风险主要表现在以下四个方面。

（一）迁移婚姻女性对父母养老支持弱化风险

我国广大农村地区年老父母的养老主要依靠儿女的支持，养儿防老既是父母期待的权利也是儿女应尽的义务。其中，女儿是父母养老的情感支持和日常照顾支持的重要提供者。而迁移婚姻女性远离家乡，因路途遥远不方便经常回去看望陪伴父母，父母年老需要照顾时也很难及时和长期在场，对父母的养老支持必然会不同程度弱化。父母养老指望不上远嫁外地的女儿，会不同程度引发年老父母的疾病医治陪护不足、日常照顾缺失、情感支持缺失等问题，从而引发迁移婚姻女性父母的养老风险（宋丽娜，2010；仰和芝、张德乾，2018）。如果迁移婚姻女性是该家庭的独生女儿或唯一女儿，那么父母的养老风险更大。

（二）迁移婚姻女性与兄弟姐妹间赡养老人纠纷风险

因为路途遥远，迁移婚姻女性不能正常为自己父母提供情感支持、疾病医治陪护、日常照顾等养老支持。在有两个及以上子女的家庭中，迁移婚姻女性对父母养老支持的不同程度缺失必然会增加其兄弟姐妹的养老负担与压力，从而可能会因父母养老而与自己兄弟姐妹产生纠纷风险。

（三）失婚男性对父母养老支持弱化风险

非自愿失婚男性因为父母没有帮助自己完成成婚责任，对父母往往有不同程度的抱怨，在对父母的养老支持上往往也不主动承担或不愿承担责任。父母对失婚儿子也有内疚，认为自己没有完成儿子成婚的责任，有愧于失婚儿子，往往也不好意思让失婚儿子为自己养老尽责。失婚男性对父母养老支持弱化风险，必然会不同程度增加失婚男性父母的家庭养老保障压力，引发失婚男性父母的养老风险（韦艳等，2008；郭秋菊、靳小怡，2012；薛敏霞、舒曼，2020）。

（四）失婚男性家庭养老功能缺失风险

失婚男性没有配偶和子女，到了养老年龄阶段缺乏子女提供的经济、情感、日常照顾等家庭养老资源支持，也缺失配偶提供的养老互相支持，失婚男性家庭养老功能缺失，失婚男性更容易采用消极的退行方式应对养老，随着失婚男性年龄增长必然会引发其晚年生活照料和支持的养老风险。老有所依，失婚男性的养老保障必然要由所在地政府承担，失婚男性人口数量大的社区未来养老任务重、压力大，这也是沉重的社会保障问题。经济社会发展相对落后地区集聚的数量庞大的农村失婚群体引发的养老危机，将成为未来乡村社会养老负担，最终可能演变为农村一个较严重的社会问题（殷海善，2010；郭秋菊、靳小怡，2016；刘慧君，2017；郭秋菊、靳小怡，2018；李树苗等，2019）。

综上，女性农民工迁移婚姻可能引发相关个人、人群、家庭和社会的养老问题，引发迁移婚姻女性对父母养老支持弱化、迁移婚姻女性与兄弟姐妹间赡养老人纠纷、失婚男性对父母养老支持弱化、失婚男性家庭养老功能缺失等养老风险，给相关个人、人群、家庭的养老带来压力，引发养老问题的复杂化，加剧社会的养老压力。

八 社会稳定风险

社会稳定风险指的是社会稳定损失的不确定性，包括社会稳定风险发生与否及损失程度大小的不确定性。社会稳定风险在不同历史条件下与不同社会中，其来源、特征、内容、表现、影响范围和危害并不相同，社会稳定风险内容呈现多样性。本研究中的社会稳定风险特指女性农民工迁移婚姻引发的给特定时空范围内社会稳定带来损失的不确定性。女性农民工迁移婚姻可能引发的社会稳定风险主要表现在以下五个方面。

（一）非正常婚姻行为风险

随着女性农民工迁移婚姻的普遍化与常态化，农村未婚女性婚姻迁移引起的性别失衡加剧，经济发展相对落后的农村地区和农村家庭贫困男性成婚难，承受婚姻挤压的男性增多。在正常婚姻途径不能实现的情况下，可能造成农村经济发展相对落后的农村地区和农村家庭早婚、闪婚、重婚、买卖婚、诱骗婚、婚外情、婚外性等不符合法律与风俗习惯的非正常婚姻行为与事件，干扰所在区域的正常婚姻和社会秩序，导致不同程度的社会问题，引发非正常婚姻行为风险（孙琼如，2004；殷海善，2010；靳小怡等，2011；韦艳等，2012；汪静、何威，2020；刘涛、王玉涵，2021）。

（二）迁移婚姻家庭矛盾纠纷多发风险

距离的遥远与空间阻隔、地域风俗习惯的差异、对迁移婚姻与迁移婚姻女性的传统偏见、原生家庭与新生家庭的社会资本时空割裂以及冲突不适是迁移婚姻夫妻及其家庭面临和必须积极应对的基本问题。如果迁移婚姻夫妻及双方原生家庭成员不能正确面对和有效应对迁移带来的种种问题，迁移婚姻家庭必然面临矛盾纠纷多发风险（谭琳等，2003；仰和芝，2007；邓晓梅，2014；陈业强，2012；方安迪，2020；易文彬，2021）。家庭矛盾纠纷多发风险还可能会扩大到家庭之外，给所在社区和社会带来冲击和负面影响。

（三）迁移婚姻夫妻行为失范风险

迁移婚姻当事人中，女性因为迁移婚姻的适应困难，可能主动或不得不留下未成年子女而离婚或逃离。而男性为了维系婚姻，可能对迁移婚姻女性有暴力行为和非法监禁，甚至伤害迁移婚姻女性原生家庭成员。总之，迁移婚姻当事人婚姻冲突和破裂过程中，婚姻家庭矛盾纠纷可能引发家庭暴力甚至刑事案件，迁移婚姻夫妻容易产生行为失范的风险，给当事人及其家庭、社会稳定带来伤害（李成华，2017）。

（四）失婚男性性行为失范风险

因婚姻挤压非自愿失婚的男性被隔离在婚姻之外，在性活跃年龄却没有婚姻伴侣，无法通过合法的婚姻途径获取婚姻内稳定正常的性生理和性心理需求的满足，从而可能会引发失婚男性的商业交易性行为、非婚性行为、多性伴侣行为、同性性行为、性侵害等失范性行为，非自愿失婚男性中存在性行为失范风险（杨雪燕等，2013；张群林、孟阳，2015；王莹等，2019；尹旦萍，2022）。

（五）失婚男性行为失范风险

非自愿失婚男性群体因为婚姻与成家无望，对未来感到迷茫和无助，心态和情绪可能失衡，日常行为随意性大，可能会导致失婚男性酗酒、参与赌博、无所事事、吸毒、拐卖妇女、非婚性行为、性犯罪、破坏他人婚姻家庭、偷盗、霸凌一方、反社会行为、对父母暴力、对他人暴力等行为（刘中一，2005；王顺安、孙江辉，2009；邓希泉，2010；姜全保、李波，2011；李艳等，2012；刘燕舞，2015；王磊光，2017），产生行为失范风险，扰乱社会治安，直接或间接地对自身及父母、家庭、社会和谐稳定产生不同程度的负面影响。

综上，女性农民工迁移婚姻可能引发非正常婚姻行为、迁移婚姻夫妻家庭矛盾纠纷多发、迁移婚姻夫妻行为失范、失婚男性性行为失范、失婚男性行为失范等社会稳定风险，致使婚姻家庭稳定问题复杂化和多元化，给当事人及其家庭以及社会和谐稳定带来危害，增加社会治理难度和压力。

第五章　女性农民工迁移婚姻风险评估模型构建

本研究在构建女性农民工迁移婚姻风险评估指标体系时，遵循风险评估相关理论和风险指标构建基本原则，借鉴相关研究思路和研究成果，充分考虑女性农民工迁移婚姻风险的具体性和特殊性。依据女性农民工迁移婚姻风险内容逐级编码结果，将 8 个核心范畴与 39 个主范畴分别作为一级指标与二级指标并构建评估指标体系，据此构建女性农民工迁移婚姻风险评估模型。

第一节　评估指标体系构建

一　构建女性农民工迁移婚姻风险评估指标体系的原则

（一）科学性原则

科学性原则要求在风险指标体系建构过程中，遵循科学的理论和方法，在女性农民工迁移婚姻风险理论和风险评估理论分析的基础上，以统计原理为基础，运用科学的风险评估指标构建方法，遵循风险评估指标构建的步骤，准确地表述各风险指标，科学地识别和分析风险指标维度，科学地确定风险指标及其权重，综合考虑风险评估指标体系，保证构建的风险评估指标能准确地反映女性农民工迁移婚姻风险的实际情况。

（二）客观性原则

客观性原则要求在风险指标体系建构过程中，尊重女性农民工迁移婚姻风险的客观事实，基于风险指标的客观性，克服指标构建的先入为主和简单的拿来主义，实事求是地了解和分析女性农民工迁移婚姻风险内容的实际情况，全面掌握客观的风险因素与风险事实，以客观的风险内容为基础选取风险指标，并客观地进行调查和分析，保证构建的风险评估指标能准确地反映女性农民工迁移婚姻风险的客观事实，从而保证风险评估指标构建的准确性与有效性。

（三）系统性原则

系统性原则要求在风险指标体系建构过程中，将女性农民工迁移婚姻风险指标体系的不同子系统看作一个相互影响和相互联系的整体系统，将各子系统的风险指标放到风险整体中权衡。构建风险指标体系，以系统的总风险去衡量各子系统的风险指标，系统地分析不同风险指标之间的关联性和风险指标的层次性，从整体上把握女性农民工迁移婚姻风险评估指标的系统性。

（四）全面性原则

全面性原则要求在风险指标体系建构过程中，尽量全面地分析女性农民工迁移婚姻风险的所有因素与风险的可能承受者，全面地分析女性农民工迁移婚姻中的各种风险事件及其可能发生的概率以及后果，全面把握风险的方方面面。

（五）针对性原则

针对性原则要求在风险指标体系建构过程中，保证女性农民工迁移婚姻风险指标选取和测量的针对性，针对所要评估风险的实际情况和评估目标，确定评估的指标维度和指标结构，有针对性地选取评估对象，并保证评估的指标针对不同评估对象的实际情况，从而为风险应对提供具有针对性的指导对策。

（六）可操作化原则

可操作化原则要求在风险指标体系建构过程中，遵循可操作性，将抽象的女性农民工迁移婚姻风险概念操作化为可理解、可观察、可测量的若干具体风险指标，收集到的所有风险指标数据可以进行定量和定性分析。

二　构建女性农民工迁移婚姻风险指标体系

基于第四章女性农民工迁移婚姻风险逐级编码的结果，本研究将女性农民工迁移婚姻风险具体操作化为 8 个维度，分别是人口风险、婚恋风险、家庭风险、经济风险、社会网络风险、健康风险、养老风险、社会稳定风险，这 8 个维度构成女性农民工迁移婚姻风险的 8 个一级指标。每个一级指标又由若干二级指标构成，8 个一级指标共包括 39 个二级指标。一级指标与二级指标共同构成多层次的女性农民工迁移婚姻风险指标体系（见表 5-1）。

表 5-1　女性农民工迁移婚姻风险指标体系

总指标	一级指标	二级指标
女性农民工迁移婚姻风险	人口风险	5 个二级指标：迁移婚姻女性净迁出地婚姻适龄人口性别比失衡风险、迁移婚姻女性净迁出地人口老龄化风险、迁移婚姻破裂单亲家庭子女数量增加风险、迁移婚姻女性净迁出地人口总量减少风险、迁移婚姻女性净迁出地劳动力人口减少风险
	婚恋风险	6 个二级指标：骗婚风险、未婚同居风险、未婚生育风险、迁移婚姻破裂风险、男性婚姻挤压风险、男性失婚风险
	家庭风险	4 个二级指标：迁移婚姻家庭不稳定风险、迁移婚姻女性家庭排斥风险、迁移婚姻破裂家庭教育弱化风险、失婚男性家庭功能不完整风险
	经济风险	4 个二级指标：迁移婚姻女性新生家庭与原生家庭交往成本高风险、迁移婚姻家庭经济上互不信任风险、迁移婚姻女性新生家庭与原生家庭劳动力支持割裂风险、推高男性婚姻成本风险
	社会网络风险	5 个二级指标：迁移婚姻女性的新生家庭与原生家庭社会支持割裂风险、迁移婚姻女性社会排斥风险、迁移婚姻女性社会适应风险、失婚男性社会疏离风险、失婚男性社会排斥风险

续表

总指标	一级指标	二级指标
女性农民工迁移婚姻风险	健康风险	6个二级指标：迁移婚姻女性心理健康风险、单亲迁移婚姻家庭子女心理健康风险、迁移婚姻女性父母心理健康风险、失婚男性生殖健康风险、失婚男性心理健康风险、失婚男性父母心理健康风险
	养老风险	4个二级指标：迁移婚姻女性对父母养老支持弱化风险、迁移婚姻女性与兄弟姐妹间赡养老人纠纷风险、失婚男性对父母养老支持弱化风险、失婚男性家庭养老功能缺失风险
	社会稳定风险	5个二级指标：非正常婚姻行为风险、迁移婚姻家庭矛盾纠纷多发风险、迁移婚姻夫妻行为失范风险、失婚男性性行为失范风险、失婚男性行为失范风险

三 构建女性农民工迁移婚姻风险评估指标集

女性农民工迁移婚姻风险评估指标集具体如表 5-2 所示。根据女性农民工迁移婚姻风险指标体系，女性农民工迁移婚姻风险设为 R，其评估指标体系分为 8 个子集构成的一级指标，分别设为 R^1、R^2、R^3、R^4、R^5、R^6、R^7、R^8。8 个子集由 39 个二级指标构成。其中，$R^1 = (R_1^1, R_2^1, R_3^1, R_4^1, R_5^1)$；$R^2 = (R_1^2, R_2^2, R_3^2, R_4^2, R_5^2, R_6^2)$；$R^3 = (R_1^3, R_2^3, R_3^3, R_4^3)$；$R^4 = (R_1^4, R_2^4, R_3^4, R_4^4)$；$R^5 = (R_1^5, R_2^5, R_3^5, R_4^5, R_5^5)$；$R^6 = (R_1^6, R_2^6, R_3^6, R_4^6, R_5^6, R_6^6)$；$R^7 = (R_1^7, R_2^7, R_3^7, R_4^7)$；$R^8 = (R_1^8, R_2^8, R_3^8, R_4^8, R_5^8)$。

表 5-2 女性农民工迁移婚姻风险评估指标集

总指标	一级指标	二级指标
女性农民工迁移婚姻风险 R	人口风险 R^1	迁移婚姻女性净迁出地婚姻适龄人口性别比失衡风险 R_1^1
		迁移婚姻女性净迁出地人口老龄化风险 R_2^1
		迁移婚姻破裂单亲家庭子女数量增加风险 R_3^1
		迁移婚姻女性净迁出地人口总量减少风险 R_4^1
		迁移婚姻女性净迁出地劳动力人口减少风险 R_5^1

续表

总指标	一级指标	二级指标
女性农民工迁移婚姻风险 R	婚恋风险 R^2	骗婚风险 R_1^2
		未婚同居风险 R_2^2
		未婚生育风险 R_3^2
		迁移婚姻破裂风险 R_4^2
		男性婚姻挤压风险 R_5^2
		男性失婚风险 R_6^2
	家庭风险 R^3	迁移婚姻家庭不稳定风险 R_1^3
		迁移婚姻女性家庭排斥风险 R_2^3
		迁移婚姻破裂家庭教育弱化风险 R_3^3
		失婚男性家庭功能不完整风险 R_4^3
	经济风险 R^4	迁移婚姻女性新生家庭与原生家庭交往成本高风险 R_1^4
		迁移婚姻家庭经济上互不信任风险 R_2^4
		迁移婚姻女性新生家庭与原生家庭劳动力支持割裂风险 R_3^4
		推高男性婚姻成本风险 R_4^4
	社会网络风险 R^5	迁移婚姻女性的新生家庭与原生家庭社会支持割裂风险 R_1^5
		迁移婚姻女性社会排斥风险 R_2^5
		迁移婚姻女性社会适应风险 R_3^5
		失婚男性社会疏离风险 R_4^5
		失婚男性社会排斥风险 R_5^5
	健康风险 R^6	迁移婚姻女性心理健康风险 R_1^6
		单亲迁移婚姻家庭子女心理健康风险 R_2^6
		迁移婚姻女性父母心理健康风险 R_3^6
		失婚男性生殖健康风险 R_4^6
		失婚男性心理健康风险 R_5^6
		失婚男性父母心理健康风险 R_6^6
	养老风险 R^7	迁移婚姻女性对父母养老支持弱化风险 R_1^7
		迁移婚姻女性与兄弟姐妹间赡养老人纠纷风险 R_2^7

续表

总指标	一级指标	二级指标
女性农民工迁移婚姻风险 R	养老风险 R^7	失婚男性对父母养老支持弱化风险 R_3^7
		失婚男性家庭养老功能缺失风险 R_4^7
	社会稳定风险 R^8	非正常婚姻行为风险 R_1^8
		迁移婚姻家庭矛盾纠纷多发风险 R_2^8
		迁移婚姻夫妻行为失范风险 R_3^8
		失婚男性性行为失范风险 R_4^8
		失婚男性行为失范风险 R_5^8

第二节　评估类型与等级赋值

一　女性农民工迁移婚姻风险评估的类型

基于风险分析与风险评价的目标，本次研究旨在评估女性农民工迁移婚姻风险发生的可能程度、与受测者的关联程度、造成损害或危害的严重程度、扩散和蔓延的程度、通过个人努力能克服的程度，评估包括风险的可能性、风险的关联性、风险的严重性、风险的传导性、风险的克服性等 5 种评估类型（具体如表 5-3 所示）。

表 5-3　女性农民工迁移婚姻风险评估的类型

评估类型	说明
风险的可能性（简称：可能性）	评估风险发生的可能程度
风险的关联性（简称：关联性）	评估风险与受测者的关联程度
风险的严重性（简称：严重性）	评估风险发生后可能造成损害或危害的严重程度
风险的传导性（简称：传导性）	评估风险扩散和蔓延的程度
风险的克服性（简称：克服性）	评估风险通过个人努力能克服的程度

（一）风险的可能性评估

风险的可能性，评估的是女性农民工迁移婚姻风险发生的可能程度。从风险发生的视角评估风险，旨在了解风险过去、现在或未来发生的可能程度。对受测样本提出的施测问题为"以下风险可能发生"，受测样本需要逐一回答女性农民工迁移婚姻风险 8 个一级指标的 39 个二级指标的可能程度。

（二）风险的关联性评估

风险的关联性，评估的是受测样本与女性农民工迁移婚姻风险的关联程度。从风险与人群关系的视角评估风险，旨在了解特定风险可能影响到的人群范围。对受测样本提出的施测问题为"以下风险与你有关联性"，受测样本需要逐一回答女性农民工迁移婚姻风险 8 个一级指标的 39 个二级指标与其关联性程度。

（三）风险的严重性评估

风险的严重性，评估的是女性农民工迁移婚姻风险发生后可能造成损害或危害的严重程度。从风险后果影响的视角评估风险，旨在了解风险后果对相关人群产生影响的程度。对受测样本提出的施测问题为"以下风险后果严重"，受测样本需要逐一回答女性农民工迁移婚姻风险 8 个一级指标的 39 个二级指标的严重性程度。

（四）风险的传导性评估

风险的传导性，评估的是女性农民工迁移婚姻风险的扩散和蔓延程度，从风险对人群传导的视角评估风险，旨在了解风险是否有传导性及其传导程度。对受测样本提出的施测问题为"以下风险具有传导性"，受测样本需要逐一回答女性农民工迁移婚姻风险 8 个一级指标的 39 个二级指标传导性的程度。

（五）风险的克服性评估

风险的克服性，评估的是个人通过努力可克服女性农民工迁移婚姻风险的程度，从风险应对的视角评估风险，旨在了解人们克服风险的能力。对受测样本提出的施测问题为"以下风险通过个人努力能克服"，受测样本需要逐一回答女性农民工迁移婚姻风险 8 个一级指标的 39 个二级指标克服性的程度。

二 女性农民工迁移婚姻风险评估标准等级及其赋值

本研究中，女性农民工迁移婚姻风险评估标准采用等级法，引入量化分值，不同分值与相应的风险评估等级相对应（见表 5-4）。具体表现为风险指标测量采用 7 级（1~7 分）计分法，请受测样本根据自己实际情况和真实判断做出唯一回答，从 1~7 分的 7 个分值选项中选择唯一的一个分值选项，7 个分值选项的程度逐渐增强。1~7 分的分值选项分别对应所要评估类型中女性农民工迁移婚姻风险指标所要测量状况的等级程度。

表 5-4　女性农民工迁移婚姻风险评估指标的等级赋值

评估类型	等级赋值
风险的可能性	非常不可能 = 1、很不可能 = 2、较不可能 = 3、一般 = 4、较可能 = 5、很可能 = 6、非常可能 = 7
风险的关联性	非常弱 = 1、很弱 = 2、较弱 = 3、一般 = 4、较强 = 5、很强 = 6、非常强 = 7
风险的严重性	非常不严重 = 1、很不严重 = 2、较不严重 = 3、一般 = 4、较严重 = 5、很严重 = 6、非常严重 = 7
风险的传导性	非常弱 = 1、很弱 = 2、较弱 = 3、一般 = 4、较强 = 5、很强 = 6、非常强 = 7
风险的克服性	非常难 = 1、很难 = 2、较难 = 3、一般 = 4、较可能 = 5、很可能 = 6、非常可能 = 7

（一）风险的可能性测量结果的赋值

评估类型"风险的可能性"，主要是测量受访者对 39 个女性农民工迁移婚姻风险二级指标发生的可能性的判断。风险的可能性被分为 7 个等级，分别赋予 1~7 分，受测样本根据实际情况从 1~7 分的 7 个分值选项中选择一项，分值越高表明风险发生的可能性越大。

为了明确风险的可能性测量结果均值的等级类型，对测量结果均值 X 进行 7 个等级的量化赋值（见表 5-5）。其中，$1 \leq X < 2$ 表示

非常不可能，$2 \leqslant X < 3$ 表示很不可能，$3 \leqslant X < 4$ 表示较不可能，$4 \leqslant X < 5$ 表示一般，$5 \leqslant X < 6$ 表示较可能，$6 \leqslant X < 7$ 表示很可能，$X = 7$ 表示非常可能。

表 5-5　女性农民工迁移婚姻风险的可能性测量结果的量化分值等级

等级	等级量化分值（X）	说明
非常不可能	$1 \leqslant X < 2$	所测量的风险指标发生可能性非常小
很不可能	$2 \leqslant X < 3$	所测量的风险指标发生可能性很小
较不可能	$3 \leqslant X < 4$	所测量的风险指标发生可能性较小
一般	$4 \leqslant X < 5$	所测量的风险指标发生可能性一般
较可能	$5 \leqslant X < 6$	所测量的风险指标发生可能性较大
很可能	$6 \leqslant X < 7$	所测量的风险指标发生可能性很大
非常可能	$X = 7$	所测量的风险指标发生可能性非常大

（二）风险的关联性测量结果的赋值

评估类型"风险的关联性"，主要是测量受访者对 39 个女性农民工迁移婚姻风险二级指标与自己关联程度的判断。风险的关联性被分为 7 个等级，分别赋予 1~7 分。受测样本根据实际情况从 1~7 分的 7 个分值选项中选择一项，分值越高表明风险与受测者的关联程度越强。

为了明确风险的关联性测量结果均值的等级类型，对测量结果均值 X 进行 7 个等级的量化赋值（见表 5-6）。其中，$1 \leqslant X < 2$ 表示非常不强（非常弱），$2 \leqslant X < 3$ 表示很不强（很弱），$3 \leqslant X < 4$ 表示较不强（较弱），$4 \leqslant X < 5$ 表示一般，$5 \leqslant X < 6$ 表示较强，$6 \leqslant X < 7$ 表示很强，$X = 7$ 表示非常强。

表 5-6　女性农民工迁移婚姻风险的关联性测量结果的量化分值等级

等级	等级量化分值（X）	说明
非常不强（非常弱）	$1 \leqslant X < 2$	所测量风险指标与被施测者的关联性非常弱
很不强（很弱）	$2 \leqslant X < 3$	所测量风险指标与被施测者的关联性很弱

等级	等级量化分值（X）	说明
较不强（较弱）	$3 \leqslant X < 4$	所测量风险指标与被施测者的关联性较弱
一般	$4 \leqslant X < 5$	所测量风险指标与被施测者的关联性一般
较强	$5 \leqslant X < 6$	所测量风险指标与被施测者的关联性较强
很强	$6 \leqslant X < 7$	所测量风险指标与被施测者的关联性很强
非常强	$X = 7$	所测量风险指标与被施测者的关联性非常强

（三）风险的严重性测量结果的赋值

评估类型"风险的严重性"，主要是测量受访者对 39 个女性农民工迁移婚姻风险二级指标后果严重程度的判断。风险的严重性被分为 7 个等级，分别赋予 1~7 分，表示风险严重程度逐渐增加。受测样本根据实际情况从 1~7 分的 7 个分值选项中选择一项，分值越高表明风险程度越严重。

为了明确风险的严重性测量结果均值的等级类型，对测量结果均值 X 进行 7 个等级的量化赋值（见表 5-7）。其中，$1 \leqslant X < 2$ 表示非常不严重，$2 \leqslant X < 3$ 表示很不严重，$3 \leqslant X < 4$ 表示较不严重，$4 \leqslant X < 5$ 表示一般，$5 \leqslant X < 6$ 表示较严重，$6 \leqslant X < 7$ 表示很严重，$X = 7$ 表示非常严重。

表 5-7　女性农民工迁移婚姻风险的严重性测量结果的量化分值等级

等级	等级量化分值（X）	说明
非常不严重	$1 \leqslant X < 2$	所测量风险指标造成的后果非常不严重
很不严重	$2 \leqslant X < 3$	所测量风险指标造成的后果很不严重
较不严重	$3 \leqslant X < 4$	所测量风险指标造成的后果较不严重
一般	$4 \leqslant X < 5$	所测量风险指标造成的后果严重性一般
较严重	$5 \leqslant X < 6$	所测量风险指标造成的后果较严重
很严重	$6 \leqslant X < 7$	所测量风险指标造成的后果很严重
非常严重	$X = 7$	所测量风险指标造成的后果非常严重

（四）风险的传导性测量结果的赋值

评估类型"风险的传导性"，主要是测量受访者对 39 个女性农民工迁移婚姻风险二级指标传导性的判断。风险的传导性被分为 7 个等级，分别赋予 1~7 分，表示风险的传导性程度逐渐增加。受测样本从 1~7 分的 7 个分值选项中选择一项，分值越高表明风险越具有传导性。

为了明确风险的传导性测量结果均值的等级类型，对测量结果均值 X 进行 7 个等级的量化赋值（见表 5-8）。其中，$1 \leqslant X < 2$ 表示非常不强（非常弱），$2 \leqslant X < 3$ 表示很不强（很弱），$3 \leqslant X < 4$ 表示较不强（较弱），$4 \leqslant X < 5$ 表示一般，$5 \leqslant X < 6$ 表示较强，$6 \leqslant X < 7$ 表示很强，$X = 7$ 表示非常强。

表 5-8　女性农民工迁移婚姻风险的传导性测量结果的量化分值等级

等级	等级量化分值（X）	说明
非常不强（非常弱）	$1 \leqslant X < 2$	所测量风险指标的传导性非常弱
很不强（很弱）	$2 \leqslant X < 3$	所测量风险指标的传导性很弱
较不强（较弱）	$3 \leqslant X < 4$	所测量风险指标的传导性较弱
一般	$4 \leqslant X < 5$	所测量风险指标的传导性一般
较强	$5 \leqslant X < 6$	所测量风险指标的传导性较强
很强	$6 \leqslant X < 7$	所测量风险指标的传导性很强
非常强	$X = 7$	所测量风险指标的传导性非常强

（五）风险的克服性测量结果的赋值

评估类型"风险的克服性"，主要是测量受访者对 39 个女性农民工迁移婚姻风险二级指标可以克服程度的判断。风险的克服性被分为 7 个等级，分别赋予 1~7 分，表示风险能克服的程度逐渐增加，分别对应非常不能到非常能。受测样本根据实际情况从 1~7 分的 7 个分值选项中选择一项，分值越高表明风险越可以克服。

　　为了明确风险的克服性测量结果均值的等级类型，对测量结果均值 X 进行 7 个等级的量化赋值（见表 5-9）。其中，$1 \leqslant X < 2$ 表示非常不能（非常难），$2 \leqslant X < 3$ 表示很不能（很难），$3 \leqslant X < 4$ 表示较不能（较难），$4 \leqslant X < 5$ 表示一般，$5 \leqslant X < 6$ 表示较能，$6 \leqslant X < 7$ 表示很能，$X = 7$ 表示非常能。

表 5-9　女性农民工迁移婚姻风险的克服性测量结果的量化分值等级

等级	等级量化分值（X）	说明
非常不能（非常难）	$1 \leqslant X < 2$	所测量风险指标非常难克服
很不能（很难）	$2 \leqslant X < 3$	所测量风险指标很难克服
较不能（较难）	$3 \leqslant X < 4$	所测量风险指标较难克服
一般	$4 \leqslant X < 5$	所测量风险指标能克服程度一般
较能	$5 \leqslant X < 6$	所测量风险指标较能克服
很能	$6 \leqslant X < 7$	所测量风险指标很能克服
非常能	$X = 7$	所测量风险指标非常能克服

第三节　评估问卷编制与实施

一　女性农民工迁移婚姻风险评估问卷编制

　　目前国内尚没有直接针对女性农民工迁移婚姻风险的问卷，本研究在上述评估指标体系、评估类型与评估标准基础上，自行编制女性农民工迁移婚姻风险评估问卷。问卷包括卷首语、指导语、主体。其中，问卷主体由两部分构成，分别是调查对象的基本信息和风险评估内容及类型。本次研究 7 组调查对象分别运用独立的调查问卷，7 组调查对象问卷的卷首语内容一致、风险评估内容及类型一致，调查对象的基本信息不一样。

（一）调查对象的基本信息

　　第一部分为"调查对象的基本信息"。本次研究调查对象为迁移婚姻女性、迁移婚姻男性、迁移婚姻家庭子女、迁移婚姻女性父母、迁移婚姻男性父母、失婚男性、失婚男性父母共7组样本群体。不同组别样本采集的基本信息有差异。

7组样本群体的基本信息如下。①迁移婚姻女性：年龄、兄弟姐妹数、（初婚）婚龄、初婚跨省（市）状态、（初婚）婚姻迁移距离、婚姻状态、（初婚）子女数、离异子女共同生活情况；②迁移婚姻男性：年龄、兄弟姐妹数、（初婚）婚龄、初婚妻子跨省（市）状态、（初婚）妻子婚姻迁移距离、婚姻状态、（初婚）子女数、（初婚）离异子女共同生活情况；③迁移婚姻家庭子女：年龄、兄弟姐妹数、母亲婚姻迁移跨省（市）状态、母亲婚姻迁移距离、父母婚姻状态、父母离异共同生活情况；④迁移婚姻女性父母：年龄、子女数、迁移婚姻女儿数、女儿婚姻迁移跨省（市）状态、迁移婚姻女儿婚姻状态；⑤迁移婚姻男性父母：年龄、子女数、迁移婚姻儿子数、儿媳妇婚姻迁移跨省（市）状态、迁移婚姻儿子婚姻状态；⑥失婚男性：年龄、兄弟姐妹数、失婚兄弟数、恋爱次数、职业；⑦失婚男性父母：年龄、子女数、失婚儿子数、失婚儿子年龄。

（二）风险评估内容及类型

第二部分为"风险评估内容及类型"，是问卷的核心部分，7组样本群体采用同样的"风险评估内容及类型"（见表5-10）。

表5-10 女性农民工迁移婚姻风险评估内容及类型

风险评估内容及类型			可能性	关联性	严重性	传导性	克服性
人口风险 R^1	R_1^1	迁移婚姻女性净迁出地婚姻适龄人口性别比失衡风险					
	R_2^1	迁移婚姻女性净迁出地人口老龄化风险					
	R_3^1	迁移婚姻破裂单亲家庭子女数量增加风险					

风险评估内容及类型			可能性	关联性	严重性	传导性	克服性
人口风险 R^1	R_4^1	迁移婚姻女性净迁出地人口总量减少风险					
	R_5^1	迁移婚姻女性净迁出地劳动力人口减少风险					
婚恋风险 R^2	R_1^2	骗婚风险					
	R_2^2	未婚同居风险					
	R_3^2	未婚生育风险					
	R_4^2	迁移婚姻破裂风险					
	R_5^2	男性婚姻挤压风险					
	R_6^2	男性失婚风险					
家庭风险 R^3	R_1^3	迁移婚姻家庭不稳定风险					
	R_2^3	迁移婚姻女性家庭排斥风险					
	R_3^3	迁移婚姻破裂家庭教育弱化风险					
	R_4^3	失婚男性家庭功能不完整风险					
经济风险 R^4	R_1^4	迁移婚姻女性新生家庭与原生家庭交往成本高风险					
	R_2^4	迁移婚姻家庭经济上互不信任风险					
	R_3^4	迁移婚姻女性新生家庭与原生家庭劳动力支持割裂风险					
	R_4^4	推高男性婚姻成本风险					
社会网络风险 R^5	R_1^5	迁移婚姻女性的新生家庭与原生家庭社会支持割裂风险					
	R_2^5	迁移婚姻女性社会排斥风险					
	R_3^5	迁移婚姻女性社会适应风险					
	R_4^5	失婚男性社会疏离风险					
	R_5^5	失婚男性社会排斥风险					
健康风险 R^6	R_1^6	迁移婚姻女性心理健康风险					
	R_2^6	单亲迁移婚姻家庭子女心理健康风险					
	R_3^6	迁移婚姻女性父母心理健康风险					

风险评估内容及类型			可能性	关联性	严重性	传导性	克服性
健康风险 R^6	R_4^6	失婚男性生殖健康风险					
	R_5^6	失婚男性心理健康风险					
	R_6^6	失婚男性父母心理健康风险					
养老风险 R^7	R_1^7	迁移婚姻女性对父母养老支持弱化风险					
	R_2^7	迁移婚姻女性与兄弟姐妹间赡养老人纠纷风险					
	R_3^7	失婚男性对父母养老支持弱化风险					
	R_4^7	失婚男性家庭养老功能缺失风险					
社会稳定风险 R^8	R_1^8	非正常婚姻行为风险					
	R_2^8	迁移婚姻家庭矛盾纠纷多发风险					
	R_3^8	迁移婚姻夫妻行为失范风险					
	R_4^8	失婚男性性行为失范风险					
	R_5^8	失婚男性行为失范风险					

本研究中女性农民工迁移婚姻风险（R）的评估内容包括人口风险（R^1）、婚恋风险（R^2）、家庭风险（R^3）、经济风险（R^4）、社会网络风险（R^5）、健康风险（R^6）、养老风险（R^7）、社会稳定风险（R^8）共8个一级指标，8个一级指标共包括39个二级指标。本次风险评估包括风险的可能性、风险的关联性、风险的严重性、风险的传导性、风险的克服性共5种评估类型。

二　调查点与调查对象的选取

女性农民工迁移婚姻已经成为常态的婚姻模式，女性农民工迁移婚姻风险的可能承受者分布在全国各地。出于人力、物力和精力的限制，本研究从目的性、可行性和经济性原则出发，采取非概率抽样办法确定调查点和调查对象。

（一）调查点选取

本次研究调查点来自农村地区，具体调查点以行政村为单位，调查点至少要符合以下 3 条要求：有迁出的迁移婚姻女性；有迁入的迁移婚姻女性；有失婚男性。本次调查点的来源：一是本课题组成员及其同事的家乡；二是从本课题组成员所在学校的社会工作专业学生（本科生和硕士研究生）家乡中发现的相对典型的地区；三是从本课题组成员所在学校毕业的在乡镇工作的毕业生工作地点中发现的相对典型的地区。上述三类调查点涉及 11 个省（自治区、直辖市），共 38 个调查点①（见表 5-11）。

表 5-11　调查点分布及其数量

序号	调查点分布	实际调查数量（个）
1	安徽省（肥西县、肥东县、砀山县、桐城市）	7
2	江西省（宜黄县、泰和县、吉安县、遂川县、赣县区、分宜县）	7
3	贵州省（兴义市、黔西县、大方县）	4
4	河南省（西平县、潢川县）	3
5	湖南省（安化县、耒阳市）	3
6	湖北省（洪湖市、麻城市）	2
7	四川省（武胜县、罗江区）	2
8	河北省（易县、新河县）	3
9	江苏省（阜宁县、启东市）	3
10	广西壮族自治区（昭平县、合山市）	2
11	重庆市（秀山土家族苗族自治县）	2

（二）调查对象选取

根据预调查的结果和本次调查的目标，调查对象的选择遵循以下原则。第一，广泛性。尽量包括女性农民工迁移婚姻风险的主要承受者，本次调查样本由 7 组不同的子样本组成，分别是：迁移婚姻女性、迁移婚姻男性、迁移婚姻家庭子女、迁移婚姻女性

---

① 本次研究 38 个调查点，其中 25 个调查点也是本次质性访谈的访谈点（见第四章）。

父母、迁移婚姻男性父母、失婚男性、失婚男性父母。第二，代表性。考虑到女性农民工迁移婚姻风险承受者的多元化，选择的调查对象尽量能代表该群体的多样性。第三，知情同意。选取的所有调查对象同意接受本次调查，并知情同意本次调查的资料用于学术研究。

　　本次调查样本总数为 1600 人，有效样本为 1505 人（94.06%）。调查对象中，迁移婚姻女性 300 人，有效样本 281 人（93.67%）；迁移婚姻男性 300 人，有效样本 277 人（92.33%）；迁移婚姻家庭子女 200 人，有效样本 191 人（95.50%）；迁移婚姻女性父母 200人，有效样本 189 人（94.50%）；迁移婚姻男性父母 200 人，有效样本 191 人（95.50%）；失婚男性 200 人，有效样本 192 人（96.00%）；失婚男性父母 200 人，有效样本 184 人（92.00%）。受测样本类型及其数量如表 5-12 所示。

表 5-12　受测样本类型及其数量

调查对象类型	计划样本数	有效样本数
迁移婚姻女性	300	281
迁移婚姻男性	300	277
迁移婚姻家庭子女	200	191
迁移婚姻女性父母	200	189
迁移婚姻男性父母	200	191
失婚男性	200	192
失婚男性父母	200	184

　　其中，迁移婚姻女性包括初婚的女性，也包括离婚后再婚和未再婚的女性；迁移婚姻男性包括初婚的男性，也包括离婚后再婚和未再婚的男性；迁移婚姻女性父母包括女儿初婚的父母，也包括女儿离婚的父母；迁移婚姻男性父母包括儿子初婚的父母，也包括儿子离婚的父母；迁移婚姻家庭子女包括父母未离异家庭的子女，也包括父母离异家庭的子女；失婚男性选择因婚姻挤压而被动失婚的 28 岁以上的农村地区未婚男性；失婚男性父母选择没有迁移婚姻子女的父母。

三 调查实施

本次调查运用的是课题组自行编制的女性农民工迁移婚姻风险评估问卷。访谈员为课题组成员、课题负责人所在学校的硕士研究生和本科生，所有的调查员都明确了解并能规范开展本次问卷调查。调查分预调查和正式调查，预调查于 2020 年 11 月进行；正式调查时间选择在 2021 年春节期间，具体为 2021 年 2 月，调查 1600 人。

考虑到本次研究调查对象的受教育程度以及不熟悉问卷作答的程序，同时为了保证调查问卷的质量，采用访问式作答，调查问卷作答统一由经过培训的调查员向被调查者当场提问并如实填写其回答内容。

第六章　女性农民工迁移婚姻风险的基本状况分析

本章将从可能性、关联性、严重性、传导性、克服性共 5 种类型，对女性农民工迁移婚姻风险的 8 个一级指标及 39 个二级指标分别进行评估，受测样本群体为迁移婚姻女性、迁移婚姻男性、迁移婚姻家庭子女、迁移婚姻女性父母、迁移婚姻男性父母、失婚男性、失婚男性父母共 7 组样本群体，基本状况评估的结果以 39 个二级指标、8 个一级指标的均值呈现。

第一节　研究设计

一　研究目标

在调查获得的样本数据基础上，本次研究旨在了解 7 组样本群体以及总样本群体的女性农民工迁移婚姻风险 5 种类型的基本状况，具体完成以下研究目标：8 个一级指标以及 39 个二级指标的可能性、关联性、严重性、传导性、克服性的基本状况均值。

二　研究数据

本次研究数据采用课题组 2021 年组织的"女性农民工迁移婚姻风险评估"一系列调查数据。根据本次研究目标，7 组有效样本（迁移婚姻女性、迁移婚姻男性、迁移婚姻家庭子女、迁移婚姻女性父母、迁移婚姻男性父母、失婚男性、失婚男性父母，下同）与总有效样本纳入数据样本，女性农民工迁移婚姻风险的 39 个二级指标、8 个一级指标的可能性、关联性、严重性、传导性、克服性的得分数据纳入均值描述分析。

三　变量设置

基于研究目标，本次基本状况分析纳入的因变量为女性农民工迁移婚姻风险的可能性、关联性、严重性、传导性、克服性，具体是：第一，女性农民工迁移婚姻风险 39 个二级指标的可能性、关联性、严重性、传导性、克服性；第二，女性农民工迁移婚姻风险的 8 个一级指标的可能性、关联性、严重性、传导性、克服性。

四　统计方法

本次研究采用 SPSS 18.0 统计软件进行数据统计分析，具体运用描述性统计方法，结果以均值与标准差呈现。本次研究的样本为 7 个组别群体，统计类型为可能性、关联性、严重性、传导性、克服性共 5 种类型，本次研究具体描述 7 组样本群体以及总样本群体关于女性农民工迁移婚姻风险 39 个二级指标、8 个一级指标的均值。

第二节　可能性的基本状况分析

女性农民工迁移婚姻风险的可能性评估的是样本群体对风险发生可能程度的判断，设置的问题为"以下风险可能发生"，受测样本根据实际情况从 1~7 分的 7 个分值选项中选择一项，分值越高表明风险发生的可能性越大。本次评估报告的均值为 7 组样本群体与总样本群体的 8 个一级指标可能性均值与 39 个二级指标可能性均值。

一　人口风险可能性的均值

人口风险 R^1 的可能性共评估 5 个二级指标（R_1^1，R_2^1，R_3^1，R_4^1，R_5^1），评估的样本群体为 7 组，人口风险及其 5 个二级指标的可能性均值的统计结果具体如表 6-1 所示。

人口风险 R^1 可能性的均值，7 组样本群体各自均值按照从高到低的排序是：失婚男性为 5.88，失婚男性父母为 5.84，迁移婚姻男性父母为 5.56，迁移婚姻女性父母为 5.50，迁移婚姻男性为 5.49，迁移婚姻女性为 5.42，迁移婚姻家庭子女为 5.20。结果表明，7 组样本群体的人口风险发生可能性的均值在 5.20~5.88，7 组样本群体均认为人口风险发生的可能性较大。7 组样本的均值为 5.54，表明人口风险发生的可能性较大。

表 6-1　人口风险可能性的均值

变量（可能性）	结果	迁移婚姻女性（N=281）	迁移婚姻男性（N=277）	迁移婚姻家庭子女（N=191）	迁移婚姻女性父母（N=189）	迁移婚姻男性父母（N=191）	失婚男性（N=192）	失婚男性父母（N=184）	总样本（N=1505）
人口风险 R^1	均值	5.42	5.49	5.20	5.50	5.56	5.88	5.84	5.54
	标准差	0.373	0.349	0.295	0.311	0.303	0.253	0.242	0.377
迁移婚姻女性净迁出地婚姻适龄人口性别比失衡风险 R_1^1	均值	6.22	6.37	5.97	6.38	6.51	6.82	6.76	6.42
	标准差	0.563	0.526	0.615	0.507	0.522	0.383	0.428	0.579
迁移婚姻女性净迁出地人口老龄化风险 R_2^1	均值	5.83	5.86	5.49	6.30	6.32	6.70	6.38	6.09
	标准差	0.698	0.692	0.522	0.543	0.552	0.460	0.550	0.700
迁移婚姻破裂单亲家庭子女数量增加风险 R_3^1	均值	5.64	5.77	5.69	5.76	5.82	5.47	5.75	5.70
	标准差	0.838	0.758	0.810	0.745	0.790	0.541	0.703	0.759
迁移婚姻女性净迁出地人口总量减少风险 R_4^1	均值	4.70	4.73	4.43	4.54	4.57	5.08	5.13	4.74
	标准差	0.889	0.877	0.619	0.680	0.636	0.494	0.397	0.742
迁移婚姻女性净迁出地劳动力人口减少风险 R_5^1	均值	4.69	4.74	4.42	4.53	4.58	5.31	5.20	4.77
	标准差	0.865	0.863	0.600	0.680	0.690	0.566	0.538	0.377

7 组样本群体的迁移婚姻女性净迁出地婚姻适龄人口性别比失衡风险发生可能性的均值在 5.97~6.82，6 组样本群体认为风险发生的可能性很大，1 组样本群体认为风险发生的可能性较大。7 组样本群体的均值为 6.42，表明迁移婚姻女性净迁出地婚姻适龄人口性别比失衡风险发生的可能性很大。

7 组样本群体的迁移婚姻女性净迁出地人口老龄化风险发生可能性的均值在 5.49~6.70，4 组样本群体认为风险发生的可能性很大，3 组样本群体认为风险发生的可能性较大。7 组样本群体的均值为 6.09，表明迁移婚姻女性净迁出地人口老龄化风险发生可能性很大。

7 组样本群体的迁移婚姻破裂单亲家庭子女数量增加风险发生可能性的均值在 5.47~5.82，7 组样本群体均认为风险发生的可能性较大。7 组样本群体的均值为 5.70，表明迁移婚姻破裂单亲家庭子女数量增加风险发生可能性较大。

7 组样本群体的迁移婚姻女性净迁出地人口总量减少风险发生可能性的均值在 4.43~5.13，2 组样本群体认为风险发生的可能性较大，5 组样本群体认为风险发生的可能性一般。7 组样本群体的均值为 4.74，表明迁移婚姻女性净迁出地人口总量减少风险发生可能性一般。

7 组样本群体的迁移婚姻女性净迁出地劳动力人口减少风险发生的可能性均值在 4.42~5.31，2 组样本群体认为风险发生的可能性较大，5 组样本群体认为风险发生的可能性一般。7 组样本群体的均值为 4.77，表明迁移婚姻女性净迁出地劳动力人口减少风险发生可能性一般。

二 婚恋风险可能性的均值

婚恋风险 R^2 可能性共评估 6 个二级指标（R_1^2，R_2^2，R_3^2，R_4^2，R_5^2，R_6^2），评估的样本群体为 7 组，婚恋风险及其 6 个二级指标可能性均值的统计结果具体如表 6-2 所示。

婚恋风险 R^2 可能性的均值，7 组样本群体各自均值按照从高到低的排序是：迁移婚姻女性父母为 6.12，迁移婚姻女性为 6.07，迁移婚姻男性为 6.04，失婚男性为 5.99，迁移婚姻男性父母为 5.91，迁移婚姻家庭子女为 5.90，失婚男性父母为 5.83。结果表明，7 组样本群体的婚恋风险发生可能性的均值在 5.83~6.12，3 组样本群体认为人口风险发生的可能性很大，4 组样本群体认为风险发生的可能性较大。7 组样本群体的均值为 5.99，表明婚恋风险发生可能性较大。

7 组样本群体的骗婚风险发生可能性的均值在 4.27~5.41，1

组样本群体认为风险发生的可能性较大，6 组样本群体认为风险发生的可能性一般。7 组样本群体的均值为 4.57，表明骗婚风险发生可能性一般。

表 6-2　婚恋风险可能性的均值

变量（可能性）	结果	迁移婚姻女性（N=281）	迁移婚姻男性（N=277）	迁移婚姻家庭子女（N=191）	迁移婚姻女性父母（N=189）	迁移婚姻男性父母（N=191）	失婚男性（N=192）	失婚男性父母（N=184）	总样本（N=1505）
婚恋风险 R^2	均值	6.07	6.04	5.90	6.12	5.91	5.99	5.83	5.99
	标准差	0.339	0.322	0.313	0.274	0.310	0.233	0.310	0.319
骗婚风险 R_1^2	均值	4.60	4.58	4.39	5.41	4.36	4.27	4.39	4.57
	标准差	0.532	0.502	0.499	0.791	0.502	0.671	0.532	0.668
未婚同居风险 R_2^2	均值	6.83	6.80	6.77	6.82	6.81	6.61	6.37	6.73
	标准差	0.377	0.400	0.422	0.385	0.392	0.488	0.750	0.487
未婚生育风险 R_3^2	均值	5.84	5.80	5.50	5.74	5.72	5.52	5.63	5.69
	标准差	0.812	0.831	0.753	0.550	0.727	0.678	0.604	0.737
迁移婚姻破裂风险 R_4^2	均值	5.96	5.80	5.68	5.76	5.57	5.64	5.53	5.73
	标准差	0.750	0.707	0.709	0.811	0.873	0.544	0.893	0.770
男性婚姻挤压风险 R_5^2	均值	6.59	6.62	6.52	6.48	6.60	6.95	6.64	6.63
	标准差	0.665	0.652	0.679	0.755	0.687	0.223	0.671	0.655
男性失婚风险 R_6^2	均值	6.62	6.64	6.55	6.54	6.37	6.96	6.39	6.59
	标准差	0.661	0.654	0.677	0.664	0.783	0.200	0.753	0.674

7 组样本群体的未婚同居风险发生可能性的均值在 6.37~6.83，7 组样本群体均认为风险发生的可能性很大。7 组样本群体的均值为 6.73，表明未婚同居风险发生可能性很大。

7 组样本群体的未婚生育风险发生可能性的均值在 5.50~5.84，7 组样本群体均认为风险发生的可能性较大。7 组样本群体的均值为 5.69，表明未婚生育风险发生可能性较大。

7 组样本群体的迁移婚姻破裂风险发生可能性的均值在 5.53~5.96，7 组样本群体均认为风险发生的可能性较大。7 组样本群体的均值为 5.73，表明迁移婚姻破裂风险发生可能性较大。

7 组样本群体的男性婚姻挤压风险发生可能性的均值在 6.48~6.95，7 组样本群体均认为风险发生的可能性很大。7 组样本群体的均值为 6.63，表明男性婚姻挤压风险发生可能性很大。

7 组样本群体的男性失婚风险发生可能性的均值在 6.37~6.96，7 组样本群体均认为风险发生的可能性很大。7 组样本群体的均值为 6.59，表明男性失婚风险发生可能性很大。

三 家庭风险可能性的均值

家庭风险 R^3 的可能性共评估 4 个二级指标（R_1^3，R_2^3，R_3^3，R_4^3），评估的样本群体为 7 组，7 组样本群体各自以及总样本的家庭风险及其 4 个二级指标可能性均值的统计结果具体如表 6-3 所示。

表 6-3　家庭风险可能性的均值

变量（可能性）	结果	迁移婚姻女性（N=281）	迁移婚姻男性（N=277）	迁移婚姻家庭子女（N=191）	迁移婚姻女性父母（N=189）	迁移婚姻男性父母（N=191）	失婚男性（N=192）	失婚男性父母（N=184）	总样本（N=1505）
家庭风险 R^3	均值	6.38	5.67	5.98	5.89	5.73	5.82	5.77	5.91
	标准差	0.295	0.287	0.246	0.312	0.341	0.281	0.371	0.392
迁移婚姻家庭不稳定风险 R_1^3	均值	5.90	5.76	5.87	5.72	5.86	5.57	5.49	5.75
	标准差	0.561	0.704	0.576	0.785	0.776	0.556	0.868	0.704
迁移婚姻女性家庭排斥风险 R_2^3	均值	5.97	3.25	4.35	4.47	3.52	4.27	4.39	4.35
	标准差	0.712	0.717	0.477	0.521	0.702	0.468	0.599	1.090
迁移婚姻破裂家庭教育弱化风险 R_3^3	均值	6.92	6.94	6.95	6.71	6.86	6.48	6.42	6.78
	标准差	0.269	0.247	0.223	0.595	0.344	0.663	0.681	0.493
失婚男性家庭功能不完整风险 R_4^3	均值	6.74	6.72	6.75	6.64	6.65	6.96	6.77	6.74
	标准差	0.599	0.596	0.590	0.617	0.596	0.200	0.446	0.553

家庭风险 R^3 可能性的均值，7 组样本群体各自均值按照从高到低的排序是：迁移婚姻女性为 6.38，迁移婚姻家庭子女为 5.98，迁移婚姻女性父母为 5.89，失婚男性为 5.82，失婚男性父母为 5.77，迁移婚姻男性父母为 5.73，迁移婚姻男性为 5.67。结果表

明，7 组样本群体的家庭风险发生可能性的均值在 5.67~6.38，1 组样本群体认为家庭风险发生可能性很大，6 组样本群体认为风险发生的可能性较大。总样本的均值为 5.91，表明家庭风险发生可能性较大。

7 组样本群体的迁移婚姻家庭不稳定风险发生可能性的均值在 5.49~5.90，7 组样本群体均认为风险发生的可能性较大。总样本的均值为 5.75，表明迁移婚姻家庭不稳定风险发生可能性较大。

7 组样本群体的迁移婚姻女性家庭排斥风险发生可能性的均值在 3.25~5.97，1 组样本群体认为风险发生的可能性较大，4 组样本群体认为风险发生的可能性一般，2 组样本群体认为风险发生的可能性较小。总样本的均值为 4.35，表明迁移婚姻女性家庭排斥风险发生可能性一般。

7 组样本群体的迁移婚姻破裂家庭教育弱化风险发生可能性的均值在 6.42~6.95，7 组样本群体均认为风险发生的可能性很大。总样本的均值为 6.78，表明迁移婚姻破裂家庭教育弱化风险发生可能性很大。

7 组样本群体的失婚男性家庭功能不完整风险发生可能性的均值在 6.64~6.96，7 组样本群体均认为风险发生的可能性很大。总样本的均值为 6.74，表明失婚男性家庭功能不完整风险发生可能性很大。

四　经济风险可能性的均值

经济风险 R^4 可能性共评估 4 个二级指标（R_1^4，R_2^4，R_3^4，R_4^4），评估的样本群体为 7 组，经济风险及其 4 个二级指标可能性均值的统计结果具体如表 6-4 所示。

经济风险 R^4 可能性的均值，7 组样本群体各自均值按照从高到低的排序是：迁移婚姻女性为 6.17、迁移婚姻女性父母为 6.16，迁移婚姻家庭子女为 6.06，失婚男性为 6.05，迁移婚姻男性为 6.04，失婚男性父母为 5.97，迁移婚姻男性父母为 5.95。结果表明，7 组样本群体的经济风险发生可能性的均值在 5.95~6.17，5

组样本群体认为风险发生可能性很大，2 组样本群体认为风险发生可能性较大。总样本的均值为 6.06，表明经济风险发生可能性很大。

表 6-4　经济风险可能性的均值

变量（可能性）	结果	迁移婚姻女性（N=281）	迁移婚姻男性（N=277）	迁移婚姻家庭子女（N=191）	迁移婚姻女性父母（N=189）	迁移婚姻男性父母（N=191）	失婚男性（N=192）	失婚男性父母（N=184）	总样本（N=1505）
经济风险 R^4	均值	6.17	6.04	6.06	6.16	5.95	6.05	5.97	6.06
	标准差	0.341	0.385	0.346	0.257	0.300	0.224	0.285	0.326
迁移婚姻女性新生家庭与原生家庭交往成本高风险 R_1^4	均值	6.32	6.28	6.12	6.30	6.23	6.16	6.18	6.23
	标准差	0.601	0.589	0.639	0.458	0.571	0.418	0.590	0.565
迁移婚姻家庭经济上互不信任风险 R_2^4	均值	5.15	5.06	5.07	5.10	5.09	5.08	5.03	5.08
	标准差	0.902	0.938	0.924	0.594	0.647	0.666	0.577	0.785
迁移婚姻女性新生家庭与原生家庭劳动力支持割裂风险 R_3^4	均值	6.71	6.21	6.57	6.93	6.09	6.08	6.03	6.39
	标准差	0.471	0.871	0.547	0.254	0.563	0.473	0.478	0.654
推高男性婚姻成本风险 R_4^4	均值	6.51	6.61	6.48	6.30	6.39	6.86	6.62	6.54
	标准差	0.592	0.551	0.623	0.618	0.596	0.343	0.509	0.579

7 组样本群体的迁移婚姻女性新生家庭与原生家庭交往成本高风险发生可能性的均值在 6.12~6.32，7 组样本群体均认为发生的可能性很大。总样本的均值为 6.23，表明迁移婚姻女性新生家庭与原生家庭交往成本高风险发生可能性很大。

7 组样本群体的迁移婚姻家庭经济上互不信任风险发生可能性的均值在 5.03~5.15，7 组样本群体均认为风险发生的可能性较大。总样本的均值为 5.08，表明迁移婚姻家庭经济上互不信任风险发生可能性较大。

7 组样本群体的迁移婚姻女性新生家庭与原生家庭劳动力支持割裂风险发生可能性的均值在 6.03~6.93，7 组样本群体均认为风险发生的可能性很大。总样本的均值为 6.39，表明迁移婚姻女性新生家庭与原生家庭劳动力支持割裂风险发生可能性很大。

7 组样本群体的推高男性婚姻成本风险发生可能性的均值在 6.30~6.86，7 组样本群体均认为风险发生的可能性很大。总样本的均值为 6.54，表明推高男性婚姻成本风险发生可能性很大。

五　社会网络风险可能性的均值

社会网络风险 R^5 可能性共评估 5 个二级指标（R_1^5，R_2^5，R_3^5，R_4^5，R_5^5），评估的样本群体为 7 组，社会网络风险及其 5 个二级指标可能性均值的统计结果具体如表 6-5 所示。

社会网络风险 R^5 可能性的均值，7 组样本群体各自均值按照从高到低的排序是：迁移婚姻女性为 6.27，失婚男性为 5.98，失婚男性父母为 5.87，迁移婚姻女性父母为 5.86，迁移婚姻男性为 5.84，迁移婚姻家庭子女为 5.82，迁移婚姻男性父母为 5.73。结果表明，7 组样本群体的社会网络风险发生可能性的均值在 5.73~6.27，1 组样本群体认为社会网络风险发生可能性很大，6 组样本群体认为风险发生的可能性较大。总样本的均值为 5.93，表明社会网络风险发生可能性较大。

表 6-5　社会网络风险可能性的均值

变量（可能性）	结果	迁移婚姻女性（N=281）	迁移婚姻男性（N=277）	迁移婚姻家庭子女（N=191）	迁移婚姻女性父母（N=189）	迁移婚姻男性父母（N=191）	失婚男性（N=192）	失婚男性父母（N=184）	总样本（N=1505）
社会网络风险 R^5	均值	6.27	5.84	5.82	5.86	5.73	5.98	5.87	5.93
	标准差	0.300	0.317	0.309	0.272	0.305	0.241	0.308	0.343
迁移婚姻女性的新生家庭与原生家庭社会支持割裂风险 R_1^5	均值	6.61	6.27	6.29	6.38	6.25	6.22	6.24	6.34
	标准差	0.640	0.776	0.787	0.671	0.725	0.548	0.699	0.710

变量（可能性）	结果	迁移婚姻女性（N = 281）	迁移婚姻男性（N = 277）	迁移婚姻家庭子女（N = 191）	迁移婚姻女性父母（N = 189）	迁移婚姻男性父母（N = 191）	失婚男性（N = 192）	失婚男性父母（N = 184）	总样本（N = 1505）
迁移婚姻女性社会排斥风险 R_2^5	均值 标准差	5.85 0.788	4.49 0.549	4.41 0.544	4.35 0.580	4.14 0.577	4.11 0.515	4.27 0.711	4.60 0.874
迁移婚姻女性社会适应风险 R_3^5	均值 标准差	6.72 0.525	6.21 0.603	6.24 0.666	6.35 0.598	6.16 0.638	6.11 0.645	6.13 0.681	6.30 0.652
失婚男性社会疏离风险 R_4^5	均值 标准差	6.09 0.825	6.12 0.823	6.08 0.833	6.05 0.790	6.04 0.767	6.61 0.529	6.23 0.770	6.17 0.794
失婚男性社会排斥风险 R_5^5	均值 标准差	6.06 0.845	6.13 0.771	6.08 0.829	6.15 0.743	6.06 0.708	6.80 0.399	6.47 0.600	6.23 0.767

7 组样本群体的迁移婚姻女性的新生家庭与原生家庭社会支持割裂风险发生可能性的均值在 6.22~6.61，7 组样本群体均认为风险发生的可能性很大。总样本的均值为 6.34，表明迁移婚姻女性的新生家庭与原生家庭社会支持割裂风险发生可能性很大。

7 组样本群体的迁移婚姻女性社会排斥风险发生可能性的均值在 4.11~5.85，1 组样本群体认为风险发生的可能性较大，6 组样本群体认为风险发生的可能性一般。总样本的均值为 4.60，表明迁移婚姻女性社会排斥风险发生可能性一般。

7 组样本群体的迁移婚姻女性社会适应风险发生可能性的均值在 6.11~6.72，7 组样本群体均认为风险发生的可能性很大。总样本的均值为 6.30，表明迁移婚姻女性社会适应风险发生可能性很大。

7 组样本群体的失婚男性社会疏离风险发生可能性的均值在 6.04~6.61，7 组样本群体均认为风险发生的可能性很大。总样本的均值为 6.17，表明失婚男性社会疏离风险发生可能性很大。

7 组样本群体的失婚男性社会排斥风险发生可能性的均值在 6.06~6.80，7 组样本群体均认为风险发生的可能性很大。总样本的均值为 6.23，表明失婚男性社会排斥风险发生可能性很大。

六 健康风险可能性的均值

健康风险 R^6 的可能性共评估 6 个二级指标（R_1^6，R_2^6，R_3^6，R_4^6，R_5^6，R_6^6），评估的样本群体为 7 组，健康风险及其 6 个二级指标可能性均值的统计结果具体如表 6-6 所示。

健康风险 R^6 可能性的均值，7 组样本群体各自均值按照从高到低的排序是：失婚男性父母为 5.85，迁移婚姻家庭子女为 5.81，迁移婚姻女性为 5.80，迁移婚姻男性父母为 5.73，迁移婚姻女性父母为 5.73，迁移婚姻男性为 5.72，失婚男性为 5.72。结果表明，7 组样本群体的健康风险发生可能性的均值在 5.72~5.85，7 组样本群体均认为风险发生的可能性较大。总样本的均值为 5.77，表明健康风险发生可能性较大。

表 6-6　健康风险可能性的均值

变量（可能性）	结果	迁移婚姻女性（N=281）	迁移婚姻男性（N=277）	迁移婚姻家庭子女（N=191）	迁移婚姻女性父母（N=189）	迁移婚姻男性父母（N=191）	失婚男性（N=192）	失婚男性父母（N=184）	总样本（N=1505）
健康风险 R^6	均值	5.80	5.72	5.81	5.73	5.73	5.72	5.85	5.77
	标准差	0.347	0.334	0.351	0.330	0.306	0.353	0.291	0.335
迁移婚姻女性心理健康风险 R_1^6	均值	6.05	5.48	6.04	5.58	5.57	5.56	5.49	5.69
	标准差	0.833	0.725	0.826	0.677	0.661	0.575	0.653	0.760
单亲迁移婚姻家庭子女心理健康风险 R_2^6	均值	6.33	6.37	6.51	6.25	6.29	6.21	6.24	6.32
	标准差	0.581	0.572	0.512	0.598	0.595	0.520	0.598	0.576
迁移婚姻女性父母心理健康风险 R_3^6	均值	5.25	5.11	5.02	5.23	5.12	5.13	5.19	5.15
	标准差	0.723	0.706	0.849	0.741	0.734	0.865	0.790	0.770
失婚男性生殖健康风险 R_4^6	均值	5.11	5.20	5.24	5.15	5.18	5.15	5.17	5.17
	标准差	0.546	0.584	0.547	0.635	0.683	0.647	0.638	0.608
失婚男性心理健康风险 R_5^6	均值	6.02	6.08	6.04	6.08	6.15	6.11	6.52	6.13
	标准差	0.776	0.781	0.763	0.767	0.756	0.707	0.591	0.756
失婚男性父母心理健康风险 R_6^6	均值	6.04	6.07	6.03	6.10	6.10	6.15	6.47	6.12
	标准差	0.771	0.777	0.757	0.776	0.765	0.694	0.635	0.756

7组样本群体的迁移婚姻女性心理健康风险发生可能性的均值在 5.48~6.05，2组样本群体认为风险发生的可能性很大，5组样本群体认为风险发生的可能性较大。总样本的均值为 5.69，表明迁移婚姻女性心理健康风险发生可能性较大。

7组样本群体的单亲迁移婚姻家庭子女心理健康风险发生可能性的均值在 6.21~6.51，7组样本群体均认为风险发生的可能性很大。总样本的均值为 6.32，表明单亲迁移婚姻家庭子女心理健康风险发生可能性很大。

7组样本群体的迁移婚姻女性父母心理健康风险发生可能性的均值在 5.02~5.25，7组样本群体均认为风险发生的可能性较大。总样本的均值为 5.15，表明迁移婚姻女性父母心理健康风险发生可能性较大。

7组样本群体的失婚男性生殖健康风险发生可能性的均值在 5.11~5.24，7组样本群体均认为风险发生的可能性较大。总样本的均值为 5.17，表明失婚男性生殖健康风险发生可能性较大。

7组样本群体的失婚男性心理健康风险发生可能性的均值在 6.02~6.52，7组样本群体均认为风险发生的可能性很大。总样本的均值为 6.13，表明失婚男性心理健康风险发生可能性很大。

7组样本群体的失婚男性父母心理健康风险发生可能性的均值在 6.03~6.47，7组样本群体均认为风险发生的可能性很大。总样本的均值为 6.12，表明失婚男性父母心理健康风险发生可能性很大。

七　养老风险可能性的均值

养老风险 R^7 可能性共评估4个二级指标（R_1^7，R_2^7，R_3^7，R_4^7），评估的样本群体为7组，养老风险及其4个二级指标可能性均值的统计结果具体如表6-7所示。

养老风险 R^7 可能性的均值，7组样本群体各自均值按照从高到低的排序是：失婚男性父母为 5.98，迁移婚姻女性为 5.90，迁移婚姻家庭子女为 5.82，迁移婚姻女性父母为 5.77，迁移婚姻男性为 5.70，失婚男性为 5.69，迁移婚姻男性父母为 5.65。结果表明，7 组样本群体养老风险发生可能性的均值在 5.65~5.98，7 组样本群体均认为风险发生的可能性较大。总样本的均值为 5.79，表明养老风险发生可能性较大。

　　7 组样本群体的迁移婚姻女性对父母养老支持弱化风险发生可能性的均值在 6.24~6.76，7 组样本群体均认为风险发生的可能性很大。总样本的均值为 6.46，表明迁移婚姻女性对父母养老支持弱化风险发生可能性很大。

　　7 组样本群体的迁移婚姻女性与兄弟姐妹间赡养老人纠纷风险发生可能性的均值在 5.17~5.53，7 组样本群体均认为风险发生的可能性较大。总样本的均值为 5.39，表明迁移婚姻女性与兄弟姐妹间赡养老人纠纷风险发生可能性较大。

表 6-7　养老风险可能性的均值

变量（可能性）	结果	迁移婚姻女性（N=281）	迁移婚姻男性（N=277）	迁移婚姻家庭子女（N=191）	迁移婚姻女性父母（N=189）	迁移婚姻男性父母（N=191）	失婚男性（N=192）	失婚男性父母（N=184）	总样本（N=1505）
养老风险 R^7	均值	5.90	5.70	5.82	5.77	5.65	5.69	5.98	5.79
	标准差	0.311	0.342	0.313	0.287	0.280	0.282	0.265	0.321
迁移婚姻女性对父母养老支持弱化风险 R_1^7	均值	6.76	6.24	6.73	6.41	6.30	6.34	6.37	6.46
	标准差	0.427	0.723	0.446	0.535	0.589	0.576	0.548	0.596
迁移婚姻女性与兄弟姐妹间赡养老人纠纷风险 R_2^7	均值	5.53	5.39	5.51	5.51	5.20	5.17	5.38	5.39
	标准差	0.930	0.909	0.928	0.762	0.690	0.650	0.633	0.822
失婚男性对父母养老支持弱化风险 R_3^7	均值	4.53	4.35	4.29	4.34	4.29	4.32	5.26	4.48
	标准差	0.598	0.588	0.577	0.576	0.588	0.577	0.616	0.662
失婚男性家庭养老功能缺失风险 R_4^7	均值	6.79	6.81	6.76	6.83	6.81	6.96	6.91	6.84
	标准差	0.405	0.391	0.425	0.376	0.392	0.200	0.283	0.371

　　7 组样本群体的失婚男性对父母养老支持弱化风险发生可能性的均值在 4.29~5.26，1 组样本群体认为风险发生的可能性较大，6 组样本群体认为风险发生的可能性一般。总样本的均值为 4.48，表明失婚男性对父母养老支持弱化风险发生可能性一般。

　　7 组样本群体的失婚男性家庭养老功能缺失风险发生可能性的

均值在 6.76~6.96，7 组样本群体均认为风险发生的可能性很大。总样本的均值为 6.84，表明失婚男性家庭养老功能缺失风险发生可能性很大。

八 社会稳定风险可能性的均值

社会稳定风险 R^8 可能性共评估 5 个二级指标（R_1^8，R_2^8，R_3^8，R_4^8，R_5^8），评估的样本群体为 7 组，社会稳定风险及其 5 个二级指标可能性均值的统计结果具体如表 6-8 所示。

社会稳定风险 R^8 可能性的均值，7 组样本群体各自均值按照从高到低的排序是：失婚男性父母为 5.49，迁移婚姻男性为 5.48，迁移婚姻女性为 5.41，迁移婚姻女性父母为 5.40，迁移婚姻家庭子女为 5.39，迁移婚姻男性父母为 5.38，失婚男性为 5.23。结果表明，7 组样本群体的社会稳定风险发生可能性的均值在 5.23~5.49，7 组样本群体均认为风险发生的可能性较大。总样本的均值为 5.40，表明社会稳定风险发生可能性较大。

7 组样本群体的非正常婚姻行为风险发生可能性的均值在 5.36~5.65，7 组样本群体均认为风险发生的可能性较大。总样本的均值为5.46，表明非正常婚姻行为风险发生可能性较大。

7 组样本群体的迁移婚姻家庭矛盾纠纷多发风险发生可能性的均值在 5.18~5.45，7 组样本群体均认为风险发生的可能性较大。总样本的均值为 5.37，表明迁移婚姻家庭矛盾纠纷多发风险发生可能性较大。

表 6-8 社会稳定风险可能性的均值

变量（可能性）	结果	迁移婚姻女性（$N=$281）	迁移婚姻男性（$N=$277）	迁移婚姻家庭子女（$N=$191）	迁移婚姻女性父母（$N=$189）	迁移婚姻男性父母（$N=$191）	失婚男性（$N=$192）	失婚男性父母（$N=$184）	总样本（$N=$1505）
社会稳定风险 R^8	均值	5.41	5.48	5.39	5.40	5.38	5.23	5.49	5.40
	标准差	0.438	0.341	0.451	0.363	0.348	0.259	0.294	0.373

变量（可能性）	结果	迁移婚姻女性（N=281）	迁移婚姻男性（N=277）	迁移婚姻家庭子女（N=191）	迁移婚姻女性父母（N=189）	迁移婚姻男性父母（N=191）	失婚男性（N=192）	失婚男性父母（N=184）	总样本（N=1505）
非正常婚姻行为风险 R_1^8	均值	5.36	5.41	5.38	5.48	5.51	5.54	5.65	5.46
	标准差	0.829	0.823	0.824	0.783	0.739	0.569	0.643	0.764
迁移婚姻家庭矛盾纠纷多发风险 R_2^8	均值	5.45	5.38	5.40	5.33	5.41	5.18	5.38	5.37
	标准差	0.774	0.769	0.808	0.751	0.689	0.541	0.649	0.726
迁移婚姻夫妻行为失范风险 R_3^8	均值	5.36	5.29	5.33	5.24	5.31	5.13	5.33	5.29
	标准差	0.789	0.708	0.795	0.695	0.714	0.550	0.576	0.704
失婚男性性行为失范风险 R_4^8	均值	5.44	5.97	5.41	5.65	5.56	5.64	5.62	5.62
	标准差	0.800	0.749	0.809	0.711	0.669	0.623	0.607	0.743
失婚男性行为失范风险 R_5^8	均值	5.43	5.35	5.43	5.28	5.11	4.68	4.73	5.17
	标准差	0.739	0.704	0.743	0.692	0.635	0.559	0.490	0.724

7 组样本群体的迁移婚姻夫妻行为失范风险发生可能性的均值在 5.13~5.36，7 组样本群体均认为风险发生的可能性较大。总样本的均值为 5.29，表明迁移婚姻夫妻行为失范风险发生可能性较大。

7 组样本群体的失婚男性性行为失范风险发生可能性的均值在 5.41~5.97，7 组样本群体均认为风险发生的可能性较大。总样本的均值为 5.62，表明失婚男性性行为失范风险发生可能性较大。

7 组样本群体的失婚男性行为失范风险发生可能性的均值在 4.68~5.43，5 组样本群体认为风险发生的可能性较大，2 组样本群体认为风险发生的可能性一般。总样本的均值为 5.17，表明失婚男性行为失范风险发生可能性较大。

第三节　关联性的基本状况分析

女性农民工迁移婚姻风险关联性是评估施测样本对风险与自己关联程度的判断，设置的问题为"以下风险与你有关联"，受测样本根据实际情况从 1~7 分的 7 个分值选项中选择一项，分值越高表明风险与受测样本的关联性越强。本次评估女性农民工迁移婚姻风险 8 个一级指标及 39 个二级指标，报告的均值为 7 组样本群体与总样本群体的 8 个一级指标关联性的均值与 39 个二级指标关联性的均值。

一 人口风险关联性的均值

人口风险 R^1 关联性共评估 5 个二级指标（R_1^1，R_2^1，R_3^1，R_4^1，R_5^1），评估的样本群体为 7 组，人口风险及其 5 个二级指标的关联性均值的统计结果具体如表 6-9 所示。

人口风险 R^1 关联性的均值，7 组样本群体各自均值按照从高到低的排序是：失婚男性为 5.24，失婚男性父母为 5.21，迁移婚姻男性父母为 5.04，迁移婚姻女性父母为 4.87，迁移婚姻男性为 4.82，迁移婚姻女性为 4.70，迁移婚姻家庭子女为 4.51。结果表明，7 组样本群体的人口风险关联性的均值在 4.51~5.24，3 组样本群体认为风险的关联性较强，4 组样本群体认为风险的关联性一般。总样本的均值为 4.89，表明人口风险关联性一般。

表 6-9 人口风险关联性的均值

变量（关联性）	结果	迁移婚姻女性（N＝281）	迁移婚姻男性（N＝277）	迁移婚姻家庭子女（N＝191）	迁移婚姻女性父母（N＝189）	迁移婚姻男性父母（N＝191）	失婚男性（N＝192）	失婚男性父母（N＝184）	总样本（N＝1505）
人口风险 R^1	均值	4.70	4.82	4.51	4.87	5.04	5.24	5.21	4.89
	标准差	0.328	0.281	0.248	0.277	0.284	0.294	0.273	0.374
迁移婚姻女性净迁出地婚姻适龄人口性别比失衡风险 R_1^1	均值	5.44	5.70	4.10	5.83	5.85	6.93	6.30	5.72
	标准差	0.745	0.497	0.447	0.679	0.735	0.261	0.640	0.967
迁移婚姻女性净迁出地人口老龄化风险 R_2^1	均值	4.23	4.28	4.25	5.62	5.58	6.58	6.05	5.11
	标准差	0.528	0.550	0.510	0.826	0.842	0.494	0.715	1.105

续表

变量（关联性）	结果	迁移婚姻女性（N=281）	迁移婚姻男性（N=277）	迁移婚姻家庭子女（N=191）	迁移婚姻女性父母（N=189）	迁移婚姻男性父母（N=191）	失婚男性（N=192）	失婚男性父母（N=184）	总样本（N=1505）
迁移婚姻破裂单亲家庭子女数量增加风险 R_3^1	均值	5.62	5.84	6.09	4.32	5.13	2.22	3.51	4.80
	标准差	0.937	0.677	0.694	0.588	0.332	1.015	0.543	1.472
迁移婚姻女性净迁出地人口总量减少风险 R_4^1	均值	4.05	4.08	4.05	4.04	4.14	5.26	5.08	4.34
	标准差	0.457	0.467	0.500	0.454	0.558	0.698	0.424	0.700
迁移婚姻女性净迁出地劳动力人口减少风险 R_5^1	均值	4.15	4.18	4.04	4.53	4.51	5.23	5.09	4.49
	标准差	0.576	0.591	0.556	0.680	0.631	0.686	0.603	0.746

7 组样本群体的迁移婚姻女性净迁出地婚姻适龄人口性别比失衡风险关联性的均值在 4.10~6.93，2 组样本群体认为风险关联性很强，4 组样本群体认为风险关联性较强，1 组样本群体认为风险的关联性一般。总样本的均值为 5.72，表明迁移婚姻女性净迁出地婚姻适龄人口性别比失衡风险关联性较强。

7 组样本群体的迁移婚姻女性净迁出地人口老龄化风险关联性的均值在 4.23~6.58，2 组样本群体认为风险关联性很强，2 组样本群体认为风险关联性较强，3 组样本群体认为风险的关联性一般。总样本的均值为 5.11，表明迁移婚姻女性净迁出地人口老龄化风险关联性较强。

7 组样本群体的迁移婚姻破裂单亲家庭子女数量增加风险关联性的均值在 2.22~6.09，1 组样本群体认为风险关联性很强，3 组样本群体认为风险关联性较强，1 组样本群体认为风险的关联性一般，1 组样本群体认为风险的关联性较弱，1 组样本群体认为风险的关联性很弱。总样本的均值为 4.80，表明迁移婚姻破裂单亲家庭子女数量增加风险关联性一般。

7 组样本群体的迁移婚姻女性净迁出地人口总量减少风险关联性的均值在 4.04~5.26，2 组样本群体认为风险关联性较强，5 组样本群体认为风险的关联性一般。总样本的均值为 4.34，表明迁移婚姻女性净迁出地人口总量减少风险关联性一般。

7 组样本群体的迁移婚姻女性净迁出地劳动力人口减少风险关联性的均值在 4.04～5.23，2 组样本群体认为风险关联性较强，5 组样本群体认为风险的关联性一般。总样本的均值为 4.49，表明迁移婚姻女性净迁出地劳动力人口减少风险关联性一般。

二 婚恋风险关联性的均值

婚恋风险 R^2 关联性共评估 6 个二级指标（R_1^2，R_2^2，R_3^2，R_4^2，R_5^2，R_6^2），评估的样本群体为 7 组，婚恋风险及其 6 个二级指标的关联性均值的统计结果具体如表 6-10 所示。

婚恋风险 R^2 关联性的均值，7 组样本群体各自均值按照从高到低的排序是：迁移婚姻男性为 5.32，迁移婚姻女性为 5.17，失婚男性为 4.88，迁移婚姻男性父母为 4.82，失婚男性父母为 4.80，迁移婚姻家庭子女为 4.71，迁移婚姻女性父母为 4.69。结果表明，7 组样本群体的婚恋风险关联性的均值在 4.69～5.32，2 组样本群体认为风险关联性较强，5 组样本群体认为风险的关联性一般。总样本的均值为 4.95，表明婚恋风险关联性一般。

表 6-10　婚恋风险关联性的均值

变量（关联性）	结果	迁移婚姻女性（$N=$281）	迁移婚姻男性（$N=$277）	迁移婚姻家庭子女（$N=$191）	迁移婚姻女性父母（$N=$189）	迁移婚姻男性父母（$N=$191）	失婚男性（$N=$192）	失婚男性父母（$N=$184）	总样本（$N=$1505）
婚恋风险 R^2	均值	5.17	5.32	4.71	4.69	4.82	4.88	4.80	4.95
	标准差	0.304	0.335	0.377	0.402	0.412	0.289	0.294	0.416
骗婚风险 R_1^2	均值	5.99	5.55	4.02	4.58	4.53	4.27	4.60	4.91
	标准差	0.845	0.748	0.502	0.677	0.631	0.630	0.678	0.987
未婚同居风险 R_2^2	均值	4.72	4.69	4.59	4.64	4.65	4.61	4.07	4.59
	标准差	0.879	0.903	0.789	0.723	0.723	0.568	0.641	0.797
未婚生育风险 R_3^2	均值	5.58	5.53	4.39	4.61	4.68	2.63	3.35	4.53
	标准差	0.703	0.705	0.869	0.673	0.656	0.859	0.842	1.265

续表

变量（关联性）	结果	迁移婚姻女性（N = 281）	迁移婚姻男性（N = 277）	迁移婚姻家庭子女（N = 191）	迁移婚姻女性父母（N = 189）	迁移婚姻男性父母（N = 191）	失婚男性（N = 192）	失婚男性父母（N = 184）	总样本（N = 1505）
迁移婚姻破裂风险 R_4^2	均值	6.18	6.26	6.76	5.65	6.17	3.84	3.91	5.63
	标准差	0.755	0.694	0.461	0.500	0.577	0.770	0.719	1.237
男性婚姻挤压风险 R_5^2	均值	4.40	5.02	4.28	4.41	4.48	6.95	6.25	5.06
	标准差	0.740	0.637	0.714	0.534	0.579	0.223	0.546	1.116
男性失婚风险 R_6^2	均值	4.16	4.85	4.21	4.29	4.44	6.98	6.63	5.01
	标准差	0.684	0.896	0.687	0.679	0.645	0.143	0.484	1.257

7组样本群体的骗婚风险关联性的均值在4.02~5.99，2组样本群体认为风险关联性较强，5组样本群体认为风险的关联性一般。总样本的均值为4.91，表明骗婚风险关联性一般。

7组样本群体的未婚同居风险关联性的均值在4.07~4.72，7组样本群体认为风险的关联性一般。总样本的均值为4.59，表明未婚同居风险关联性一般。

7组样本群体的未婚生育风险关联性的均值在2.63~5.58，2组样本群体认为风险关联性较强，3组样本群体认为风险关联性一般，1组样本群体认为风险的关联性较弱，1组样本群体认为风险的关联性很弱。总样本的均值为4.53，表明未婚生育风险关联性一般。

7组样本群体的迁移婚姻破裂风险关联性的均值在3.84~6.76，4组样本群体认为风险关联性很强，1组样本群体认为风险关联性较强，2组样本群体认为风险的关联性较弱。总样本的均值为5.63，表明迁移婚姻破裂风险关联性较强。

7组样本群体的男性婚姻挤压风险关联性的均值在4.28~6.95，2组样本群体认为风险关联性很强，1组样本群体认为风险关联性较强，4组样本群体认为风险的关联性一般。总样本的均值为5.06，表明男性婚姻挤压风险关联性较强。

7 组样本群体的男性失婚风险关联性的均值在 4.16~6.98，2 组样本群体认为风险关联性很强，5 组样本群体认为风险的关联性一般。总样本的均值为 5.01，表明男性失婚风险关联性较强。

三 家庭风险关联性的均值

家庭风险 R^3 关联性共评估 4 个二级指标（R_1^3，R_2^3，R_3^3，R_4^3），评估的样本群体为 7 组，家庭风险及其 4 个二级指标的关联性均值的统计结果具体如表 6-11 所示。

家庭风险 R^3 关联性的均值，7 组样本群体各自均值按照从高到低的排序是：迁移婚姻男性为 5.85，迁移婚姻家庭子女为 5.74，迁移婚姻女性为 5.66，迁移婚姻男性父母为 5.48，迁移婚姻女性父母为 5.36，失婚男性父母为 4.04，失婚男性为 3.80。结果表明，7 组样本群体的家庭风险关联性的均值在 3.80~5.85，5 组样本群体认为风险关联性较强，1 组样本群体认为风险关联性一般，1 组样本群体认为风险关联性较弱。总样本的均值为 5.21，表明家庭风险关联性较强。

7 组样本群体的迁移婚姻家庭不稳定风险关联性的均值在 3.42~6.23，5 组样本群体认为风险关联性很强，2 组样本群体认为风险关联性较弱。总样本的均值为 5.50，表明迁移婚姻家庭不稳定风险关联性较强。

表 6-11 家庭风险关联性的均值

变量（关联性）	结果	迁移婚姻女性（$N=281$）	迁移婚姻男性（$N=277$）	迁移婚姻家庭子女（$N=191$）	迁移婚姻女性父母（$N=189$）	迁移婚姻男性父母（$N=191$）	失婚男性（$N=192$）	失婚男性父母（$N=184$）	总样本（$N=1505$）
家庭风险 R^3	均值	5.66	5.85	5.74	5.36	5.48	3.80	4.04	5.21
	标准差	0.387	0.419	0.345	0.302	0.453	0.428	0.335	0.855
迁移婚姻家庭不稳定风险 R_1^3	均值	6.12	6.16	6.23	6.07	6.15	3.42	3.74	5.50
	标准差	0.695	0.705	0.662	0.467	0.664	0.852	0.780	1.316

续表

变量（关联性）	结果	迁移婚姻女性（$N=$281）	迁移婚姻男性（$N=$277）	迁移婚姻家庭子女（$N=$191）	迁移婚姻女性父母（$N=$189）	迁移婚姻男性父母（$N=$191）	失婚男性（$N=$192）	失婚男性父母（$N=$184）	总样本（$N=$1505）
迁移婚姻女性家庭排斥风险 R_2^3	均值	6.11	5.45	6.02	5.49	5.24	2.04	2.98	4.89
	标准差	0.703	0.773	0.729	0.633	1.067	0.818	0.809	1.634
迁移婚姻破裂家庭教育弱化风险 R_3^3	均值	6.27	6.36	6.64	5.63	6.29	2.79	2.86	5.40
	标准差	0.746	0.716	0.491	0.619	0.708	0.914	0.942	1.681
失婚男性家庭功能不完整风险 R_4^3	均值	4.14	5.43	4.06	4.24	4.27	6.96	6.58	5.05
	标准差	0.755	0.993	0.812	0.637	0.638	0.200	0.517	1.314

7 组样本群体的迁移婚姻女性家庭排斥风险关联性的均值在 2.04~6.11，2 组样本群体认为风险关联性很强，3 组样本群体认为风险关联性较强，2 组样本群体认为风险的关联性很弱。总样本的均值为 4.89，表明迁移婚姻女性家庭排斥风险关联性一般。

7 组样本群体的迁移婚姻破裂家庭教育弱化风险关联性的均值在 2.79~6.64，4 组样本群体认为风险关联性很强，1 组样本群体认为风险关联性较强，2 组样本群体认为风险的关联性很弱。总样本的均值为 5.40，表明迁移婚姻破裂家庭教育弱化风险关联性较强。

7 组样本群体的失婚男性家庭功能不完整风险关联性的均值在 4.06~6.96，2 组样本群体认为风险关联性很强，1 组样本群体认为风险关联性较强，4 组样本群体认为风险的关联性一般。总样本的均值为 5.05，表明失婚男性家庭功能不完整风险关联性较强。

四　经济风险关联性的均值

经济风险 R^4 关联性共评估 4 个二级指标（R_1^4，R_2^4，R_3^4，R_4^4），评估的样本群体为 7 组，经济风险及其 6 个二级指标的关联性均值的统计结果具体如表 6-12 所示。

经济风险 R^4 关联性的均值，7 组样本群体各自均值按照从高到低的排序是：迁移婚姻女性为 6.14，迁移婚姻女性父母为 6.05，迁移婚姻男性为 5.96，迁移婚姻家庭子女为 5.66，迁移婚姻男性父母为 5.57，失婚男性为 2.81，失婚男性父母为 2.70。结果表明，7 组样本群体的经济风险关联性的均值在 2.70～6.14，2 组样本群体认为风险关联性很强，3 组样本群体认为风险关联性较强，2 组样本群体认为风险的关联性很弱。总样本的均值为 5.12，表明经济风险关联性较强。

表 6-12　经济风险关联性的均值

变量（关联性）	结果	迁移婚姻女性（$N=$281）	迁移婚姻男性（$N=$277）	迁移婚姻家庭子女（$N=$191）	迁移婚姻女性父母（$N=$189）	迁移婚姻男性父母（$N=$191）	失婚男性（$N=$192）	失婚男性父母（$N=$184）	总样本（$N=$1505）
经济风险 R^4	均值	6.14	5.96	5.66	6.05	5.57	2.81	2.70	5.12
	标准差	0.316	0.325	0.300	0.322	0.366	0.313	0.560	1.424
迁移婚姻女性新生家庭与原生家庭交往成本高风险 R_1^4	均值	6.45	6.27	6.04	6.87	5.91	1.68	1.55	5.14
	标准差	0.626	0.639	0.724	0.334	0.796	0.655	0.841	2.160
迁移婚姻家庭经济上互不信任风险 R_2^4	均值	6.32	6.24	6.07	5.83	5.93	1.39	1.42	4.93
	标准差	0.545	0.553	0.493	0.891	0.824	0.549	0.772	2.148
迁移婚姻女性新生家庭与原生家庭劳动力支持割裂风险 R_3^4	均值	6.63	5.84	5.60	6.19	5.17	1.23	1.35	4.78
	标准差	0.571	0.671	0.696	0.852	0.556	0.421	0.716	2.162
推高男性婚姻成本风险 R_4^4	均值	5.17	5.51	4.95	5.31	5.28	6.95	6.46	5.62
	标准差	0.681	0.635	0.713	0.637	0.627	0.223	0.521	0.893

　　7 组样本群体的迁移婚姻女性新生家庭与原生家庭交往成本高风险关联性的均值在 1.55～6.87，4 组样本群体认为风险关联性很强，1 组样本群体认为风险关联性较强，2 组样本群体认为风险关联性非常弱。总样本的均值为 5.14，表明迁移婚姻女性新生家庭与原生家庭交往成本高风险关联性较强。

　　7 组样本群体的迁移婚姻家庭经济上互不信任风险关联性的均值在 1.39～6.32，3 组样本群体认为风险关联性很强，2 组样本群体认为风险关联性较强，2 组样本群体认为风险的关联性非常弱。

总样本的均值为 4.93，表明迁移婚姻家庭经济上互不信任风险关联性一般。

7 组样本群体的迁移婚姻女性新生家庭与原生家庭劳动力支持割裂风险关联性的均值在 1.23~6.63，2 组样本群体认为风险关联性很强，3 组样本群体认为风险关联性较强，2 组样本群体认为风险的关联性非常弱。总样本的均值为 4.78，表明迁移婚姻女性新生家庭与原生家庭劳动力支持割裂风险关联性一般。

7 组样本群体的推高男性婚姻成本风险关联性的均值在 4.95~6.95，2 组样本群体认为风险关联性很强，4 组样本群体认为风险关联性较强，1 组样本群体认为风险的关联性一般。总样本的均值为 5.62，表明推高男性婚姻成本风险关联性较强。

五　社会网络风险关联性的均值

社会网络风险 R^5 关联性共评估 5 个二级指标（R_1^5，R_2^5，R_3^5，R_4^5，R_5^5），评估的样本群体为 7 组，社会网络风险及其 5 个二级指标的关联性均值的统计结果具体如表 6-13 所示。

社会网络风险 R^5 关联性的均值，7 组样本群体各自均值按照从高到低的排序是：迁移婚姻女性为 4.96，迁移婚姻家庭子女为 4.77，迁移婚姻女性父母为 4.74，迁移婚姻男性为 4.71，迁移婚姻男性父母为 4.34，失婚男性为 3.96，失婚男性父母为 3.84。结果表明，7 组样本群体的社会网络风险关联性的均值在 3.84~4.96，5 组样本群体认为风险的关联性一般，2 组样本群体认为风险的关联性较弱。总样本的均值为 4.52，表明社会网络风险关联性一般。

表 6-13　社会网络风险关联性的均值

变量（关联性）	结果	迁移婚姻女性（N=281）	迁移婚姻男性（N=277）	迁移婚姻家庭子女（N=191）	迁移婚姻女性父母（N=189）	迁移婚姻男性父母（N=191）	失婚男性（N=192）	失婚男性父母（N=184）	总样本（N=1505）
社会网络风险 R^5	均值	4.96	4.71	4.77	4.74	4.34	3.96	3.84	4.52
	标准差	0.256	0.326	0.254	0.314	0.311	0.287	0.416	0.502

续表

变量（关联性）	结果	迁移婚姻女性 (N = 281)	迁移婚姻男性 (N = 277)	迁移婚姻家庭子女 (N = 191)	迁移婚姻女性父母 (N = 189)	迁移婚姻男性父母 (N = 191)	失婚男性 (N = 192)	失婚男性父母 (N = 184)	总样本 (N = 1505)
迁移婚姻女性的新生家庭与原生家庭社会支持割裂风险 R_1^5	均值	6.52	5.38	5.87	6.34	4.29	1.48	1.74	4.70
	标准差	0.627	0.815	0.692	0.710	0.454	0.678	0.780	2.029
迁移婚姻女性社会排斥风险 R_2^5	均值	6.12	5.89	6.02	5.63	5.49	3.39	3.34	5.23
	标准差	0.735	0.694	0.718	0.785	0.664	0.784	0.915	1.332
迁移婚姻女性社会适应风险 R_3^5	均值	6.83	6.31	6.59	6.13	6.19	1.50	1.66	5.22
	标准差	0.398	0.735	0.563	0.626	0.656	0.960	0.927	2.230
失婚男性社会疏离风险 R_4^5	均值	1.21	1.84	1.23	1.52	1.65	6.61	6.20	2.72
	标准差	0.509	0.761	0.532	0.873	0.916	0.529	0.648	2.252
失婚男性社会排斥风险 R_5^5	均值	4.12	4.11	4.13	4.07	4.10	6.83	6.28	4.72
	标准差	0.511	0.563	0.501	0.521	0.571	0.374	0.633	1.196

7 组样本群体的迁移婚姻女性的新生家庭与原生家庭社会支持割裂风险关联性的均值在 1.48~6.52，2 组样本群体认为风险关联性很强，2 组样本群体认为风险关联性较强，1 组样本群体认为风险的关联性一般，2 组样本群体认为风险的关联性非常弱。总样本的均值为 4.70，表明迁移婚姻女性的新生家庭与原生家庭社会支持割裂风险关联性一般。

7 组样本群体的迁移婚姻女性社会排斥风险关联性的均值在 3.34~6.12，2 组样本群体认为风险关联性很强，3 组样本群体认为风险关联性较强，2 组样本群体认为风险的关联性较弱。总样本的均值为 5.23，表明迁移婚姻女性社会排斥风险关联性较强。

7 组样本群体的迁移婚姻女性社会适应风险关联性的均值在 1.50~6.83，5 组样本群体认为风险关联性很强，2 组样本群体认为风险的关联性非常弱。总样本的均值为 5.22，表明迁移婚姻女性社会适应风险关联性较强。

7 组样本群体的失婚男性社会疏离风险关联性的均值在 1.21~6.61，2 组样本群体认为风险关联性很强，5 组样本群体认为风的关联性非常弱。总样本的均值为 2.72，表明失婚男性社会疏离风险关联性很弱。

7 组样本群体的失婚男性社会排斥风险关联性的均值在 4.07~6.83，2 组样本群体认为风险关联性很强，5 组样本群体认为风险关联性一般。总样本的均值为 4.72，表明失婚男性社会排斥风险关联性一般。

六　健康风险关联性的均值

健康风险 R^6 关联性共评估 6 个二级指标（R^6_1，R^6_2，R^6_3，R^6_4，R^6_5，R^6_6），评估的样本群体为 7 组，健康风险及其 6 个二级指标的关联性均值的统计结果具体如表 6-14 所示。

健康风险 R^6 关联性的均值，7 组样本群体各自均值按照从高到低的排序是：迁移婚姻女性为 4.43，迁移婚姻家庭子女为 4.32，迁移婚姻男性为 4.30，迁移婚姻女性父母为 4.18，失婚男性为 3.95，迁移婚姻男性父母为 3.93，失婚男性父母为 3.92。结果表明，7 组样本群体的健康风险关联性的均值在 3.92~4.43，4 组样本群体认为风险关联性一般，3 组样本群体认为风险关联性较弱。总样本的均值为 4.17，表明健康风险关联性一般。

表 6-14　健康风险关联性的均值

变量（关联性）	结果	迁移婚姻女性（N=281）	迁移婚姻男性（N=277）	迁移婚姻家庭子女（N=191）	迁移婚姻女性父母（N=189）	迁移婚姻男性父母（N=191）	失婚男性（N=192）	失婚男性父母（N=184）	总样本（N=1505）
健康风险 R^6	均值	4.43	4.30	4.32	4.18	3.93	3.95	3.92	4.17
	标准差	0.250	0.296	0.325	0.320	0.407	0.336	0.430	0.389
迁移婚姻女性心理健康风险 R^6_1	均值	6.39	6.04	5.97	5.58	5.70	1.44	1.52	4.86
	标准差	0.594	0.854	0.757	0.677	0.650	0.958	0.701	2.104
单亲迁移婚姻家庭子女心理健康风险 R^6_2	均值	6.41	6.42	6.43	5.63	6.12	1.38	1.48	5.03
	标准差	0.561	0.562	0.576	0.786	0.689	0.618	0.716	2.194

变量（关联性）	结果	迁移婚姻女性（N = 281）	迁移婚姻男性（N = 277）	迁移婚姻家庭子女（N = 191）	迁移婚姻女性父母（N = 189）	迁移婚姻男性父母（N = 191）	失婚男性（N = 192）	失婚男性父母（N = 184）	总样本（N = 1505）
迁移婚姻女性父母心理健康风险 R_3^6	均值	6.03	5.27	5.24	6.29	4.08	1.29	1.62	4.43
	标准差	0.699	0.772	0.985	0.579	0.480	0.559	0.691	1.964
失婚男性生殖健康风险 R_4^6	均值	4.09	4.05	4.10	3.71	3.64	6.39	6.01	4.51
	标准差	0.576	0.559	0.502	0.884	0.923	0.700	0.761	1.218
失婚男性心理健康风险 R_5^6	均值	1.93	2.08	2.08	1.95	2.03	6.85	6.25	3.15
	标准差	0.662	0.646	0.652	0.686	1.076	0.354	0.638	2.093
失婚男性父母心理健康风险 R_6^6	均值	1.72	1.93	2.06	1.92	1.99	6.33	6.61	3.05
	标准差	0.640	0.655	0.658	0.676	1.093	0.746	0.521	2.106

7组样本群体的迁移婚姻女性心理健康风险关联性的均值在1.44~6.39，2组样本群体认为风险关联性很强，3组样本群体认为风险关联性较强，2组样本群体认为风险关联性非常弱。总样本的均值为4.86，表明迁移婚姻女性心理健康风险关联性一般。

7组样本群体的单亲迁移婚姻家庭子女心理健康风险关联性的均值在1.38~6.43，4组样本群体认为风险关联性很强，1组样本群体认为风险关联性较强，2组样本群体认为风险关联性非常弱。总样本的均值为5.03，表明单亲迁移婚姻家庭子女心理健康风险关联性较强。

7组样本群体的迁移婚姻女性父母心理健康风险关联性的均值在1.29~6.29，2组样本群体认为风险关联性很强，2组样本群体认为风险关联性较强，1组样本群体认为风险关联性一般，2组样本群体认为风险关联性非常弱。总样本的均值为4.43，表明迁移婚姻女性父母心理健康风险关联性一般。

7组样本群体的失婚男性生殖健康风险关联性的均值在3.64~6.39，2组样本群体认为风险关联性很强，3组样本群体认为风险关联性一般，2组样本群体认为风险关联性较强。总样本的均值为4.51，表明失婚男性生殖健康风险关联性一般。

7 组样本群体的失婚男性心理健康风险关联性的均值在 1.93 ~ 6.85，2 组样本群体认为风险关联性很强，3 组样本群体认为风险关联性很弱，2 组样本群体认为风险关联性非常弱。总样本的均值为 3.15，表明失婚男性心理健康风险关联性较弱。

7 组样本群体的失婚男性父母心理健康风险关联性的均值在 1.72 ~ 6.61，2 组样本群体认为风险关联性很强，1 组样本群体认为风险关联性很弱，4 组样本群体认为风险关联性非常弱。总样本的均值为 3.05，表明失婚男性父母心理健康风险关联性较弱。

七　养老风险关联性的均值

养老风险 R^7 关联性共评估 4 个二级指标（R_1^7，R_2^7，R_3^7，R_4^7），评估的样本群体为 7 组，养老风险及其 4 个二级指标的关联性均值的统计结果具体如表 6-15 所示。

养老风险 R^7 关联性的均值，7 组样本群体各自均值按照从高到低的排序是：失婚男性父母为 4.00，迁移婚姻女性父母为 3.98，失婚男性为 3.97，迁移婚姻女性为 3.69，迁移婚姻男性为 3.57，迁移婚姻家庭子女为 3.21，迁移婚姻男性父母为 3.09。结果表明，7 组样本群体的养老风险关联性的均值在 3.09 ~ 4.00，1 组样本群体认为风险的关联性一般，6 组样本群体认为风险的关联性较弱。总样本的均值为 3.64，表明养老风险关联性较弱。

表 6-15　养老风险关联性的均值

变量（关联性）	结果	迁移婚姻女性（$N=$281）	迁移婚姻男性（$N=$277）	迁移婚姻家庭子女（$N=$191）	迁移婚姻女性父母（$N=$189）	迁移婚姻男性父母（$N=$191）	失婚男性（$N=$192）	失婚男性父母（$N=$184）	总样本（$N=$1505）
养老风险 R^7	均值	3.69	3.57	3.21	3.98	3.09	3.97	4.00	3.64
	标准差	0.227	0.413	0.312	0.325	0.301	0.227	0.376	0.459
迁移婚姻女性对父母养老支持弱化风险 R_1^7	均值	6.56	5.56	4.65	6.75	4.66	1.25	1.59	4.63
	标准差	0.589	0.707	0.663	0.445	0.651	0.434	0.696	2.095

续表

变量（关联性）	结果	迁移婚姻女性（N=281）	迁移婚姻男性（N=277）	迁移婚姻家庭子女（N=191）	迁移婚姻女性父母（N=189）	迁移婚姻男性父母（N=191）	失婚男性（N=192）	失婚男性父母（N=184）	总样本（N=1505）
迁移婚姻女性与兄弟姐妹间赡养老人纠纷风险 R_2^7	均值 标准差	6.07 0.654	5.31 0.764	5.14 0.634	6.11 0.691	4.49 0.687	1.29 0.456	1.42 0.648	4.44 1.964
失婚男性对父母养老支持弱化风险 R_3^7	均值 标准差	1.02 0.156	1.71 0.652	1.21 0.408	1.77 0.916	1.81 0.772	6.38 0.485	6.14 0.687	2.68 2.177
失婚男性家庭养老功能缺失风险 R_4^7	均值 标准差	1.09 0.285	1.69 0.581	1.84 0.718	1.31 0.496	1.38 0.508	6.96 0.200	6.85 0.370	2.81 2.423

7 组样本群体的迁移婚姻女性对父母养老支持弱化风险关联性的均值在 1.25~6.75，2 组样本群体认为风险关联性很强，1 组样本群体认为风险关联性较强，2 组样本群体认为风险关联性一般，2 组样本群体认为风险的关联性非常弱。总样本的均值为 4.63，表明迁移婚姻女性对父母养老支持弱化风险关联性一般。

7 组样本群体的迁移婚姻女性与兄弟姐妹间赡养老人纠纷风险关联性的均值在 1.29~6.11，2 组样本群体认为风险关联性很强，2 组样本群体认为风险关联性较强，1 组样本群体认为风险的关联性一般，2 组样本群体认为风险的关联性非常弱。总样本的均值为 4.44，表明迁移婚姻女性与兄弟姐妹间赡养老人纠纷风险关联性一般。

7 组样本群体的失婚男性对父母养老支持弱化风险关联性的均值在 1.02~6.38，2 组样本群体认为风险关联性很强，5 组样本群体认为风险的关联性非常弱。总样本的均值为 2.68，表明失婚男性对父母养老支持弱化风险关联性很弱。

7 组样本群体的失婚男性家庭养老功能缺失风险关联性的均值在 1.09~6.96，2 组样本群体认为风险关联性很强，5 组样本群体认为风险的关联性非常弱。总样本的均值为 2.81，表明失婚男性家庭养老功能缺失风险关联性很弱。

八 社会稳定风险关联性的均值

社会稳定风险 R^8 关联性共评估 5 个二级指标（R_1^8，R_2^8，R_3^8，R_4^8，R_5^8），评估的样本群体为 7 组，社会稳定风险及其 5 个二级指标的关联性均值的统计结果具体如表 6-16 所示。

社会稳定风险 R^8 关联性的均值，7 组样本群体各自均值按照从高到低的排序是：迁移婚姻家庭子女为 5.32、迁移婚姻男性为 5.24、迁移婚姻女性为 5.19、迁移婚姻女性父母为 5.14、迁移婚姻男性父母为 5.08、失婚男性父母为 4.82、失婚男性为 4.73。结果表明，7 组样本群体的社会稳定风险关联性的均值在 4.73～5.32，5 组样本群体认为风险关联性较强，2 组样本群体认为风险关联性一般。总样本的均值为 5.09，表明社会稳定风险关联性较强。

表 6-16 社会稳定风险关联性的均值

变量（关联性）	结果	迁移婚姻女性（N=281）	迁移婚姻男性（N=277）	迁移婚姻家庭子女（N=191）	迁移婚姻女性父母（N=189）	迁移婚姻男性父母（N=191）	失婚男性（N=192）	失婚男性父母（N=184）	总样本（N=1505）
社会稳定风险 R^8	均值	5.19	5.24	5.32	5.14	5.08	4.73	4.82	5.09
	标准差	0.327	0.382	0.380	0.355	0.319	0.328	0.414	0.409
非正常婚姻行为风险 R_1^8	均值	4.85	4.93	4.80	4.77	4.59	6.39	6.03	5.16
	标准差	0.853	0.779	0.847	0.504	0.524	0.500	0.738	0.945
迁移婚姻家庭矛盾纠纷多发风险 R_2^8	均值	6.02	6.11	6.10	6.14	6.09	2.63	2.52	5.21
	标准差	0.691	0.674	0.688	0.580	0.569	0.727	0.669	1.660
迁移婚姻夫妻行为失范风险 R_3^8	均值	6.32	6.23	6.31	6.08	6.04	3.38	3.46	5.51
	标准差	0.559	0.629	0.577	0.564	0.584	0.635	0.700	1.357
失婚男性性行为失范风险 R_4^8	均值	4.22	4.38	4.08	4.29	4.32	5.85	5.92	4.67
	标准差	0.585	0.788	0.929	0.717	0.596	0.569	0.786	1.008
失婚男性行为失范风险 R_5^8	均值	4.56	4.54	4.76	4.41	4.38	5.39	6.18	4.84
	标准差	0.877	0.836	0.836	0.690	0.548	0.620	0.676	0.951

7 组样本群体的非正常婚姻行为风险关联性的均值在 4.59~
6.39，2 组样本群体认为风险关联性很强，5 组样本群体认为风险
关联性一般。总样本的均值为 5.16，表明非正常婚姻行为风险关
联性较强。

7 组样本群体的迁移婚姻家庭矛盾纠纷多发风险关联性的均值
在 2.52~6.14，5 组样本群体认为风险关联性很强，2 组样本群体
认为风险关联性很弱。总样本的均值 5.21，表明迁移婚姻家庭
矛盾纠纷多发风险关联性较强。

7 组样本群体的迁移婚姻夫妻行为失范风险关联性的均值在
3.38~6.32，5 组样本群体认为风险关联性很强，2 组样本群体认
为风险的关联性较弱。总样本的均值为 5.51，表明迁移婚姻夫妻
行为失范风险关联性较强。

7 组样本群体的失婚男性性行为失范风险关联性的均值在 4.08~
5.92，2 组样本群体认为风险关联性较强，5 组样本群体认为风险
的关联性一般。总样本的均值为 4.67，表明失婚男性性行为失范
风险关联性一般。

7 组样本群体的失婚男性行为失范风险关联性的均值在 4.38~
6.18，1 组样本群体认为风险关联性很强，1 组样本群体认为风险
关联性较强，5 组样本群体认为风险的关联性一般。总样本的均值
为 4.84，表明失婚男性行为失范风险关联性一般。

第四节　严重性的基本状况分析

女性农民工迁移婚姻风险严重性评估的是受测样本对风险后
果严重程度的判断，设置的问题为"以下风险后果严重"，受测
样本根据实际情况从 1~7 分的 7 个分值选项中选择一项，分值
越高表明风险后果越严重。本次评估女性农民工迁移婚姻风险 8
个一级指标及 39 个二级指标，报告的均值为 7 组样本群体与总
样本群体的 8 个一级指标严重性的均值与 39 个二级指标严重性
的均值。

一　人口风险严重性的均值

人口风险 R^1 严重性共评估 5 个二级指标（R^1_1，R^1_2，R^1_3，R^1_4，R^1_5），评估的样本群体为 7 组，人口风险及其 5 个二级指标的严重性均值的统计结果具体如表 6-17 所示。

人口风险 R^1 严重性的均值，7 组样本群体各自均值按照从高到低的排序是：失婚男性为 5.96，失婚男性父母为 5.87，迁移婚姻男性为 5.32，迁移婚姻男性父母为 5.31，迁移婚姻女性父母为 5.30，迁移婚姻女性为 5.27，迁移婚姻家庭子女为 5.26。结果表明，7 组样本群体的人口风险严重性的均值在 5.26~5.96，7 组样本群体均认为风险较严重。总样本的均值为 5.45，表明人口风险较严重。

表 6-17　人口风险严重性的均值

变量（严重性）	结果	迁移婚姻女性（N=281）	迁移婚姻男性（N=277）	迁移婚姻家庭子女（N=191）	迁移婚姻女性父母（N=189）	迁移婚姻男性父母（N=191）	失婚男性（N=192）	失婚男性父母（N=184）	总样本（N=1505）
人口风险 R^1	均值 标准差	5.27 0.379	5.32 0.373	5.26 0.344	5.30 0.347	5.31 0.318	5.96 0.233	5.87 0.332	5.45 0.435
迁移婚姻女性净迁出地婚姻适龄人口性别比失衡风险 R^1_1	均值 标准差	5.32 0.769	5.36 0.776	5.25 0.725	5.27 0.552	5.30 0.545	6.76 0.428	6.41 0.575	5.63 0.862
迁移婚姻女性净迁出地人口老龄化风险 R^1_2	均值 标准差	5.40 0.782	5.43 0.794	5.35 0.752	5.48 0.624	5.46 0.613	6.22 0.548	6.18 0.708	5.62 0.783
迁移婚姻破裂单亲家庭子女数量增加风险 R^1_3	均值 标准差	6.22 0.597	6.40 0.561	6.31 0.620	6.15 0.558	6.19 0.598	6.08 0.535	6.10 0.574	6.22 0.588
迁移婚姻女性净迁出地人口总量减少风险 R^1_4	均值 标准差	4.13 0.627	4.18 0.561	4.17 0.549	4.34 0.693	4.27 0.552	5.23 0.622	5.29 0.906	4.47 0.793
迁移婚姻女性净迁出地劳动力人口减少风险 R^1_5	均值 标准差	5.27 0.710	5.20 0.758	5.23 0.680	5.25 0.783	5.31 0.757	5.49 0.597	5.38 0.752	5.30 0.727

7组样本群体的迁移婚姻女性净迁出地婚姻适龄人口性别比失衡风险严重性的均值在5.25~6.76，2组样本群体认为风险很严重，5组样本群体认为风险较严重。总样本的均值为5.63，表明迁移婚姻女性净迁出地婚姻适龄人口性别比失衡风险较严重。

7组样本群体的迁移婚姻女性净迁出地人口老龄化风险严重性的均值在5.35~6.22，2组样本群体认为风险很严重，5组样本群体认为风险较严重。总样本的均值为5.62，表明迁移婚姻女性净迁出地人口老龄化风险较严重。

7组样本群体的迁移婚姻破裂单亲家庭子女数量增加风险严重性的均值在6.08~6.40，7组样本群体均认为风险很严重。总样本的均值6.22，表明迁移婚姻破裂单亲家庭子女数量增加风险很严重。

7组样本群体的迁移婚姻女性净迁出地人口总量减少风险严重性的均值在4.13~5.29，2组样本群体认为风险较严重，5组样本群体认为风险严重性一般。总样本的均值为4.47，表明迁移婚姻女性净迁出地人口总量减少风险严重性一般。

7组样本群体的迁移婚姻女性净迁出地劳动力人口减少风险严重性的均值在5.20~5.49，7组样本群体均认为风险较严重。总样本的均值为5.30，表明迁移婚姻女性净迁出地劳动力人口减少风险较严重。

二 婚恋风险严重性的均值

婚恋风险 R^2 严重性共评估6个二级指标（R_1^2，R_2^2，R_3^2，R_4^2，R_5^2，R_6^2），评估的样本群体为7组，婚恋风险及其6个二级指标的严重性均值的统计结果具体如表6-18所示。

婚恋风险 R^2 严重性的均值，7组样本群体各自均值按照从高到低的排序是：迁移婚姻女性为5.99，失婚男性为5.97，迁移婚姻男性为5.96，迁移婚姻家庭子女为5.94，失婚男性父母为5.87，迁移婚姻女性父母为5.85，迁移婚姻男性父母为5.76。结果表明，7组样本群体的婚恋风险严重性的均值在5.76~5.99，7组样本群体均认为风险较严重。总样本的均值为5.92，表明婚恋风险较严重。

表 6-18　婚恋风险严重性的均值

变量（严重性）	结果	迁移婚姻女性（N=281）	迁移婚姻男性（N=277）	迁移婚姻家庭子女（N=191）	迁移婚姻女性父母（N=189）	迁移婚姻男性父母（N=191）	失婚男性（N=192）	失婚男性父母（N=184）	总样本（N=1505）
婚恋风险 R^2	均值	5.99	5.96	5.94	5.85	5.76	5.97	5.87	5.92
	标准差	0.258	0.260	0.232	0.268	0.278	0.229	0.220	0.262
骗婚风险 R_1^2	均值	6.08	5.87	5.77	6.05	5.84	5.58	5.68	5.86
	标准差	0.682	0.783	0.615	0.608	0.670	0.775	0.626	0.709
未婚同居风险 R_2^2	均值	4.68	4.64	4.15	4.97	4.76	4.92	4.67	4.68
	标准差	0.748	0.738	0.659	0.664	0.617	0.658	0.575	0.716
未婚生育风险 R_3^2	均值	5.44	5.37	5.59	5.62	5.34	5.28	5.16	5.40
	标准差	0.619	0.604	0.535	0.508	0.536	0.650	0.596	0.600
迁移婚姻破裂风险 R_4^2	均值	6.32	6.39	6.72	6.18	6.29	6.19	6.21	6.33
	标准差	0.679	0.669	0.485	0.592	0.662	0.391	0.595	0.622
男性婚姻挤压风险 R_5^2	均值	6.69	6.72	6.68	6.25	6.23	6.92	6.72	6.61
	标准差	0.486	0.466	0.502	0.697	0.589	0.277	0.475	0.556
男性失婚风险 R_6^2	均值	6.75	6.78	6.74	6.05	6.08	6.95	6.79	6.61
	标准差	0.451	0.430	0.438	0.446	0.402	0.223	0.406	0.521

7 组样本群体的骗婚风险严重性的均值在 5.58~6.08，2 组样本群体认为风险很严重，5 组样本群体认为风险较严重。总样本的均值为 5.86，表明骗婚风险较严重。

7 组样本群体的未婚同居风险严重性的均值在 4.15~4.97，7 组样本群体均认为风险严重性一般。总样本的均值为 4.68，表明未婚同居风险严重性一般。

7 组样本群体的未婚生育风险严重性的均值在 5.16~5.62，7 组样本群体均认为风险较严重。总样本的均值为 5.40，表明未婚生育风险较严重。

7 组样本群体的迁移婚姻破裂风险严重性的均值在 6.18~

6.72，7组样本群体均认为风险很严重。总样本的均值为6.33，表明迁移婚姻破裂风险很严重。

7组样本群体的男性婚姻挤压风险严重性的均值在6.23~6.92，7组样本群体均认为风险很严重。总样本的均值为6.61，表明男性婚姻挤压风险很严重。

7组样本群体的男性失婚风险严重性的均值在6.05~6.95，7组样本群体均认为风险很严重。总样本的均值为6.61，表明男性失婚风险很严重。

三　家庭风险严重性的均值

家庭风险 R^3 严重性共评估4个二级指标（R_1^3，R_2^3，R_3^3，R_4^3），评估的样本群体为7组，家庭风险及其4个二级指标的严重性均值的统计结果具体如表6-19所示。

家庭风险 R^3 严重性的均值，7组样本群体各自均值按照从高到低的排序是：迁移婚姻女性为6.49，迁移婚姻男性为6.42，迁移婚姻家庭子女为6.40，失婚男性为6.33，失婚男性父母为6.26，迁移婚姻女性父母为6.22，迁移婚姻男性父母为6.20。结果表明，7组样本群体的家庭风险严重性的均值在6.20~6.49，7组样本群体均认为风险很严重。总样本的均值为6.35，表明家庭风险很严重。

表6-19　家庭风险严重性的均值

变量（严重性）	结果	迁移婚姻女性（$N=281$）	迁移婚姻男性（$N=277$）	迁移婚姻家庭子女（$N=191$）	迁移婚姻女性父母（$N=189$）	迁移婚姻男性父母（$N=191$）	失婚男性（$N=192$）	失婚男性父母（$N=184$）	总样本（$N=1505$）
家庭风险 R^3	均值	6.49	6.42	6.40	6.22	6.20	6.33	6.26	6.35
	标准差	0.322	0.309	0.300	0.296	0.298	0.304	0.287	0.321
迁移婚姻家庭不稳定风险 R_1^3	均值	6.30	6.42	6.28	6.29	6.20	6.27	6.18	6.29
	标准差	0.630	0.575	0.575	0.521	0.538	0.594	0.412	0.564

变量（严重性）	结果	迁移婚姻女性（$N=$ 281）	迁移婚姻男性（$N=$ 277）	迁移婚姻家庭子女（$N=$ 191）	迁移婚姻女性父母（$N=$ 189）	迁移婚姻男性父母（$N=$ 191）	失婚男性（$N=$ 192）	失婚男性父母（$N=$ 184）	总样本（$N=$ 1505）
迁移婚姻女性家庭排斥风险 R_2^3	均值	6.63	6.13	6.17	6.07	6.04	6.05	6.02	6.19
	标准差	0.558	0.612	0.646	0.536	0.501	0.711	0.716	0.650
迁移婚姻破裂家庭教育弱化风险 R_3^3	均值	6.64	6.73	6.79	6.25	6.33	6.23	6.21	6.48
	标准差	0.489	0.461	0.424	0.589	0.650	0.639	0.678	0.605
失婚男性家庭功能不完整风险 R_4^3	均值	6.38	6.42	6.35	6.27	6.24	6.78	6.61	6.43
	标准差	0.693	0.582	0.738	0.633	0.684	0.414	0.531	0.644

7 组样本群体的迁移婚姻家庭不稳定风险严重性的均值在 6.18~ 6.42，7 组样本群体均认为风险很严重。总样本的均值为 6.29，表明迁移婚姻家庭不稳定风险很严重。

7 组样本群体的迁移婚姻女性家庭排斥风险严重性的均值在 6.02~6.63，7 组样本群体均认为风险很严重。总样本的均值为 6.19，表明迁移婚姻女性家庭排斥风险很严重。

7 组样本群体的迁移婚姻破裂家庭教育弱化风险严重性的均值在 6.21~6.79，7 组样本群体均认为风险很严重。总样本的均值为 6.48，表明迁移婚姻破裂家庭教育弱化风险很严重。

7 组样本群体的失婚男性家庭功能不完整风险严重性的均值在 6.24~6.78，7 组样本群体均认为风险很严重。总样本的均值为 6.43，表明失婚男性家庭功能不完整风险很严重。

四 经济风险严重性的均值

经济风险 R^4 严重性共评估 4 个二级指标（R_1^4，R_2^4，R_3^4，R_4^4），评估的样本群体为 7 组，经济风险及其 4 个二级指标的严重性均值的统计结果具体如表 6-20 所示。

经济风险 R^4 严重性的均值，7 组样本群体各自均值按照从高到低的排序是：迁移婚姻女性为 6.20，迁移婚姻女性父母为 6.13，迁移婚姻男性为5.82，迁移婚姻家庭子女为5.81，失婚男性为5.74，失婚男性父母为5.64，迁移婚姻男性父母为5.63。结果表明，7组样本群体的经济风险严重性的均值在5.63~6.20，2组样本群体认为风险很严重，5组样本群体认为风险较严重。总样本的均值为5.87，表明经济风险较严重。

7组样本群体的迁移婚姻女性新生家庭与原生家庭交往成本高风险严重性的均值在5.12~6.61，2组样本群体认为风险很严重，5组样本群体认为风险较严重。总样本的均值为5.75，表明迁移婚姻女性新生家庭与原生家庭交往成本高风险较严重。

表6-20 经济风险严重性的均值

变量（严重性）	结果	迁移婚姻女性（$N=281$）	迁移婚姻男性（$N=277$）	迁移婚姻家庭子女（$N=191$）	迁移婚姻女性父母（$N=189$）	迁移婚姻男性父母（$N=191$）	失婚男性（$N=192$）	失婚男性父母（$N=184$）	总样本（$N=1505$）
经济风险 R^4	均值	6.20	5.82	5.81	6.13	5.63	5.74	5.64	5.87
	标准差	0.318	0.353	0.319	0.308	0.339	0.396	0.310	0.399
迁移婚姻女性新生家庭与原生家庭交往成本高风险 R_1^4	均值	6.61	5.67	5.61	6.48	5.13	5.24	5.12	5.75
	标准差	0.496	0.735	0.724	0.641	0.700	0.556	0.530	0.859
迁移婚姻家庭经济上互不信任风险 R_2^4	均值	6.25	6.21	6.20	6.09	6.12	5.78	5.77	6.08
	标准差	0.666	0.612	0.669	0.634	0.581	0.769	0.575	0.670
迁移婚姻女性新生家庭与原生家庭劳动力支持割裂风险 R_3^4	均值	6.16	5.56	5.80	6.07	5.34	5.28	5.24	5.66
	标准差	0.513	0.621	0.465	0.443	0.736	0.553	0.693	0.680
推高男性婚姻成本风险 R_4^4	均值	5.79	5.84	5.65	5.89	5.94	6.65	6.41	6.00
	标准差	0.707	0.664	0.663	0.758	0.454	0.480	0.536	0.704

7组样本群体的迁移婚姻家庭经济上互不信任风险严重性的均值在5.77~6.25，5组样本群体认为风险很严重，2组样本群体认为风险较严重。总样本的均值为6.08，表明迁移婚姻家庭经济上互不信任风险很严重。

7 组样本群体的迁移婚姻女性新生家庭与原生家庭劳动力支持割裂风险严重性的均值在 5.24~6.16，2 组样本群体认为风险很严重，5 组样本群体认为风险较严重。总样本的均值为 5.66，表明迁移婚姻女性新生家庭与原生家庭劳动力支持割裂风险较严重。

7 组样本群体的推高男性婚姻成本风险严重性的均值在 5.65~6.65，2 组样本群体认为风险很严重，5 组样本群体认为风险较严重。总样本的均值为 6.00，表明推高男性婚姻成本风险很严重。

五 社会网络风险严重性的均值

社会网络风险 R^5 严重性共评估 5 个二级指标（R^5_1，R^5_2，R^5_3，R^5_4，R^5_5），评估的样本群体为 7 组，社会网络风险及其 5 个二级指标的严重性均值的统计结果具体如表 6-21 所示。

社会网络风险 R^5 严重性的均值，7 组样本群体各自均值按照从高到低的排序是：迁移婚姻女性父母为 5.91，迁移婚姻女性为 5.84，迁移婚姻男性为 5.69，迁移婚姻家庭子女为 5.66，失婚男性父母为 5.64，迁移婚姻男性父母为 5.54，失婚男性为 5.31。结果表明，7 组样本群体的社会网络风险严重性的均值在 5.31~5.91，7 组样本群体均认为风险较严重。总样本的均值为 5.67，表明社会网络风险较严重。

表 6-21 社会网络风险严重性的均值

变量（严重性）	结果	迁移婚姻女性（$N=281$）	迁移婚姻男性（$N=277$）	迁移婚姻家庭子女（$N=191$）	迁移婚姻女性父母（$N=189$）	迁移婚姻男性父母（$N=191$）	失婚男性（$N=192$）	失婚男性父母（$N=184$）	总样本（$N=1505$）
社会网络风险 R^5	均值	5.84	5.69	5.66	5.91	5.54	5.31	5.64	5.67
	标准差	0.275	0.316	0.296	0.321	0.290	0.231	0.312	0.342
迁移婚姻女性的新生家庭与原生家庭社会支持割裂风险 R^5_1	均值	6.15	5.89	6.04	6.38	5.61	5.46	5.51	5.88
	标准差	0.593	0.696	0.584	0.679	0.693	0.540	0.789	0.725

续表

变量（严重性）	结果	迁移婚姻女性（N=281）	迁移婚姻男性（N=277）	迁移婚姻家庭子女（N=191）	迁移婚姻女性父母（N=189）	迁移婚姻男性父母（N=191）	失婚男性（N=192）	失婚男性父母（N=184）	总样本（N=1505）
迁移婚姻女性社会排斥风险 R_2^5	均值	4.42	4.35	4.30	5.20	4.26	4.15	4.18	4.41
	标准差	0.494	0.549	0.600	0.752	0.575	0.373	0.552	0.642
迁移婚姻女性社会适应风险 R_3^5	均值	6.83	6.36	6.31	6.28	6.25	6.22	6.18	6.38
	标准差	0.410	0.802	0.669	0.669	0.630	0.548	0.793	0.691
失婚男性社会疏离风险 R_4^5	均值	5.92	5.91	5.89	5.79	5.73	4.23	5.94	5.66
	标准差	0.737	0.729	0.735	0.682	0.672	0.471	0.492	0.862
失婚男性社会排斥风险 R_5^5	均值	5.86	5.92	5.78	5.90	5.85	6.47	6.38	6.01
	标准差	0.810	0.787	0.804	0.696	0.680	0.501	0.588	0.756

7 组样本群体的迁移婚姻女性的新生家庭与原生家庭社会支持割裂风险严重性的均值在 5.46~6.38，3 组样本群体认为风险很严重，4 组样本群体认为风险较严重。总样本的均值为 5.88，表明迁移婚姻女性的新生家庭与原生家庭社会支持割裂风险较严重。

7 组样本群体的迁移婚姻女性社会排斥风险严重性的均值在 4.15~5.20，1 组样本群体认为风险较严重，6 组样本群体认为风险严重性一般。总样本的均值为 4.41，表明迁移婚姻女性社会排斥风险严重性一般。

7 组样本群体的迁移婚姻女性社会适应风险严重性的均值在 6.18~6.83，7 组样本群体均认为风险很严重。总样本的均值为 6.38，表明迁移婚姻女性社会适应风险很严重。

7 组样本群体的失婚男性社会疏离风险严重性的均值在 4.23~5.94，6 组样本群体认为风险较严重，1 组样本群体认为风险严重性一般。总样本的均值为 5.66，表明失婚男性社会疏离风险较严重。

7 组样本群体的失婚男性社会排斥风险严重性的均值在 5.78~6.47，2 组样本群体认为风险很严重，5 组样本群体认为风险较严重。总样本的均值为 6.01，表明失婚男性社会排斥风险很严重。

六　健康风险严重性的均值

健康风险 R^6 严重性共评估 6 个二级指标（ R_1^6 ， R_2^6 ， R_3^6 ， R_4^6 ， R_5^6 ， R_6^6 ），评估的样本群体为 7 组，健康风险及其 6 个二级指标的严重性均值的统计结果具体如表 6-22 所示。

健康风险 R^6 严重性的均值，7 组样本群体各自均值按照从高到低的排序是：失婚男性父母为 5.77，迁移婚姻女性为 5.74，失婚男性为 5.72，迁移婚姻男性父母为 5.67，迁移婚姻男性为 5.65，迁移婚姻家庭子女为 5.64，迁移婚姻女性父母为 5.63。结果表明，7 组样本群体的健康风险严重性的均值在 5.63~5.77，7 组样本群体均认为风险较严重。总样本的均值为 5.69，表明健康风险较严重。

表 6-22　健康风险严重性的均值

变量（严重性）	结果	迁移婚姻女性（N = 281）	迁移婚姻男性（N = 277）	迁移婚姻家庭子女（N = 191）	迁移婚姻女性父母（N = 189）	迁移婚姻男性父母（N = 191）	失婚男性（N = 192）	失婚男性父母（N = 184）	总样本（N = 1505）
健康风险 R^6	均值	5.74	5.65	5.64	5.63	5.67	5.72	5.77	5.69
	标准差	0.333	0.294	0.336	0.286	0.296	0.224	0.256	0.298
迁移婚姻女性心理健康风险 R_1^6	均值	6.28	6.17	6.14	6.19	6.23	6.16	6.12	6.19
	标准差	0.826	0.615	0.677	0.407	0.640	0.532	0.560	0.636
单亲迁移婚姻家庭子女心理健康风险 R_2^6	均值	6.55	6.57	6.69	6.34	6.60	6.21	6.15	6.46
	标准差	0.519	0.525	0.474	0.655	0.533	0.520	0.571	0.572
迁移婚姻女性父母心理健康风险 R_3^6	均值	4.89	4.36	4.35	4.41	4.27	4.21	4.24	4.55
	标准差	0.726	0.545	0.605	0.494	0.561	0.586	0.560	0.757
失婚男性生殖健康风险 R_4^6	均值	5.41	5.46	5.39	5.49	5.51	5.52	5.56	5.35
	标准差	0.534	0.616	0.844	0.762	0.579	0.531	0.519	0.682
失婚男性心理健康风险 R_5^6	均值	5.75	5.77	5.79	5.61	5.67	6.04	6.23	5.83
	标准差	0.697	0.639	0.741	0.614	0.697	0.520	0.575	0.674
失婚男性父母心理健康风险 R_6^6	均值	5.56	5.58	5.50	5.68	5.71	6.16	6.29	5.76
	标准差	0.777	0.741	0.917	0.624	0.785	0.538	0.524	0.771

7 组样本群体的迁移婚姻女性心理健康风险严重性的均值在 6.12~6.28，7 组样本群体均认为风险很严重。总样本的均值为 6.19，表明迁移婚姻女性心理健康风险很严重。

7 组样本群体的单亲迁移婚姻家庭子女心理健康风险严重性的均值在 6.15~6.69，7 组样本群体均认为风险很严重。总样本的均值为 6.46，表明单亲迁移婚姻家庭子女心理健康风险很严重。

7 组样本群体的迁移婚姻女性父母心理健康风险严重性的均值在 4.21~4.89，7 组样本群体均认为风险严重性一般。总样本的均值为 4.55，表明迁移婚姻女性父母心理健康风险严重性一般。

7 组样本群体的失婚男性生殖健康风险严重性的均值在 5.39~5.56，7 组样本群体均认为风险较严重。总样本的均值为 5.35，表明失婚男性生殖健康风险较严重。

7 组样本群体的失婚男性心理健康风险严重性的均值在 5.61~6.23，2 组样本群体认为风险很严重，5 组样本群体认为风险较严重。总样本的均值为 5.83，表明失婚男性心理健康风险较严重。

7 组样本群体的失婚男性父母心理健康风险严重性的均值在 5.50~6.29，2 组样本群体认为风险很严重，5 组样本群体认为风险较严重。总样本的均值为 5.76，表明失婚男性父母心理健康风险较严重。

七　养老风险严重性的均值

养老风险 R^7 严重性共评估 4 个二级指标（R_1^7，R_2^7，R_3^7，R_4^7），评估的样本群体为 7 组，养老风险及其 4 个二级指标的严重性均值的统计结果具体如表 6-23 所示。

养老风险 R^7 严重性的均值，7 组样本群体各自均值按照从高到低的排序是：迁移婚姻女性父母为 6.10，迁移婚姻女性为 5.91，迁移婚姻男性为 5.73，失婚男性父母为 5.72，迁移婚姻家庭子女为 5.67，失婚男性为 5.64，迁移婚姻男性父母为 5.58。结果表明，7 组样本群体的养老风险严重性的均值在 5.58~6.10，1 组样本群体认为风险很严重，6 组样本群体认为风险较严重。总样本的均值为 5.77，表明养老风险较严重。

表 6-23　养老风险严重性的均值

变量（严重性）	结果	迁移婚姻女性（$N=$281）	迁移婚姻男性（$N=$277）	迁移婚姻家庭子女（$N=$191）	迁移婚姻女性父母（$N=$189）	迁移婚姻男性父母（$N=$191）	失婚男性（$N=$192）	失婚男性父母（$N=$184）	总样本（$N=$1505）
养老风险 R^7	均值	5.91	5.73	5.67	6.10	5.58	5.64	5.72	5.77
	标准差	0.335	0.429	0.387	0.358	0.323	0.334	0.407	0.404
迁移婚姻女性对父母养老支持弱化风险 R_1^7	均值	6.77	6.10	6.06	6.88	6.16	6.09	6.13	6.33
	标准差	0.472	0.733	0.629	0.322	0.615	0.767	0.769	0.712
迁移婚姻女性与兄弟姐妹间赡养老人纠纷风险 R_2^7	均值	5.10	5.01	5.04	5.69	4.48	4.34	4.42	4.89
	标准差	0.738	0.740	0.724	0.840	0.709	0.518	0.697	0.832
失婚男性对父母养老支持弱化风险 R_3^7	均值	5.42	5.52	5.31	5.45	5.37	5.46	5.54	5.44
	标准差	0.766	0.883	1.053	0.865	0.823	0.778	1.018	0.883
失婚男性家庭养老功能缺失风险 R_4^7	均值	6.36	6.30	6.26	6.37	6.31	6.64	6.78	6.42
	标准差	0.682	0.747	0.757	0.700	0.685	0.481	0.417	0.680

　　7 组样本群体的迁移婚姻女性对父母养老支持弱化风险严重性的均值在 6.06~6.88，7 组样本群体均认为风险很严重。总样本的均值为 6.33，表明迁移婚姻女性对父母养老支持弱化风险很严重。

　　7 组样本群体的迁移婚姻女性与兄弟姐妹间赡养老人纠纷风险严重性的均值在 4.34~5.69，4 组样本群体认为风险较严重，3 组样本群体认为风险严重性一般。总样本的均值为 4.89，表明迁移婚姻女性与兄弟姐妹间赡养老人纠纷风险严重性一般。

　　7 组样本群体的失婚男性对父母养老支持弱化风险严重性的均值在 5.31~5.54，7 组样本群体均认为风险较严重。总样本的均值为 5.44，表明失婚男性对父母养老支持弱化风险较严重。

　　7 组样本群体的失婚男性家庭养老功能缺失风险严重性的均值在 6.26~6.78，7 组样本群体均认为风险很严重。总样本的均值为 6.42，表明失婚男性家庭养老功能缺失风险很严重。

八 社会稳定风险严重性的均值

社会稳定风险 R^8 严重性共评估 5 个二级指标（R_1^8，R_2^8，R_3^8，R_4^8，R_5^8），评估的样本群体为 7 组，社会稳定风险及其 5 个二级指标的严重性均值的统计结果具体如表 6-24 所示。

社会稳定风险 R^8 严重性的均值，7 组样本群体各自均值按照从高到低的排序是：失婚男性父母为 5.86、迁移婚姻女性为 5.82、迁移婚姻女性父母为 5.81、迁移婚姻男性父母为 5.80、失婚男性为 5.79、迁移婚姻家庭子女为 5.75、迁移婚姻男性为 5.67。结果表明，7 组样本群体的社会稳定风险严重性的均值在 5.67~5.86，7 组样本群体均认为风险较严重。总样本的均值为 5.78，表明社会稳定风险较严重。

表 6-24　社会稳定风险严重性的均值

变量（严重性）	结果	迁移婚姻女性（N=281）	迁移婚姻男性（N=277）	迁移婚姻家庭子女（N=191）	迁移婚姻女性父母（N=189）	迁移婚姻男性父母（N=191）	失婚男性（N=192）	失婚男性父母（N=184）	总样本（N=1505）
社会稳定风险 R^8	均值	5.82	5.67	5.75	5.81	5.80	5.79	5.86	5.78
	标准差	0.292	0.289	0.338	0.289	0.271	0.246	0.254	0.291
非正常婚姻行为风险 R_1^8	均值	5.46	5.38	5.48	5.43	5.51	5.54	5.61	5.48
	标准差	0.746	0.792	0.887	0.846	0.794	0.540	0.677	0.765
迁移婚姻家庭矛盾纠纷多发风险 R_2^8	均值	6.13	6.08	6.06	6.09	6.10	6.03	6.07	6.08
	标准差	0.602	0.630	0.582	0.682	0.612	0.485	0.468	0.588
迁移婚姻夫妻行为失范风险 R_3^8	均值	6.23	6.15	6.19	6.14	6.17	6.11	6.06	6.15
	标准差	0.602	0.634	0.654	0.662	0.627	0.525	0.458	0.602
失婚男性性行为失范风险 R_4^8	均值	5.62	5.41	5.64	5.70	5.48	5.77	5.68	5.60
	标准差	0.649	0.730	0.906	0.727	0.724	0.490	0.571	0.705
失婚男性行为失范风险 R_5^8	均值	5.67	5.34	5.41	5.68	5.76	5.52	5.89	5.60
	标准差	0.712	0.697	0.795	0.658	0.690	0.578	0.716	0.718

7 组样本群体的非正常婚姻行为风险严重性的均值在 5.38~5.61，7 组样本群体均认为风险较严重。总样本的均值为 5.48，表明非正常婚姻行为风险较严重。

7 组样本群体的迁移婚姻家庭矛盾纠纷多发风险严重性的均值在 6.03~6.13，7 组样本群体均认为风险很严重。总样本的均值为 6.08，表明迁移婚姻家庭矛盾纠纷多发风险很严重。

7 组样本群体的迁移婚姻夫妻行为失范风险严重性的均值在 6.06~6.23，7 组样本群体均认为风险很严重。总样本的均值为 6.15，表明迁移婚姻夫妻行为失范风险很严重。

7 组样本群体的失婚男性性行为失范风险严重性的均值在 5.41~5.77，7 组样本群体均认为风险较严重。总样本的均值为 5.60，表明失婚男性性行为失范风险较严重。

7 组样本群体的失婚男性行为失范风险严重性的均值在 5.34~5.89，7 组样本群体均认为风险较严重。总样本的均值为 5.60，表明失婚男性行为失范风险较严重。

第五节 传导性的基本状况分析

女性农民工迁移婚姻风险传导性评估的是受访样本对风险传导性的判断，设置的问题为"以下风险具有传导性"，受访样本根据实际情况从 1~7 分的 7 个分值选项中选择一项，分值越高表明风险越具有传导性。本次评估女性农民工迁移婚姻风险 8 个一级指标及 39 个二级指标，报告的均值为 7 组样本群体与总样本群体的 8 个一级指标传导性的均值与 39 个二级指标传导性的均值。

一 人口风险传导性的均值

人口风险 R^1 传导性共评估 5 个二级指标（R_1^1，R_2^1，R_3^1，R_4^1，R_5^1），评估的样本群体为 7 组，人口风险及其 5 个二级指标的传导性均值的统计结果具体如表 6-25 所示。

人口风险 R^1 传导性的均值，7 组样本群体各自均值按照从高到低的排序是：失婚男性为 6.09，失婚男性父母为 5.86，迁移婚姻男性父母为 5.58，迁移婚姻家庭子女为 5.56，迁移婚姻女性父母为 5.56，迁移婚姻男性为 5.54，迁移婚姻女性为 5.53。结果表明，7 组样本群体的人口风险传导性的均值在 5.53~6.09，1 组样本群体认为风险的传导性很强，6 组样本群体认为风险的传导性较强。总样本的均值为 5.66，表明人口风险传导性较强。

7 组样本群体的迁移婚姻女性净迁出地婚姻适龄人口性别比失衡风险传导性的均值在 6.36~6.76，7 组样本群体均认为风险的传导性很强。总样本的均值为 6.45，表明迁移婚姻女性净迁出地婚姻适龄人口性别比失衡风险传导性很强。

表 6-25　人口风险传导性的均值

变量（传导性）	结果	迁移婚姻女性 (N = 281)	迁移婚姻男性 (N = 277)	迁移婚姻家庭子女 (N = 191)	迁移婚姻女性父母 (N = 189)	迁移婚姻男性父母 (N = 191)	失婚男性 (N = 192)	失婚男性父母 (N = 184)	总样本 (N = 1505)
人口风险 R^1	均值	5.53	5.54	5.56	5.56	5.58	6.09	5.86	5.66
	标准差	0.282	0.293	0.264	0.290	0.273	0.262	0.320	0.343
迁移婚姻女性净迁出地婚姻适龄人口性别比失衡风险 R_1^1	均值	6.38	6.40	6.36	6.39	6.45	6.76	6.46	6.45
	标准差	0.549	0.554	0.552	0.587	0.559	0.428	0.541	0.555
迁移婚姻女性净迁出地人口老龄化风险 R_2^1	均值	5.55	5.57	5.52	5.57	5.53	5.83	5.68	5.60
	标准差	0.664	0.670	0.648	0.594	0.596	0.704	0.626	0.654
迁移婚姻破裂单亲家庭子女数量增加风险 R_3^1	均值	6.19	6.14	6.46	6.17	6.22	6.10	6.05	6.19
	标准差	0.595	0.688	0.630	0.663	0.619	0.551	0.683	0.644
迁移婚姻女性净迁出地人口总量减少风险 R_4^1	均值	4.42	4.47	4.42	4.51	4.53	6.24	5.67	4.84
	标准差	0.617	0.605	0.618	0.624	0.663	0.713	1.067	0.967
迁移婚姻女性净迁出地劳动力人口减少风险 R_5^1	均值	5.10	5.11	5.03	5.14	5.17	5.49	5.45	5.20
	标准差	0.730	0.731	0.725	0.689	0.691	0.597	0.651	0.711

7 组样本群体的迁移婚姻女性净迁出地人口老龄化风险传导性的均值在 5.52~5.83，7 组样本群体均认为风险的传导性较强。总样本的均值为 5.60，表明迁移婚姻女性净迁出地人口老龄化风险传导性较强。

7 组样本群体的迁移婚姻破裂单亲家庭子女数量增加风险传导性的均值在 6.05~6.46，7 组样本群体均认为风险的传导性很强。总样本的均值为 6.19，表明迁移婚姻破裂单亲家庭子女数量增加风险传导性很强。

7 组样本群体的迁移婚姻女性净迁出地人口总量减少风险传导性的均值在 4.42~6.24，1 组样本群体认为风险的传导性很强，1 组样本群体认为风险的传导性较强，5 组样本群体认为风险的传导性一般。总样本的均值为 4.84，表明迁移婚姻女性净迁出地人口总量减少风险传导性一般。

7 组样本群体的迁移婚姻女性净迁出地劳动力人口减少风险传导性的均值在 5.03~5.49，7 组样本群体均认为风险的传导性较强。总样本的均值为 5.20，表明迁移婚姻女性净迁出地劳动力人口减少风险传导性较强。

二　婚恋风险传导性的均值

婚恋风险 R^2 传导性共评估 6 个二级指标（R_1^2，R_2^2，R_3^2，R_4^2，R_5^2，R_6^2），评估的样本群体为 7 组，婚恋风险及其 6 个二级指标的传导性均值的统计结果具体如表 6-26 所示。

婚恋风险 R^2 传导性的均值，7 组样本群体各自均值按照从高到低的排序是：失婚男性为 5.80，迁移婚姻女性父母为 5.77，迁移婚姻女性为 5.71，失婚男性父母为 5.69，迁移婚姻家庭子女为 5.67，迁移婚姻男性为 5.66，迁移婚姻男性父母为 5.61。结果表明，7 组样本群体的婚恋风险传导性的均值在 5.61~5.80，7 组样本群体均认为风险传导性较强。总样本的均值为 5.70，表明婚恋风险传导性较强。

表 6-26 婚恋风险传导性的均值

变量（传导性）	结果	迁移婚姻女性（N=281）	迁移婚姻男性（N=277）	迁移婚姻家庭子女（N=191）	迁移婚姻女性父母（N=189）	迁移婚姻男性父母（N=191）	失婚男性（N=192）	失婚男性父母（N=184）	总样本（N=1505）
婚恋风险 R^2	均值	5.71	5.66	5.67	5.77	5.61	5.80	5.69	5.70
	标准差	0.297	0.302	0.299	0.229	0.232	0.251	0.271	0.279
骗婚风险 R_1^2	均值	5.55	5.39	5.34	5.44	5.38	5.58	5.51	5.46
	标准差	0.642	0.727	0.729	0.663	0.699	0.775	0.669	0.704
未婚同居风险 R_2^2	均值	4.02	4.01	3.67	4.61	4.05	4.09	4.11	4.07
	标准差	0.727	0.732	0.834	0.569	0.587	0.640	0.618	0.725
未婚生育风险 R_3^2	均值	5.68	5.59	5.84	5.64	5.54	5.41	5.50	5.60
	标准差	0.518	0.662	0.384	0.481	0.540	0.640	0.636	0.575
迁移婚姻破裂风险 R_4^2	均值	6.35	6.24	6.61	6.19	6.19	6.07	6.04	6.25
	标准差	0.648	0.683	0.550	0.638	0.648	0.546	0.643	0.650
男性婚姻挤压风险 R_5^2	均值	6.25	6.29	6.21	6.23	6.18	6.75	6.34	6.32
	标准差	0.754	0.749	0.762	0.691	0.680	0.480	0.666	0.716
男性失婚风险 R_6^2	均值	6.39	6.46	6.37	6.48	6.34	6.91	6.66	6.51
	标准差	0.776	0.714	0.783	0.741	0.676	0.285	0.632	0.708

7 组样本群体的骗婚风险传导性的均值在 5.34~5.58，7 组样本群体均认为风险传导性较强。总样本的均值为 5.46，表明骗婚风险传导性较强。

7 组样本群体的未婚同居风险传导性的均值在 3.67~4.61，6 组样本群体认为风险的传导性一般，1 组样本群体认为风险的传导性较弱。总样本的均值为 4.07，表明未婚同居风险传导性一般。

7 组样本群体的未婚生育风险传导性的均值在 5.41~5.84，7 组样本群体均认为风险传导性较强。总样本的均值为 5.60，表明未婚生育风险传导性较强。

7 组样本群体的迁移婚姻破裂风险传导性的均值在 6.04~6.61，7 组样本群体均认为风险传导性很强。总样本的均值为 6.25，表明迁移婚姻破裂风险传导性很强。

　　7 组样本群体的男性婚姻挤压风险传导性的均值在 6.18~6.75，7 组样本群体均认为风险传导性很强。总样本的均值为 6.32，表明男性婚姻挤压风险传导性很强。

　　7 组样本群体的男性失婚风险传导性的均值在 6.34~6.91，7 组样本群体均认为风险传导性很强。总样本的均值为 6.51，表明男性失婚风险传导性很强。

三　家庭风险传导性的均值

　　家庭风险 R^3 传导性共评估 4 个二级指标（R_1^3，R_2^3，R_3^3，R_4^3），评估的样本群体为 7 组，家庭风险及其 4 个二级指标的传导性均值的统计结果具体如表 6-27 所示。

　　家庭风险 R^3 传导性的均值，7 组样本群体各自均值按照从高到低的排序是：失婚男性为 6.29、迁移婚姻家庭子女为 6.22、迁移婚姻女性为 6.21、迁移婚姻男性为 6.19、失婚男性父母为 6.18、迁移婚姻男性父母为 6.18、迁移婚姻女性父母为 6.15。结果表明，7 组样本群体的家庭风险传导性的均值在 6.15~6.29，7 组样本群体均认为风险传导性很强。总样本的均值为 6.20，表明家庭风险传导性很强。

表 6-27　家庭风险传导性的均值

变量（传导性）	结果	迁移婚姻女性（$N=$281）	迁移婚姻男性（$N=$277）	迁移婚姻家庭子女（$N=$191）	迁移婚姻女性父母（$N=$189）	迁移婚姻男性父母（$N=$191）	失婚男性（$N=$192）	失婚男性父母（$N=$184）	总样本（$N=$1505）
家庭风险 R^3	均值	6.21	6.19	6.22	6.15	6.18	6.29	6.18	6.20
	标准差	0.301	0.319	0.318	0.288	0.329	0.366	0.344	0.324
迁移婚姻家庭不稳定风险 R_1^3	均值	6.26	6.21	6.29	6.17	6.23	6.06	6.18	6.21
	标准差	0.661	0.677	0.639	0.552	0.540	0.611	0.590	0.621
迁移婚姻女性家庭排斥风险 R_2^3	均值	6.22	6.15	6.07	6.06	6.08	6.04	6.03	6.11
	标准差	0.666	0.694	0.700	0.598	0.668	0.744	0.581	0.671

续表

变量（传导性）	结果	迁移婚姻女性（N=281）	迁移婚姻男性（N=277）	迁移婚姻家庭子女（N=191）	迁移婚姻女性父母（N=189）	迁移婚姻男性父母（N=191）	失婚男性（N=192）	失婚男性父母（N=184）	总样本（N=1505）
迁移婚姻破裂家庭教育弱化风险 R_3^3	均值	6.21	6.23	6.32	6.08	6.23	6.06	6.07	6.18
	标准差	0.707	0.684	0.709	0.647	0.512	0.753	0.569	0.669
失婚男性家庭功能不完整风险 R_4^3	均值	6.16	6.18	6.19	6.29	6.27	6.98	6.46	6.34
	标准差	0.564	0.574	0.529	0.521	0.604	0.143	0.541	0.585

7 组样本群体的迁移婚姻家庭不稳定风险传导性的均值在 6.06~6.29，7 组样本群体均认为风险传导性很强。总样本的均值为 6.21，表明迁移婚姻家庭不稳定风险传导性很强。

7 组样本群体的迁移婚姻女性家庭排斥风险传导性的均值在 6.03~6.22，7 组样本群体均认为风险传导性很强。总样本的均值为 6.11，表明迁移婚姻女性家庭排斥风险传导性很强。

7 组样本群体的迁移婚姻破裂家庭教育弱化风险传导性的均值在 6.06~6.32，7 组样本群体均认为风险传导性很强。总样本的均值为 6.18，表明迁移婚姻破裂家庭教育弱化风险传导性很强。

7 组样本群体的失婚男性家庭功能不完整风险传导性的均值在 6.16~6.98，7 组样本群体均认为风险传导性很强。总样本的均值为 6.34，表明失婚男性家庭功能不完整风险传导性很强。

四 经济风险传导性的均值

经济风险 R^4 传导性共评估 4 个二级指标（R_1^4，R_2^4，R_3^4，R_4^4），评估的样本群体为 7 组，经济风险及其 4 个二级指标的传导性均值的统计结果具体如表 6-28 所示。

表 6-28　经济风险传导性的均值

变量（传导性）	结果	迁移婚姻女性（N＝281）	迁移婚姻男性（N＝277）	迁移婚姻家庭子女（N＝191）	迁移婚姻女性父母（N＝189）	迁移婚姻男性父母（N＝191）	失婚男性（N＝192）	失婚男性父母（N＝184）	总样本（N＝1505）
经济风险 R^4	均值	6.31	6.23	6.13	6.27	6.24	6.30	6.29	6.26
	标准差	0.308	0.315	0.306	0.409	0.353	0.347	0.381	0.345
迁移婚姻女性新生家庭与原生家庭交往成本高风险 R_1^4	均值	6.11	6.06	6.04	6.08	6.03	6.06	6.02	6.06
	标准差	0.557	0.555	0.639	0.539	0.680	0.538	0.640	0.590
迁移婚姻家庭经济上互不信任风险 R_2^4	均值	6.51	6.32	6.15	6.34	6.22	6.16	6.17	6.29
	标准差	0.633	0.737	0.643	0.559	0.644	0.743	0.545	0.664
迁移婚姻女性新生家庭与原生家庭劳动力支持割裂风险 R_3^4	均值	6.41	6.25	6.06	6.36	6.10	6.11	6.12	6.22
	标准差	0.632	0.684	0.604	0.553	0.703	0.747	0.530	0.655
推高男性婚姻成本风险 R_4^4	均值	6.23	6.31	6.27	6.30	6.39	6.86	6.58	6.40
	标准差	0.628	0.629	0.604	0.562	0.520	0.343	0.517	0.596

经济风险 R^4 传导性的均值，7 组样本群体各自均值按照从高到低的排序是：迁移婚姻女性为 6.31、失婚男性为 6.30、失婚男性父母为 6.29、迁移婚姻女性父母为 6.27、迁移婚姻男性父母为 6.24、迁移婚姻男性为 6.23、迁移婚姻家庭子女为 6.13。结果表明，7 组样本群体的经济风险传导性的均值在 6.13～6.31，7 组样本群体均认为风险传导性很强。总样本的均值为 6.26，表明经济风险传导性很强。

7 组样本群体的迁移婚姻女性新生家庭与原生家庭交往成本高风险传导性的均值在 6.02～6.11，7 组样本群体均认为风险传导性很强。总样本的均值为 6.06，表明迁移婚姻女性新生家庭与原生家庭交往成本高风险传导性很强。

7 组样本群体的迁移婚姻家庭经济上互不信任风险传导性的均值在 6.15～6.51，7 组样本群体均认为风险传导性很强。总样本的均值为 6.29，表明迁移婚姻家庭经济上互不信任风险传导性很强。

7 组样本群体的迁移婚姻女性新生家庭与原生家庭劳动力支持

割裂风险的均值在 6.06~6.41，7 组样本群体均认为风险传导性很强。总样本的均值为 6.22，表明迁移婚姻女性新生家庭与原生家庭劳动力支持割裂风险传导性很强。

7 组样本群体的推高男性婚姻成本风险传导性的均值在 6.23~6.86，7 组样本群体均认为风险传导性很强。总样本的均值为 6.40，表明推高男性婚姻成本风险传导性很强。

五 社会网络风险传导性的均值

社会网络风险 R^5 传导性共评估 5 个二级指标（R_1^5，R_2^5，R_3^5，R_4^5，R_5^5），评估的样本群体为 7 组，社会网络风险及其 5 个二级指标的传导性均值的统计结果具体如表 6-29 所示。

社会网络风险 R^5 传导性的均值，7 组样本群体各自均值按照从高到低的排序是：迁移婚姻女性为 5.82，失婚男性父母为 5.69，迁移婚姻女性父母为 5.61，失婚男性为 5.59，迁移婚姻家庭子女为 5.57，迁移婚姻男性为 5.52，迁移婚姻男性父母为 5.46。结果表明，7 组样本群体的社会网络风险传导性均值在 5.46~5.82，7 组样本群体均认为风险的传导性较强。总样本的均值为 5.61，表明社会网络风险传导性较强。

表 6-29　社会网络风险传导性的均值

变量（传导性）	结果	迁移婚姻女性（$N=$ 281）	迁移婚姻男性（$N=$ 277）	迁移婚姻家庭子女（$N=$ 191）	迁移婚姻女性父母（$N=$ 189）	迁移婚姻男性父母（$N=$ 191）	失婚男性（$N=$ 192）	失婚男性父母（$N=$ 184）	总样本（$N=$ 1505）
社会网络风险 R^5	均值	5.82	5.52	5.57	5.61	5.46	5.59	5.69	5.61
	标准差	0.272	0.343	0.317	0.262	0.312	0.370	0.303	0.333
迁移婚姻女性的新生家庭与原生家庭社会支持割裂风险 R_1^5	均值	6.62	6.13	6.11	6.22	6.04	6.06	6.08	6.20
	标准差	0.529	0.565	0.546	0.539	0.676	0.735	0.511	0.620
迁移婚姻女性社会排斥风险 R_2^5	均值	5.79	5.34	5.53	5.53	5.25	5.23	5.21	5.43
	标准差	0.644	1.066	0.731	0.733	0.657	0.596	0.686	0.788

变量（传导性）	结果	迁移婚姻女性（N=281）	迁移婚姻男性（N=277）	迁移婚姻家庭子女（N=191）	迁移婚姻女性父母（N=189）	迁移婚姻男性父母（N=191）	失婚男性（N=192）	失婚男性父母（N=184）	总样本（N=1505）
迁移婚姻女性社会适应风险 R_3^5	均值	6.71	6.24	6.38	6.31	6.10	6.05	6.17	6.30
	标准差	0.592	0.676	0.798	0.566	0.710	0.791	0.565	0.706
失婚男性社会疏离风险 R_4^5	均值	4.32	4.27	4.33	4.30	4.24	4.68	5.21	4.46
	标准差	0.498	0.520	0.514	0.505	0.707	0.532	0.648	0.639
失婚男性社会排斥风险 R_5^5	均值	5.64	5.61	5.48	5.66	5.67	5.91	5.77	5.67
	标准差	0.757	0.737	0.709	0.767	0.726	0.787	0.741	0.755

　　7组样本群体的迁移婚姻女性的新生家庭与原生家庭社会支持割裂风险传导性的均值在6.04~6.62，7组样本群体均认为风险传导性很强。总样本的均值为6.20，表明迁移婚姻女性的新生家庭与原生家庭社会支持割裂风险传导性很强。

　　7组样本群体的迁移婚姻女性社会排斥风险传导性的均值在5.21~5.79，7组样本群体均认为风险传导性较强。总样本的均值为5.43，表明迁移婚姻女性社会排斥风险传导性较强。

　　7组样本群体的迁移婚姻女性社会适应风险传导性的均值在6.05~6.71，7组样本群体均认为风险传导性很强。总样本的均值为6.30，表明迁移婚姻女性社会适应风险传导性很强。

　　7组样本群体的失婚男性社会疏离风险传导性的均值在4.24~5.21，1组样本群体认为风险传导性较强，6组样本群体认为风险传导性一般。总样本的均值为4.46，表明失婚男性社会疏离风险传导性一般。

　　7组样本群体的失婚男性社会排斥风险传导性的均值在5.48~5.91，7组样本群体均认为风险传导性较强。总样本的均值为5.67，表明失婚男性社会排斥风险传导性较强。

六　健康风险传导性的均值

　　健康风险 R^6 传导性共评估6个二级指标（R_1^6，R_2^6，R_3^6，R_4^6，

R_5^6，R_6^6），评估的样本群体为 7 组，健康风险及其 6 个二级指标的传导性均值的统计结果具体如表 6-30 所示。

表 6-30　健康风险传导性的均值

变量（传导性）	结果	迁移婚姻女性（N=281）	迁移婚姻男性（N=277）	迁移婚姻家庭子女（N=191）	迁移婚姻女性父母（N=189）	迁移婚姻男性父母（N=191）	失婚男性（N=192）	失婚男性父母（N=184）	总样本（N=1505）
健康风险 R^6	均值	5.73	5.65	5.65	5.66	5.63	5.56	5.40	5.62
	标准差	0.304	0.367	0.325	0.327	0.314	0.274	0.274	0.330
迁移婚姻女性心理健康风险 R_1^6	均值	6.48	6.22	6.19	6.14	6.09	6.04	6.07	6.20
	标准差	0.535	0.749	0.654	0.532	0.647	0.638	0.694	0.656
单亲迁移婚姻家庭子女心理健康风险 R_2^6	均值	6.28	6.43	6.52	6.04	6.18	6.03	6.09	6.24
	标准差	0.646	0.595	0.588	0.655	0.635	0.605	0.633	0.645
迁移婚姻女性父母心理健康风险 R_3^6	均值	4.57	4.36	4.34	4.43	4.36	4.31	4.23	4.38
	标准差	0.617	0.551	0.495	0.800	0.815	0.538	0.587	0.641
失婚男性生殖健康风险 R_4^6	均值	5.75	5.73	5.63	5.86	5.84	5.95	5.88	5.80
	标准差	0.806	0.817	0.776	0.873	0.862	0.504	0.766	0.788
失婚男性心理健康风险 R_5^6	均值	5.58	5.49	5.56	5.80	5.66	5.45	5.86	5.62
	标准差	0.816	0.801	0.831	0.706	0.667	0.785	0.651	0.772
失婚男性父母心理健康风险 R_6^6	均值	4.54	4.39	4.28	4.39	4.40	4.34	4.26	4.38
	标准差	0.620	0.558	0.485	0.828	0.814	0.548	0.580	0.644

健康风险 R^6 传导性的均值，7 组样本群体各自均值按照从高到低的排序是：迁移婚姻女性为 5.73，迁移婚姻女性父母为 5.66，迁移婚姻家庭子女为 5.65，迁移婚姻男性为 5.65，迁移婚姻男性父母为 5.63，失婚男性为 5.56，失婚男性父母为 5.40。结果表明，7 组样本群体的健康风险传导性的均值在 5.40~5.73，7 组样本群体均认为风险传导性较强。总样本的均值为 5.62，表明健康风险传导性较强。

7 组样本群体的迁移婚姻女性心理健康风险传导性的均值在 6.04~6.48，7 组样本群体均认为风险传导性很强。总样本的均值为 6.20，表明迁移婚姻女性心理健康风险传导性很强。

7 组样本群体的单亲迁移婚姻家庭子女心理健康风险传导性的均值在 6.03~6.52，7 组样本群体均认为风险传导性很强。总样本的均值为 6.24，表明单亲迁移婚姻家庭子女心理健康风险传导性很强。

7 组样本群体的迁移婚姻女性父母心理健康风险传导性的均值在 4.23~4.57，7 组样本群体均认为风险传导性一般。总样本的均值为 4.38，表明迁移婚姻女性父母心理健康风险传导性一般。

7 组样本群体的失婚男性生殖健康风险传导性的均值在 5.63~5.95，7 组样本群体均认为风险传导性较强。总样本的均值为 5.80，表明失婚男性生殖健康风险传导性较强。

7 组样本群体的失婚男性心理健康风险传导性的均值在 5.45~5.86，7 组样本群体均认为风险传导性较强。总样本的均值为 5.62，表明失婚男性心理健康风险传导性较强。

7 组样本群体的失婚男性父母心理健康风险传导性的均值在 4.26~4.54，7 组样本群体均认为风险传导性一般。总样本的均值为 4.38，表明失婚男性父母心理健康风险传导性一般。

七　养老风险传导性的均值

养老风险 R^7 传导性共评估 4 个二级指标（R_1^7，R_2^7，R_3^7，R_4^7），评估的样本群体为 7 组，养老风险及其 4 个二级指标的传导性均值的统计结果具体如表 6-31 所示。

养老风险 R^7 传导性的均值，7 组样本群体各自均值按照从高到低的排序是：迁移婚姻女性父母为 5.85，失婚男性父母为 5.64，迁移婚姻男性父母为 5.61，迁移婚姻女性为 5.60，迁移婚姻家庭子女为 5.59，失婚男性为 5.53，迁移婚姻男性为 5.52。结果表明，7 组样本群体的养老风险传导性的均值在 5.52~5.85，7 组样本群体均认为风险传导性较强。总样本的均值为 5.61，表明养老风险传导性较强。

7 组样本群体的迁移婚姻女性对父母养老支持弱化风险传导性的均值在 6.03~6.66，7 组样本群体均认为风险传导性很强。总样本的均值为 6.21，表明迁移婚姻女性对父母养老支持弱化风险传导性很强。

表 6-31　养老风险传导性的均值

变量（传导性）	结果	迁移婚姻女性（N=281）	迁移婚姻男性（N=277）	迁移婚姻家庭子女（N=191）	迁移婚姻女性父母（N=189）	迁移婚姻男性父母（N=191）	失婚男性（N=192）	失婚男性父母（N=184）	总样本（N=1505）
养老风险 R^7	均值	5.60	5.52	5.59	5.85	5.61	5.53	5.64	5.61
	标准差	0.357	0.331	0.408	1.318	0.349	0.265	0.309	0.572
迁移婚姻女性对父母养老支持弱化风险 R_1^7	均值	6.22	6.13	6.21	6.66	6.07	6.03	6.20	6.21
	标准差	0.654	0.679	0.671	5.167	0.611	0.583	0.473	1.926
迁移婚姻女性与兄弟姐妹间赡养老人纠纷风险 R_2^7	均值	5.08	4.85	4.79	5.25	4.91	4.34	4.65	4.85
	标准差	0.718	0.651	0.809	0.844	0.773	0.518	0.716	0.765
失婚男性对父母养老支持弱化风险 R_3^7	均值	5.05	5.02	5.13	5.32	5.32	5.36	5.39	5.20
	标准差	0.730	0.832	0.628	0.633	0.929	0.563	0.626	0.739
失婚男性家庭养老功能缺失风险 R_4^7	均值	6.05	6.09	6.26	6.15	6.13	6.40	6.32	6.18
	标准差	0.761	0.534	0.634	0.644	0.672	0.491	0.643	0.644

　　7 组样本群体的迁移婚姻女性与兄弟姐妹间赡养老人纠纷风险传导性的均值在 4.34～5.25，2 组样本群体认为风险传导性较强，5 组样本群体认为风险的传导性一般。总样本的均值为 4.85，表明迁移婚姻女性与兄弟姐妹间赡养老人纠纷风险传导性一般。

　　7 组样本群体的失婚男性对父母养老支持弱化风险传导性的均值在 5.02～5.39，7 组样本群体均认为风险传导性较强。总样本的均值为 5.20，表明失婚男性对父母养老支持弱化风险传导性较强。

　　7 组样本群体的失婚男性家庭养老功能缺失风险传导性的均值在 6.05～6.40，7 组样本群体均认为风险传导性很强。总样本的均值为 6.18，表明失婚男性家庭养老功能缺失风险传导性很强。

八　社会稳定风险传导性的均值

社会稳定风险 R^8 传导性共评估 5 个二级指标（R^8_1，R^8_2，R^8_3，R^8_4，R^8_5），评估的样本群体为 7 组，社会稳定风险及其 5 个二级指标的传导性均值的统计结果具体如表 6-32 所示。

社会稳定风险 R^8 传导性的均值，7 组样本群体各自均值按照从高到低的排序是：迁移婚姻男性为 6.12，迁移婚姻男性父母为 6.12，迁移婚姻女性父母为 6.11，迁移婚姻女性为 6.10，迁移婚姻家庭子女为 6.09，失婚男性父母为 6.07，失婚男性为 6.06。结果表明，7 组样本群体的社会稳定风险传导性的均值在 6.06～6.12，7 组样本群体均认为风险传导性很强。总样本的均值为 6.10，表明社会稳定风险传导性很强。

7 组样本群体的非正常婚姻行为风险传导性的均值在 6.12～6.21，7 组样本群体均认为风险传导性很强。总样本的均值为 6.18，表明非正常婚姻行为风险传导性很强。

表 6-32　社会稳定风险传导性的均值

变量（传导性）	结果	迁移婚姻女性（$N=$ 281）	迁移婚姻男性（$N=$ 277）	迁移婚姻家庭子女（$N=$ 191）	迁移婚姻女性父母（$N=$ 189）	迁移婚姻男性父母（$N=$ 191）	失婚男性（$N=$ 192）	失婚男性父母（$N=$ 184）	总样本（$N=$ 1505）
社会稳定风险 R^8	均值	6.10	6.12	6.09	6.11	6.12	6.06	6.07	6.10
	标准差	0.340	0.316	0.313	0.297	0.292	0.259	0.222	0.298
非正常婚姻行为风险 R^8_1	均值	6.21	6.19	6.17	6.15	6.12	6.21	6.17	6.18
	标准差	0.613	0.743	0.635	0.529	0.554	0.530	0.442	0.597
迁移婚姻家庭矛盾纠纷多发风险 R^8_2	均值	6.07	6.08	6.03	6.05	6.12	6.01	6.05	6.06
	标准差	0.704	0.705	0.640	0.476	0.569	0.560	0.358	0.601
迁移婚姻夫妻行为失范风险 R^8_3	均值	6.13	6.16	6.13	6.11	6.24	6.06	6.08	6.13
	标准差	0.621	0.682	0.628	0.564	0.528	0.607	0.643	0.618
失婚男性性行为失范风险 R^8_4	均值	6.02	6.06	6.08	6.16	6.03	6.03	6.04	6.06
	标准差	0.657	0.542	0.542	0.512	0.480	0.587	0.561	0.563

续表

变量（传导性）	结果	迁移婚姻女性（N=281）	迁移婚姻男性（N=277）	迁移婚姻家庭子女（N=191）	迁移婚姻女性父母（N=189）	迁移婚姻男性父母（N=191）	失婚男性（N=192）	失婚男性父母（N=184）	总样本（N=1505）
失婚男性行为失范风险 R_5^8	均值	6.04	6.12	6.03	6.05	6.07	6.01	6.02	6.06
	标准差	0.559	0.538	0.606	0.491	0.471	0.560	0.430	0.529

7 组样本群体的迁移婚姻家庭矛盾纠纷多发风险传导性的均值在 6.01~6.12，7 组样本群体均认为风险传导性很强。总样本的均值为 6.06，表明迁移婚姻家庭矛盾纠纷多发风险传导性很强。

7 组样本群体的迁移婚姻夫妻行为失范风险传导性的均值在 6.06~6.24，7 组样本群体均认为风险传导性很强。总样本的均值为 6.13，表明迁移婚姻夫妻行为失范风险传导性很强。

7 组样本群体的失婚男性性行为失范风险传导性的均值在 6.02~6.16，7 组样本群体均认为风险传导性很强。总样本的均值为 6.06，表明失婚男性性行为失范风险传导性很强。

7 组样本群体的失婚男性行为失范风险传导性的均值在 6.01~6.12，7 组样本群体均认为风险传导性很强。总样本的均值为 6.06，表明失婚男性行为失范风险传导性很强。

第六节　克服性的基本状况分析

女性农民工迁移婚姻风险克服性评估的是受测样本对风险通过个人努力能克服程度的判断，设置的问题为"以下风险通过个人努力能克服"，受测样本根据实际情况从 1~7 分的分值选项中选择一项，分值越高表明风险越能克服。本次评估女性农民工迁移婚姻风险 8 个一级指标及 39 个二级指标，报告的均值为 7 组样本群体与总样本群体的 8 个一级指标克服性的均值与 39 个二级指标克服性的均值。

一　人口风险克服性的均值

人口风险 R^1 克服性共评估 5 个二级指标（R^1_1，R^1_2，R^1_3，R^1_4，R^1_5），评估的样本群体为 7 组，人口风险及其 5 个二级指标的克服性均值的统计结果具体如表 6-33 所示。

人口风险 R^1 克服性的均值，7 组样本群体各自均值按照从高到低的排序是：迁移婚姻男性父母为 2.10，迁移婚姻家庭子女为 2.09，迁移婚姻女性父母为 2.07，失婚男性父母为 2.07，迁移婚姻女性为 2.05，迁移婚姻男性为 2.02，失婚男性为 1.86。结果表明，7 组样本群体的人口风险克服性的均值在 1.86~2.10，6 组样本群体认为风险很难克服，1 组样本群体认为风险非常难克服。总样本的均值为 2.04，表明人口风险很难克服。

表 6-33　人口风险克服性的均值

变量（克服性）	结果	迁移婚姻女性（N=281）	迁移婚姻男性（N=277）	迁移婚姻家庭子女（N=191）	迁移婚姻女性父母（N=189）	迁移婚姻男性父母（N=191）	失婚男性（N=192）	失婚男性父母（N=184）	总样本（N=1505）
人口风险 R^1	均值	2.05	2.02	2.09	2.07	2.10	1.86	2.07	2.04
	标准差	0.250	0.238	0.245	0.249	0.244	0.197	0.252	0.250
迁移婚姻女性净迁出地婚姻适龄人口性别比失衡风险 R^1_1	均值	1.33	1.19	1.32	1.21	1.25	1.01	1.21	1.22
	标准差	0.548	0.435	0.542	0.455	0.478	0.102	0.432	0.465
迁移婚姻女性净迁出地人口老龄化风险 R^1_2	均值	1.32	1.29	1.30	1.19	1.21	1.03	1.24	1.23
	标准差	0.532	0.515	0.513	0.416	0.436	0.160	0.453	0.466
迁移婚姻破裂单亲家庭子女数量增加风险 R^1_3	均值	5.07	5.11	5.23	5.49	5.52	5.22	5.38	5.26
	标准差	0.648	0.647	0.621	0.522	0.541	0.871	0.530	0.659
迁移婚姻女性净迁出地人口总量减少风险 R^1_4	均值	1.28	1.27	1.32	1.30	1.29	1.04	1.26	1.25
	标准差	0.663	0.660	0.746	0.932	0.922	0.188	0.934	0.752
迁移婚姻女性净迁出地劳动力人口减少风险 R^1_5	均值	1.25	1.23	1.26	1.18	1.21	1.02	1.25	1.20
	标准差	0.459	0.439	0.461	0.385	0.408	0.143	0.434	0.415

7 组样本群体的迁移婚姻女性净迁出地婚姻适龄人口性别比失

衡风险克服性的均值在 1.01~1.33，7 组样本群体均认为风险非常难克服。总样本的均值为 1.22，表明迁移婚姻女性净迁出地婚姻适龄人口性别比失衡风险非常难克服。

7 组样本群体的迁移婚姻女性净迁出地人口老龄化风险克服性的均值在 1.03~1.32，7 组样本群体均认为风险非常难克服。总样本的均值为 1.23，表明迁移婚姻女性净迁出地人口老龄化风险非常难克服。

7 组样本群体的迁移婚姻破裂单亲家庭子女数量增加风险克服性的均值在 5.07~5.52，7 组样本群体均认为风险较能克服。总样本的均值为 5.26，表明迁移婚姻破裂单亲家庭子女数量增加风险较能克服。

7 组样本群体的迁移婚姻女性净迁出地人口总量减少风险克服性的均值在 1.04~1.32，7 组样本群体均认为风险非常难克服。总样本的均值为 1.25，表明迁移婚姻女性净迁出地人口总量减少风险非常难克服。

7 组样本群体的迁移婚姻女性净迁出地劳动力人口减少风险克服性的均值在 1.02~1.26，7 组样本群体均认为风险非常难克服。总样本的均值为 1.20，表明迁移婚姻女性净迁出地劳动力人口减少风险非常难克服。

二 婚恋风险克服性的均值

婚恋风险 R^2 克服性共评估 6 个二级指标（R_1^2，R_2^2，R_3^2，R_4^2，R_5^2，R_6^2），评估的样本群体为 7 组，婚恋风险及其 6 个二级指标的克服性均值的统计结果具体如表 6-34 所示。

婚恋风险 R^2 克服性的均值，7 组样本群体各自均值按照从高到低的排序是：迁移婚姻家庭子女为 4.64，迁移婚姻女性为 4.62，迁移婚姻男性为 4.53，迁移婚姻女性父母为 4.52，迁移婚姻男性父母为 4.43，失婚男性父母为 4.31，失婚男性为 4.24。结果表明，7 组样本群体的婚恋风险克服性的均值在 4.24~4.64，7 组样本群体均认为风险能克服程度一般。总样本的均值为 4.48，表明婚恋风险克服性一般。

表 6-34　婚恋风险克服性的均值

变量（克服性）	结果	迁移婚姻女性（N=281）	迁移婚姻男性（N=277）	迁移婚姻家庭子女（N=191）	迁移婚姻女性父母（N=189）	迁移婚姻男性父母（N=191）	失婚男性（N=192）	失婚男性父母（N=184）	总样本（N=1505）
婚恋风险 R^2	均值	4.62	4.53	4.64	4.52	4.43	4.24	4.31	4.48
	标准差	0.310	0.295	0.290	0.287	0.256	0.242	0.267	0.313
骗婚风险 R_1^2	均值	5.98	5.83	5.96	5.44	5.14	5.49	5.64	5.67
	标准差	0.772	0.767	0.767	0.808	0.722	0.614	0.703	0.793
未婚同居风险 R_2^2	均值	6.05	6.01	6.11	6.13	6.12	6.03	6.04	6.07
	标准差	1.078	1.070	1.078	0.902	0.916	0.445	0.898	0.952
未婚生育风险 R_3^2	均值	6.31	6.26	6.36	6.23	6.15	6.23	6.14	6.24
	标准差	0.540	0.575	0.552	0.624	0.634	0.605	0.637	0.595
迁移婚姻破裂风险 R_4^2	均值	5.15	5.31	5.17	5.44	5.52	5.31	5.41	5.32
	标准差	0.744	0.634	0.713	0.774	0.522	0.636	0.575	0.677
男性婚姻挤压风险 R_5^2	均值	1.27	1.23	1.28	1.22	1.19	1.05	1.16	1.21
	标准差	0.468	0.441	0.472	0.442	0.418	0.223	0.399	0.426
男性失婚风险 R_6^2	均值	2.96	2.55	2.99	2.66	2.51	1.33	1.43	2.40
	标准差	0.672	0.693	0.677	0.594	0.561	0.473	0.578	0.872

　　7 组样本群体的骗婚风险克服性的均值在 5.14~5.98，7 组样本群体均认为风险较能克服。总样本的均值为 5.67，表明骗婚风险较能克服。

　　7 组样本群体的未婚同居风险克服性的均值在 6.01~6.13，7 组样本群体均认为风险很能克服。总样本的均值为 6.07，表明未婚同居风险很能克服。

　　7 组样本群体的未婚生育风险克服性的均值在 6.14~6.36，7 组样本群体均认为风险很能克服。总样本的均值为 6.24，表明未婚生育风险很能克服。

　　7 组样本群体的迁移婚姻破裂风险克服性的均值在 5.15~5.52，7 组样本群体均认为风险较能克服。总样本的均值为 5.32，表明迁移婚姻破裂风险较能克服。

　　7 组样本群体的男性婚姻挤压风险克服性的均值在 1.05~

1.28，7 组样本群体均认为风险非常难克服。总样本的均值为 1.21，表明男性婚姻挤压风险非常难克服。

7 组样本群体的男性失婚风险克服性的均值在 1.33～2.99，5 组样本群体认为风险很难克服，2 组样本群体认为风险非常难克服。总样本的均值为 2.40，表明男性失婚风险很难克服。

三　家庭风险克服性的均值

家庭风险 R^3 克服性共评估 4 个二级指标（R^3_1，R^3_2，R^3_3，R^3_4），评估的样本群体为 7 组，家庭风险及其 4 个二级指标的克服性均值的统计结果具体如表 6-35 所示。

表 6-35　家庭风险克服性的均值

变量（克服性）	结果	迁移婚姻女性（N=281）	迁移婚姻男性（N=277）	迁移婚姻家庭子女（N=191）	迁移婚姻女性父母（N=189）	迁移婚姻男性父母（N=191）	失婚男性（N=192）	失婚男性父母（N=184）	总样本（N=1505）
家庭风险 R^3	均值	3.61	3.65	3.69	3.91	3.86	3.83	3.86	3.75
	标准差	0.336	0.339	0.264	0.251	0.236	0.240	0.296	0.312
迁移婚姻家庭不稳定风险 R^3_1	均值	5.63	5.65	5.62	5.73	5.80	5.57	5.68	5.67
	标准差	0.609	0.616	0.619	0.491	0.476	0.496	0.511	0.560
迁移婚姻女性家庭排斥风险 R^3_2	均值	5.69	6.12	6.16	6.19	6.06	6.02	6.05	6.02
	标准差	0.743	0.973	0.365	0.394	0.318	0.622	0.730	0.684
迁移婚姻破裂家庭教育弱化风险 R^3_3	均值	1.94	1.69	1.79	2.68	2.51	2.68	2.62	2.22
	标准差	0.772	0.622	0.650	0.571	0.614	0.469	0.550	0.750
失婚男性家庭功能不完整风险 R^3_4	均值	1.19	1.12	1.18	1.05	1.08	1.03	1.07	1.11
	标准差	0.395	0.320	0.384	0.224	0.278	0.174	0.248	0.312

家庭风险 R^3 克服性的均值，7 组样本群体各自均值按照从高到低的排序是：迁移婚姻女性父母为 3.91，迁移婚姻男性父母为 3.86，失婚男性父母为 3.86，失婚男性为 3.83，迁移婚姻家庭子女为 3.69，迁移婚姻男性为 3.65，迁移婚姻女性为 3.61。结果表明，7 组样本群体的家庭风险克服性的均值在 3.61～3.91，7 组样

本群体均认为风险较难克服。总样本的均值为 3.75，表明家庭风险较难克服。

7 组样本群体的迁移婚姻家庭不稳定风险克服性的均值在 5.57～5.80，7 组样本群体均认为风险较能克服。总样本的均值为 5.67，表明迁移婚姻家庭不稳定风险较能克服。

7 组样本群体的迁移婚姻女性家庭排斥风险克服性的均值在 5.69～6.19，6 组样本群体认为风险很能克服，1 组样本群体认为风险较能克服。总样本的均值为 6.02，表明迁移婚姻女性家庭排斥风险很能克服。

7 组样本群体的迁移婚姻破裂家庭教育弱化风险克服性的均值在 1.69～2.68，4 组样本群体认为风险很难克服，3 组样本群体认为风险非常难克服。总样本的均值为 2.22，表明迁移婚姻破裂家庭教育弱化风险很难克服。

7 组样本群体的失婚男性家庭功能不完整风险克服性的均值在 1.03～1.19，7 组样本群体均认为风险非常难克服。总样本的均值为 1.11，表明失婚男性家庭功能不完整风险非常难克服。

四 经济风险克服性的均值

经济风险 R^4 克服性共评估 4 个二级指标（R_1^4，R_2^4，R_3^4，R_4^4），评估的样本群体为 7 组，经济风险及其 4 个二级指标的克服性均值的统计结果具体如表 6-36 所示。

表 6-36 经济风险克服性的均值

变量（克服性）	结果	迁移婚姻女性（$N=281$）	迁移婚姻男性（$N=277$）	迁移婚姻家庭子女（$N=191$）	迁移婚姻女性父母（$N=189$）	迁移婚姻男性父母（$N=191$）	失婚男性（$N=192$）	失婚男性父母（$N=184$）	总样本（$N=1505$）
经济风险 R^4	均值	3.22	3.20	3.47	2.96	2.90	2.91	2.75	3.08
	标准差	0.340	0.352	0.357	0.370	0.370	0.306	0.371	0.415

续表

变量（克服性）	结果	迁移婚姻女性（N=281）	迁移婚姻男性（N=277）	迁移婚姻家庭子女（N=191）	迁移婚姻女性父母（N=189）	迁移婚姻男性父母（N=191）	失婚男性（N=192）	失婚男性父母（N=184）	总样本（N=1505）
迁移婚姻女性新生家庭与原生家庭交往成本高风险 R_1^4	均值	1.83	1.84	1.92	1.77	1.82	1.97	1.84	1.85
	标准差	0.688	0.862	0.753	0.823	0.816	0.705	0.814	0.782
迁移婚姻家庭经济上互不信任风险 R_2^4	均值	5.48	5.56	6.05	5.52	5.43	5.52	5.34	5.56
	标准差	0.837	0.785	0.766	0.726	0.778	0.723	0.786	0.801
迁移婚姻女性新生家庭与原生家庭劳动力支持割裂风险 R_3^4	均值	2.51	2.39	2.58	2.35	2.19	2.46	2.29	2.40
	标准差	0.692	0.721	0.634	0.648	0.685	0.646	0.702	0.689
推高男性婚姻成本风险 R_4^4	均值	3.06	3.03	3.34	2.19	2.18	1.69	1.52	2.50
	标准差	0.497	0.477	0.659	0.803	0.680	0.465	0.600	0.881

经济风险 R^4 克服性的均值，7组样本群体各自均值按照从高到低的排序是：迁移婚姻家庭子女为3.47，迁移婚姻女性为3.22，迁移婚姻男性为3.20，迁移婚姻女性父母为2.96，失婚男性为2.91，迁移婚姻男性父母为2.90，失婚男性父母为2.75。结果表明，7组样本群体的经济风险克服性的均值在2.75~3.47，3组样本群体认为风险较难克服，4组样本群体认为风险很难克服。总样本的均值为3.08，表明经济风险较难克服。

7组样本群体的迁移婚姻女性新生家庭与原生家庭交往成本高风险克服性的均值在1.77~1.97，7组样本群体均认为风险非常难克服。总样本的均值为1.85，表明迁移婚姻女性新生家庭与原生家庭交往成本高风险非常难克服。

7组样本群体的迁移婚姻家庭经济上互不信任风险克服性的均值在5.34~6.05，1组样本群体认为风险很能克服，6组样本群体认为风险较能克服。总样本的均值为5.56，表明迁移婚姻家庭经济上互不信任风险较能克服。

7组样本群体的迁移婚姻女性新生家庭与原生家庭劳动力支持

割裂风险的均值在 2.19~2.58，7 组样本群体均认为风险很难克服。总样本的均值为 2.40，表明迁移婚姻女性新生家庭与原生家庭劳动力支持割裂风险很难克服。

7 组样本群体的推高男性婚姻成本风险克服性的均值在 1.52~3.34，3 组样本群体认为风险较难克服，2 组样本群体认为风险很难克服，2 组样本群体认为风险非常难克服。总样本的均值为 2.50，表明推高男性婚姻成本风险很难克服。

五　社会网络风险克服性的均值

社会网络风险 R^5 克服性共评估 5 个二级指标（R_1^5，R_2^5，R_3^5，R_4^5，R_5^5），评估的样本群体为 7 组，社会网络风险及其 5 个二级指标的克服性均值的统计结果具体如表 6-37 所示。

社会网络风险 R^5 克服性的均值，7 组样本群体各自均值按照从高到低的排序是：迁移婚姻男性父母为 3.89，迁移婚姻女性为 3.69，迁移婚姻男性为 3.67，迁移婚姻家庭子女为 3.66，迁移婚姻女性父母为 3.52，失婚男性父母为 3.41，失婚男性为 3.29。结果表明，7 组样本群体的社会网络风险克服性均值在 3.29~3.89，7 组样本群体均认为风险较难克服。总样本的均值为 3.60，表明社会网络风险较难克服。

7 组样本群体的迁移婚姻女性的新生家庭与原生家庭社会支持割裂风险克服性的均值在 2.23~2.66，7 组样本群体均认为风险很难克服。总样本的均值为 2.39，表明迁移婚姻女性的新生家庭与原生家庭社会支持割裂风险很难克服。

表 6-37　社会网络风险克服性的均值

变量（克服性）	结果	迁移婚姻女性（N＝281）	迁移婚姻男性（N＝277）	迁移婚姻家庭子女（N＝191）	迁移婚姻女性父母（N＝189）	迁移婚姻男性父母（N＝191）	失婚男性（N＝192）	失婚男性父母（N＝184）	总样本（N＝1505）
社会网络风险 R^5	均值	3.69	3.67	3.66	3.52	3.89	3.29	3.41	3.60
	标准差	0.374	0.392	0.401	0.318	0.297	0.267	0.304	0.386

续表

变量（克服性）	结果	迁移婚姻女性（N = 281）	迁移婚姻男性（N = 277）	迁移婚姻家庭子女（N = 191）	迁移婚姻女性父母（N = 189）	迁移婚姻男性父母（N = 191）	失婚男性（N = 192）	失婚男性父母（N = 184）	总样本（N = 1505）
迁移婚姻女性的新生家庭与原生家庭社会支持割裂风险 R_1^5	均值	2.23	2.29	2.28	2.33	2.61	2.47	2.66	2.39
	标准差	1.025	0.994	1.087	0.757	0.786	0.737	0.800	0.920
迁移婚姻女性社会排斥风险 R_2^5	均值	2.93	3.15	2.87	3.04	4.31	2.76	3.48	3.20
	标准差	0.527	0.735	0.522	0.591	0.529	0.627	0.685	0.771
迁移婚姻女性社会适应风险 R_3^5	均值	6.15	5.98	5.96	5.60	5.79	5.44	5.30	5.79
	标准差	0.424	0.429	0.496	0.689	0.514	0.699	0.496	0.606
失婚男性社会疏离风险 R_4^5	均值	4.46	4.30	4.49	4.13	4.35	3.39	3.20	4.09
	标准差	0.621	0.565	0.888	0.500	0.646	0.587	0.668	0.796
失婚男性社会排斥风险 R_5^5	均值	2.66	2.62	2.68	2.49	2.37	2.38	2.41	2.53
	标准差	0.913	0.903	0.912	0.829	0.777	0.565	0.756	0.835

7 组样本群体的迁移婚姻女性社会排斥风险克服性的均值在 2.76~4.31，1 组样本群体认为风险能克服程度一般，3 组样本群体认为风险较难克服，3 组样本认为风险很难克服。总样本的均值为 3.20，表明迁移婚姻女性社会排斥风险较难克服。

7 组样本群体的迁移婚姻女性社会适应风险克服性的均值在 5.30~6.15，1 组样本群体认为风险很能克服，6 组样本群体认为风险较能克服。总样本的均值为 5.79，表明迁移婚姻女性社会适应风险较能克服。

7 组样本群体的失婚男性社会疏离风险克服性的均值在 3.20~4.49，5 组样本群体认为风险能克服程度一般，2 组样本群体认为风险较难克服。总样本的均值为 4.09，表明失婚男性社会疏离风险克服性一般。

7 组样本群体的失婚男性社会排斥风险克服性的均值在 2.37~2.68，7 组样本群体均认为风险很难克服。总样本的均值为 2.53，表明失婚男性社会排斥风险很难克服。

六　健康风险克服性的均值

健康风险 R^6 克服性共评估 6 个二级指标（R_1^6，R_2^6，R_3^6，R_4^6，R_5^6，R_6^6），评估的样本群体为 7 组，健康风险及其 6 个二级指标的克服性均值的统计结果具体如表 6-38 所示。

健康风险 R^6 克服性的均值，7 组样本群体各自均值按照从高到低的排序是：迁移婚姻家庭子女为 4.46，迁移婚姻男性父母为 4.27，迁移婚姻女性父母为 4.20，迁移婚姻女性为 4.04，失婚男性为 3.95，迁移婚姻男性为 3.94，失婚男性父母为 3.76。结果表明，7 组样本群体的健康风险克服性的均值在 3.76~4.46，4 组样本群体认为风险能克服程度一般，3 组样本群体认为风险较难克服。总样本的均值为 4.08，表明健康风险克服性一般。

表 6-38　健康风险克服性的均值

变量（克服性）	结果	迁移婚姻女性（N=281）	迁移婚姻男性（N=277）	迁移婚姻家庭子女（N=191）	迁移婚姻女性父母（N=189）	迁移婚姻男性父母（N=191）	失婚男性（N=192）	失婚男性父母（N=184）	总样本（N=1505）
健康风险 R^6	均值	4.04	3.94	4.46	4.20	4.27	3.95	3.76	4.08
	标准差	0.288	0.297	0.263	0.271	0.294	0.264	0.272	0.348
迁移婚姻女性心理健康风险 R_1^6	均值	5.47	5.51	5.41	5.39	5.61	5.43	5.38	5.46
	标准差	0.500	0.501	0.494	0.489	0.559	0.593	0.530	0.526
单亲迁移婚姻家庭子女心理健康风险 R_2^6	均值	2.81	2.69	2.76	2.92	2.79	2.91	2.95	2.82
	标准差	0.663	0.606	0.650	0.592	0.719	0.594	0.655	0.646
迁移婚姻女性父母心理健康风险 R_3^6	均值	4.15	4.40	4.51	4.59	4.69	4.36	4.43	4.43
	标准差	0.776	0.795	0.532	0.750	0.627	0.641	0.793	0.735
失婚男性生殖健康风险 R_4^6	均值	5.16	4.71	6.03	5.39	5.36	4.61	5.34	5.19
	标准差	0.472	0.667	0.416	0.531	0.522	0.567	0.518	0.688
失婚男性心理健康风险 R_5^6	均值	2.62	2.41	3.57	2.71	2.90	2.41	2.23	2.67
	标准差	0.742	0.574	0.873	0.623	0.824	0.533	0.748	0.808
失婚男性父母心理健康风险 R_6^6	均值	2.64	2.44	2.86	2.83	2.73	2.35	2.26	2.58
	标准差	0.738	0.566	0.720	0.655	0.820	0.560	0.675	0.710

7 组样本群体的迁移婚姻女性心理健康风险克服性的均值在 5.38~5.61，7 组样本群体均认为风险较能克服。总样本的均值为 5.46，表明迁移婚姻女性心理健康风险较能克服。

7 组样本群体的单亲迁移婚姻家庭子女心理健康风险克服性的均值在 2.69~2.95，7 组样本群体均认为风险很难克服。总样本的均值为 2.82，表明单亲迁移婚姻家庭子女心理健康风险很难克服。

7 组样本群体的迁移婚姻女性父母心理健康风险克服性的均值在 4.15~4.69，7 组样本群体均认为风险能克服程度一般。总样本的均值为 4.43，表明迁移婚姻女性父母心理健康风险克服性一般。

7 组样本群体的失婚男性生殖健康风险克服性的均值在 4.61~6.03，1 组样本群体认为风险很能克服，4 组样本群体认为风险较能克服，2 组样本群体认为风险能克服程度一般。总样本的均值为 5.19，表明失婚男性生殖健康风险较能克服。

7 组样本群体的失婚男性心理健康风险克服性的均值在 2.23~3.57，1 组样本群体认为风险较难克服，6 组样本群体认为风险很难克服。总样本的均值为 2.67，表明失婚男性心理健康风险很难克服。

7 组样本群体的失婚男性父母心理健康风险克服性的均值在 2.26~2.86，7 组样本群体均认为风险很难克服。总样本的均值为 2.58，表明失婚男性父母心理健康风险很难克服。

七　养老风险克服性的均值

养老风险 R^7 克服性共评估 4 个二级指标（R_1^7，R_2^7，R_3^7，R_4^7），评估的样本群体为 7 组，养老风险及其 4 个二级指标的克服性均值的统计结果具体如表 6-39 所示。

养老风险 R^7 克服性的均值，7 组样本群体各自均值按照从高到低的排序是：迁移婚姻家庭子女为 4.33，迁移婚姻女性为 3.63，迁移婚姻男性为 3.58，迁移婚姻男性父母为 3.58，迁移婚姻女性父母为 3.57，失婚男性父母为 3.56，失婚男性为 3.50。结果表明，7 组样本群体的养老风险克服性的均值在 3.50~4.33，6 组样本群体认为风险较难克服，1 组样本群体认为风险克服性一般。总样本的均值为 3.67，表明养老风险较难克服。

表 6-39　养老风险克服性的均值

变量（克服性）	结果	迁移婚姻女性（N=281）	迁移婚姻男性（N=277）	迁移婚姻家庭子女（N=191）	迁移婚姻女性父母（N=189）	迁移婚姻男性父母（N=191）	失婚男性（N=192）	失婚男性父母（N=184）	总样本（N=1505）
养老风险 R^7	均值	3.63	3.58	4.33	3.57	3.58	3.50	3.56	3.67
	标准差	0.417	0.399	0.390	0.373	0.356	0.313	0.343	0.445
迁移婚姻女性对父母养老支持弱化风险 R_1^7	均值	2.27	2.22	4.03	2.16	2.35	2.34	2.41	2.51
	标准差	1.023	0.980	0.589	0.812	0.752	0.763	0.727	1.025
迁移婚姻女性与兄弟姐妹间赡养老人纠纷风险 R_2^7	均值	5.29	5.27	5.62	5.42	5.32	5.33	5.32	5.36
	标准差	0.608	0.547	0.517	0.565	0.569	0.608	0.532	0.576
失婚男性对父母养老支持弱化风险 R_3^7	均值	5.34	5.34	5.62	5.44	5.35	5.05	5.28	5.34
	标准差	0.635	0.565	0.529	0.568	0.578	0.641	0.550	6.030
失婚男性家庭养老功能缺失风险 R_4^7	均值	1.62	1.51	2.06	1.24	1.28	1.26	1.23	1.47
	标准差	0.610	0.600	0.642	0.430	0.452	0.440	0.421	0.595

　　7 组样本群体的迁移婚姻女性对父母养老支持弱化风险克服性的均值在 2.16~4.03，6 组样本群体认为风险很难克服，1 组样本群体认为风险克服性一般。总样本的均值为 2.51，表明迁移婚姻女性对父母养老支持弱化风险很难克服。

　　7 组样本群体的迁移婚姻女性与兄弟姐妹间赡养老人纠纷风险克服性的均值在 5.27~5.62，7 组样本群体均认为风险较能克服。总样本的均值为 5.36，表明迁移婚姻女性与兄弟姐妹间赡养老人纠纷风险较能克服。

　　7 组样本群体的失婚男性对父母养老支持弱化风险克服性的均值在 5.05~5.62，7 组样本群体均认为风险较能克服。总样本的均值为 5.34，表明失婚男性对父母养老支持弱化风险较能克服。

　　7 组样本群体的失婚男性家庭养老功能缺失风险克服性的均值在 1.23~2.06，6 组样本群体认为风险非常难克服，1 组样本群体认为风险很难克服。总样本的均值为 1.47，表明失婚男性家庭养老功能缺失风险非常难克服。

八 社会稳定风险克服性的均值

社会稳定风险 R^8 克服性共评估 5 个二级指标（R_1^8，R_2^8，R_3^8，R_4^8，R_5^8），评估的样本群体为 7 组，社会稳定风险及其 5 个二级指标的克服性均值的统计结果具体如表 6-40 所示。

社会稳定风险 R^8 克服性的均值，7 组样本群体各自均值按照从高到低的排序是：迁移婚姻男性父母为 5.04，迁移婚姻女性父母为 5.01，迁移婚姻家庭子女为 4.98，失婚男性父母为 4.97，迁移婚姻男性为 4.93，迁移婚姻女性为 4.90，失婚男性为 4.71。结果表明，7 组样本群体的社会稳定风险克服性的均值在 4.71~5.04，2 组样本群体认为风险较能克服，5 组样本群体认为风险能克服程度一般。总样本的均值为 4.93，表明社会稳定风险克服性一般。

表 6-40 社会稳定风险克服性的均值

变量（克服性）	结果	迁移婚姻女性（N=281）	迁移婚姻男性（N=277）	迁移婚姻家庭子女（N=191）	迁移婚姻女性父母（N=189）	迁移婚姻男性父母（N=191）	失婚男性（N=192）	失婚男性父母（N=184）	总样本（N=1505）
社会稳定风险 R^8	均值	4.90	4.93	4.98	5.01	5.04	4.71	4.97	4.93
	标准差	0.251	0.253	0.275	0.275	0.245	0.204	0.268	0.271
非正常婚姻行为风险 R_1^8	均值	3.66	3.61	3.87	3.45	3.40	2.86	3.28	3.47
	标准差	0.497	0.511	0.687	0.550	0.632	0.399	0.588	0.621
迁移婚姻家庭矛盾纠纷多发风险 R_2^8	均值	5.22	5.29	5.22	5.50	5.65	5.35	5.59	5.39
	标准差	0.544	0.543	0.547	0.633	0.539	0.614	0.556	0.587
迁移婚姻夫妻行为失范风险 R_3^8	均值	5.25	5.34	5.20	5.39	5.38	5.41	5.45	5.34
	标准差	0.618	0.619	0.555	0.570	0.584	0.492	0.580	0.585
失婚男性性行为失范风险 R_4^8	均值	5.24	5.21	5.28	5.41	5.51	4.67	5.30	5.23
	标准差	0.553	0.583	0.582	0.609	0.579	0.642	0.673	0.644
失婚男性行为失范风险 R_5^8	均值	5.14	5.22	5.36	5.31	5.27	5.28	5.21	5.25
	标准差	0.596	0.578	0.597	0.549	0.568	0.536	0.544	0.573

7 组样本群体的非正常婚姻行为风险克服性的均值在 2.86~
3.87，6 组样本群体认为风险较难克服，1 组样本群体认为风险很
难克服。总样本的均值为 3.47，表明非正常婚姻行为风险较难
克服。

7 组样本群体的迁移婚姻家庭矛盾纠纷多发风险克服性的均值
在 5.22~5.65，7 组样本群体均认为风险较能克服。总样本的均值
为 5.39，表明迁移婚姻家庭矛盾纠纷多发风险较能克服。

7 组样本群体的迁移婚姻夫妻行为失范风险克服性的均值在
5.20~5.45，7 组样本群体均认为风险较能克服。总样本的均值为
5.34，表明迁移婚姻夫妻行为失范风险较能克服。

7 组样本群体的失婚男性性行为失范风险克服性的均值在
4.67~5.51，6 组样本群体认为风险较能克服，1 组样本群体认
为风险能克服程度一般。总样本的均值为 5.23，表明失婚男性
性行为失范风险较能克服。

7 组样本群体的失婚男性行为失范风险克服性的均值在 5.14~
5.36，7 组样本群体均认为风险较能克服。总样本的均值为 5.25，
表明失婚男性行为失范风险较能克服。

第七章 女性农民工迁移婚姻风险的群体差异分析

基于第六章女性农民工迁移婚姻风险基本状况的评估结果，本章将比较分析 7 组样本群体（迁移婚姻女性、迁移婚姻男性、迁移婚姻家庭子女、迁移婚姻女性父母、迁移婚姻男性父母、失婚男性、失婚男性父母）之间关于女性农民工迁移婚姻风险的差异性。

第一节 研究设计

一 研究目标

在获得的女性农民工迁移婚姻风险总体状况与 8 个一级指标的可能性、关联性、严重性、传导性与克服性的基本均值数据基础上，旨在通过定量数据统计分析，揭示女性农民工迁移婚姻风险的可能性、关联性、严重性、传导性与克服性 5 种类型的群体差异。具体完成以下研究目标：女性农民工迁移婚姻风险 8 个一级指标可能性、关联性、严重性、传导性、克服性的群体差异分析以及女性农民工迁移婚姻风险总体状况的群体差异分析。

二 研究数据

数据采用本课题组 2021 年 2 月组织的一系列女性农民工迁移婚姻风险调查数据。根据本次研究目标，将 7 组有效样本群体的女性农民工迁移婚姻风险的 8 个一级指标（人口风险、婚恋风险、家庭风险、经济风险、社会网络风险、健康风险、养老风险、社会稳定风险）的可能性、关联性、严重性、传导性、克服性的均值数据（具体数据见第六章表 6-1 至表 6-40）纳入群体差异分析。

三　变量设置

本次群体差异分析纳入的变量为因变量，因变量为女性农民工迁移婚姻风险的 8 个一级指标的可能性、关联性、严重性、传导性、克服性的均值。

四　数据统计方法

本次研究采用 SPSS 18.0 统计软件进行数据统计分析。考虑到本研究的样本为 7 个组别群体，同时各个组别的有效样本并不完全相等，为了综合比较 7 组样本群体之间关于女性农民工迁移婚姻风险的差异性，先运用单因素方差分析考察 7 组样本群体女性农民工迁移婚姻风险 5 种类型的总体均值以及 8 个一级指标的总体均值，若方差分析整体检验的 F 值达到了显著水平（$p <$ 0.05），再进一步运用多重比较方法（以下简称 Scheffe 方法）进行 7 组样本群体两两配对方式的事后验证分析。具体分析 7 组样本群体两两之间关于女性农民工迁移婚姻风险 8 个一级指标的群体差异。

第二节　可能性的群体差异分析

本节将比较分析 7 组样本群体（迁移婚姻女性、迁移婚姻男性、迁移婚姻家庭子女、迁移婚姻女性父母、迁移婚姻男性父母、失婚男性、失婚男性父母）两两之间关于女性农民工迁移婚姻风险可能性的差异性，具体比较人口风险、婚恋风险、家庭风险、经济风险、社会网络风险、健康风险、养老风险、社会稳定风险共 8 个一级指标可能性的群体差异。

一 人口风险可能性的群体差异分析

（一）单因素方差分析

表 7-1 为人口风险可能性的单因素方差分析结果。结果显示，7 组样本群体的人口风险可能性整体检验的 F 值为 111.718（$p =$ 0.000<0.01），达到显著水平，表明 7 组样本群体人口风险可能性的差异具有显著性。至于是哪些配对组别间的差异具有显著性，须进行事后两两配对比较方能得知。

表 7-1 人口风险可能性的单因素方差分析

		平方和	自由度	平均平方和	F 检验	显著性
人口风险	组间	66.065	6	11.011		
	组内	147.643	1498	0.099	111.718	0.000
	总和	213.708	1504			

（二）多重比较分析

采用 Scheffe 方法对 7 组样本群体的人口风险可能性均值差异进行事后比较，比较结果如表 7-2 所示。

结果显示，失婚男性高于 5 组群体（迁移婚姻女性、迁移婚姻男性、迁移婚姻女性父母、迁移婚姻男性父母、迁移婚姻家庭子女），差异均具有显著性；失婚男性父母高于 5 组群体（迁移婚姻女性、迁移婚姻男性、迁移婚姻女性父母、迁移婚姻男性父母、迁移婚姻家庭子女），差异均具有显著性；迁移婚姻家庭子女低于6 组群体（迁移婚姻女性、迁移婚姻男性、迁移婚姻女性父母、迁移婚姻男性父母、失婚男性、失婚男性父母），差异均具有显著性。

究其原因，对失婚男性与失婚男性父母而言，人口风险中的迁移婚姻女性净迁出地的婚姻适龄人口性别比失衡风险、人口老龄化风险、人口总量减少风险、劳动力人口减少风险是他们及其家庭正在遭受和承受以及未来要遭受和承受的风险（马健雄，2004；田先红，2009；胡莹、李树苗，2015；李成华，2017；于潇等，2019）。相比其他 6 组群体，迁移婚姻家庭子女出生并成长于社会变迁中，正经历着时代发展引发的各种可能和正在发生的人口风险，他们更倾向于认为女性农民工迁移婚姻引发的人口风险是我国人口变迁风险中的一部分。

表 7-2　人口风险可能性的群体多重比较（Scheffe）

因变量	（I）群体	（J）群体	平均差异（I-J）	标准误	显著性	95%置信区间 下界	95%置信区间 上界
人口风险	迁移婚姻女性	迁移婚姻男性	-0.077	0.027	0.215	-0.171	0.018
		迁移婚姻家庭子女	0.216**	0.029	0.000	0.112	0.321
		迁移婚姻女性父母	-0.086	0.030	0.202	-0.191	0.019
		迁移婚姻男性父母	-0.143	0.029	0.051	-0.247	-0.038
		失婚男性	-0.461**	0.029	0.000	-0.565	-0.356
		失婚男性父母	-0.427**	0.030	0.000	-0.533	-0.321
	迁移婚姻男性	迁移婚姻女性	0.077	0.027	0.215	-0.018	0.171
		迁移婚姻家庭子女	0.293**	0.030	0.000	0.188	0.398
		迁移婚姻女性父母	-0.010	0.030	1.000	-0.115	0.096
		迁移婚姻男性父母	-0.066	0.030	0.544	-0.171	0.039
		失婚男性	-0.384**	0.029	0.000	-0.489	-0.279
		失婚男性父母	-0.350**	0.030	0.000	-0.456	-0.244
	迁移婚姻家庭子女	迁移婚姻女性	-0.216**	0.029	0.000	-0.321	-0.112
		迁移婚姻男性	-0.293**	0.030	0.000	-0.398	-0.188
		迁移婚姻女性父母	-0.303**	0.032	0.000	-0.417	-0.188
		迁移婚姻男性父母	-0.359**	0.032	0.000	-0.473	-0.245
		失婚男性	-0.677**	0.032	0.000	-0.791	-0.563
		失婚男性父母	-0.643**	0.032	0.000	-0.759	-0.528
	迁移婚姻女性父母	迁移婚姻女性	0.086	0.030	0.202	-0.019	0.191
		迁移婚姻男性	0.010	0.030	1.000	-0.096	0.115
		迁移婚姻家庭子女	0.303**	0.032	0.000	0.188	0.417

因变量	(I)群体	(J)群体	平均差异(I-J)	标准误	显著性	95%置信区间 下界	95%置信区间 上界
人口风险	迁移婚姻女性父母	迁移婚姻男性父母	-0.057	0.032	0.799	-0.171	0.058
		失婚男性	-0.374**	0.032	0.000	-0.489	-0.260
		失婚男性父母	-0.341**	0.033	0.000	-0.456	-0.225
	迁移婚姻男性父母	迁移婚姻女性	0.143	0.029	0.051	0.038	0.247
		迁移婚姻男性	0.066	0.030	0.544	-0.039	0.171
		迁移婚姻家庭子女	0.359**	0.032	0.000	0.245	0.473
		迁移婚姻女性父母	0.057	0.032	0.799	-0.058	0.171
		失婚男性	-0.318**	0.032	0.000	-0.432	-0.204
		失婚男性父母	-0.284**	0.032	0.000	-0.400	-0.169
	失婚男性	迁移婚姻女性	0.461**	0.029	0.000	0.356	0.565
		迁移婚姻男性	0.384**	0.029	0.000	0.279	0.489
		迁移婚姻家庭子女	0.677**	0.032	0.000	0.563	0.791
		迁移婚姻女性父母	0.374**	0.032	0.000	0.260	0.489
		迁移婚姻男性父母	0.318**	0.032	0.000	0.204	0.432
		失婚男性父母	0.034	0.032	0.982	-0.081	0.149
	失婚男性父母	迁移婚姻女性	0.427**	0.030	0.000	0.321	0.533
		迁移婚姻男性	0.350**	0.030	0.000	0.244	0.456
		迁移婚姻家庭子女	0.643**	0.032	0.000	0.528	0.759
		迁移婚姻女性父母	0.341**	0.033	0.000	0.225	0.456
		迁移婚姻男性父母	0.284**	0.032	0.000	0.169	0.400
		失婚男性	-0.034	0.032	0.982	-0.149	0.081

注：** $p < 0.01$。下同。

二 婚恋风险可能性的群体差异分析

（一）单因素方差分析

表 7-3 为婚恋风险可能性的单因素方差分析结果。结果显示，7 组样本群体的婚恋风险可能性整体检验的 F 值为 24.644（p = 0.000<0.01），达到显著水平，表明 7 组样本群体婚恋风险可能性

的差异具有显著性。至于是哪些配对组别间的差异具有显著性，须进行事后两两配对比较方能得知。

表 7-3 婚恋风险可能性的单因素方差分析

		平方和	自由度	平均平方和	F 检验	显著性
婚恋风险	组间	13.786	6	2.298	24.644	0.000
	组内	139.659	1498	0.093		
	总和	153.445	1504			

（二）多重比较分析

采用 Scheffe 方法对 7 组样本群体的婚恋风险可能性均值差异进行事后比较，比较结果如表 7-4 所示。

结果显示，迁移婚姻女性高于 3 组群体（迁移婚姻家庭子女、迁移婚姻男性父母、失婚男性父母），差异均具有显著性；迁移婚姻男性高于 3 组群体（迁移婚姻家庭子女、迁移婚姻男性父母、失婚男性父母），差异均具有显著性；迁移婚姻女性父母高于 4 组群体（迁移婚姻家庭子女、迁移婚姻男性父母、失婚男性、失婚男性父母），差异均具有显著性。

表 7-4 婚恋风险可能性的群体多重比较 （Scheffe）

因变量	（I）群体	（J）群体	平均差异（I-J）	标准误	显著性	95%置信区间 下界	95%置信区间 上界
婚恋风险	迁移婚姻女性	迁移婚姻男性	0.035	0.026	0.934	-0.057	0.127
		迁移婚姻家庭子女	0.171**	0.029	0.000	0.070	0.273
		迁移婚姻女性父母	-0.051	0.029	0.790	-0.153	0.051
		迁移婚姻男性父母	0.167**	0.029	0.000	0.066	0.269
		失婚男性	0.082	0.029	0.220	-0.019	0.184
		失婚男性父母	0.247**	0.029	0.000	0.145	0.350
	迁移婚姻男性	迁移婚姻女性	-0.035	0.026	0.934	-0.127	0.057
		迁移婚姻家庭子女	0.136**	0.029	0.001	0.034	0.238

因变量	(I)群体	(J)群体	平均差异(I-J)	标准误	显著性	95%置信区间 下界	95%置信区间 上界
婚恋风险	迁移婚姻男性	迁移婚姻女性父母	-0.086	0.029	0.179	-0.188	0.016
		迁移婚姻男性父母	0.132**	0.029	0.002	0.030	0.234
		失婚男性	0.047	0.029	0.844	-0.055	0.149
		失婚男性父母	0.212**	0.029	0.000	0.109	0.316
	迁移婚姻家庭子女	迁移婚姻女性	-0.171**	0.029	0.000	-0.273	-0.070
		迁移婚姻男性	-0.136**	0.029	0.001	-0.238	-0.034
		迁移婚姻女性父母	-0.222**	0.031	0.000	-0.334	-0.111
		迁移婚姻男性父母	-0.004	0.031	1.000	-0.115	0.107
		失婚男性	-0.089	0.031	0.229	-0.200	0.022
		失婚男性父母	0.076	0.032	0.442	-0.036	0.188
	迁移婚姻女性父母	迁移婚姻女性	0.051	0.029	0.790	-0.051	0.153
		迁移婚姻男性	0.086	0.029	0.179	-0.016	0.188
		迁移婚姻家庭子女	0.222**	0.031	0.000	0.111	0.334
		迁移婚姻男性父母	0.218**	0.031	0.000	0.107	0.330
		失婚男性	0.133**	0.031	0.006	0.022	0.244
		失婚男性父母	0.298**	0.032	0.000	0.186	0.411
	迁移婚姻男性父母	迁移婚姻女性	-0.167**	0.029	0.000	-0.269	-0.066
		迁移婚姻男性	-0.132**	0.029	0.002	-0.234	-0.030
		迁移婚姻家庭子女	0.004	0.031	1.000	-0.107	0.115
		迁移婚姻女性父母	-0.218**	0.031	0.000	-0.330	-0.107
		失婚男性	-0.085	0.031	0.284	-0.196	0.026
		失婚男性父母	0.080	0.032	0.374	-0.032	0.192
	失婚男性	迁移婚姻女性	-0.082	0.029	0.220	-0.184	0.019
		迁移婚姻男性	-0.047	0.029	0.844	-0.149	0.055
		迁移婚姻家庭子女	0.089	0.031	0.229	-0.022	0.200
		迁移婚姻女性父母	-0.133**	0.031	0.006	-0.244	-0.022
		迁移婚姻男性父母	0.085	0.031	0.284	-0.026	0.196
		失婚男性父母	0.165	0.032	0.210	0.053	0.277

续表

因变量	（I）群体	（J）群体	平均差异（I-J）	标准误	显著性	95%置信区间	
						下界	上界
婚恋风险	失婚男性父母	迁移婚姻女性	-0.247**	0.029	0.000	-0.350	-0.145
		迁移婚姻男性	-0.212**	0.029	0.000	-0.316	-0.109
		迁移婚姻家庭子女	-0.076	0.032	0.442	-0.188	0.036
		迁移婚姻女性父母	-0.298**	0.032	0.000	-0.411	-0.186
		迁移婚姻男性父母	-0.080	0.032	0.374	-0.192	0.032
		失婚男性	-0.165	0.032	0.210	-0.277	-0.053

究其原因，对迁移婚姻女性、迁移婚姻男性、迁移婚姻女性父母而言，婚恋风险中的骗婚风险、未婚同居风险、未婚生育风险、迁移婚姻破裂风险，是在他们生活中已经发生或正在发生的婚恋风险（邓智平，2004；风笑天，2006；仰和芝，2007；刘芝艳，2009；宋丽娜，2010；王文龙，2010；李磊，2012；王会、欧阳静，2012；国家人口和计划生育委员会流动人口服务管理司，2012；施磊磊，2014；方安迪，2020），也是他们曾经和正在经历的风险。

三 家庭风险可能性的群体差异分析

（一）单因素方差分析

表7-5为家庭风险可能性的单因素方差分析结果。结果显示，7组样本群体的家庭风险可能性整体检验的 F 值为165.089（$p = 0.000 < 0.01$），达到显著水平，表明7组样本群体家庭风险可能性差异具有显著性。至于是哪些配对组别间的差异具有显著性，须进行事后两两配对比较方能得知。

表7-5 家庭风险可能性的单因素方差分析

		平方和	自由度	平均平方和	F检验	显著性
家庭风险	组间	92.042	6	15.340	165.089	0.000
	组内	139.196	1498	0.093		
	总和	231.238	1504			

（二）多重比较分析

采用 Scheffe 方法对 7 组样本群体的家庭风险可能性均值差异进行事后比较，比较结果如表 7-6 所示。

结果显示，迁移婚姻女性高于 6 组群体（迁移婚姻男性、迁移婚姻家庭子女、迁移婚姻女性父母、迁移婚姻男性父母、失婚男性、失婚男性父母），差异均具有显著性；迁移婚姻家庭子女高于 4 组群体（迁移婚姻男性、迁移婚姻男性父母、失婚男性、失婚男性父母），差异均具有显著性；迁移婚姻女性父母高于 3 组群体（迁移婚姻男性、迁移婚姻男性父母、失婚男性父母），差异均具有显著性；失婚男性高于迁移婚姻男性，差异具有显著性。

表 7-6　家庭风险可能性的群体多重比较（Scheffe）

因变量	（I）群体	（J）群体	平均差异（I-J）	标准误	显著性	95%置信区间 下界	95%置信区间 上界
家庭风险	迁移婚姻女性	迁移婚姻男性	0.717**	0.026	0.000	0.625	0.809
		迁移婚姻家庭子女	0.405**	0.029	0.000	0.303	0.506
		迁移婚姻女性父母	0.496**	0.029	0.000	0.394	0.598
		迁移婚姻男性父母	0.657**	0.029	0.000	0.556	0.759
		失婚男性	0.562**	0.029	0.000	0.461	0.663
		失婚男性父母	0.615**	0.029	0.000	0.512	0.717
	迁移婚姻男性	迁移婚姻女性	-0.717**	0.026	0.000	-0.809	-0.625
		迁移婚姻家庭子女	-0.313**	0.029	0.000	-0.414	-0.211
		迁移婚姻女性父母	-0.221**	0.029	0.000	-0.323	-0.119
		迁移婚姻男性父母	-0.060	0.029	0.626	-0.162	0.042
		失婚男性	-0.155**	0.029	0.000	-0.257	-0.053
		失婚男性父母	-0.103	0.029	0.052	-0.206	0.001
	迁移婚姻家庭子女	迁移婚姻女性	-0.405**	0.029	0.000	-0.506	-0.303
		迁移婚姻男性	0.313**	0.029	0.000	0.211	0.414
		迁移婚姻女性父母	0.092	0.031	0.201	-0.020	0.203

因变量	（I）群体	（J）群体	平均差异（I-J）	标准误	显著性	95%置信区间 下界	95%置信区间 上界
家庭风险	迁移婚姻家庭子女	迁移婚姻男性父母	0.253 **	0.031	0.000	0.142	0.363
		失婚男性	0.157 **	0.031	0.000	0.047	0.268
		失婚男性父母	0.210 **	0.031	0.000	0.098	0.322
	迁移婚姻女性父母	迁移婚姻女性	-0.496 **	0.029	0.000	-0.598	-0.394
		迁移婚姻男性	0.221 **	0.029	0.000	0.119	0.323
		迁移婚姻家庭子女	-0.092	0.031	0.201	-0.203	0.020
		迁移婚姻男性父母	0.161 **	0.031	0.000	0.050	0.272
		失婚男性	0.066	0.031	0.615	-0.045	0.177
		失婚男性父母	0.119 **	0.032	0.029	0.006	0.231
	迁移婚姻男性父母	迁移婚姻女性	-0.657 **	0.029	0.000	-0.759	-0.556
		迁移婚姻男性	0.060	0.029	0.626	-0.042	0.162
		迁移婚姻家庭子女	-0.253 **	0.031	0.000	-0.363	-0.142
		迁移婚姻女性父母	-0.161 **	0.031	0.000	-0.272	-0.050
		失婚男性	-0.095	0.031	0.156	-0.206	0.016
		失婚男性父母	-0.043	0.031	0.935	-0.154	0.069
	失婚男性	迁移婚姻女性	-0.562 **	0.029	0.000	-0.663	-0.461
		迁移婚姻男性	0.155 **	0.029	0.000	0.053	0.257
		迁移婚姻家庭子女	-0.157 **	0.031	0.000	-0.268	-0.047
		迁移婚姻女性父母	-0.066	0.031	0.615	-0.177	0.045
		迁移婚姻男性父母	0.095	0.031	0.156	-0.016	0.206
		失婚男性父母	0.053	0.031	0.833	-0.059	0.164
	失婚男性父母	迁移婚姻女性	-0.615 **	0.029	0.000	-0.717	-0.512
		迁移婚姻男性	0.103	0.029	0.052	-0.001	0.206
		迁移婚姻家庭子女	-0.210 **	0.031	0.000	-0.322	-0.098
		迁移婚姻女性父母	-0.119 **	0.032	0.029	-0.231	-0.006
		迁移婚姻男性父母	0.043	0.031	0.935	-0.069	0.154
		失婚男性	-0.053	0.031	0.833	-0.164	0.059

究其原因，对迁移婚姻女性、迁移婚姻家庭子女、迁移婚姻女性父母而言，家庭风险中的迁移婚姻家庭不稳定风险、迁移婚姻女性家庭排斥风险、迁移婚姻破裂家庭教育弱化风险是他们或其家庭成员曾经、正在和未来要经历的家庭风险（陈业强，2012；邓晓梅，2014；陶自祥，2019；陈讯，2020；易文彬，2021），他们目睹这些风险的发生；同样是男性，相比迁移婚姻男性，失婚男性正在经历家庭功能不完整风险及其带来的影响（邓希泉，2010；薛敏霞、舒曼，2020），而且家庭功能不完整风险的影响是持久的，将一直影响失婚男性。

四　经济风险可能性的群体差异分析

（一）单因素方差分析

表 7-7 为经济风险可能性的单因素方差分析结果。结果显示，7 组样本群体的经济风险可能性整体检验的 F 值为 15.509（$p = 0.000 < 0.01$），达到显著水平，表明 7 组样本群体经济风险可能性的差异具有显著性。至于是哪些配对组别间的差异具有显著性，须进行事后两两配对比较方能得知。

表 7-7　经济风险可能性的单因素方差分析

		平方和	自由度	平均平方和	F 检验	显著性
经济风险	组间	9.331	6	1.555	15.509	0.000
	组内	150.204	1498	0.100		
	总和	159.535	1504			

（二）多重比较分析

采用 Scheffe 方法对 7 组样本群体的经济风险可能性均值差异进行事后比较，比较结果如表 7-8 所示。

表 7-8　经济风险可能性的群体多重比较（Scheffe）

因变量	（I）群体	（J）群体	平均差异（I-J）	标准误	显著性	95%置信区间 下界	95%置信区间 上界
经济风险	迁移婚姻女性	迁移婚姻男性	0.134**	0.027	0.000	0.039	0.229
		迁移婚姻家庭子女	0.115**	0.030	0.021	0.009	0.221
		迁移婚姻女性父母	0.017	0.030	0.999	-0.089	0.122
		迁移婚姻男性父母	0.221**	0.030	0.000	0.116	0.327
		失婚男性	0.126**	0.030	0.006	0.020	0.231
		失婚男性父母	0.207**	0.030	0.000	0.100	0.313
	迁移婚姻男性	迁移婚姻女性	-0.134**	0.027	0.000	-0.229	-0.039
		迁移婚姻家庭子女	-0.019	0.030	0.999	-0.125	0.087
		迁移婚姻女性父母	-0.117**	0.030	0.018	-0.223	-0.011
		迁移婚姻男性父母	0.087	0.030	0.199	-0.019	0.193
		失婚男性	-0.008	0.030	1.000	-0.114	0.098
		失婚男性父母	0.073	0.030	0.442	-0.034	0.180
	迁移婚姻家庭子女	迁移婚姻女性	-0.115**	0.030	0.021	-0.221	-0.009
		迁移婚姻男性	0.019	0.030	0.999	-0.087	0.125
		迁移婚姻女性父母	-0.098	0.032	0.164	-0.214	0.017
		迁移婚姻男性父母	0.106	0.032	0.099	-0.009	0.221
		失婚男性	0.011	0.032	1.000	-0.104	0.126
		失婚男性父母	0.092	0.033	0.251	-0.025	0.208
	迁移婚姻女性父母	迁移婚姻女性	-0.017	0.030	0.999	-0.122	0.089
		迁移婚姻男性	0.117**	0.030	0.018	0.011	0.223
		迁移婚姻家庭子女	0.098	0.032	0.164	-0.017	0.214
		迁移婚姻男性父母	0.205**	0.032	0.000	0.089	0.320
		失婚男性	0.109	0.032	0.079	-0.006	0.225
		失婚男性父母	0.190**	0.033	0.000	0.074	0.307
	迁移婚姻男性父母	迁移婚姻女性	-0.221**	0.030	0.000	-0.327	-0.116
		迁移婚姻男性	-0.087	0.030	0.199	-0.193	0.019
		迁移婚姻家庭子女	-0.106	0.032	0.099	-0.221	0.009

续表

因变量	（I）群体	（J）群体	平均差异（I-J）	标准误	显著性	95%置信区间	
						下界	上界
经济风险	迁移婚姻男性父母	迁移婚姻女性父母	-0.205**	0.032	0.000	-0.320	-0.089
		失婚男性	-0.095	0.032	0.194	-0.210	0.020
		失婚男性父母	-0.014	0.033	1.000	-0.131	0.102
	失婚男性	迁移婚姻女性	-0.126**	0.030	0.006	-0.231	-0.020
		迁移婚姻男性	0.008	0.030	1.000	-0.098	0.114
		迁移婚姻家庭子女	-0.011	0.032	1.000	-0.126	0.104
		迁移婚姻女性父母	-0.109	0.032	0.079	-0.225	0.006
		迁移婚姻男性父母	0.095	0.032	0.194	-0.020	0.210
		失婚男性父母	0.081	0.033	0.410	-0.035	0.197
	失婚男性父母	迁移婚姻女性	-0.207**	0.030	0.000	-0.313	-0.100
		迁移婚姻男性	-0.073	0.030	0.442	-0.180	0.034
		迁移婚姻家庭子女	-0.092	0.033	0.251	-0.208	0.025
		迁移婚姻女性父母	-0.190**	0.033	0.000	-0.307	-0.074
		迁移婚姻男性父母	0.014	0.033	1.000	-0.102	0.131
		失婚男性	-0.081	0.033	0.410	-0.197	0.035

结果显示，迁移婚姻女性高于5组群体（迁移婚姻男性、迁移婚姻家庭子女、迁移婚姻男性父母、失婚男性、失婚男性父母），差异均具有显著性；迁移婚姻女性父母高于3组群体（迁移婚姻男性、迁移婚姻男性父母、失婚男性父母），差异均具有显著性。

究其原因，对迁移婚姻女性、迁移婚姻女性父母而言，经济风险中的迁移婚姻女性新生家庭与原生家庭交往成本高风险、迁移婚姻家庭经济上互不信任风险、迁移婚姻女性新生家庭与原生家庭劳动力支持割裂风险，是他们生活中曾经、正在和一直要经历的风险（谭琳等，2003；沈文捷，2007；任亚萍，2012；邓晓梅，2014；仰和芝、张德乾，2018）。

五 社会网络风险可能性的群体差异分析

(一) 单因素方差分析

表 7-9 为社会网络风险可能性的单因素方差分析结果。结果显示，7 组样本群体的社会网络风险可能性整体检验的 F 值为 86.859（$p = 0.000 < 0.01$），达到显著水平，表明 7 组样本群体社会网络风险可能性的差异均具有显著性。至于是哪些配对组别间的差异具有显著性，须进行事后两两配对比较方能得知。

表 7-9　社会网络风险可能性的单因素方差分析

		平方和	自由度	平均平方和	F 检验	显著性
社会网络风险	组间	45.628	6	7.605	86.859	0.000
	组内	130.802	1494	0.088		
	总和	176.430	1500			

(二) 多重比较分析

采用 Scheffe 方法对 7 组样本群体的社会网络风险可能性均值差异进行事后比较，比较结果如表 7-10 所示。

结果显示，迁移婚姻女性高于 6 组群体（迁移婚姻男性、迁移婚姻家庭子女、迁移婚姻女性父母、迁移婚姻男性父母、失婚男性、失婚男性父母），差异均具有显著性；失婚男性高于 4 组群体（迁移婚姻男性、迁移婚姻家庭子女、迁移婚姻女性父母、迁移婚姻男性父母），差异均具有显著性。

表 7-10　社会网络风险可能性的群体多重比较（Scheffe）

因变量	(I) 群体	(J) 群体	平均差异 (I-J)	标准误	显著性	95% 置信区间 下界	上界
社会网络风险	迁移婚姻女性	迁移婚姻男性	0.421**	0.025	0.000	0.332	0.510
		迁移婚姻家庭子女	0.446**	0.028	0.000	0.347	0.544
		迁移婚姻女性父母	0.407**	0.028	0.000	0.308	0.506

续表

因变量	（I）群体	（J）群体	平均差异（I-J）	标准误	显著性	95%置信区间 下界	95%置信区间 上界
社会网络风险	迁移婚姻女性	迁移婚姻男性父母	0.535**	0.028	0.000	0.436	0.633
		失婚男性	0.290**	0.028	0.000	0.191	0.389
		失婚男性父母	0.398**	0.028	0.000	0.298	0.498
	迁移婚姻男性	迁移婚姻女性	-0.421**	0.025	0.000	-0.510	-0.332
		迁移婚姻家庭子女	0.024	0.028	0.993	-0.075	0.123
		迁移婚姻女性父母	-0.014	0.028	1.000	-0.113	0.085
		迁移婚姻男性父母	0.113	0.051		0.014	0.212
		失婚男性	-0.131**	0.028	0.001	-0.231	-0.032
		失婚男性父母	-0.023	0.028	0.995	-0.123	0.077
	迁移婚姻家庭子女	迁移婚姻女性	-0.446**	0.028	0.000	-0.544	-0.347
		迁移婚姻男性	-0.024	0.028	0.993	-0.123	0.075
		迁移婚姻女性父母	-0.038	0.030	0.953	-0.146	0.070
		迁移婚姻男性父母	0.089	0.030	0.196	-0.019	0.197
		失婚男性	-0.156**	0.030	0.000	-0.264	-0.048
		失婚男性父母	-0.047	0.031	0.878	-0.156	0.061
	迁移婚姻女性父母	迁移婚姻女性	-0.407**	0.028	0.000	-0.506	-0.308
		迁移婚姻男性	0.014	0.028	1.000	-0.085	0.113
		迁移婚姻家庭子女	0.038	0.030	0.953	-0.070	0.146
		迁移婚姻男性父母	0.127	0.030	0.068	0.019	0.235
		失婚男性	-0.117**	0.030	0.022	-0.226	-0.009
		失婚男性父母	-0.009	0.031	1.000	-0.118	0.100
	迁移婚姻男性父母	迁移婚姻女性	-0.535**	0.028	0.000	-0.633	-0.436
		迁移婚姻男性	-0.113	0.028	0.051	-0.212	-0.014
		迁移婚姻家庭子女	-0.089	0.030	0.196	-0.197	0.019
		迁移婚姻女性父母	-0.127**	0.030	0.068	-0.235	-0.019
		失婚男性	-0.245**	0.030	0.000	-0.353	-0.137
		失婚男性父母	-0.137**	0.031	0.003	-0.245	-0.028
	失婚男性	迁移婚姻女性	-0.290**	0.028	0.000	-0.389	-0.191
		迁移婚姻男性	0.131**	0.028	0.001	0.032	0.231

续表

因变量	（I）群体	（J）群体	平均差异（I-J）	标准误	显著性	95%置信区间 下界	95%置信区间 上界
社会网络风险	失婚男性	迁移婚姻家庭子女	0.156**	0.030	0.000	0.048	0.264
		迁移婚姻女性父母	0.117**	0.030	0.022	0.009	0.226
		迁移婚姻男性父母	0.245**	0.030	0.000	0.137	0.353
		失婚男性父母	0.108	0.031	0.054	-0.001	0.217
	失婚男性父母	迁移婚姻女性	-0.398**	0.028	0.000	-0.498	-0.298
		迁移婚姻男性	0.023	0.028	0.995	-0.077	0.123
		迁移婚姻家庭子女	0.047	0.031	0.878	-0.061	0.156
		迁移婚姻女性父母	0.009	0.031	1.000	-0.100	0.118
		迁移婚姻男性父母	0.137	0.031	0.053	0.028	0.245
		失婚男性	-0.108	0.031	0.054	-0.217	0.001

究其原因，对迁移婚姻女性而言，社会网络风险中的迁移婚姻女性的新生家庭与原生家庭社会支持割裂风险、迁移婚姻女性社会排斥风险，是她们婚后生活中正在或很长时间内要发生的风险（王文龙，2010；陈业强，2012；陈讯，2020）。对失婚男性而言，社会网络风险中的失婚男性社会疏离风险、失婚男性社会排斥风险，是他们生活中正在发生和一直发生着的风险（何绍辉，2010；谢娅婷等，2015；孟阳、李树茁，2017b；陆卫群等，2019）。

六 健康风险可能性的群体差异分析

（一）单因素方差分析

表7-11为健康风险可能性的单因素方差分析结果。结果显示，7组样本群体的健康风险可能性整体检验的 F 值为5.252（$p=0.000<0.01$），达到显著水平，表明7组样本群体健康风险可能性的差异具有显著性。至于是哪些配对组别间的差异具有显著性，须进行事后两两配对比较方能得知。

表 7-11　健康风险可能性的单因素方差分析

		平方和	自由度	平均平方和	F 检验	显著性
健康风险	组间	3.483	6	0.580	5.252	0.000
	组内	165.569	1498	0.111		
	总和	169.052	1504			

（二）多重比较分析

采用 Scheffe 方法对 7 组样本群体的健康风险可能性均值差异进行事后比较，比较结果如表 7-12 所示。

结果显示，失婚男性父母高于 2 组群体（迁移婚姻男性、失婚男性），差异均具有显著性。

表 7-12　健康风险可能性的群体多重比较（Scheffe）

因变量	(I)群体	(J)群体	平均差异(I-J)	标准误	显著性	95%置信区间 下界	95%置信区间 上界
健康风险	迁移婚姻女性	迁移婚姻男性	0.083	0.028	0.186	-0.017	0.184
		迁移婚姻家庭子女	-0.010	0.031	1.000	-0.121	0.100
		迁移婚姻女性父母	0.071	0.031	0.527	-0.040	0.182
		迁移婚姻男性父母	0.067	0.031	0.591	-0.044	0.178
		失婚男性	0.085	0.031	0.283	-0.026	0.196
		失婚男性父母	-0.045	0.032	0.916	-0.157	0.067
	迁移婚姻男性	迁移婚姻女性	-0.083	0.028	0.186	-0.184	0.017
		迁移婚姻家庭子女	-0.094	0.031	0.173	-0.205	0.017
		迁移婚姻女性父母	-0.013	0.031	1.000	-0.124	0.099
		迁移婚姻男性父母	-0.016	0.031	1.000	-0.127	0.095
		失婚男性	0.001	0.031	1.000	-0.110	0.112
		失婚男性父母	-0.129**	0.032	0.012	-0.241	-0.016
	迁移婚姻家庭子女	迁移婚姻女性	0.010	0.031	1.000	-0.100	0.121
		迁移婚姻男性	0.094	0.031	0.173	-0.017	0.205
		迁移婚姻女性父母	0.081	0.034	0.459	-0.040	0.203

续表

因变量	（I）群体	（J）群体	平均差异（I-J）	标准误	显著性	95%置信区间	
						下界	上界
健康风险	迁移婚姻家庭子女	迁移婚姻男性父母	0.078	0.034	0.517	-0.043	0.199
		失婚男性	0.095	0.034	0.248	-0.025	0.216
		失婚男性父母	-0.035	0.034	0.985	-0.157	0.088
	迁移婚姻女性父母	迁移婚姻女性	-0.071	0.031	0.527	-0.182	0.040
		迁移婚姻男性	0.013	0.031	1.000	-0.099	0.124
		迁移婚姻家庭子女	-0.081	0.034	0.459	-0.203	0.040
		迁移婚姻男性父母	-0.004	0.034	1.000	-0.125	0.118
		失婚男性	0.014	0.034	1.000	-0.107	0.135
		失婚男性父母	-0.116	0.034	0.080	-0.238	0.006
	迁移婚姻男性父母	迁移婚姻女性	-0.067	0.031	0.591	-0.178	0.044
		迁移婚姻男性	0.016	0.031	1.000	-0.095	0.127
		迁移婚姻家庭子女	-0.078	0.034	0.517	-0.199	0.043
		迁移婚姻女性父母	0.004	0.034	1.000	-0.118	0.125
		失婚男性	0.018	0.034	1.000	-0.103	0.138
		失婚男性父母	-0.112	0.034	0.100	-0.234	0.010
	失婚男性	迁移婚姻女性	-0.085	0.031	0.283	-0.196	0.026
		迁移婚姻男性	-0.001	0.031	1.000	-0.112	0.110
		迁移婚姻家庭子女	-0.095	0.034	0.248	-0.216	0.025
		迁移婚姻女性父母	-0.014	0.034	1.000	-0.135	0.107
		迁移婚姻男性父母	-0.018	0.034	1.000	-0.138	0.103
		失婚男性父母	-0.130**	0.034	0.026	-0.252	-0.008
	失婚男性父母	迁移婚姻女性	0.045	0.032	0.916	-0.067	0.157
		迁移婚姻男性	0.129**	0.032	0.012	0.016	0.241
		迁移婚姻家庭子女	0.035	0.034	0.985	-0.088	0.157
		迁移婚姻女性父母	0.116	0.034	0.080	-0.006	0.238
		迁移婚姻男性父母	0.112	0.034	0.100	-0.010	0.234
		失婚男性	0.130**	0.034	0.026	0.008	0.252

究其原因，对失婚男性父母来说，他们不但自己要承受儿子

失婚带来的心理健康风险，还要目睹并担心自己失婚儿子面临与性有关的疾病风险和心理健康风险（韦艳等，2008；郭秋菊、靳小怡，2012；张群林、孟阳，2015；杨雪燕等，2017；孙发平等，2019）。

七 养老风险可能性的群体差异分析

（一）单因素方差分析

表 7-13 为养老风险可能性的单因素方差分析结果。结果显示，7 组样本群体的养老风险可能性整体检验 F 值为 33.540（$p=0.000<0.01$），达到显著水平，表明 7 组样本群体养老风险可能性的差异具有显著性。至于是哪些配对组别间的差异具有显著性，须进行事后两两配对比较方能得知。

表 7-13 养老风险可能性的单因素方差分析

		平方和	自由度	平均平方和	F 检验	显著性
养老风险	组间	18.315	6	3.053	33.540	0.000
	组内	136.337	1498	0.091		
	总和	154.652	1504			

（二）多重比较分析

采用 Scheffe 方法对 7 组样本群体的养老风险可能性均值差异进行事后比较，比较结果如表 7-14 所示。

结果显示，迁移婚姻女性高于 4 组群体（迁移婚姻男性、迁移婚姻女性父母、迁移婚姻男性父母、失婚男性），差异均具有显著性；迁移婚姻家庭子女高于 3 组群体（迁移婚姻男性、迁移婚姻男性父母、失婚男性），差异均具有显著性；失婚男性父母高于 5 组群体（迁移婚姻男性、迁移婚姻家庭子女、迁移婚姻女性父母、迁移婚姻男性父母、失婚男性），差异均具有显著性。

表 7-14 养老风险可能性的群体多重比较 (Scheffe)

因变量	(I)群体	(J) 群体	平均差异(I-J)	标准误	显著性	95%置信区间 下界	95%置信区间 上界
养老风险	迁移婚姻女性	迁移婚姻男性	0.206**	0.026	0.000	0.115	0.297
		迁移婚姻家庭子女	0.082	0.028	0.218	-0.019	0.182
		迁移婚姻女性父母	0.131**	0.028	0.002	0.030	0.232
		迁移婚姻男性父母	0.251**	0.028	0.000	0.151	0.352
		失婚男性	0.211**	0.028	0.000	0.110	0.311
		失婚男性父母	-0.076	0.029	0.313	-0.178	0.025
	迁移婚姻男性	迁移婚姻女性	-0.206**	0.026	0.000	-0.297	-0.115
		迁移婚姻家庭子女	-0.125**	0.028	0.004	-0.226	-0.024
		迁移婚姻女性父母	-0.075	0.028	0.322	-0.176	0.026
		迁移婚姻男性父母	0.045	0.028	0.867	-0.056	0.146
		失婚男性	0.005	0.028	1.000	-0.096	0.105
		失婚男性父母	-0.282**	0.029	0.000	-0.384	-0.180
	迁移婚姻家庭子女	迁移婚姻女性	-0.082	0.028	0.218	-0.182	0.019
		迁移婚姻男性	0.125**	0.028	0.004	0.024	0.226
		迁移婚姻女性父母	0.049	0.031	0.862	-0.061	0.159
		迁移婚姻男性父母	0.170**	0.031	0.000	0.060	0.279
		失婚男性	0.129**	0.031	0.008	0.020	0.239
		失婚男性父母	-0.158**	0.031	0.000	-0.268	-0.047
	迁移婚姻女性父母	迁移婚姻女性	-0.131**	0.028	0.002	-0.232	-0.030
		迁移婚姻男性	0.075	0.028	0.322	-0.026	0.176
		迁移婚姻家庭子女	-0.049	0.031	0.862	-0.159	0.061
		迁移婚姻男性父母	0.120	0.031	0.052	0.010	0.230
		失婚男性	0.080	0.031	0.354	-0.030	0.190
		失婚男性父母	-0.207**	0.031	0.000	-0.318	-0.096
	迁移婚姻男性父母	迁移婚姻女性	-0.251**	0.028	0.000	-0.352	-0.151
		迁移婚姻男性	-0.045	0.028	0.867	-0.146	0.056
		迁移婚姻家庭子女	-0.170**	0.031	0.000	-0.279	-0.060

续表

因变量	(I)群体	(J) 群体	平均差异(I-J)	标准误	显著性	95%置信区间 下界	95%置信区间 上界
养老风险	迁移婚姻男性父母	迁移婚姻女性父母	-0.120	0.031	0.052	-0.230	-0.010
		失婚男性	-0.040	0.031	0.943	-0.150	0.069
		失婚男性父母	-0.327**	0.031	0.000	-0.438	-0.217
	失婚男性	迁移婚姻女性	-0.211**	0.028	0.000	-0.311	-0.110
		迁移婚姻男性	-0.005	0.028	1.000	-0.105	0.096
		迁移婚姻家庭子女	-0.129**	0.031	0.008	-0.239	-0.020
		迁移婚姻女性父母	-0.080	0.031	0.354	-0.190	0.030
		迁移婚姻男性父母	0.040	0.031	0.943	-0.069	0.150
		失婚男性父母	-0.287**	0.031	0.000	-0.398	-0.176
	失婚男性父母	迁移婚姻女性	0.076	0.029	0.313	-0.025	0.178
		迁移婚姻男性	0.282**	0.029	0.000	0.180	0.384
		迁移婚姻家庭子女	0.158**	0.031	0.000	0.047	0.268
		迁移婚姻女性父母	0.207**	0.031	0.000	0.096	0.318
		迁移婚姻男性父母	0.327**	0.031	0.000	0.217	0.438
		失婚男性	0.287**	0.031	0.000	0.176	0.398

究其原因，对迁移婚姻女性而言，她们的远嫁必然导致对父母的养老支持弱化甚至缺失，也会因为自身对父母养老支持弱化与兄弟姐妹在赡养父母方面产生不同程度的纠纷（仰和芝，2006；宋丽娜，2010）。迁移婚姻家庭子女必然目睹其母亲在对父母养老支持和责任承担方面遭遇的困境和无奈。对失婚男性父母而言，失婚儿子对父母的养老支持必然不同程度弱化，失婚男性的家庭养老功能必然缺失，从而必然引发父母自身的养老风险和失婚儿子未来养老风险（殷海善，2010；靳小怡等，2012；刘慧君、谢晓佩，2017；果臻等，2018；薛敏霞、舒曼，2020）。

八　社会稳定风险可能性的群体差异分析

(一) 单因素方差分析

表 7-15 为社会稳定风险可能性的单因素方差分析结果。结果显示，7 组样本群体的社会稳定风险可能性整体检验的 F 值为 10.896 ($p=0.000<0.01$)，达到显著水平，表明 7 组样本群体社会稳定风险可能性的差异具有显著性。至于是哪些配对组别间的差异具有显著性，须进行事后两两配对比较方能得知。

表 7-15　社会稳定风险可能性的单因素方差分析

		平方和	自由度	平均平方和	F 检验	显著性
社会稳定风险	组间	8.765	6	1.461	10.896	0.000
	组内	200.826	1498	0.134		
	总和	209.591	1504			

(二) 多重比较分析

采用 Scheffe 方法对 7 组样本群体的社会稳定风险可能性均值差异进行事后比较，比较结果如表 7-16 所示。

结果显示，6 组群体（迁移婚姻女性、迁移婚姻男性、迁移婚姻家庭子女、迁移婚姻女性父母、迁移婚姻男性父母、失婚男性父母）均高于失婚男性，差异均具有显著性。

表 7-16　社会稳定风险可能性的群体多重比较 (Scheffe)

因变量	(I) 群体	(J) 群体	平均差值 (I-J)	标准误	显著性	95%置信区间 下界	95%置信区间 上界
社会稳定风险	迁移婚姻女性	迁移婚姻男性	-0.072	0.031	0.503	-0.182	0.039
		迁移婚姻家庭子女	0.016	0.034	1.000	-0.106	0.138
		迁移婚姻女性父母	0.010	0.034	1.000	-0.113	0.132

续表

因变量	(I) 群体	(J) 群体	平均差异 (I-J)	标准误	显著性	95%置信区间 下界	95%置信区间 上界
社会稳定风险	迁移婚姻女性	迁移婚姻男性父母	0.026	0.034	0.997	-0.096	0.148
		失婚男性	0.173**	0.034	0.000	0.051	0.295
		失婚男性父母	-0.088	0.035	0.376	-0.212	0.035
	迁移婚姻男性	迁移婚姻女性	0.072	0.031	0.503	-0.039	0.182
		迁移婚姻家庭子女	0.087	0.034	0.376	-0.035	0.210
		迁移婚姻女性父母	0.081	0.035	0.480	-0.042	0.204
		迁移婚姻男性父母	0.098	0.034	0.233	-0.024	0.220
		失婚男性	0.245**	0.034	0.000	0.122	0.367
		失婚男性父母	-0.017	0.035	1.000	-0.140	0.107
	迁移婚姻家庭子女	迁移婚姻女性	-0.016	0.034	1.000	-0.138	0.106
		迁移婚姻男性	-0.087	0.034	0.376	-0.210	0.035
		迁移婚姻女性父母	-0.006	0.038	1.000	-0.140	0.127
		迁移婚姻男性父母	0.010	0.037	1.000	-0.123	0.144
		失婚男性	0.157**	0.037	0.007	0.024	0.290
		失婚男性父母	-0.104	0.038	0.273	-0.238	0.030
	迁移婚姻女性父母	迁移婚姻女性	-0.010	0.034	1.000	-0.132	0.113
		迁移婚姻男性	-0.081	0.035	0.480	-0.204	0.042
		迁移婚姻家庭子女	0.006	0.038	1.000	-0.127	0.140
		迁移婚姻男性父母	0.017	0.038	1.000	-0.117	0.150
		失婚男性	0.163**	0.038	0.004	0.030	0.297
		失婚男性父母	-0.098	0.038	0.356	-0.232	0.037
	迁移婚姻男性父母	迁移婚姻女性	-0.026	0.034	0.997	-0.148	0.096
		迁移婚姻男性	-0.098	0.034	0.233	-0.220	0.024
		迁移婚姻家庭子女	-0.010	0.037	1.000	-0.144	0.123
		迁移婚姻女性父母	-0.017	0.038	1.000	-0.150	0.117
		失婚男性	0.147**	0.037	0.018	0.014	0.280
		失婚男性父母	-0.114	0.038	0.166	-0.249	0.020
	失婚男性	迁移婚姻女性	-0.173**	0.034	0.000	-0.295	-0.051
		迁移婚姻男性	-0.245**	0.034	0.000	-0.367	-0.122

续表

因变量	(I)群体	(J)群体	平均差异(I-J)	标准误	显著性	95%置信区间	
						下界	上界
社会稳定风险	失婚男性	迁移婚姻家庭子女	-0.157**	0.037	0.007	-0.290	-0.024
		迁移婚姻女性父母	-0.163**	0.038	0.004	-0.297	-0.030
		迁移婚姻男性父母	-0.147**	0.037	0.018	-0.280	-0.014
		失婚男性父母	-0.261**	0.038	0.000	-0.395	-0.127
	失婚男性父母	迁移婚姻女性	0.088	0.035	0.376	-0.035	0.212
		迁移婚姻男性	0.017	0.035	1.000	-0.107	0.140
		迁移婚姻家庭子女	0.104	0.038	0.273	-0.030	0.238
		迁移婚姻女性父母	0.098	0.038	0.356	-0.037	0.232
		迁移婚姻男性父母	0.114	0.038	0.166	-0.020	0.249
		失婚男性	0.261**	0.038	0.000	0.127	0.395

究其原因，失婚男性因为男女性别比失衡被动失婚和无法成立家庭，他们对未来感到迷茫无望，日常生活无人管束，可能产生不思进取和日常行为不同程度失范，无论在熟人社会还是在陌生人社会，他们容易被贴上各种标签，陷入被负面认知中，被认为容易产生行为失范风险（刘中一，2005；王顺安、孙江辉，2009；孟阳、李树茁，2017a；王磊光，2017）。在此次评估中，迁移婚姻女性、迁移婚姻男性、迁移婚姻家庭子女、迁移婚姻女性父母、迁移婚姻男性父母均认为失婚男性行为失范风险较可能发生。

第三节 关联性的群体差异分析

本节旨在比较分析 7 组样本群体（迁移婚姻女性、迁移婚姻男性、迁移婚姻家庭子女、迁移婚姻女性父母、迁移婚姻男性父母、失婚男性、失婚男性父母）关于女性农民工迁移婚姻风险关联性的差异性，具体比较人口风险、婚恋风险、家庭风险、经济风险、社会网络风险、健康风险、养老风险、社会稳定风险共 8 个一级指标关联性的群体差异。

一 人口风险关联性的群体差异分析

（一）单因素方差分析

表 7-17 为人口风险关联性的单因素方差分析结果。结果显示，7 组样本群体的人口风险关联性整体检验的 F 值为 175.510（$p=0.000<0.01$），达到显著水平，表明 7 组样本群体人口风险关联性的差异具有显著性。至于是哪些配对组别间的差异具有显著性，须进行事后两两配对比较方能得知。

表 7-17　人口风险关联性的单因素方差分析

		平方和	自由度	平均平方和	F 检验	显著性
人口风险	组间	86.882	6	14.480	175.510	0.000
	组内	123.591	1498	0.083		
	总和	210.473	1504			

（二）多重比较分析

采用 Scheffe 方法对 7 组样本群体的人口风险关联性均值差异进行事后比较，比较结果如表 7-18 所示。

结果显示，失婚男性与失婚男性父母均高于 5 组群体（迁移婚姻女性、迁移婚姻男性、迁移婚姻女性父母、迁移婚姻男性父母、迁移婚姻家庭子女），差异均具有显著性；迁移婚姻男性父母高于 4 组群体（迁移婚姻女性、迁移婚姻男性、迁移婚姻女性父母、迁移婚姻家庭子女），差异均具有显著性；迁移婚姻女性父母高于 2 组群体（迁移婚姻女性、迁移婚姻家庭子女），差异均具有显著性；迁移婚姻男性与迁移婚姻女性均高于迁移婚姻家庭子女，差异均具有显著性。

究其原因，对失婚男性与失婚男性父母而言，人口风险中的迁移婚姻女性净迁出地的婚姻适龄人口性别比失衡风险、人口老龄化风险、人口总量减少风险、劳动力人口减少风险是他们正在遭受或未来要遭受的风险。对迁移婚姻家庭子女而言，他们出生并生活在社会变迁中，倾向于认为女性农民工迁移婚姻引发的人口风险是人口变迁中社会风险的一部分，是每个人都可能要面临的常态风险。

表 7-18　人口风险关联性的群体多重比较（Scheffe）

因变量	（I）群体	（J）群体	平均差异（I-J）	标准误	显著性	95%置信区间 下界	95%置信区间 上界
人口风险	迁移婚姻女性	迁移婚姻男性	-0.118	0.024	0.051	-0.204	-0.031
		迁移婚姻家庭子女	0.192**	0.027	0.000	0.097	0.288
		迁移婚姻女性父母	-0.171**	0.027	0.000	-0.267	-0.075
		迁移婚姻男性父母	-0.342**	0.027	0.000	-0.437	-0.246
		失婚男性	-0.546**	0.027	0.000	-0.641	-0.450
		失婚男性父母	-0.508**	0.027	0.000	-0.605	-0.412
	迁移婚姻男性	迁移婚姻女性	0.118	0.024	0.051	0.031	0.204
		迁移婚姻家庭子女	0.310**	0.027	0.000	0.214	0.406
		迁移婚姻女性父母	-0.053	0.027	0.702	-0.149	0.043
		迁移婚姻男性父母	-0.224**	0.027	0.000	-0.320	-0.128
		失婚男性	-0.428**	0.027	0.000	-0.524	-0.332
		失婚男性父母	-0.391**	0.027	0.000	-0.488	-0.294
	迁移婚姻家庭子女	迁移婚姻女性	-0.192**	0.027	0.000	-0.288	-0.097
		迁移婚姻男性	-0.310**	0.027	0.000	-0.406	-0.214
		迁移婚姻女性父母	-0.363**	0.029	0.000	-0.468	-0.258
		迁移婚姻男性父母	-0.534**	0.029	0.000	-0.638	-0.430
		失婚男性	-0.738**	0.029	0.000	-0.842	-0.634
		失婚男性父母	-0.701**	0.030	0.000	-0.806	-0.595
	迁移婚姻女性父母	迁移婚姻女性	0.171**	0.027	0.000	0.075	0.267
		迁移婚姻男性	0.053	0.027	0.702	-0.043	0.149
		迁移婚姻家庭子女	0.363**	0.029	0.000	0.258	0.468
		迁移婚姻男性父母	-0.171**	0.029	0.000	-0.276	-0.066
		失婚男性	-0.375**	0.029	0.000	-0.480	-0.270
		失婚男性父母	-0.338**	0.030	0.000	-0.443	-0.232

因变量	(I)群体	(J) 群体	平均差异(I-J)	标准误	显著性	95%置信区间 下界	95%置信区间 上界
人口风险	迁移婚姻男性父母	迁移婚姻女性	0.342**	0.027	0.000	0.246	0.437
		迁移婚姻男性	0.224**	0.027	0.000	0.128	0.320
		迁移婚姻家庭子女	0.534**	0.029	0.000	0.430	0.638
		迁移婚姻女性父母	0.171**	0.029	0.000	0.066	0.276
		失婚男性	-0.204**	0.029	0.000	-0.308	-0.100
		失婚男性父母	-0.167**	0.030	0.000	-0.272	-0.061
	失婚男性	迁移婚姻女性	0.546**	0.027	0.000	0.450	0.641
		迁移婚姻男性	0.428**	0.027	0.000	0.332	0.524
		迁移婚姻家庭子女	0.738**	0.029	0.000	0.634	0.842
		迁移婚姻女性父母	0.375**	0.029	0.000	0.270	0.480
		迁移婚姻男性父母	0.204**	0.029	0.000	0.100	0.308
		失婚男性父母	0.037	0.030	0.954	-0.068	0.143
	失婚男性父母	迁移婚姻女性	0.508**	0.027	0.000	0.412	0.605
		迁移婚姻男性	0.391**	0.027	0.000	0.294	0.488
		迁移婚姻家庭子女	0.701**	0.030	0.000	0.595	0.806
		迁移婚姻女性父母	0.338**	0.030	0.000	0.232	0.443
		迁移婚姻男性父母	0.167**	0.030	0.000	0.061	0.272
		失婚男性	-0.037	0.030	0.954	-0.143	0.068

二　婚恋风险关联性的群体差异分析

（一）单因素方差分析

表 7-19 为婚恋风险关联性的单因素方差分析结果。结果显示，7 组样本群体的婚恋风险关联性整体检验的 F 值为 115.552（$p = 0.000 < 0.01$），达到显著水平，表明 7 组样本群体婚恋风险关联性的差异具有显著性。至于是哪些配对组别间的差异具有显著性，须进行事后两两配对比较方能得知。

表 7-19　婚恋风险关联性的单因素方差分析

		平方和	自由度	平均平方和	F 检验	显著性
婚恋风险	组间	82.456	6	13.743	115.552	0.000
	组内	178.158	1498	0.119		
	总和	260.614	1504			

（二）多重比较分析

采用 Scheffe 方法对 7 组样本群体的婚恋风险关联性均值差异进行事后比较，比较结果如表 7-20 所示。

结果显示，迁移婚姻女性高于 5 组群体（迁移婚姻家庭子女、迁移婚姻女性父母、迁移婚姻男性父母、失婚男性、失婚男性父母），差异均具有显著性；迁移婚姻男性高于 6 组群体（迁移婚姻女性、迁移婚姻家庭子女、迁移婚姻女性父母、迁移婚姻男性父母、失婚男性、失婚男性父母），差异均具有显著性；失婚男性高于 2 组群体（迁移婚姻家庭子女、迁移婚姻女性父母），差异均具有显著性。

表 7-20　婚恋风险关联性的群体多重比较（Scheffe）

因变量	(I)群体	(J) 群体	平均差异(I-J)	标准误	显著性	95%置信区间 下界	95%置信区间 上界
婚恋风险	迁移婚姻女性	迁移婚姻男性	-0.144**	0.029	0.000	-0.248	-0.041
		迁移婚姻家庭子女	0.463**	0.032	0.000	0.348	0.578
		迁移婚姻女性父母	0.477**	0.032	0.000	0.362	0.592
		迁移婚姻男性父母	0.347**	0.032	0.000	0.232	0.462
		失婚男性	0.293**	0.032	0.000	0.178	0.407
		失婚男性父母	0.371**	0.033	0.000	0.255	0.487
	迁移婚姻男性	迁移婚姻女性	0.144**	0.029	0.000	0.041	0.248
		迁移婚姻家庭子女	0.607**	0.032	0.000	0.492	0.722
		迁移婚姻女性父母	0.622**	0.033	0.000	0.506	0.737
		迁移婚姻男性父母	0.492**	0.032	0.000	0.377	0.607
		失婚男性	0.437**	0.032	0.000	0.322	0.552
		失婚男性父母	0.516**	0.033	0.000	0.399	0.632

续表

因变量	（I）群体	（J）群体	平均差异（I-J）	标准误	显著性	95%置信区间 下界	95%置信区间 上界
婚恋风险	迁移婚姻家庭子女	迁移婚姻女性	-0.463**	0.032	0.000	-0.578	-0.348
		迁移婚姻男性	-0.607**	0.032	0.000	-0.722	-0.492
		迁移婚姻女性父母	0.015	0.035	1.000	-0.111	0.140
		迁移婚姻男性父母	-0.115	0.035	0.101	-0.241	0.010
		失婚男性	-0.170**	0.035	0.001	-0.295	-0.045
		失婚男性父母	-0.091	0.036	0.363	-0.218	0.035
	迁移婚姻女性父母	迁移婚姻女性	-0.477**	0.032	0.000	-0.592	-0.362
		迁移婚姻男性	-0.622**	0.033	0.000	-0.737	-0.506
		迁移婚姻家庭子女	-0.015	0.035	1.000	-0.140	0.111
		迁移婚姻男性父母	-0.130	0.035	0.057	-0.255	-0.004
		失婚男性	-0.184**	0.035	0.000	-0.310	-0.059
		失婚男性父母	-0.106	0.036	0.187	-0.233	0.021
	迁移婚姻男性父母	迁移婚姻女性	-0.347**	0.032	0.000	-0.462	-0.232
		迁移婚姻男性	-0.492**	0.032	0.000	-0.607	-0.377
		迁移婚姻家庭子女	0.115	0.035	0.101	-0.010	0.241
		迁移婚姻女性父母	0.130	0.035	0.057	0.004	0.255
		失婚男性	-0.055	0.035	0.878	-0.180	0.071
		失婚男性父母	0.024	0.036	0.998	-0.103	0.150
	失婚男性	迁移婚姻女性	-0.293**	0.032	0.000	-0.407	-0.178
		迁移婚姻男性	-0.437**	0.032	0.000	-0.552	-0.322
		迁移婚姻家庭子女	0.170**	0.035	0.001	0.045	0.295
		迁移婚姻女性父母	0.184**	0.035	0.000	0.059	0.310
		迁移婚姻男性父母	0.055	0.035	0.878	-0.071	0.180
		失婚男性父母	0.079	0.036	0.559	-0.048	0.205
	失婚男性父母	迁移婚姻女性	-0.371**	0.033	0.000	-0.487	-0.255
		迁移婚姻男性	-0.516**	0.033	0.000	-0.632	-0.399
		迁移婚姻家庭子女	0.091	0.036	0.363	-0.035	0.218
		迁移婚姻女性父母	0.106	0.036	0.187	-0.021	0.233

因变量	（I）群体	（J）群体	平均差异（I-J）	标准误	显著性	95%置信区间 下界	95%置信区间 上界
婚恋风险	失婚男性父母	迁移婚姻男性父母	-0.024	0.036	0.998	-0.150	0.103
		失婚男性	-0.079	0.036	0.559	-0.205	0.048

究其原因，在婚恋风险 6 个二级指标中，对迁移婚姻女性与迁移婚姻男性而言，婚恋风险中的骗婚风险、未婚同居风险、未婚生育风险、迁移婚姻破裂风险，是在他们婚恋中曾经发生或正在发生的风险，与他们关联性很强或较强（风笑天，2006；仰和芝，2007；宋丽娜，2010；李磊，2012；施磊磊，2014；方安迪，2020）；对失婚男性而言，婚恋风险中的男性婚姻挤压风险、男性失婚风险，是他们正在经历或很长时间甚至终生要经历的风险，与他们有很强的关联性（胡莹、李树茁，2015；王磊光，2017；孙发平等，2019；魏永祺，2020）。

三　家庭风险关联性的群体差异分析

（一）单因素方差分析

表 7-21 为家庭风险关联性的单因素方差分析结果。结果显示，7 组样本群体的家庭风险关联性整体检验的 F 值为 973.109（$p=0.000<0.01$），达到显著水平，表明 7 组样本群体家庭风险关联性的差异具有显著性。至于是哪些配对组别间的差异具有显著性，须进行事后两两配对比较方能得知。

表 7-21　家庭风险关联性的单因素方差分析

		平方和	自由度	平均平方和	F 检验	显著性
家庭风险	组间	875.667	6	145.944	973.109	0.000
	组内	224.666	1498	0.150		
	总和	1100.333	1504			

（二）多重比较分析

采用 Scheffe 方法对 7 组样本群体的家庭风险关联性均值差异进行事后比较，比较结果如表 7-22 所示。

结果显示，迁移婚姻女性与迁移婚姻家庭子女均高于 4 组群体（迁移婚姻女性父母、迁移婚姻男性父母、失婚男性、失婚男性父母），差异均具有显著性；迁移婚姻男性高于 5 组群体（迁移婚姻女性、迁移婚姻女性父母、迁移婚姻男性父母、失婚男性、失婚男性父母），差异均具有显著性；迁移婚姻女性父母与迁移婚姻男性父母均高于 2 组群体（失婚男性、失婚男性父母），差异均具有显著性；失婚男性父母高于失婚男性，差异具有显著性。

表 7-22　家庭风险关联性的群体多重比较（Scheffe）

因变量	（I）群体	（J）群体	平均差异（I-J）	标准误	显著性	95%置信区间 下界	95%置信区间 上界
家庭风险	迁移婚姻女性	迁移婚姻男性	-0.189**	0.033	0.000	-0.306	-0.073
		迁移婚姻家庭子女	-0.076	0.036	0.627	-0.205	0.053
		迁移婚姻女性父母	0.303**	0.036	0.000	0.173	0.432
		迁移婚姻男性父母	0.177**	0.036	0.001	0.048	0.306
		失婚男性	1.859**	0.036	0.000	1.730	1.988
		失婚男性父母	1.623**	0.037	0.000	1.492	1.753
	迁移婚姻男性	迁移婚姻女性	0.189**	0.033	0.000	0.073	0.306
		迁移婚姻家庭子女	0.114	0.036	0.138	-0.016	0.243
		迁移婚姻女性父母	0.492**	0.037	0.000	0.362	0.622
		迁移婚姻男性父母	0.366**	0.036	0.000	0.237	0.496
		失婚男性	2.048**	0.036	0.000	1.919	2.178
		失婚男性父母	1.812**	0.037	0.000	1.682	1.943
	迁移婚姻家庭子女	迁移婚姻女性	0.076	0.036	0.627	-0.053	0.205
		迁移婚姻男性	-0.114	0.036	0.138	-0.243	0.016
		迁移婚姻女性父母	0.378**	0.040	0.000	0.237	0.520

续表

因变量	（I）群体	（J）群体	平均差异（I-J）	标准误	显著性	95%置信区间 下界	95%置信区间 上界
家庭风险	迁移婚姻家庭子女	迁移婚姻男性父母	0.253**	0.040	0.000	0.112	0.393
		失婚男性	1.935**	0.040	0.000	1.794	2.075
		失婚男性父母	1.699**	0.040	0.000	1.557	1.841
	迁移婚姻女性父母	迁移婚姻女性	-0.303**	0.036	0.000	-0.432	-0.173
		迁移婚姻男性	-0.492**	0.037	0.000	-0.622	-0.362
		迁移婚姻家庭子女	-0.378**	0.040	0.000	-0.520	-0.237
		迁移婚姻男性父母	-0.126	0.040	0.124	-0.267	0.015
		失婚男性	1.556**	0.040	0.000	1.415	1.697
		失婚男性父母	1.320**	0.040	0.000	1.178	1.463
	迁移婚姻男性父母	迁移婚姻女性	-0.177**	0.036	0.001	-0.306	-0.048
		迁移婚姻男性	-0.366**	0.036	0.000	-0.496	-0.237
		迁移婚姻家庭子女	-0.253**	0.040	0.000	-0.393	-0.112
		迁移婚姻女性父母	0.126	0.040	0.124	-0.015	0.267
		失婚男性	1.682**	0.040	0.000	1.542	1.823
		失婚男性父母	1.446**	0.040	0.000	1.304	1.588
	失婚男性	迁移婚姻女性	-1.859**	0.036	0.000	-1.988	-1.730
		迁移婚姻男性	-2.048**	0.036	0.000	-2.178	-1.919
		迁移婚姻家庭子女	-1.935**	0.040	0.000	-2.075	-1.794
		迁移婚姻女性父母	-1.556**	0.040	0.000	-1.697	-1.415
		迁移婚姻男性父母	-1.682**	0.040	0.000	-1.823	-1.542
		失婚男性父母	-0.236**	0.040	0.000	-0.378	-0.094
	失婚男性父母	迁移婚姻女性	-1.623**	0.037	0.000	-1.753	-1.492
		迁移婚姻男性	-1.812**	0.037	0.000	-1.943	-1.682
		迁移婚姻家庭子女	-1.699**	0.040	0.000	-1.841	-1.557
		迁移婚姻女性父母	-1.320**	0.040	0.000	-1.463	-1.178
		迁移婚姻男性父母	-1.446**	0.040	0.000	-1.588	-1.304
		失婚男性	0.236**	0.040	0.000	0.094	0.378

究其原因，在家庭风险4个二级指标中，对迁移婚姻女性与迁

移婚姻家庭子女而言，家庭风险中的迁移婚姻家庭不稳定风险、迁移婚姻女性家庭排斥风险与迁移婚姻破裂家庭教育弱化风险 3 个二级指标与他们关联性很强；对迁移婚姻男性与迁移婚姻男性父母而言，家庭风险中的迁移婚姻家庭不稳定风险与迁移婚姻破裂家庭教育弱化风险 2 个二级指标与他们关联性很强。

四　经济风险关联性的群体差异分析

（一）单因素方差分析

表 7-23 为经济风险关联性的单因素方差分析结果。结果显示，7 组样本群体的经济风险关联性整体检验的 F 值为 3656.110（$p = 0.000 < 0.01$），达到显著水平，表明 7 组样本群体经济风险关联性的差异具有显著性。至于是哪些配对组别间的差异具有显著性，须进行事后两两配对比较方能得知。

表 7-23　经济风险关联性的单因素方差分析

		平方和	自由度	平均平方和	F 检验	显著性
经济风险	组间	2856.629	6	476.105	3656.110	0.000
	组内	195.072	1498	0.130		
	总和	3051.701	1504			

（二）多重比较分析

采用 Scheffe 方法对 7 组样本群体的经济风险关联性均值差异进行事后比较，比较结果如表 7-24 所示。

结果显示，迁移婚姻女性高于 5 组群体（迁移婚姻男性、迁移婚姻家庭子女、迁移婚姻男性父母、失婚男性、失婚男性父母），差异均具有显著性；迁移婚姻男性高于 4 组群体（迁移婚姻家庭子女、迁移婚姻男性父母、失婚男性、失婚男性父母），差异均具有显著性；迁移婚姻女性父母高于 4 组群体（迁移婚姻家庭子女、迁移婚姻男性父母、失婚男性、失婚男性父母），差异均具有显著性；迁移婚姻家庭子女与迁移婚姻男性父母均高于 2 组群体

（失婚男性、失婚男性父母），差异均具有显著性。

表 7-24　经济风险关联性的群体多重比较 （Scheffe）

因变量	（I）群体	（J）群体	平均差异（I-J）	标准误	显著性	95%置信区间 下界	95%置信区间 上界
经济风险	迁移婚姻女性	迁移婚姻男性	0.179**	0.031	0.000	0.071	0.288
		迁移婚姻家庭子女	0.479**	0.034	0.000	0.359	0.599
		迁移婚姻女性父母	0.097	0.034	0.233	-0.024	0.217
		迁移婚姻男性父母	0.573**	0.034	0.000	0.453	0.694
		失婚男性	3.334**	0.034	0.000	3.214	3.454
		失婚男性父母	3.448**	0.034	0.000	3.327	3.570
	迁移婚姻男性	迁移婚姻女性	-0.179**	0.031	0.000	-0.288	-0.071
		迁移婚姻家庭子女	0.300**	0.034	0.000	0.179	0.420
		迁移婚姻女性父母	-0.083	0.034	0.433	-0.204	0.038
		迁移婚姻男性父母	0.394**	0.034	0.000	0.274	0.515
		失婚男性	3.155**	0.034	0.000	3.034	3.275
		失婚男性父母	3.269**	0.034	0.000	3.147	3.391
	迁移婚姻家庭子女	迁移婚姻女性	-0.479**	0.034	0.000	-0.599	-0.359
		迁移婚姻男性	-0.300**	0.034	0.000	-0.420	-0.179
		迁移婚姻女性父母	-0.383**	0.037	0.000	-0.514	-0.251
		迁移婚姻男性父母	0.094	0.037	0.369	-0.037	0.225
		失婚男性	2.855**	0.037	0.000	2.724	2.986
		失婚男性父母	2.969**	0.037	0.000	2.837	3.102
	迁移婚姻女性父母	迁移婚姻女性	-0.097	0.034	0.233	-0.217	0.024
		迁移婚姻男性	0.083	0.034	0.433	-0.038	0.204
		迁移婚姻家庭子女	0.383**	0.037	0.000	0.251	0.514
		迁移婚姻男性父母	0.477**	0.037	0.000	0.345	0.609
		失婚男性	3.238**	0.037	0.000	3.106	3.369
		失婚男性父母	3.352**	0.037	0.000	3.219	3.485
	迁移婚姻男性父母	迁移婚姻女性	-0.573**	0.034	0.000	-0.694	-0.453
		迁移婚姻男性	-0.394**	0.034	0.000	-0.515	-0.274
		迁移婚姻家庭子女	-0.094	0.037	0.369	-0.225	0.037

因变量	(I)群体	(J)群体	平均差异(I-J)	标准误	显著性	95%置信区间 下界	上界
经济风险	迁移婚姻男性父母	迁移婚姻女性父母	-0.477**	0.037	0.000	-0.609	-0.345
		失婚男性	2.761**	0.037	0.000	2.630	2.892
		失婚男性父母	2.875**	0.037	0.000	2.743	3.007
	失婚男性	迁移婚姻女性	-3.334**	0.034	0.000	-3.454	-3.214
		迁移婚姻男性	-3.155**	0.034	0.000	-3.275	-3.034
		迁移婚姻家庭子女	-2.855**	0.037	0.000	-2.986	-2.724
		迁移婚姻女性父母	-3.238**	0.037	0.000	-3.369	-3.106
		迁移婚姻男性父母	-2.761**	0.037	0.000	-2.892	-2.630
		失婚男性父母	0.114	0.037	0.152	-0.018	0.247
	失婚男性父母	迁移婚姻女性	-3.448**	0.034	0.000	-3.570	-3.327
		迁移婚姻男性	-3.269**	0.034	0.000	-3.391	-3.147
		迁移婚姻家庭子女	-2.969**	0.037	0.000	-3.102	-2.837
		迁移婚姻女性父母	-3.352**	0.037	0.000	-3.485	-3.219
		迁移婚姻男性父母	-2.875**	0.037	0.000	-3.007	-2.743
		失婚男性	-0.114	0.037	0.152	-0.247	0.018

究其原因，在经济风险4个二级指标中，迁移婚姻女性新生家庭与原生家庭交往成本高风险、迁移婚姻家庭经济上互不信任风险、迁移婚姻女性新生家庭与原生家庭劳动力支持割裂风险，是迁移婚姻女性正在和一直经历的风险，与她们关联性很强；迁移婚姻女性新生家庭与原生家庭交往成本高风险、迁移婚姻家庭经济上互不信任风险是迁移婚姻男性与迁移婚姻家庭子女正在和一直经历的风险，与他们关联性很强；迁移婚姻女性新生家庭与原生家庭交往成本高风险和劳动力支持割裂风险，是迁移婚姻女性父母正在和一直经历的风险，与他们关联性很强。经济风险4个二级指标中，只有推高男性婚姻成本风险与失婚男性及其父母关联性很强。

五　社会网络风险关联性的群体差异分析

（一）单因素方差分析

表 7-25 为社会网络风险关联性的单因素方差分析结果。结果显示，7 组样本群体的社会网络风险关联性整体检验的 F 值为 405.912（$p=0.000<0.01$），达到显著水平，表明 7 组样本群体社会网络风险关联性的差异具有显著性。至于是哪些配对组别间的差异具有显著性，须进行事后两两配对比较方能得知。

表 7-25　社会网络风险关联性的单因素方差分析

		平方和	自由度	平均平方和	F 检验	显著性
社会网络风险	组间	234.540	6	39.090	405.912	0.000
	组内	144.260	1498	0.096		
	总和	378.800	1504			

（二）多重比较分析

采用 Scheffe 方法对 7 组样本群体的社会网络风险关联性均值差异进行事后比较，比较结果如表 7-26 所示。

结果显示，迁移婚姻女性高于 6 组群体（迁移婚姻男性、迁移婚姻家庭子女、迁移婚姻女性父母、迁移婚姻男性父母、失婚男性、失婚男性父母），差异均具有显著性；迁移婚姻男性、迁移婚姻家庭子女与迁移婚姻女性父母均高于 3 组群体（迁移婚姻男性父母、失婚男性、失婚男性父母），差异均具有显著性；迁移婚姻男性父母高于 2 组群体（失婚男性、失婚男性父母），差异均具有显著性；失婚男性高于失婚男性父母，差异具有显著性。

究其原因，社会网络风险 5 个二级指标（迁移婚姻女性的新生家庭与原生家庭社会支持割裂风险、迁移婚姻女性社会排斥风险、迁移婚姻女性社会适应风险、失婚男性社会疏离风险、失婚男性社会排斥风险）与不同组别群体的关联数量和关联程度，从高到低依次是迁移婚姻女性、迁移婚姻家庭子女、迁移婚姻女性父母、迁移婚姻男性、迁移婚姻男性父母、失婚男性、失婚男性父母。

表 7-26　社会网络风险关联性的群体多重比较（Scheffe）

因变量	（I）群体	（J）群体	平均差异（I-J）	标准误	显著性	95%置信区间 下界	95%置信区间 上界
社会网络风险	迁移婚姻女性	迁移婚姻男性	0.252**	0.026	0.000	0.158	0.345
		迁移婚姻家庭子女	0.190**	0.029	0.000	0.087	0.294
		迁移婚姻女性父母	0.218**	0.029	0.000	0.114	0.322
		迁移婚姻男性父母	0.614**	0.029	0.000	0.511	0.718
		失婚男性	0.996**	0.029	0.000	0.893	1.099
		失婚男性父母	1.115**	0.029	0.000	1.011	1.220
	迁移婚姻男性	迁移婚姻女性	-0.252**	0.026	0.000	-0.345	-0.158
		迁移婚姻家庭子女	-0.062	0.029	0.613	-0.165	0.042
		迁移婚姻女性父母	-0.034	0.029	0.969	-0.138	0.070
		迁移婚姻男性父母	0.362**	0.029	0.000	0.259	0.466
		失婚男性	0.744**	0.029	0.000	0.641	0.848
		失婚男性父母	0.863**	0.030	0.000	0.759	0.968
	迁移婚姻家庭子女	迁移婚姻女性	-0.190**	0.029	0.000	-0.294	-0.087
		迁移婚姻男性	0.062	0.029	0.613	-0.042	0.165
		迁移婚姻女性父母	0.028	0.032	0.993	-0.085	0.141
		迁移婚姻男性父母	0.424**	0.032	0.000	0.311	0.537
		失婚男性	0.806**	0.032	0.000	0.693	0.919
		失婚男性父母	0.925**	0.032	0.000	0.811	1.039
	迁移婚姻女性父母	迁移婚姻女性	-0.218**	0.029	0.000	-0.322	-0.114
		迁移婚姻男性	0.034	0.029	0.969	-0.070	0.138
		迁移婚姻家庭子女	-0.028	0.032	0.993	-0.141	0.085
		迁移婚姻男性父母	0.396**	0.032	0.000	0.283	0.509
		失婚男性	0.778**	0.032	0.000	0.665	0.891
		失婚男性父母	0.897**	0.032	0.000	0.783	1.011

因变量	(I)群体	(J) 群体	平均差异(I-J)	标准误	显著性	95%置信区间 下界	上界
社会网络风险	迁移婚姻男性父母	迁移婚姻女性	-0.614**	0.029	0.000	-0.718	-0.511
		迁移婚姻男性	-0.362**	0.029	0.000	-0.466	-0.259
		迁移婚姻家庭子女	-0.424**	0.032	0.000	-0.537	-0.311
		迁移婚姻女性父母	-0.396**	0.032	0.000	-0.509	-0.283
		失婚男性	0.382**	0.032	0.000	0.269	0.495
		失婚男性父母	0.501**	0.032	0.000	0.387	0.615
	失婚男性	迁移婚姻女性	-0.996**	0.029	0.000	-1.099	-0.893
		迁移婚姻男性	-0.744**	0.029	0.000	-0.848	-0.641
		迁移婚姻家庭子女	-0.806**	0.032	0.000	-0.919	-0.693
		迁移婚姻女性父母	-0.778**	0.032	0.000	-0.891	-0.665
		迁移婚姻男性父母	-0.382**	0.032	0.000	-0.495	-0.269
		失婚男性父母	0.119**	0.032	0.032	0.005	0.233
	失婚男性父母	迁移婚姻女性	-1.115**	0.029	0.000	-1.220	-1.011
		迁移婚姻男性	-0.863**	0.030	0.000	-0.968	-0.759
		迁移婚姻家庭子女	-0.925**	0.032	0.000	-1.039	-0.811
		迁移婚姻女性父母	-0.897**	0.032	0.000	-1.011	-0.783
		迁移婚姻男性父母	-0.501**	0.032	0.000	-0.615	-0.387
		失婚男性	-0.119**	0.032	0.032	-0.233	-0.005

六　健康风险关联性的群体差异分析

(一) 单因素方差分析

表7-27为健康风险关联性的单因素方差分析结果。结果显示，7组样本群体的健康风险关联性整体检验的 F 值为 89.503（$p=0.000<0.01$），达到显著水平，表明7组样本群体健康风险关联性的差异具有显著性。至于是哪些配对组别间的差异具有显著性，须进行事后两两配对比较方能得知。

表 7-27　健康风险关联性的单因素方差分析

		平方和	自由度	平均平方和	F 检验	显著性
健康风险	组间	60.196	6	10.033	89.503	0.000
	组内	167.915	1498	0.112		
	总和	228.111	1504			

（二）多重比较分析

采用 Scheffe 方法对 7 组样本群体的健康风险关联性均值差异进行事后比较，比较结果如表 7-28 所示。

结果显示，迁移婚姻女性高于 6 组群体（迁移婚姻男性、迁移婚姻家庭子女、迁移婚姻女性父母、迁移婚姻男性父母、失婚男性、失婚男性父母），差异均具有显著性；迁移婚姻男性与迁移婚姻家庭子女均高于 4 组群体（迁移婚姻女性父母、迁移婚姻男性父母、失婚男性、失婚男性父母），差异均具有显著性；迁移婚姻女性父母高于 3 组群体（迁移婚姻男性父母、失婚男性、失婚男性父母），差异均具有显著性。

表 7-28　健康风险关联性的群体多重比较（Scheffe）

因变量	(I) 群体	(J) 群体	平均差异 (I-J)	标准误	显著性	95%置信区间 下界	95%置信区间 上界
健康风险	迁移婚姻女性	迁移婚姻男性	0.131**	0.028	0.002	0.030	0.232
		迁移婚姻家庭子女	0.114**	0.031	0.041	0.002	0.225
		迁移婚姻女性父母	0.249**	0.031	0.000	0.137	0.361
		迁移婚姻男性父母	0.501**	0.031	0.000	0.390	0.613
		失婚男性	0.484**	0.031	0.000	0.372	0.595
		失婚男性父母	0.513**	0.032	0.000	0.400	0.626
	迁移婚姻男性	迁移婚姻女性	-0.131**	0.028	0.002	-0.232	-0.030
		迁移婚姻家庭子女	-0.017	0.031	1.000	-0.129	0.095
		迁移婚姻女性父母	0.118**	0.032	0.031	0.006	0.230

续表

因变量	（I）群体	（J）群体	平均差异（I-J）	标准误	显著性	95%置信区间 下界	上界
健康风险	迁移婚姻男性	迁移婚姻男性父母	0.370 **	0.031	0.000	0.258	0.482
		失婚男性	0.353 **	0.031	0.000	0.241	0.464
		失婚男性父母	0.382 **	0.032	0.000	0.269	0.495
	迁移婚姻家庭子女	迁移婚姻女性	-0.114 **	0.031	0.041	-0.225	-0.002
		迁移婚姻男性	0.017	0.031	1.000	-0.095	0.129
		迁移婚姻女性父母	0.135 **	0.034	0.017	0.013	0.257
		迁移婚姻男性父母	0.387 **	0.034	0.000	0.266	0.509
		失婚男性	0.370 **	0.034	0.000	0.248	0.491
		失婚男性父母	0.399 **	0.035	0.000	0.276	0.522
	迁移婚姻女性父母	迁移婚姻女性	-0.249 **	0.031	0.000	-0.361	-0.137
		迁移婚姻男性	-0.118 **	0.032	0.031	-0.230	-0.006
		迁移婚姻家庭子女	-0.135 **	0.034	0.017	-0.257	-0.013
		迁移婚姻男性父母	0.252 **	0.034	0.000	0.130	0.374
		失婚男性	0.235 **	0.034	0.000	0.113	0.356
		失婚男性父母	0.264 **	0.035	0.000	0.141	0.387
	迁移婚姻男性父母	迁移婚姻女性	-0.501 **	0.031	0.000	-0.613	-0.390
		迁移婚姻男性	-0.370 **	0.031	0.000	-0.482	-0.258
		迁移婚姻家庭子女	-0.387 **	0.034	0.000	-0.509	-0.266
		迁移婚姻女性父母	-0.252 **	0.034	0.000	-0.374	-0.130
		失婚男性	-0.018	0.034	1.000	-0.139	0.104
		失婚男性父母	0.012	0.035	1.000	-0.111	0.135
	失婚男性	迁移婚姻女性	-0.484 **	0.031	0.000	-0.595	-0.372
		迁移婚姻男性	-0.353 **	0.031	0.000	-0.464	-0.241
		迁移婚姻家庭子女	-0.370 **	0.034	0.000	-0.491	-0.248
		迁移婚姻女性父母	-0.235 **	0.034	0.000	-0.356	-0.113
		迁移婚姻男性父母	0.018	0.034	1.000	-0.104	0.139
		失婚男性父母	0.030	0.035	0.994	-0.093	0.152
	失婚男性父母	迁移婚姻女性	-0.513 **	0.032	0.000	-0.626	-0.400
		迁移婚姻男性	-0.382 **	0.032	0.000	-0.495	-0.269

续表

因变量	(I)群体	(J)群体	平均差异(I-J)	标准误	显著性	95%置信区间 下界	95%置信区间 上界
健康风险	失婚男性父母	迁移婚姻家庭子女	-0.399**	0.035	0.000	-0.522	-0.276
		迁移婚姻女性父母	-0.264**	0.035	0.000	-0.387	-0.141
		迁移婚姻男性父母	-0.012	0.035	1.000	-0.135	0.111
		失婚男性	-0.030	0.035	0.994	-0.152	0.093

究其原因，健康风险的 6 个二级指标（迁移婚姻女性心理健康风险、单亲迁移婚姻家庭子女心理健康风险、迁移婚姻女性父母心理健康风险、失婚男性生殖健康风险、失婚男性心理健康风险、失婚男性父母心理健康风险）与不同组别群体的关联数量和关联程度，从高到低依次是迁移婚姻女性、迁移婚姻家庭子女、迁移婚姻男性、迁移婚姻女性父母、失婚男性、迁移婚姻男性父母、失婚男性父母。

七 养老风险关联性的群体差异分析

（一）单因素方差分析

表 7-29 为养老风险关联性的单因素方差分析结果。结果显示，7 组样本群体的养老风险关联性整体检验的 F 值为 266.282（$p=0.000<0.01$），达到显著水平，表明 7 组样本群体养老风险关联性的差异具有显著性。至于是哪些配对组别间的差异具有显著性，须进行事后两两配对比较方能得知。

表 7-29 养老风险关联性的单因素方差分析

		平方和	自由度	平均平方和	F 检验	显著性
养老风险	组间	163.194	6	27.199	266.282	0.000
	组内	153.011	1498	0.102		
	总和	316.205	1504			

（二）多重比较分析

采用 Scheffe 方法对 7 组样本群体的养老风险关联性均值差异进行事后比较，比较结果如表 7-30 所示。

结果显示，迁移婚姻女性高于 3 组群体（迁移婚姻男性、迁移婚姻家庭子女、迁移婚姻男性父母），差异均具有显著性；迁移婚姻男性高于 2 组群体（迁移婚姻家庭子女、迁移婚姻男性父母），差异均具有显著性；迁移婚姻女性父母高于 4 组群体（迁移婚姻女性、迁移婚姻男性、迁移婚姻家庭子女、迁移婚姻男性父母），差异均具有显著性；失婚男性与失婚男性父母均高于 4 组群体（迁移婚姻女性、迁移婚姻男性、迁移婚姻家庭子女、迁移婚姻男性父母），差异均具有显著性。

表 7-30　养老风险关联性的群体多重比较（Scheffe）

因变量	（I）群体	（J）群体	平均差异（I-J）	标准误	显著性	95%置信区间 下界	95%置信区间 上界
养老风险	迁移婚姻女性	迁移婚姻男性	0.118**	0.027	0.004	0.022	0.214
		迁移婚姻家庭子女	0.478**	0.030	0.000	0.371	0.584
		迁移婚姻女性父母	-0.297**	0.030	0.000	-0.404	-0.190
		迁移婚姻男性父母	0.600**	0.030	0.000	0.493	0.706
		失婚男性	-0.283**	0.030	0.000	-0.389	-0.176
		失婚男性父母	-0.315**	0.030	0.000	-0.423	-0.208
	迁移婚姻男性	迁移婚姻女性	-0.118**	0.027	0.004	-0.214	-0.022
		迁移婚姻家庭子女	0.360**	0.030	0.000	0.253	0.466
		迁移婚姻女性父母	-0.415**	0.030	0.000	-0.522	-0.308
		迁移婚姻男性父母	0.481**	0.030	0.000	0.374	0.588
		失婚男性	-0.401**	0.030	0.000	-0.508	-0.294
		失婚男性父母	-0.434**	0.030	0.000	-0.542	-0.326
	迁移婚姻家庭子女	迁移婚姻女性	-0.478**	0.030	0.000	-0.584	-0.371
		迁移婚姻男性	-0.360**	0.030	0.000	-0.466	-0.253
		迁移婚姻女性父母	-0.775**	0.033	0.000	-0.891	-0.658

因变量	(I)群体	(J)群体	平均差异(I-J)	标准误	显著性	95%置信区间 下界	95%置信区间 上界
养老风险	迁移婚姻家庭子女	迁移婚姻男性父母	0.122	0.033	0.052	0.006	0.238
		失婚男性	-0.761**	0.033	0.000	-0.877	-0.645
		失婚男性父母	-0.793**	0.033	0.000	-0.911	-0.676
	迁移婚姻女性父母	迁移婚姻女性	0.297**	0.030	0.000	0.190	0.404
		迁移婚姻男性	0.415**	0.030	0.000	0.308	0.522
		迁移婚姻家庭子女	0.775**	0.033	0.000	0.658	0.891
		迁移婚姻男性父母	0.896**	0.033	0.000	0.780	1.013
		失婚男性	0.014	0.033	1.000	-0.102	0.130
		失婚男性父母	-0.019	0.033	0.999	-0.136	0.099
	迁移婚姻男性父母	迁移婚姻女性	-0.600**	0.030	0.000	-0.706	-0.493
		迁移婚姻男性	-0.481**	0.030	0.000	-0.588	-0.374
		迁移婚姻家庭子女	-0.122	0.033	0.052	-0.238	-0.006
		迁移婚姻女性父母	-0.896**	0.033	0.000	-1.013	-0.780
		失婚男性	-0.882**	0.033	0.000	-0.998	-0.766
		失婚男性父母	-0.915**	0.033	0.000	-1.032	-0.798
	失婚男性	迁移婚姻女性	0.283**	0.030	0.000	0.176	0.389
		迁移婚姻男性	0.401**	0.030	0.000	0.294	0.508
		迁移婚姻家庭子女	0.761**	0.033	0.000	0.645	0.877
		迁移婚姻女性父母	-0.014	0.033	1.000	-0.130	0.102
		迁移婚姻男性父母	0.882**	0.033	0.000	0.766	0.998
		失婚男性父母	-0.033	0.033	0.986	-0.150	0.085
	失婚男性父母	迁移婚姻女性	0.315**	0.030	0.000	0.208	0.423
		迁移婚姻男性	0.434**	0.030	0.000	0.326	0.542
		迁移婚姻家庭子女	0.793**	0.033	0.000	0.676	0.911
		迁移婚姻女性父母	0.019	0.033	0.999	-0.099	0.136
		迁移婚姻男性父母	0.915**	0.033	0.000	0.798	1.032
		失婚男性	0.033	0.033	0.986	-0.085	0.150

究其原因，养老风险的 4 个二级指标（迁移婚姻女性对父母

养老支持弱化风险、迁移婚姻女性与兄弟姐妹间赡养老人纠纷风险、失婚男性对父母养老支持弱化风险、失婚男性家庭养老功能缺失风险）与不同组别群体的关联数量和关联程度，从高到低依次是失婚男性父母、迁移婚姻女性父母、失婚男性、迁移婚姻女性、迁移婚姻男性、迁移婚姻家庭子女、迁移婚姻男性父母。

八 社会稳定风险关联性的群体差异分析

（一）单因素方差分析

表 7-31 为社会稳定风险关联性的单因素方差分析结果。结果显示，7 组样本群体的社会稳定风险关联性整体检验的 F 值为 75.855（$p = 0.000 < 0.01$），达到显著水平，表明 7 组样本群体社会稳定风险关联性的差异具有显著性。至于是哪些配对组别间的差异具有显著性，须进行事后两两配对比较方能得知。

表 7-31 社会稳定风险关联性的单因素方差分析

		平方和	自由度	平均平方和	F 检验	显著性
社会稳定风险	组间	58.544	6	9.757		
	组内	192.689	1498	0.129	75.855	0.000
	总和	251.233	1504			

（二）多重比较分析

采用 Scheffe 方法对 7 组样本群体的社会稳定风险关联性均值差异进行事后比较，比较结果如表 7-32 所示。

结果显示，迁移婚姻女性、迁移婚姻女性父母与迁移婚姻男性父母均高于 2 组群体（失婚男性、失婚男性父母），差异均具有显著性；迁移婚姻男性高于 3 组群体（迁移婚姻男性父母、失婚男性、失婚男性父母），差异均具有显著性；迁移婚姻家庭子女高于 5 组群体（迁移婚姻女性、迁移婚姻女性父母、迁移婚姻男性父母、失婚男性、失婚男性父母），差异均具有显著性。

表 7-32　社会稳定风险关联性的群体多重比较（Scheffe）

因变量	（I）群体	（J）群体	平均差异（I-J）	标准误	显著性	95%置信区间 下界	95%置信区间 上界
社会稳定风险	迁移婚姻女性	迁移婚姻男性	-0.045	0.030	0.897	-0.153	0.063
		迁移婚姻家庭子女	-0.131**	0.034	0.019	-0.251	-0.011
		迁移婚姻女性父母	0.057	0.034	0.826	-0.063	0.177
		迁移婚姻男性父母	0.110	0.034	0.100	-0.010	0.229
		失婚男性	0.468**	0.034	0.000	0.348	0.587
		失婚男性父母	0.370**	0.034	0.000	0.249	0.491
	迁移婚姻男性	迁移婚姻女性	0.045	0.030	0.897	-0.063	0.153
		迁移婚姻家庭子女	-0.086	0.034	0.376	-0.205	0.034
		迁移婚姻女性父母	0.102	0.034	0.165	-0.018	0.223
		迁移婚姻男性父母	0.155**	0.034	0.002	0.035	0.275
		失婚男性	0.513**	0.034	0.000	0.393	0.633
		失婚男性父母	0.415**	0.034	0.000	0.294	0.536
	迁移婚姻家庭子女	迁移婚姻女性	0.131**	0.034	0.019	0.011	0.251
		迁移婚姻男性	0.086	0.034	0.376	-0.034	0.205
		迁移婚姻女性父母	0.188**	0.037	0.000	0.057	0.319
		迁移婚姻男性父母	0.241**	0.037	0.000	0.110	0.371
		失婚男性	0.599**	0.037	0.000	0.468	0.729
		失婚男性父母	0.501**	0.037	0.000	0.369	0.632
	迁移婚姻女性父母	迁移婚姻女性	-0.057	0.034	0.826	-0.177	0.063
		迁移婚姻男性	-0.102	0.034	0.165	-0.223	0.018
		迁移婚姻家庭子女	-0.188**	0.037	0.000	-0.319	-0.057
		迁移婚姻男性父母	0.053	0.037	0.915	-0.078	0.183
		失婚男性	0.410**	0.037	0.000	0.280	0.541
		失婚男性父母	0.313**	0.037	0.000	0.181	0.445
	迁移婚姻男性父母	迁移婚姻女性	-0.110	0.034	0.100	-0.229	0.010
		迁移婚姻男性	-0.155**	0.034	0.002	-0.275	-0.035
		迁移婚姻家庭子女	-0.241**	0.037	0.000	-0.371	-0.110

因变量	（I）群体	（J）群体	平均差异（I-J）	标准误	显著性	95%置信区间	
						下界	上界
社会稳定风险	迁移婚姻男性父母	迁移婚姻女性父母	-0.053	0.037	0.915	-0.183	0.078
		失婚男性	0.358**	0.037	0.000	0.227	0.488
		失婚男性父母	0.260**	0.037	0.000	0.128	0.392
	失婚男性	迁移婚姻女性	-0.468**	0.034	0.000	-0.587	-0.348
		迁移婚姻男性	-0.513**	0.034	0.000	-0.633	-0.393
		迁移婚姻家庭子女	-0.599**	0.037	0.000	-0.729	-0.468
		迁移婚姻女性父母	-0.410**	0.037	0.000	-0.541	-0.280
		迁移婚姻男性父母	-0.358**	0.037	0.000	-0.488	-0.227
		失婚男性父母	-0.098	0.037	0.322	-0.229	0.034
	失婚男性父母	迁移婚姻女性	-0.370**	0.034	0.000	-0.491	-0.249
		迁移婚姻男性	-0.415**	0.034	0.000	-0.536	-0.294
		迁移婚姻家庭子女	-0.501**	0.037	0.000	-0.632	-0.369
		迁移婚姻女性父母	-0.313**	0.037	0.000	-0.445	-0.181
		迁移婚姻男性父母	-0.260**	0.037	0.000	-0.392	-0.128
		失婚男性	0.098	0.037	0.322	-0.034	0.229

究其原因，社会稳定风险的 5 个二级指标（非正常婚姻行为风险、迁移婚姻家庭矛盾纠纷多发风险、迁移婚姻夫妻行为失范风险、失婚男性性行为失范风险、失婚男性行为失范风险）与不同组别群体的关联数量和关联程度，从高到低依次是迁移婚姻家庭子女、迁移婚姻男性、迁移婚姻女性、迁移婚姻女性父母、迁移婚姻男性父母、失婚男性父母、失婚男性。

第四节　严重性的群体差异分析

本节旨在比较分析 7 组样本群体（迁移婚姻女性、迁移婚姻男性、迁移婚姻家庭子女、迁移婚姻女性父母、迁移婚姻男性父母、失婚男性、失婚男性父母）之间关于女性农民工迁移婚姻风险严重性的差异性，具体比较人口风险、婚恋风险、家庭风险、经济风险、社会网络风险、健康风险、养老风险、社会稳定风险共 8 个一级指标严重性的群体差异。

一 人口风险严重性的群体差异分析

（一）单因素方差分析

表 7-33 为人口风险严重性的单因素方差分析结果。结果显示，7 组样本群体的人口风险严重性整体检验的 F 值为 160.765（$p = 0.000 < 0.01$），达到显著水平，表明 7 组样本群体人口风险严重性的差异具有显著性。至于是哪些配对组别间的差异具有显著性，须进行事后两两配对比较方能得知。

表 7-33　人口风险严重性的单因素方差分析

		平方和	自由度	平均平方和	F 检验	显著性
人口风险	组间	111.661	6	18.610	160.765	0.000
	组内	173.408	1498	0.116		
	总和	285.069	1504			

（二）多重比较分析

采用 Scheffe 方法对 7 组样本群体的人口风险严重性的均值差异进行事后比较，比较结果如表 7-34 所示。

结果显示，失婚男性与失婚男性父母均高于 5 组群体（迁移婚姻女性、迁移婚姻男性、迁移婚姻女性父母、迁移婚姻男性父母、迁移婚姻家庭子女），差异均具有显著性。

表 7-34　人口风险严重性的群体多重比较（Scheffe）

因变量	(I)群体	(J)群体	平均差异(I-J)	标准误	显著性	95%置信区间 下界	95%置信区间 上界
人口风险	迁移婚姻女性	迁移婚姻男性	-0.050	0.029	0.806	-0.152	0.052
		迁移婚姻家庭子女	0.003	0.032	1.000	-0.110	0.116

续表

因变量	（I）群体	（J）群体	平均差异（I-J）	标准误	显著性	95%置信区间	
						下界	上界
人口风险	迁移婚姻女性	迁移婚姻女性父母	-0.032	0.032	0.987	-0.145	0.082
		迁移婚姻男性父母	-0.040	0.032	0.955	-0.153	0.073
		失婚男性	-0.690**	0.032	0.000	-0.804	-0.577
		失婚男性父母	-0.607**	0.032	0.000	-0.722	-0.492
	迁移婚姻男性	迁移婚姻女性	0.050	0.029	0.806	-0.052	0.152
		迁移婚姻家庭子女	0.053	0.032	0.839	-0.061	0.167
		迁移婚姻女性父母	0.019	0.032	0.999	-0.096	0.133
		迁移婚姻男性父母	0.010	0.032	1.000	-0.104	0.124
		失婚男性	-0.640**	0.032	0.000	-0.754	-0.527
		失婚男性父母	-0.557**	0.032	0.000	-0.672	-0.442
	迁移婚姻家庭子女	迁移婚姻女性	-0.003	0.032	1.000	-0.116	0.110
		迁移婚姻男性	-0.053	0.032	0.839	-0.167	0.061
		迁移婚姻女性父母	-0.035	0.035	0.986	-0.159	0.090
		迁移婚姻男性父母	-0.043	0.035	0.958	-0.167	0.081
		失婚男性	-0.693**	0.035	0.000	-0.817	-0.570
		失婚男性父母	-0.610**	0.035	0.000	-0.735	-0.485
	迁移婚姻女性父母	迁移婚姻女性	0.032	0.032	0.987	-0.082	0.145
		迁移婚姻男性	-0.019	0.032	0.999	-0.133	0.096
		迁移婚姻家庭子女	0.035	0.035	0.986	-0.090	0.159
		迁移婚姻男性父母	-0.008	0.035	1.000	-0.132	0.116
		失婚男性	-0.659**	0.035	0.000	-0.783	-0.535
		失婚男性父母	-0.576**	0.035	0.000	-0.701	-0.450
	迁移婚姻男性父母	迁移婚姻女性	0.040	0.032	0.955	-0.073	0.153
		迁移婚姻男性	-0.010	0.032	1.000	-0.124	0.104
		迁移婚姻家庭子女	0.043	0.035	0.958	-0.081	0.167
		迁移婚姻女性父母	0.008	0.035	1.000	-0.116	0.132
		失婚男性	-0.650**	0.035	0.000	-0.774	-0.527
		失婚男性父母	-0.567**	0.035	0.000	-0.692	-0.442

续表

因变量	(I)群体	(J) 群体	平均差异(I-J)	标准误	显著性	95%置信区间	
						下界	上界
人口风险	失婚男性	迁移婚姻女性	0.690**	0.032	0.000	0.577	0.804
		迁移婚姻男性	0.640**	0.032	0.000	0.527	0.754
		迁移婚姻家庭子女	0.693**	0.035	0.000	0.570	0.817
		迁移婚姻女性父母	0.659**	0.035	0.000	0.535	0.783
		迁移婚姻男性父母	0.650**	0.035	0.000	0.527	0.774
		失婚男性父母	0.083	0.035	0.465	-0.041	0.208
	失婚男性父母	迁移婚姻女性	0.607**	0.032	0.000	0.492	0.722
		迁移婚姻男性	0.557**	0.032	0.000	0.442	0.672
		迁移婚姻家庭子女	0.610**	0.035	0.000	0.485	0.735
		迁移婚姻女性父母	0.576**	0.035	0.000	0.450	0.701
		迁移婚姻男性父母	0.567**	0.035	0.000	0.442	0.692
		失婚男性	-0.083	0.035	0.465	-0.208	0.041

究其原因，对失婚男性与失婚男性父母来说，人口风险中的迁移婚姻女性净迁出地的婚姻适龄人口性别比失衡风险、人口老龄化风险、人口总量减少风险、劳动力人口减少风险是他们正在承受和要持续承受的风险（冯乐安、马克林，2010；靳小怡等，2011；杨筠、傅耀华，2015；于潇等，2019；李成华，2017；刘涛、王玉涵，2021），对他们的家庭和生活产生严重的负面影响。

二 婚恋风险严重性的群体差异分析

（一）单因素方差分析

表 7-35 为婚恋风险严重性的单因素方差分析结果。结果显示，7 组样本群体的婚恋风险严重性整体检验的 F 值为 23.239（$p=0.000<0.01$），达到显著水平，表明 7 组样本群体婚恋风险严重性的差异具有显著性。至于是哪些配对组别间的差异具有显著性，须进行事后两两配对比较方能得知。

表 7-35　婚恋风险严重性的单因素方差分析

		平方和	自由度	平均平方和	F 检验	显著性
婚恋风险	组间	8.809	6	1.468	23.239	0.000
	组内	94.641	1498	0.063		
	总和	103.450	1504			

（二）多重比较分析

采用 Scheffe 方法对 7 组样本群体的婚恋风险严重性均值差异进行事后比较，比较结果如表 7-36 所示。

结果显示，迁移婚姻女性、迁移婚姻男性与失婚男性均高于 3 组群体（迁移婚姻女性父母、迁移婚姻男性父母、失婚男性父母），差异均具有显著性；迁移婚姻家庭子女高于迁移婚姻男性父母，差异具有显著性。

表 7-36　婚恋风险严重性的群体多重比较（Scheffe）

因变量	（I）群体	（J）群体	平均差异（I-J）	标准误	显著性	95%置信区间 下界	95%置信区间 上界
婚恋风险	迁移婚姻女性	迁移婚姻男性	0.033	0.021	0.885	-0.043	0.108
		迁移婚姻家庭子女	0.053	0.024	0.541	-0.031	0.137
		迁移婚姻女性父母	0.139**	0.024	0.000	0.055	0.223
		迁移婚姻男性父母	0.236**	0.024	0.000	0.152	0.320
		失婚男性	0.021	0.024	0.992	-0.062	0.105
		失婚男性父母	0.119**	0.024	0.000	0.035	0.204
	迁移婚姻男性	迁移婚姻女性	-0.033	0.021	0.885	-0.108	0.043
		迁移婚姻家庭子女	0.020	0.024	0.994	-0.064	0.104
		迁移婚姻女性父母	0.106**	0.024	0.003	0.022	0.191
		迁移婚姻男性父母	0.203**	0.024	0.000	0.119	0.287
		失婚男性	-0.011	0.024	1.000	-0.095	0.073
		失婚男性父母	0.087**	0.024	0.041	0.002	0.172

续表

因变量	(I)群体	(J)群体	平均差异(I-J)	标准误	显著性	95%置信区间 下界	95%置信区间 上界
婚恋风险	迁移婚姻家庭子女	迁移婚姻女性	-0.053	0.024	0.541	-0.137	0.031
		迁移婚姻男性	-0.020	0.024	0.994	-0.104	0.064
		迁移婚姻女性父母	0.086	0.026	0.084	-0.005	0.178
		迁移婚姻男性父母	0.183 **	0.026	0.000	0.092	0.275
		失婚男性	-0.032	0.026	0.959	-0.123	0.060
		失婚男性父母	0.067	0.026	0.363	-0.026	0.159
	迁移婚姻女性父母	迁移婚姻女性	-0.139 **	0.024	0.000	-0.223	-0.055
		迁移婚姻男性	-0.106 **	0.024	0.003	-0.191	-0.022
		迁移婚姻家庭子女	-0.086	0.026	0.084	-0.178	0.005
		迁移婚姻男性父母	0.097	0.026	0.058	0.005	0.189
		失婚男性	-0.118 **	0.026	0.002	-0.209	-0.026
		失婚男性父母	-0.020	0.026	0.997	-0.112	0.073
	迁移婚姻男性父母	迁移婚姻女性	-0.236 **	0.024	0.000	-0.320	-0.152
		迁移婚姻男性	-0.203 **	0.024	0.000	-0.287	-0.119
		迁移婚姻家庭子女	-0.183 **	0.026	0.000	-0.275	-0.092
		迁移婚姻女性父母	-0.097	0.026	0.058	-0.189	-0.005
		失婚男性	-0.215 **	0.026	0.000	-0.306	-0.124
		失婚男性父母	-0.117	0.026	0.053	-0.209	-0.024
	失婚男性	迁移婚姻女性	-0.021	0.024	0.992	-0.105	0.062
		迁移婚姻男性	0.011	0.024	1.000	-0.073	0.095
		迁移婚姻家庭子女	0.032	0.026	0.959	-0.060	0.123
		迁移婚姻女性父母	0.118 **	0.026	0.002	0.026	0.209
		迁移婚姻男性父母	0.215 **	0.026	0.000	0.124	0.306
		失婚男性父母	0.098 **	0.026	0.027	0.006	0.190
	失婚男性父母	迁移婚姻女性	-0.119 **	0.024	0.000	-0.204	-0.035
		迁移婚姻男性	-0.087 **	0.024	0.041	-0.172	-0.002
		迁移婚姻家庭子女	-0.067	0.026	0.363	-0.159	0.026

续表

因变量	（I）群体	（J）群体	平均差异（I-J）	标准误	显著性	95%置信区间 下界	95%置信区间 上界
婚恋风险	失婚男性父母	迁移婚姻女性父母	0.020	0.026	0.997	-0.073	0.112
		迁移婚姻男性父母	0.117	0.026	0.053	0.024	0.209
		失婚男性	-0.098**	0.026	0.027	-0.190	-0.006

究其原因，在婚恋风险的 6 个二级指标（骗婚风险、未婚同居风险、未婚生育风险、迁移婚姻破裂风险、男性婚姻挤压风险、男性失婚风险）中，骗婚风险、未婚同居风险、未婚生育风险、迁移婚姻破裂风险是迁移婚姻女性与迁移婚姻男性过去、现在和未来要承受的风险，对他们婚恋生活产生较严重的影响（宋丽娜，2010；王小璐、王义燕，2013；仰和芝、张德乾，2018；何甜田，2019；方安迪，2020）；男性婚姻挤压风险、男性失婚风险是失婚男性正在和未来一直要承受的风险，对他们的影响持久而严重（田先红，2009；胡莹、李树苗，2015；王磊光，2017；孙发平等，2019；魏永祺，2020）；相比迁移婚姻男性父母，对迁移婚姻家庭子女来说，父母的婚恋风险是他们直接承受后果的风险，对他们产生的影响持久而严重。

三　家庭风险严重性的群体差异分析

（一）单因素方差分析

表 7-37 为家庭风险严重性的单因素方差分析结果。结果显示，7 组样本群体的家庭风险严重性整体检验的 F 值为 29.516（$p = 0.000 < 0.01$），达到显著水平，表明 7 组样本群体家庭风险严重性的差异具有显著性。至于是哪些配对组别间的差异具有显著性，须进行事后两两配对比较方能得知。

表 7-37　家庭风险严重性的单因素方差分析

		平方和	自由度	平均平方和	*F* 检验	显著性
家庭风险	组间	16.395	6	2.732	29.516	0.000
	组内	138.678	1498	0.093		
	总和	155.073	1504			

（二）多重比较分析

采用 Scheffe 方法对 7 组样本群体的家庭风险严重性均值差异进行事后比较，比较结果如表 7-38 所示。

结果显示，迁移婚姻女性高于 4 组群体（迁移婚姻女性父母、迁移婚姻男性父母、失婚男性、失婚男性父母），差异均具有显著性；迁移婚姻男性与迁移婚姻家庭子女均高于 3 组群体（迁移婚姻女性父母、迁移婚姻男性父母、失婚男性父母），差异均具有显著性；失婚男性高于 2 组群体（迁移婚姻女性父母、迁移婚姻男性父母），差异均具有显著性。

表 7-38　家庭风险严重性的群体多重比较（Scheffe）

因变量	（I）群体	（J）群体	平均差异（I-J）	标准误	显著性	95%置信区间 下界	95%置信区间 上界
家庭风险	迁移婚姻女性	迁移婚姻男性	0.065	0.026	0.381	-0.026	0.157
		迁移婚姻家庭子女	0.091	0.029	0.115	-0.010	0.193
		迁移婚姻女性父母	0.270**	0.029	0.000	0.168	0.371
		迁移婚姻男性父母	0.285**	0.029	0.000	0.184	0.387
		失婚男性	0.159**	0.028	0.000	0.057	0.260
		失婚男性父母	0.234**	0.029	0.000	0.131	0.336
	迁移婚姻男性	迁移婚姻女性	-0.065	0.026	0.381	-0.157	0.026
		迁移婚姻家庭子女	0.026	0.029	0.991	-0.075	0.128
		迁移婚姻女性父母	0.205**	0.029	0.000	0.103	0.307
		迁移婚姻男性父母	0.220**	0.029	0.000	0.118	0.322
		失婚男性	0.093	0.029	0.099	-0.008	0.195
		失婚男性父母	0.169**	0.029	0.000	0.066	0.272

续表

因变量	（I）群体	（J）群体	平均差异（I-J）	标准误	显著性	95%置信区间	
						下界	上界
家庭风险	迁移婚姻家庭子女	迁移婚姻女性	-0.091	0.029	0.115	-0.193	0.010
		迁移婚姻男性	-0.026	0.029	0.991	-0.128	0.075
		迁移婚姻女性父母	0.178**	0.031	0.000	0.067	0.289
		迁移婚姻男性父母	0.194**	0.031	0.000	0.083	0.304
		失婚男性	0.067	0.031	0.587	-0.043	0.178
		失婚男性父母	0.142**	0.031	0.002	0.031	0.254
	迁移婚姻女性父母	迁移婚姻女性	-0.270**	0.029	0.000	-0.371	-0.168
		迁移婚姻男性	-0.205**	0.029	0.000	-0.307	-0.103
		迁移婚姻家庭子女	-0.178**	0.031	0.000	-0.289	-0.067
		迁移婚姻男性父母	0.015	0.031	1.000	-0.096	0.126
		失婚男性	-0.111**	0.031	0.049	-0.222	0.000
		失婚男性父母	-0.036	0.032	0.972	-0.148	0.076
	迁移婚姻男性父母	迁移婚姻女性	-0.285**	0.029	0.000	-0.387	-0.184
		迁移婚姻男性	-0.220**	0.029	0.000	-0.322	-0.118
		迁移婚姻家庭子女	-0.194**	0.031	0.000	-0.304	-0.083
		迁移婚姻女性父母	-0.015	0.031	1.000	-0.126	0.096
		失婚男性	-0.127**	0.031	0.011	-0.237	-0.016
		失婚男性父母	-0.051	0.031	0.850	-0.163	0.060
	失婚男性	迁移婚姻女性	-0.159**	0.028	0.000	-0.260	-0.057
		迁移婚姻男性	-0.093	0.029	0.099	-0.195	0.008
		迁移婚姻家庭子女	-0.067	0.031	0.587	-0.178	0.043
		迁移婚姻女性父母	0.111**	0.031	0.049	0.000	0.222
		迁移婚姻男性父母	0.127**	0.031	0.011	0.016	0.237
		失婚男性父母	0.075	0.031	0.452	-0.036	0.187
	失婚男性父母	迁移婚姻女性	-0.234**	0.029	0.000	-0.336	-0.131
		迁移婚姻男性	-0.169**	0.029	0.000	-0.272	-0.066
		迁移婚姻家庭子女	-0.142**	0.031	0.002	-0.254	-0.031

因变量	(I)群体	(J)群体	平均差异(I-J)	标准误	显著性	95%置信区间	
						下界	上界
家庭风险	失婚男性父母	迁移婚姻女性父母	0.036	0.032	0.972	-0.076	0.148
		迁移婚姻男性父母	0.051	0.031	0.850	-0.060	0.163
		失婚男性	-0.075	0.031	0.452	-0.187	0.036

究其原因，在家庭风险的 4 个二级指标中，迁移婚姻家庭不稳定风险、迁移婚姻女性家庭排斥风险、迁移婚姻破裂家庭教育弱化风险 3 个二级指标是迁移婚姻女性、迁移婚姻男性与迁移婚姻家庭子女过去、现在和未来要承受的风险，对他们的生活产生很严重的影响；失婚男性家庭功能不完整风险与失婚男性关联度很高，严重影响失婚男性当下和未来的生活质量。

四 经济风险严重性的群体差异分析

（一）单因素方差分析

表 7-39 为经济风险严重性的单因素方差分析结果。结果显示，7 组样本群体的经济风险严重性整体检验的 F 值为 103.180（$p=0.000<0.01$），达到显著水平，表明 7 组样本群体经济风险严重性的差异具有显著性。至于是哪些配对组别间的差异具有显著性，须进行事后两两配对比较方能得知。

表 7-39　经济风险严重性的单因素方差分析

		平方和	自由度	平均平方和	F 检验	显著性
经济风险	组间	69.927	6	11.655	103.180	0.000
	组内	169.204	1498	0.113		
	总和	239.131	1504			

（二）多重比较分析

采用 Scheffe 方法对 7 组样本群体的经济风险严重性均值差异

进行事后比较，比较结果如表 7-40 所示。

结果显示，迁移婚姻女性与迁移婚姻女性父母均高于 5 组群体（迁移婚姻男性、迁移婚姻家庭子女、迁移婚姻男性父母、失婚男性、失婚男性父母），差异均具有显著性；迁移婚姻男性与迁移婚姻家庭子女均高于 2 组群体（迁移婚姻男性父母、失婚男性父母），差异均具有显著性。

表 7-40　经济风险严重性的群体多重比较（Scheffe）

因变量	（I）群体	（J）群体	平均差异（I-J）	标准误	显著性	95% 置信区间	
						下界	上界
经济风险	迁移婚姻女性	迁移婚姻男性	0.384**	0.028	0.000	0.283	0.485
		迁移婚姻家庭子女	0.388**	0.032	0.000	0.276	0.500
		迁移婚姻女性父母	0.067	0.032	0.610	-0.045	0.179
		迁移婚姻男性父母	0.571**	0.032	0.000	0.459	0.683
		失婚男性	0.466**	0.031	0.000	0.354	0.578
		失婚男性父母	0.565**	0.032	0.000	0.451	0.678
	迁移婚姻男性	迁移婚姻女性	-0.384**	0.028	0.000	-0.485	-0.283
		迁移婚姻家庭子女	0.004	0.032	1.000	-0.109	0.116
		迁移婚姻女性父母	-0.317**	0.032	0.000	-0.430	-0.205
		迁移婚姻男性父母	0.187**	0.032	0.000	0.074	0.299
		失婚男性	0.082	0.032	0.345	-0.030	0.194
		失婚男性父母	0.180**	0.032	0.000	0.067	0.294
	迁移婚姻家庭子女	迁移婚姻女性	-0.388**	0.032	0.000	-0.500	-0.276
		迁移婚姻男性	-0.004	0.032	1.000	-0.116	0.109
		迁移婚姻女性父母	-0.321**	0.034	0.000	-0.443	-0.198
		迁移婚姻男性父母	0.183**	0.034	0.000	0.061	0.305
		失婚男性	0.078	0.034	0.516	-0.044	0.201
		失婚男性父母	0.177**	0.035	0.000	0.054	0.300
	迁移婚姻女性父母	迁移婚姻女性	-0.067	0.032	0.610	-0.179	0.045
		迁移婚姻男性	0.317**	0.032	0.000	0.205	0.430
		迁移婚姻家庭子女	0.321**	0.034	0.000	0.198	0.443

续表

因变量	(I)群体	(J)群体	平均差异(I-J)	标准误	显著性	95%置信区间 下界	上界
经济风险	迁移婚姻女性父母	迁移婚姻男性父母	0.504**	0.034	0.000	0.381	0.627
		失婚男性	0.399**	0.034	0.000	0.277	0.522
		失婚男性父母	0.498**	0.035	0.000	0.374	0.621
	迁移婚姻男性父母	迁移婚姻女性	-0.571**	0.032	0.000	-0.683	-0.459
		迁移婚姻男性	-0.187**	0.032	0.000	-0.299	-0.074
		迁移婚姻家庭子女	-0.183**	0.034	0.000	-0.305	-0.061
		迁移婚姻女性父母	-0.504**	0.034	0.000	-0.627	-0.381
		失婚男性	-0.105	0.034	0.158	-0.227	0.017
		失婚男性父母	-0.006	0.035	1.000	-0.130	0.117
	失婚男性	迁移婚姻女性	-0.466**	0.031	0.000	-0.578	-0.354
		迁移婚姻男性	-0.082	0.032	0.345	-0.194	0.030
		迁移婚姻家庭子女	-0.078	0.034	0.516	-0.201	0.044
		迁移婚姻女性父母	-0.399**	0.034	0.000	-0.522	-0.277
		迁移婚姻男性父母	0.105	0.034	0.158	-0.017	0.227
		失婚男性父母	0.098	0.035	0.234	-0.025	0.222
	失婚男性父母	迁移婚姻女性	-0.565**	0.032	0.000	-0.678	-0.451
		迁移婚姻男性	-0.180**	0.032	0.000	-0.294	-0.067
		迁移婚姻家庭子女	-0.177**	0.035	0.000	-0.300	-0.054
		迁移婚姻女性父母	-0.498**	0.035	0.000	-0.621	-0.374
		迁移婚姻男性父母	0.006	0.035	1.000	-0.117	0.130
		失婚男性	-0.098	0.035	0.234	-0.222	0.025

究其原因，在经济风险的 4 个二级指标中，3 个二级指标是迁移婚姻女性及其父母以及迁移婚姻男性与迁移婚姻家庭子女经济生活中的常态风险，迁移婚姻女性新生家庭与原生家庭交往成本高，无法正常实现日常的劳动力交换和劳务的彼此支持，迁移婚姻家庭成员之间可能会产生经济上的不信任，这对迁移婚姻女性的原生家庭与新生家庭产生很严重的影响（沈文捷，2007；孙阳阳，2010；邓晓梅，2014；申艳芳、郝大海，2014；仰和芝、张德乾，2018）。

五　社会网络风险严重性的群体差异分析

（一）单因素方差分析

表 7-41 为社会网络风险严重性的单因素方差分析结果。结果显示，7 组样本群体的社会网络风险严重性整体检验的 F 值为 91.501（$p=0.000<0.01$），达到显著水平，表明 7 组样本群体社会网络风险严重性的差异具有显著性。至于是哪些配对组别间的差异具有显著性，须进行事后两两配对比较方能得知。

表 7-41　社会网络风险严重性的单因素方差分析

		平方和	自由度	平均平方和	F 检验	显著性
社会网络风险	组间	47.155	6	7.859	91.501	0.000
	组内	128.667	1498	0.086		
	总和	175.822	1504			

（二）多重比较分析

采用 Scheffe 方法对 7 组样本群体的社会网络风险严重性均值差异进行事后比较，比较结果如表 7-42 所示。

结果显示，迁移婚姻女性与迁移婚姻女性父母均高于 5 组群体（迁移婚姻男性、迁移婚姻家庭子女、迁移婚姻男性父母、失婚男性、失婚男性父母），差异均具有显著性；迁移婚姻男性与迁移婚姻家庭子女均高于 2 组群体（迁移婚姻男性父母、失婚男性），差异均具有显著性；迁移婚姻男性父母与失婚男性父母均高于失婚男性，差异均具有显著性。

表 7-42　社会网络风险严重性的群体多重比较（Scheffe）

因变量	（I）群体	（J）群体	平均差异（I-J）	标准误	显著性	95%置信区间 下界	95%置信区间 上界
社会网络风险	迁移婚姻女性	迁移婚姻男性	0.152**	0.025	0.000	0.064	0.240
		迁移婚姻家庭子女	0.172**	0.027	0.000	0.074	0.270

续表

因变量	(I)群体	(J)群体	平均差异(I-J)	标准误	显著性	95%置信区间 下界	95%置信区间 上界
社会网络风险	迁移婚姻女性	迁移婚姻女性父母	-0.073	0.028	0.320	-0.171	0.025
		迁移婚姻男性父母	0.297**	0.027	0.000	0.199	0.394
		失婚男性	0.528**	0.027	0.000	0.430	0.625
		失婚男性父母	0.199**	0.028	0.000	0.100	0.298
	迁移婚姻男性	迁移婚姻女性	-0.152**	0.025	0.000	-0.240	-0.064
		迁移婚姻家庭子女	0.020	0.028	0.997	-0.078	0.118
		迁移婚姻女性父母	-0.225**	0.028	0.000	-0.323	-0.127
		迁移婚姻男性父母	0.145**	0.028	0.000	0.047	0.243
		失婚男性	0.376**	0.028	0.000	0.278	0.474
		失婚男性父母	0.047	0.028	0.826	-0.052	0.146
	迁移婚姻家庭子女	迁移婚姻女性	-0.172**	0.027	0.000	-0.270	-0.074
		迁移婚姻男性	-0.020	0.028	0.997	-0.118	0.078
		迁移婚姻女性父母	-0.245**	0.030	0.000	-0.352	-0.138
		迁移婚姻男性父母	0.125**	0.030	0.009	0.018	0.231
		失婚男性	0.356**	0.030	0.000	0.249	0.462
		失婚男性父母	0.027	0.030	0.992	-0.081	0.134
	迁移婚姻女性父母	迁移婚姻女性	0.073	0.028	0.320	-0.025	0.171
		迁移婚姻男性	0.225**	0.028	0.000	0.127	0.323
		迁移婚姻家庭子女	0.245**	0.030	0.000	0.138	0.352
		迁移婚姻男性父母	0.370**	0.030	0.000	0.263	0.477
		失婚男性	0.601**	0.030	0.000	0.494	0.707
		失婚男性父母	0.272**	0.030	0.000	0.164	0.380
	迁移婚姻男性父母	迁移婚姻女性	-0.297**	0.027	0.000	-0.394	-0.199
		迁移婚姻男性	-0.145**	0.028	0.000	-0.243	-0.047
		迁移婚姻家庭子女	-0.125**	0.030	0.009	-0.231	-0.018
		迁移婚姻女性父母	-0.370**	0.030	0.000	-0.477	-0.263
		失婚男性	0.231**	0.030	0.000	0.125	0.337
		失婚男性父母	-0.098	0.030	0.109	-0.205	0.010

续表

因变量	(I)群体	(J) 群体	平均差异(I-J)	标准误	显著性	95%置信区间 下界	95%置信区间 上界
社会网络风险	失婚男性	迁移婚姻女性	-0.528**	0.027	0.000	-0.625	-0.430
		迁移婚姻男性	-0.376**	0.028	0.000	-0.474	-0.278
		迁移婚姻家庭子女	-0.356**	0.030	0.000	-0.462	-0.249
		迁移婚姻女性父母	-0.601**	0.030	0.000	-0.707	-0.494
		迁移婚姻男性父母	-0.231**	0.030	0.000	-0.337	-0.125
		失婚男性父母	-0.329**	0.030	0.000	-0.436	-0.221
	失婚男性父母	迁移婚姻女性	-0.199**	0.028	0.000	-0.298	-0.100
		迁移婚姻男性	-0.047	0.028	0.826	-0.146	0.052
		迁移婚姻家庭子女	-0.027	0.030	0.992	-0.134	0.081
		迁移婚姻女性父母	-0.272**	0.030	0.000	-0.380	-0.164
		迁移婚姻男性父母	0.098	0.030	0.109	-0.010	0.205
		失婚男性	0.329**	0.030	0.000	0.221	0.436

究其原因，在社会网络风险的 5 个二级指标中，3 个二级指标是迁移婚姻女性及其父母以及迁移婚姻男性与迁移婚姻家庭子女生活中的常态风险，迁移婚姻女性在原生家庭社会支持弱化甚至缺失状态下，可能还要遭受迁入地的社会排斥，她们婚后的社会适应并不会一帆风顺，这些是迁移婚姻女性婚后生活必须面对的常态风险，必然会产生严重的后果，给迁移婚姻女性及其原生家庭和新生家庭成员带来负面影响（黄润龙，2002；谭琳等，2003；王文龙，2010；申艳芳、郝大海，2014；仰和芝、张德乾，2018）。相对于失婚男性，迁移婚姻男性父母与失婚男性父母更关注社会网络风险的严重性程度。

六　健康风险严重性的群体差异分析

（一）单因素方差分析

表 7-43 为健康风险严重性的单因素方差分析结果。结果显示，7 组样本群体的健康风险严重性整体检验的 F 值为 6.699（$p =$

0.000<0.01），达到显著水平，表明 7 组样本群体健康风险严重性的差异具有显著性。至于是哪些配对组别间的差异具有显著性，须进行事后两两配对比较方能得知。

表 7-43　健康风险严重性的单因素方差分析

		平方和	自由度	平均平方和	F 检验	显著性
健康风险	组间	3.486	6	0.581		
	组内	129.928	1498	0.087	6.699	0.000
	总和	133.414	1504			

（二）多重比较分析

采用 Scheffe 方法对 7 组样本群体的健康风险严重性均值差异进行事后比较，比较结果如表 7-44 所示。

结果显示，迁移婚姻女性与失婚男性父母均高于 3 组群体（迁移婚姻男性、迁移婚姻家庭子女、迁移婚姻女性父母），差异均具有显著性。

表 7-44　健康风险严重性的群体多重比较（Scheffe）

因变量	（I）群体	（J）群体	平均差异（I-J）	标准误	显著性	95%置信区间 下界	95%置信区间 上界
健康风险	迁移婚姻女性	迁移婚姻男性	0.090**	0.025	0.042	0.002	0.179
		迁移婚姻家庭子女	0.099**	0.028	0.047	0.001	0.197
		迁移婚姻女性父母	0.109**	0.028	0.018	0.010	0.207
		迁移婚姻男性父母	0.076	0.028	0.269	-0.022	0.174
		失婚男性	0.026	0.028	0.990	-0.072	0.124
		失婚男性父母	-0.023	0.028	0.994	-0.123	0.076
	迁移婚姻男性	迁移婚姻女性	-0.090**	0.025	0.042	-0.179	-0.002
		迁移婚姻家庭子女	0.009	0.028	1.000	-0.090	0.107
		迁移婚姻女性父母	0.018	0.028	0.998	-0.080	0.117
		迁移婚姻男性父母	-0.014	0.028	1.000	-0.113	0.084

因变量	（I）群体	（J）群体	平均差异（I-J）	标准误	显著性	95%置信区间 下界	上界
健康风险	迁移婚姻男性	失婚男性	-0.065	0.028	0.489	-0.163	0.034
		失婚男性父母	-0.114**	0.028	0.012	-0.213	-0.014
	迁移婚姻家庭子女	迁移婚姻女性	-0.099**	0.028	0.047	-0.197	-0.001
		迁移婚姻男性	-0.009	0.028	1.000	-0.107	0.090
		迁移婚姻女性父母	0.010	0.030	1.000	-0.097	0.117
		迁移婚姻男性父母	-0.023	0.030	0.997	-0.130	0.084
		失婚男性	-0.073	0.030	0.436	-0.180	0.034
		失婚男性父母	-0.122**	0.030	0.013	-0.230	-0.014
	迁移婚姻女性父母	迁移婚姻女性	-0.109**	0.028	0.018	-0.207	-0.010
		迁移婚姻男性	-0.018	0.028	0.998	-0.117	0.080
		迁移婚姻家庭子女	-0.010	0.030	1.000	-0.117	0.097
		迁移婚姻男性父母	-0.033	0.030	0.978	-0.140	0.075
		失婚男性	-0.083	0.030	0.273	-0.190	0.024
		失婚男性父母	-0.132**	0.031	0.005	-0.241	-0.024
	迁移婚姻男性父母	迁移婚姻女性	-0.076	0.028	0.269	-0.174	0.022
		迁移婚姻男性	0.014	0.028	1.000	-0.084	0.113
		迁移婚姻家庭子女	0.023	0.030	0.997	-0.084	0.130
		迁移婚姻女性父母	0.033	0.030	0.978	-0.075	0.140
		失婚男性	-0.050	0.030	0.834	-0.157	0.057
		失婚男性父母	-0.100	0.030	0.098	-0.208	0.009
	失婚男性	迁移婚姻女性	-0.026	0.028	0.990	-0.124	0.072
		迁移婚姻男性	0.065	0.028	0.489	-0.034	0.163
		迁移婚姻家庭子女	0.073	0.030	0.436	-0.034	0.180
		迁移婚姻女性父母	0.083	0.030	0.273	-0.024	0.190
		迁移婚姻男性父母	0.050	0.030	0.834	-0.057	0.157
		失婚男性父母	-0.049	0.030	0.854	-0.157	0.059
	失婚男性父母	迁移婚姻女性	0.023	0.028	0.994	-0.076	0.123
		迁移婚姻男性	0.114**	0.028	0.012	0.014	0.213
		迁移婚姻家庭子女	0.122**	0.030	0.013	0.014	0.230

因变量	(I)群体	(J) 群体	平均差异(I-J)	标准误	显著性	95%置信区间	
						下界	上界
健康风险	失婚男性父母	迁移婚姻女性父母	0.132**	0.031	0.005	0.024	0.241
		迁移婚姻男性父母	0.100	0.030	0.098	-0.009	0.208
		失婚男性	0.049	0.030	0.854	-0.059	0.157

究其原因，健康风险的 6 个二级指标中，3 个二级指标是迁移婚姻女性及其父母与子女必须面对的身心健康风险，父母与子女的心理健康风险后果又必然会加剧迁移婚姻女性的心理健康风险，对她们产生严重影响（游正林，1992；景晓芬、李松柏，2013；韦艳等，2014；丁百仁，2018）；对失婚男性父母而言，他们深陷失婚儿子生殖健康风险与心理健康风险的担心与自责中，失婚男性父母会产生深深的挫败感、无望感，从而陷入深深的低价值感、人生失意、心态失衡中（刘中一，2005；韦艳等，2008；王晓蕾，2012；郭秋菊、靳小怡，2012；张群林、孟阳，2016）。

七 养老风险严重性的群体差异分析

（一）单因素方差分析

表 7-45 为养老风险严重性的单因素方差分析结果。结果显示，7 组样本群体的养老风险严重性整体检验的 F 值为 47.026（$p = 0.000 < 0.01$），达到显著水平，表明 7 组样本群体养老风险严重性的差异具有显著性。至于是哪些配对组别间的差异具有显著性，须进行事后两两配对比较方能得知。

表 7-45 养老风险严重性的单因素方差分析

		平方和	自由度	平均平方和	F 检验	显著性
养老风险	组间	38.860	6	6.477	47.026	0.000
	组内	206.312	1498	0.138		
	总和	245.172	1504			

（二）多重比较分析

采用 Scheffe 方法对 7 组样本群体的养老风险严重性均值差异进行事后比较，比较结果如表 7-46 所示。

结果显示，迁移婚姻女性高于 5 组群体（迁移婚姻男性、迁移婚姻家庭子女、迁移婚姻男性父母、失婚男性、失婚男性父母），差异均具有显著性；迁移婚姻女性父母高于 6 组群体（迁移婚姻女性、迁移婚姻男性、迁移婚姻家庭子女、迁移婚姻男性父母、失婚男性、失婚男性父母），差异均具有显著性。

表 7-46　养老风险严重性的群体多重比较（Scheffe）

因变量	（I）群体	（J）群体	平均差异（I-J）	标准误	显著性	95%置信区间 下界	95%置信区间 上界
养老风险	迁移婚姻女性	迁移婚姻男性	0.176**	0.031	0.000	0.064	0.287
		迁移婚姻家庭子女	0.240**	0.035	0.000	0.116	0.363
		迁移婚姻女性父母	-0.190**	0.035	0.000	-0.314	-0.065
		迁移婚姻男性父母	0.327**	0.035	0.000	0.204	0.451
		失婚男性	0.273**	0.035	0.000	0.149	0.396
		失婚男性父母	0.192**	0.035	0.000	0.067	0.317
	迁移婚姻男性	迁移婚姻女性	-0.176**	0.031	0.000	-0.287	-0.064
		迁移婚姻家庭子女	0.064	0.035	0.762	-0.060	0.188
		迁移婚姻女性父母	-0.365**	0.035	0.000	-0.489	-0.241
		迁移婚姻男性父母	0.152	0.035	0.065	0.028	0.276
		失婚男性	0.097	0.035	0.253	-0.026	0.221
		失婚男性父母	0.017	0.035	1.000	-0.109	0.142
	迁移婚姻家庭子女	迁移婚姻女性	-0.240**	0.035	0.000	-0.363	-0.116
		迁移婚姻男性	-0.064	0.035	0.762	-0.188	0.060
		迁移婚姻女性父母	-0.429**	0.038	0.000	-0.564	-0.294
		迁移婚姻男性父母	0.088	0.038	0.502	-0.047	0.223
		失婚男性	0.033	0.038	0.993	-0.101	0.168
		失婚男性父母	-0.047	0.038	0.958	-0.183	0.089

续表

因变量	(I) 群体	(J) 群体	平均差异 (I-J)	标准误	显著性	95%置信区间	
						下界	上界
养老风险	迁移婚姻女性父母	迁移婚姻女性	0.190**	0.035	0.000	0.065	0.314
		迁移婚姻男性	0.365**	0.035	0.000	0.241	0.489
		迁移婚姻家庭子女	0.429**	0.038	0.000	0.294	0.564
		迁移婚姻男性父母	0.517**	0.038	0.000	0.381	0.652
		失婚男性	0.462**	0.038	0.000	0.327	0.598
		失婚男性父母	0.382**	0.038	0.000	0.245	0.518
	迁移婚姻男性父母	迁移婚姻女性	-0.327**	0.035	0.000	-0.451	-0.204
		迁移婚姻男性	-0.152	0.035	0.065	-0.276	-0.028
		迁移婚姻家庭子女	-0.088	0.038	0.502	-0.223	0.047
		迁移婚姻女性父母	-0.517**	0.038	0.000	-0.652	-0.381
		失婚男性	-0.054	0.038	0.915	-0.189	0.081
		失婚男性父母	-0.135	0.038	0.055	-0.271	0.001
	失婚男性	迁移婚姻女性	-0.273**	0.035	0.000	-0.396	-0.149
		迁移婚姻男性	-0.097	0.035	0.253	-0.221	0.026
		迁移婚姻家庭子女	-0.033	0.038	0.993	-0.168	0.101
		迁移婚姻女性父母	-0.462**	0.038	0.000	-0.598	-0.327
		迁移婚姻男性父母	0.054	0.038	0.915	-0.081	0.189
		失婚男性父母	-0.081	0.038	0.618	-0.217	0.055
	失婚男性父母	迁移婚姻女性	-0.192**	0.035	0.000	-0.317	-0.067
		迁移婚姻男性	-0.017	0.035	1.000	-0.142	0.109
		迁移婚姻家庭子女	0.047	0.038	0.958	-0.089	0.183
		迁移婚姻女性父母	-0.382**	0.038	0.000	-0.518	-0.245
		迁移婚姻男性父母	0.135	0.038	0.055	-0.001	0.271
		失婚男性	0.081	0.038	0.618	-0.055	0.217

究其原因，对迁移婚姻女性而言，婚后对父母日常生活陪伴和养老支持的弱化甚至缺失是她们选择迁移婚姻的主要风险，对她们父母的生活和养老产生严重负面影响（仰和芝，2006）；对迁移婚姻女性父母而言，女儿是日常生活和养老的重要支持者，女

儿远嫁，彼此空间距离的远离和隔离，必然会引发远嫁女儿对父母的日常看望陪伴、生病陪护、家务提供和情感支持的不同程度缺失，引发他们的养老风险（刘芝艳，2009；宋丽娜，2010）。

八　社会稳定风险严重性的群体差异分析

（一）单因素方差分析

表 7-47 为社会稳定风险严重性的单因素方差分析结果。结果显示，7 组样本群体的社会稳定风险严重性整体检验的 F 值为 11.372（$p=0.000<0.01$），达到显著水平，表明 7 组样本社会稳定风险严重性的差异具有显著性。至于是哪些配对组别间的差异具有显著性，须进行事后两两配对比较方能得知。

表 7-47　社会稳定风险严重性的单因素方差分析

		平方和	自由度	平均平方和	F 检验	显著性
社会稳定风险	组间	5.534	6	0.922		
	组内	121.503	1498	0.081	11.372	0.000
	总和	127.037	1504			

（二）多重比较分析

采用 Scheffe 方法对 7 组样本群体的社会稳定风险严重性均值差异进行事后比较，比较结果如表 7-48 所示。

结果显示，5 组群体（迁移婚姻女性、迁移婚姻女性父母、迁移婚姻男性父母、失婚男性、失婚男性父母）均高于迁移婚姻男性，差异均具有显著性。

表 7-48　社会稳定风险严重性的群体多重比较（Scheffe）

因变量	（I）群体	（J）群体	平均差异（I-J）	标准误	显著性	95%置信区间 下界	95%置信区间 上界
社会稳定风险	迁移婚姻女性	迁移婚姻男性	0.152**	0.024	0.000	0.066	0.238
		迁移婚姻家庭子女	0.068	0.027	0.369	-0.027	0.163

续表

因变量	(I)群体	(J) 群体	平均差异(I-J)	标准误	显著性	95%置信区间 下界	95%置信区间 上界
社会稳定风险	迁移婚姻女性	迁移婚姻女性父母	0.014	0.027	1.000	-0.082	0.109
		迁移婚姻男性父母	0.018	0.027	0.998	-0.077	0.113
		失婚男性	0.028	0.027	0.980	-0.066	0.123
		失婚男性父母	-0.041	0.027	0.890	-0.137	0.055
	迁移婚姻男性	迁移婚姻女性	-0.152**	0.024	0.000	-0.238	-0.066
		迁移婚姻家庭子女	-0.084	0.027	0.134	-0.179	0.011
		迁移婚姻女性父母	-0.138**	0.027	0.000	-0.234	-0.043
		迁移婚姻男性父母	-0.134**	0.027	0.000	-0.229	-0.039
		失婚男性	-0.124**	0.027	0.002	-0.219	-0.029
		失婚男性父母	-0.193**	0.027	0.000	-0.289	-0.097
	迁移婚姻家庭子女	迁移婚姻女性	-0.068	0.027	0.369	-0.163	0.027
		迁移婚姻男性	0.084	0.027	0.134	-0.011	0.179
		迁移婚姻女性父母	-0.055	0.029	0.746	-0.158	0.049
		迁移婚姻男性父母	-0.050	0.029	0.812	-0.154	0.053
		失婚男性	-0.040	0.029	0.931	-0.143	0.064
		失婚男性父母	-0.109	0.029	0.053	-0.214	-0.005
	迁移婚姻女性父母	迁移婚姻女性	-0.014	0.027	1.000	-0.109	0.082
		迁移婚姻男性	0.138**	0.027	0.000	0.043	0.234
		迁移婚姻家庭子女	0.055	0.029	0.746	-0.049	0.158
		迁移婚姻男性父母	0.004	0.029	1.000	-0.100	0.108
		失婚男性	0.015	0.029	1.000	-0.089	0.118
		失婚男性父母	-0.055	0.029	0.754	-0.159	0.050
	迁移婚姻男性父母	迁移婚姻女性	-0.018	0.027	0.998	-0.113	0.077
		迁移婚姻男性	0.134**	0.027	0.000	0.039	0.229
		迁移婚姻家庭子女	0.050	0.029	0.812	-0.053	0.154
		迁移婚姻女性父母	-0.004	0.029	1.000	-0.108	0.100
		失婚男性	0.010	0.029	1.000	-0.093	0.114
		失婚男性父母	-0.059	0.029	0.676	-0.163	0.046

因变量	(I)群体	(J) 群体	平均差异(I-J)	标准误	显著性	95% 置信区间	
						下界	上界
社会稳定风险	失婚男性	迁移婚姻女性	-0.028	0.027	0.980	-0.123	0.066
		迁移婚姻男性	0.124**	0.027	0.002	0.029	0.219
		迁移婚姻家庭子女	0.040	0.029	0.931	-0.064	0.143
		迁移婚姻女性父母	-0.015	0.029	1.000	-0.118	0.089
		迁移婚姻男性父母	-0.010	0.029	1.000	-0.114	0.093
		失婚男性父母	-0.069	0.029	0.474	-0.174	0.035
	失婚男性父母	迁移婚姻女性	0.041	0.027	0.890	-0.055	0.137
		迁移婚姻男性	0.193**	0.027	0.000	0.097	0.289
		迁移婚姻家庭子女	0.109	0.029	0.053	0.005	0.214
		迁移婚姻女性父母	0.055	0.029	0.754	-0.050	0.159
		迁移婚姻男性父母	0.059	0.029	0.676	-0.046	0.163
		失婚男性	0.069	0.029	0.474	-0.035	0.174

第五节　传导性的群体差异分析

本节旨在比较分析 7 组样本群体（迁移婚姻女性、迁移婚姻男性、迁移婚姻家庭子女、迁移婚姻女性父母、迁移婚姻男性父母、失婚男性、失婚男性父母）之间关于女性农民工迁移婚姻风险传导性的差异性，具体比较人口风险、婚恋风险、家庭风险、经济风险、社会网络风险、健康风险、养老风险、社会稳定风险共 8 个一级指标传导性的群体差异。

一　人口风险传导性的群体差异分析

（一）单因素方差分析

表 7-49 为人口风险传导性的单因素方差分析结果。结果显示，7 组样本群体的人口风险传导性整体检验的 F 值为 116.686（$p = 0.000 < 0.01$），达到显著水平，表明 7 组样本群体人口风险传

导性的差异具有显著性。至于是哪些配对组别间的差异具有显著性，须进行事后两两配对比较方能得知。

表 7-49 人口风险传导性的单因素方差分析

		平方和	自由度	平均平方和	F 检验	显著性
人口风险	组间	56.486	6	9.414	116.686	0.000
	组内	120.861	1498	0.081		
	总和	177.347	1504			

（二）多重比较分析

采用 Scheffe 方法对 7 组样本群体的人口风险传导性均值差异进行事后比较，比较结果如表 7-50 所示。

结果显示，失婚男性高于 6 组群体（迁移婚姻女性、迁移婚姻男性、迁移婚姻女性父母、迁移婚姻男性父母、迁移婚姻家庭子女、失婚男性父母），差异均具有显著性；失婚男性父母高于 5 组群体（迁移婚姻女性、迁移婚姻男性、迁移婚姻女性父母、迁移婚姻男性父母、迁移婚姻家庭子女），差异均具有显著性。

表 7-50 人口风险传导性的群体多重比较（Scheffe）

因变量	(I)群体	(J)群体	平均差异(I-J)	标准误	显著性	95%置信区间 下界	95%置信区间 上界
人口风险	迁移婚姻女性	迁移婚姻男性	-0.008	0.024	1.000	-0.094	0.077
		迁移婚姻家庭子女	-0.029	0.027	0.979	-0.123	0.066
		迁移婚姻女性父母	-0.026	0.027	0.987	-0.121	0.069
		迁移婚姻男性父母	-0.051	0.027	0.730	-0.145	0.044
		失婚男性	-0.556**	0.027	0.000	-0.650	-0.461
		失婚男性父母	-0.334**	0.027	0.000	-0.429	-0.238
	迁移婚姻男性	迁移婚姻女性	0.008	0.024	1.000	-0.077	0.094
		迁移婚姻家庭子女	-0.020	0.027	0.997	-0.115	0.075
		迁移婚姻女性父母	-0.018	0.027	0.999	-0.113	0.078
		迁移婚姻男性父母	-0.042	0.027	0.869	-0.137	0.053

续表

因变量	（I）群体	（J）群体	平均差异（I-J）	标准误	显著性	95%置信区间	
						下界	上界
人口风险	迁移婚姻男性	失婚男性	-0.548**	0.027	0.000	-0.642	-0.453
		失婚男性父母	-0.325**	0.027	0.000	-0.421	-0.229
	迁移婚姻家庭子女	迁移婚姻女性	0.029	0.027	0.979	-0.066	0.123
		迁移婚姻男性	0.020	0.027	0.997	-0.075	0.115
		迁移婚姻女性父母	0.003	0.029	1.000	-0.101	0.106
		迁移婚姻男性父母	-0.022	0.029	0.997	-0.125	0.081
		失婚男性	-0.527**	0.029	0.000	-0.630	-0.424
		失婚男性父母	-0.305**	0.029	0.000	-0.409	-0.201
	迁移婚姻女性父母	迁移婚姻女性性	0.026	0.027	0.987	-0.069	0.121
		迁移婚姻男性	0.018	0.027	0.999	-0.078	0.113
		迁移婚姻家庭子女	-0.003	0.029	1.000	-0.106	0.101
		迁移婚姻男性父母	-0.025	0.029	0.994	-0.128	0.079
		失婚男性	-0.530**	0.029	0.000	-0.633	-0.426
		失婚男性父母	-0.307**	0.029	0.000	-0.412	-0.203
	迁移婚姻男性父母	迁移婚姻女性	0.051	0.027	0.730	-0.044	0.145
		迁移婚姻男性	0.042	0.027	0.869	-0.053	0.137
		迁移婚姻家庭子女	0.022	0.029	0.997	-0.081	0.125
		迁移婚姻女性父母	0.025	0.029	0.994	-0.079	0.128
		失婚男性	-0.505**	0.029	0.000	-0.608	-0.402
		失婚男性父母	-0.283**	0.029	0.000	-0.387	-0.179
	失婚男性	迁移婚姻女性	0.556**	0.027	0.000	0.461	0.650
		迁移婚姻男性	0.548**	0.027	0.000	0.453	0.642
		迁移婚姻家庭子女	0.527**	0.029	0.000	0.424	0.630
		迁移婚姻女性父母	0.530**	0.029	0.000	0.426	0.633
		迁移婚姻男性父母	0.505**	0.029	0.000	0.402	0.608
		失婚男性父母	0.222**	0.029	0.000	0.118	0.327
	失婚男性父母	迁移婚姻女性	0.334**	0.027	0.000	0.238	0.429
		迁移婚姻男性	0.325**	0.027	0.000	0.229	0.421
		迁移婚姻家庭子女	0.305**	0.029	0.000	0.201	0.409

因变量	(I)群体	(J) 群体	平均差异(I-J)	标准误	显著性	95%置信区间	
						下界	上界
人口风险	失婚男性父母	迁移婚姻女性父母	0.307**	0.029	0.000	0.203	0.412
		迁移婚姻男性父母	0.283**	0.029	0.000	0.179	0.387
		失婚男性	-0.222**	0.029	0.000	-0.327	-0.118

究其原因，对失婚男性与失婚男性父母来说，人口风险中的迁移婚姻女性净迁出地的婚姻适龄人口性别比失衡风险、人口老龄化风险、人口总量减少风险、劳动力人口减少风险是他们正在承受的风险，对他们的婚姻与家庭生活产生很大的影响。对失婚男性来说，人口风险不仅导致他们成婚困难，也导致他们不能享有正常的婚姻家庭生活和婚姻家庭功能，影响他们的身心健康、家庭功能和社会功能的发挥（孟阳、李树茁，2017b；刘中一，2021）。对失婚男性父母来说，人口风险导致他们的儿子成婚困难以及不能享有正常的婚姻家庭生活和婚姻家庭功能，让他们觉得愧对失婚的儿子，也严重影响他们的正常生活和人生价值的实现（郭秋菊、靳小怡，2012；谢娅婷等，2015）。

二 婚恋风险传导性的群体差异分析

（一）单因素方差分析

表 7-51 为婚恋风险传导性的单因素方差分析结果。结果显示，7 组样本群体的婚恋风险传导性整体检验的 F 值为 10.557（$p = 0.000 < 0.01$），达到显著水平，表明 7 组样本群体婚恋风险传导性的差异具有显著性。至于是哪些配对组别间的差异具有显著性，须进行事后两两配对比较方能得知。

（二）多重比较分析

采用 Scheffe 方法对 7 组样本群体的婚恋风险传导性均值差异进行事后比较，比较结果如表 7-52 所示。

表 7-51 婚恋风险传导性的单因素方差分析

		平方和	自由度	平均平方和	F 检验	显著性
婚恋风险	组间	4.760	6	0.793		
	组内	112.555	1498	0.075	10.557	0.000
	总和	117.315	1504			

结果显示,迁移婚姻女性父母高于 2 组群体 (迁移婚姻男性、迁移婚姻男性父母),差异均具有显著性;失婚男性高于 5 组群体 (迁移婚姻女性、迁移婚姻男性、迁移婚姻家庭子女、迁移婚姻男性父母、失婚男性父母),差异均具有显著性。

表 7-52 婚恋风险传导性的群体多重比较 (Scheffe)

因变量	(I) 群体	(J) 群体	平均差异 (I-J)	标准误	显著性	95%置信区间 下界	95%置信区间 上界
婚恋风险	迁移婚姻女性	迁移婚姻男性	0.042	0.023	0.783	-0.041	0.124
		迁移婚姻家庭子女	0.033	0.026	0.951	-0.059	0.124
		迁移婚姻女性父母	-0.060	0.026	0.494	-0.152	0.032
		迁移婚姻男性父母	0.092	0.026	0.056	0.001	0.183
		失婚男性	-0.097**	0.026	0.029	-0.188	-0.005
		失婚男性父母	0.013	0.026	1.000	-0.080	0.105
	迁移婚姻男性	迁移婚姻女性	-0.042	0.023	0.783	-0.124	0.041
		迁移婚姻家庭子女	-0.009	0.026	1.000	-0.100	0.083
		迁移婚姻女性父母	-0.101**	0.018	0.018	-0.193	-0.010
		迁移婚姻男性父母	0.051	0.026	0.698	-0.041	0.142
		失婚男性	-0.138**	0.026	0.000	-0.230	-0.047
		失婚男性父母	-0.029	0.026	0.975	-0.122	0.064
	迁移婚姻家庭子女	迁移婚姻女性	-0.033	0.026	0.951	-0.124	0.059
		迁移婚姻男性	0.009	0.026	1.000	-0.083	0.100
		迁移婚姻女性父母	-0.093	0.028	0.094	-0.193	0.007
		迁移婚姻男性父母	0.059	0.028	0.613	-0.040	0.159
		失婚男性	-0.129**	0.028	0.002	-0.229	-0.030
		失婚男性父母	-0.020	0.028	0.998	-0.121	0.080

续表

因变量	（I）群体	（J）群体	平均差异（I-J）	标准误	显著性	95%置信区间	
						下界	上界
婚恋风险	迁移婚姻女性父母	迁移婚姻女性	0.060	0.026	0.494	-0.032	0.152
		迁移婚姻男性	0.101 **	0.026	0.018	0.010	0.193
		迁移婚姻家庭子女	0.093	0.028	0.094	-0.007	0.193
		迁移婚姻男性父母	0.152 **	0.028	0.000	0.052	0.252
		失婚男性	-0.037	0.028	0.945	-0.136	0.063
		失婚男性父母	0.072	0.028	0.368	-0.028	0.173
	迁移婚姻男性父母	迁移婚姻女性	-0.092	0.026	0.056	-0.183	-0.001
		迁移婚姻男性	-0.051	0.026	0.698	-0.142	0.041
		迁移婚姻家庭子女	-0.059	0.028	0.613	-0.159	0.040
		迁移婚姻女性父母	-0.152 **	0.028	0.000	-0.252	-0.052
		失婚男性	-0.189 **	0.028	0.000	-0.288	-0.089
		失婚男性父母	-0.080	0.028	0.247	-0.180	0.021
	失婚男性	迁移婚姻女性	0.097 **	0.026	0.029	0.005	0.188
		迁移婚姻男性	0.138 **	0.026	0.000	0.047	0.230
		迁移婚姻家庭子女	0.129 **	0.028	0.002	0.030	0.229
		迁移婚姻女性父母	0.037	0.028	0.945	-0.063	0.136
		迁移婚姻男性父母	0.189 **	0.028	0.000	0.089	0.288
		失婚男性父母	0.109 **	0.028	0.022	0.009	0.210
	失婚男性父母	迁移婚姻女性	-0.013	0.026	1.000	-0.105	0.080
		迁移婚姻男性	0.029	0.026	0.975	-0.064	0.122
		迁移婚姻家庭子女	0.020	0.028	0.998	-0.080	0.121
		迁移婚姻女性父母	-0.072	0.028	0.368	-0.173	0.028
		迁移婚姻男性父母	0.080	0.028	0.247	-0.021	0.180
		失婚男性	-0.109 **	0.028	0.022	-0.210	-0.009

究其原因，对迁移婚姻女性父母而言，他们并不支持自己的女儿远嫁，他们担心自己的女儿遭受骗婚风险、未婚同居风险、未婚生育风险、迁移婚姻破裂风险，这些风险一旦发生，不仅对他们远嫁女儿的婚姻家庭和未来人生产生影响，也会传导至迁移

婚姻家庭成员、迁移婚姻女性父母以及其他人员，造成传导效应（周建芳，2011；陈锋，2012）。对失婚男性而言，他们承受婚姻挤压风险与失婚风险，被动丧失婚姻和家庭生活机会，这给他们的生活和人生带来重大负面影响，他们的失婚也会引发其父母心理健康、养老风险以及他们自身的心理健康和养老风险，还可能会引发社会疏离、社会排斥、社会稳定等风险，不仅影响他们自身及其家庭成员，还会给其他群体和社会带来负面影响（李艳、李树茁，2008；殷海善，2010；刘慧君，2017；薛敏霞、舒曼，2020；汪静、何威，2020）。

三　家庭风险传导性的群体差异分析

（一）单因素方差分析

表 7-53 为家庭风险传导性的单因素方差分析结果。结果显示，7 组样本群体的家庭风险传导性整体检验的 F 值为 3.226（$p=0.004<0.01$），达到显著水平，表明 7 组样本群体家庭风险传导性的差异具有显著性。至于是哪些配对组别间的差异具有显著性，须进行事后两两配对比较方能得知。

表 7-53　家庭风险传导性的单因素方差分析

		平方和	自由度	平均平方和	F 检验	显著性
家庭风险	组间	2.018	6	0.336	3.226	0.004
	组内	156.204	1498	0.104		
	总和	158.222	1504			

（二）多重比较分析

采用 Scheffe 方法对 7 组样本群体的家庭风险传导性均值差异进行事后比较，比较结果如表 7-54 所示。

结果显示，失婚男性高于迁移婚姻女性父母，差异具有显著性。

表 7-54　家庭风险传导性的群体多重比较（Scheffe）

因变量	（I）群体	（J）群体	平均差异（I-J）	标准误	显著性	95%置信区间	
						下界	上界
家庭风险	迁移婚姻女性	迁移婚姻男性	0.019	0.027	0.998	-0.079	0.116
		迁移婚姻家庭子女	-0.007	0.030	1.000	-0.114	0.101
		迁移婚姻女性父母	0.058	0.030	0.719	-0.050	0.166
		迁移婚姻男性父母	0.032	0.030	0.981	-0.076	0.140
		失婚男性	-0.073	0.030	0.435	-0.181	0.034
		失婚男性父母	0.027	0.031	0.993	-0.082	0.136
	迁移婚姻男性	迁移婚姻女性	-0.019	0.027	0.998	-0.116	0.079
		迁移婚姻家庭子女	-0.025	0.030	0.994	-0.133	0.082
		迁移婚姻女性父母	0.040	0.030	0.945	-0.069	0.148
		迁移婚姻男性父母	0.013	0.030	1.000	-0.095	0.121
		失婚男性	-0.092	0.030	0.163	-0.200	0.016
		失婚男性父母	0.008	0.031	1.000	-0.101	0.117
	迁移婚姻家庭子女	迁移婚姻女性	0.007	0.030	1.000	-0.101	0.114
		迁移婚姻男性	0.025	0.030	0.994	-0.082	0.133
		迁移婚姻女性父母	0.065	0.033	0.695	-0.053	0.183
		迁移婚姻男性父母	0.039	0.033	0.967	-0.079	0.156
		失婚男性	-0.067	0.033	0.667	-0.184	0.051
		失婚男性父母	0.034	0.033	0.985	-0.085	0.152
	迁移婚姻女性父母	迁移婚姻女性	-0.058	0.030	0.719	-0.166	0.050
		迁移婚姻男性	-0.040	0.030	0.945	-0.148	0.069
		迁移婚姻家庭子女	-0.065	0.033	0.695	-0.183	0.053
		迁移婚姻男性父母	-0.026	0.033	0.996	-0.144	0.091
		失婚男性	-0.132**	0.033	0.015	-0.249	-0.014
		失婚男性父母	-0.031	0.033	0.990	-0.150	0.087
	迁移婚姻男性父母	迁移婚姻女性	-0.032	0.030	0.981	-0.140	0.076
		迁移婚姻男性	-0.013	0.030	1.000	-0.121	0.095
		迁移婚姻家庭子女	-0.039	0.033	0.967	-0.156	0.079

因变量	（I）群体	（J）群体	平均差异（I-J）	标准误	显著性	95%置信区间 下界	上界
家庭风险	迁移婚姻男性父母	迁移婚姻女性父母	0.026	0.033	0.996	−0.091	0.144
		失婚男性	−0.105	0.033	0.117	−0.223	0.012
		失婚男性父母	−0.005	0.033	1.000	−0.124	0.114
	失婚男性	迁移婚姻女性	0.073	0.030	0.998	−0.079	0.116
		迁移婚姻男性	0.092	0.030	1.000	−0.114	0.101
		迁移婚姻家庭子女	0.067	0.033	0.719	−0.050	0.166
		迁移婚姻女性父母	0.132**	0.033	0.981	−0.076	0.140
		迁移婚姻男性父母	0.105	0.033	0.435	−0.181	0.034
		失婚男性父母	0.100	0.033	0.993	−0.082	0.136
	失婚男性父母	迁移婚姻女性	−0.027	0.031	0.993	−0.136	0.082
		迁移婚姻男性	−0.008	0.031	1.000	−0.117	0.101
		迁移婚姻家庭子女	−0.034	0.033	0.985	−0.152	0.085
		迁移婚姻女性父母	0.031	0.033	0.990	−0.087	0.150
		迁移婚姻男性父母	0.005	0.033	1.000	−0.114	0.124
		失婚男性	−0.100	0.033	0.170	−0.219	0.018

究其原因，7组样本群体均认为家庭风险传导性很强，但对失婚男性而言，失婚导致的其不能获得正常家庭功能影响他们终生，所以他们对失婚男性家庭功能不完整风险传导性的评估分值是7个样本群体中最高的。对迁移婚姻女性父母来说，他们主要关心的是家庭风险对自己女儿及自身的传导性。

四　经济风险传导性的群体差异分析

（一）单因素方差分析

表7-55为经济风险传导性的单因素方差分析结果。结果显示，7组样本群体的经济风险传导性整体检验的 F 值为6.831（$p=0.000<0.01$），达到显著水平，表明7组样本群体经济风险传导性的差异具有显著性。至于是哪些配对组别间的差异具有显著性，

须进行事后两两配对比较方能得知。

表 7-55　经济风险传导性的单因素方差分析

		平方和	自由度	平均平方和	F 检验	显著性
经济风险	组间	4.777	6	0.796		
	组内	174.594	1498	0.117	6.831	0.000
	总和	179.371	1504			

（二）多重比较分析

采用 Scheffe 方法对 7 组样本群体的经济风险传导性均值差异进行事后比较，比较结果如表 7-56 所示。

结果显示，4 组群体（迁移婚姻女性、迁移婚姻女性父母、失婚男性、失婚男性父母）均高于迁移婚姻家庭子女，差异均具有显著性。

究其原因，虽然评估结果显示，迁移婚姻家庭子女也认为经济风险传导性很强，但他们出生并生活在人口大规模流动和社会变迁的时代，迁移婚姻业已成为一种常态，男性婚姻成本不断推高也成为事实，他们更能接受迁移婚姻。

表 7-56　经济风险传导性的群体多重比较（Scheffe）

因变量	（I）群体	（J）群体	平均差异（I-J）	标准误	显著性	95%置信区间 下界	95%置信区间 上界
经济风险	迁移婚姻女性	迁移婚姻男性	0.082	0.029	0.234	-0.021	0.185
		迁移婚姻家庭子女	0.184**	0.032	0.000	0.070	0.298
		迁移婚姻女性父母	0.044	0.032	0.932	-0.070	0.158
		迁移婚姻男性父母	0.078	0.032	0.438	-0.036	0.191
		失婚男性	0.017	0.032	1.000	-0.097	0.130
		失婚男性父母	0.025	0.032	0.996	-0.090	0.140
	迁移婚姻男性	迁移婚姻女性	-0.082	0.029	0.234	-0.185	0.021
		迁移婚姻家庭子女	0.102	0.032	0.122	-0.012	0.216
		迁移婚姻女性父母	-0.038	0.032	0.965	-0.153	0.076

续表

因变量	（I）群体	（J）群体	平均差异（I-J）	标准误	显著性	95%置信区间	
						下界	上界
经济风险	迁移婚姻男性	迁移婚姻男性父母	-0.004	0.032	1.000	-0.119	0.110
		失婚男性	-0.065	0.032	0.656	-0.179	0.049
		失婚男性父母	-0.057	0.032	0.798	-0.172	0.058
	迁移婚姻家庭子女	迁移婚姻女性	-0.184**	0.032	0.000	-0.298	-0.070
		迁移婚姻男性	-0.102	0.032	0.122	-0.216	0.012
		迁移婚姻女性父母	-0.140**	0.035	0.014	-0.265	-0.016
		迁移婚姻男性父母	-0.106	0.035	0.159	-0.231	0.018
		失婚男性	-0.167**	0.035	0.001	-0.291	-0.043
		失婚男性父母	-0.159**	0.035	0.003	-0.284	-0.034
	迁移婚姻女性父母	迁移婚姻女性	-0.044	0.032	0.932	-0.158	0.070
		迁移婚姻男性	0.038	0.032	0.965	-0.076	0.153
		迁移婚姻家庭子女	0.140**	0.035	0.014	0.016	0.265
		迁移婚姻男性父母	0.034	0.035	0.988	-0.091	0.158
		失婚男性	-0.027	0.035	0.996	-0.151	0.097
		失婚男性父母	-0.019	0.035	1.000	-0.144	0.107
	迁移婚姻男性父母	迁移婚姻女性	-0.078	0.032	0.438	-0.191	0.036
		迁移婚姻男性	0.004	0.032	1.000	-0.110	0.119
		迁移婚姻家庭子女	0.106	0.035	0.159	-0.018	0.231
		迁移婚姻女性父母	-0.034	0.035	0.988	-0.158	0.091
		失婚男性	-0.061	0.035	0.804	-0.185	0.063
		失婚男性父母	-0.053	0.035	0.899	-0.178	0.073
	失婚男性	迁移婚姻女性	-0.017	0.032	1.000	-0.130	0.097
		迁移婚姻男性	0.065	0.032	0.656	-0.049	0.179
		迁移婚姻家庭子女	0.167**	0.035	0.001	0.043	0.291
		迁移婚姻女性父母	0.027	0.035	0.996	-0.097	0.151
		迁移婚姻男性父母	0.061	0.035	0.804	-0.063	0.185
		失婚男性父母	0.008	0.035	1.000	-0.117	0.133
	失婚男性父母	迁移婚姻女性	-0.025	0.032	0.996	-0.140	0.090
		迁移婚姻男性	0.057	0.032	0.798	-0.058	0.172

续表

因变量	(I)群体	(J) 群体	平均差异(I-J)	标准误	显著性	95%置信区间下界	95%置信区间上界
经济风险	失婚男性父母	迁移婚姻家庭子女	0.159**	0.035	0.003	0.034	0.284
		迁移婚姻女性父母	0.019	0.035	1.000	-0.107	0.144
		迁移婚姻男性父母	0.053	0.035	0.899	-0.073	0.178
		失婚男性	-0.008	0.035	1.000	-0.133	0.117

五 社会网络风险传导性的群体差异分析

(一) 单因素方差分析

表 7-57 为社会网络风险传导性的单因素方差分析结果。结果显示，7 组样本群体的社会网络风险传导性整体检验的 F 值为 34.587（$p = 0.000 < 0.01$），达到显著水平，表明 7 组样本群体社会网络风险传导性的差异具有显著性。至于是哪些配对组别间的差异具有显著性，须进行事后两两配对比较方能得知。

表 7-57 社会网络风险传导性的单因素方差分析

		平方和	自由度	平均平方和	F 检验	显著性
社会网络风险	组间	20.326	6	3.388	34.587	0.000
	组内	146.333	1494	0.098		
	总和	166.659	1500			

(二) 多重比较分析

采用 Scheffe 方法对 7 组样本群体的社会网络风险传导性均值差异进行事后比较，比较结果如表 7-58 所示。

结果显示，迁移婚姻女性高于 6 组群体（迁移婚姻男性、迁移婚姻家庭子女、迁移婚姻女性父母、迁移婚姻男性父母、失婚男性、失婚男性父母），差异均具有显著性；迁移婚姻女性父母高于迁移婚姻男性父母，差异具有显著性；失婚男性父母高于 3 组群体（迁移婚姻男性、迁移婚姻家庭子女、迁移婚姻男性父母），差异均具有显著性。

表 7-58　社会网络风险传导性的群体多重比较（Scheffe）

因变量	(I)群体	(J)群体	平均差异(I-J)	标准误	显著性	95%置信区间	
						下界	上界
社会网络风险	迁移婚姻女性	迁移婚姻男性	0.300**	0.026	0.000	0.206	0.394
		迁移婚姻家庭子女	0.252**	0.029	0.000	0.148	0.357
		迁移婚姻女性父母	0.210**	0.029	0.000	0.105	0.314
		迁移婚姻男性父母	0.357**	0.029	0.000	0.253	0.461
		失婚男性	0.227**	0.029	0.000	0.123	0.332
		失婚男性父母	0.129**	0.030	0.005	0.023	0.234
	迁移婚姻男性	迁移婚姻女性	-0.300**	0.026	0.000	-0.394	-0.206
		迁移婚姻家庭子女	-0.048	0.029	0.853	-0.152	0.057
		迁移婚姻女性父母	-0.091	0.030	0.153	-0.195	0.014
		迁移婚姻男性父母	0.057	0.029	0.711	-0.048	0.162
		失婚男性	-0.073	0.030	0.418	-0.178	0.032
		失婚男性父母	-0.171**	0.030	0.000	-0.277	-0.066
	迁移婚姻家庭子女	迁移婚姻女性	-0.252**	0.029	0.000	-0.357	-0.148
		迁移婚姻男性	0.048	0.029	0.853	-0.057	0.152
		迁移婚姻女性父母	-0.043	0.032	0.939	-0.157	0.071
		迁移婚姻男性父母	0.105	0.032	0.099	-0.009	0.219
		失婚男性	-0.025	0.032	0.996	-0.139	0.089
		失婚男性父母	-0.124**	0.032	0.024	-0.239	-0.009
	迁移婚姻女性父母	迁移婚姻女性	-0.210**	0.029	0.000	-0.314	-0.105
		迁移婚姻男性	0.091	0.030	0.153	-0.014	0.195
		迁移婚姻家庭子女	0.043	0.032	0.939	-0.071	0.157
		迁移婚姻男性父母	0.147**	0.032	0.002	0.033	0.262
		失婚男性	0.018	0.032	0.999	-0.097	0.132
		失婚男性父母	-0.081	0.032	0.398	-0.196	0.034

因变量	(I)群体	(J) 群体	平均差异(I-J)	标准误	显著性	95%置信区间 下界	上界
社会网络风险	迁移婚姻男性父母	迁移婚姻女性	-0.357**	0.029	0.000	-0.461	-0.253
		迁移婚姻男性	-0.057	0.029	0.711	-0.162	0.048
		迁移婚姻家庭子女	-0.105	0.032	0.099	-0.219	0.009
		迁移婚姻女性父母	-0.147**	0.032	0.002	-0.262	-0.033
		失婚男性	-0.130	0.032	0.053	-0.244	-0.015
		失婚男性父母	-0.228**	0.032	0.000	-0.343	-0.114
	失婚男性	迁移婚姻女性	-0.227**	0.029	0.000	-0.332	-0.123
		迁移婚姻男性	0.073	0.030	0.418	-0.032	0.178
		迁移婚姻家庭子女	0.025	0.032	0.996	-0.089	0.139
		迁移婚姻女性父母	-0.018	0.032	0.999	-0.132	0.097
		迁移婚姻男性父母	0.130	0.032	0.053	0.015	0.244
		失婚男性父母	-0.099	0.032	0.161	-0.214	0.017
	失婚男性父母	迁移婚姻女性	-0.129**	0.030	0.005	-0.234	-0.023
		迁移婚姻男性	0.171**	0.030	0.000	0.066	0.277
		迁移婚姻家庭子女	0.124**	0.032	0.024	0.009	0.239
		迁移婚姻女性父母	0.081	0.032	0.398	-0.034	0.196
		迁移婚姻男性父母	0.228**	0.032	0.000	0.114	0.343
		失婚男性	0.099	0.032	0.161	-0.017	0.214

究其原因，对迁移婚姻女性来说，新生家庭与原生家庭社会支持割裂风险、社会适应风险与社会排斥风险，是她们婚后绕不开的社会网络风险，严重影响她们婚后生活是否顺利和婚姻家庭是否稳定幸福，也影响到她们配偶、子女和父母的生活，她们最能感受社会网络风险的传导性。相对于迁移婚姻男性父母，迁移婚姻女性父母经历与女儿社会支持割裂风险，也看到女儿遭受的种种社会网络风险带来的影响。对失婚男性父母来说，他们的失婚儿子承受着社会疏离风险和社会排斥风险，这对他们失婚儿子的生活和人生产生持久不良影响，也对失婚男性父母产生不良影响，影响失婚男性及其父母的心理健康，进而产生社会稳定风险。

六　健康风险传导性的群体差异分析

（一）单因素方差分析

表 7-59 为健康风险传导性的单因素方差分析结果。结果显示，7 组样本群体的健康风险传导性整体检验的 F 值为 22.975 （$p=$ 0.000<0.01），达到显著水平，表明 7 组样本群体健康风险传导性的差异具有显著性。至于是哪些配对组别间的差异具有显著性，须进行事后两两配对比较方能得知。

表 7-59　健康风险传导性的单因素方差分析

		平方和	自由度	平均平方和	F 检验	显著性
健康风险	组间	13.822	6	2.304		
	组内	150.199	1498	0.100	22.975	0.000
	总和	164.021	1504			

（二）多重比较分析

采用 Scheffe 方法对 7 组样本群体的健康风险传导性均值差异进行事后比较，比较结果如表 7-60 所示。

结果显示，失婚男性父母低于 6 组群体（迁移婚姻女性、迁移婚姻男性、迁移婚姻家庭子女、迁移婚姻女性父母、迁移婚姻男性父母、失婚男性），差异均具有显著性；迁移婚姻女性高于失婚男性，差异具有显著性。

表 7-60　健康风险传导性的群体多重比较 （Scheffe）

因变量	（I）群体	（J）群体	平均差异（I-J）	标准误	显著性	95%置信区间下界	95%置信区间上界
健康风险	迁移婚姻女性	迁移婚姻男性	0.088	0.027	0.100	-0.008	0.183
		迁移婚姻家庭子女	0.087	0.030	0.203	-0.019	0.192
		迁移婚姻女性父母	0.079	0.030	0.322	-0.027	0.185

续表

因变量	（I）群体	（J）群体	平均差异（I-J）	标准误	显著性	95%置信区间	
						下界	上界
健康风险	迁移婚姻女性	迁移婚姻男性父母	0.106	0.030	0.051	0.000	0.211
		失婚男性	0.175 **	0.030	0.000	0.070	0.281
		失婚男性父母	0.333 **	0.030	0.000	0.227	0.440
	迁移婚姻男性	迁移婚姻女性	-0.088	0.027	0.100	-0.183	0.008
		迁移婚姻家庭子女	-0.001	0.030	1.000	-0.107	0.105
		迁移婚姻女性父母	-0.009	0.030	1.000	-0.115	0.097
		迁移婚姻男性父母	0.018	0.030	0.999	-0.088	0.124
		失婚男性	0.088	0.030	0.190	-0.018	0.194
		失婚男性父母	0.246 **	0.030	0.000	0.139	0.353
	迁移婚姻家庭子女	迁移婚姻女性	-0.087	0.030	0.203	-0.192	0.019
		迁移婚姻男性	0.001	0.030	1.000	-0.105	0.107
		迁移婚姻女性父母	-0.008	0.032	1.000	-0.123	0.108
		迁移婚姻男性父母	0.019	0.032	0.999	-0.096	0.134
		失婚男性	0.089	0.032	0.275	-0.026	0.204
		失婚男性父母	0.247 **	0.033	0.000	0.131	0.363
	迁移婚姻女性父母	迁移婚姻女性	-0.079	0.030	0.322	-0.185	0.027
		迁移婚姻男性	0.009	0.030	1.000	-0.097	0.115
		迁移婚姻家庭子女	0.008	0.032	1.000	-0.108	0.123
		迁移婚姻男性父母	0.027	0.032	0.995	-0.089	0.142
		失婚男性	0.097	0.032	0.181	-0.019	0.212
		失婚男性父母	0.255 **	0.033	0.000	0.138	0.371
	迁移婚姻男性父母	迁移婚姻女性	-0.106	0.030	0.051	-0.211	0.000
		迁移婚姻男性	-0.018	0.030	0.999	-0.124	0.088
		迁移婚姻家庭子女	-0.019	0.032	0.999	-0.134	0.096
		迁移婚姻女性父母	-0.027	0.032	0.995	-0.142	0.089
		失婚男性	0.070	0.032	0.587	-0.045	0.185
		失婚男性父母	0.228 **	0.033	0.000	0.112	0.344
	失婚男性	迁移婚姻女性	-0.175 **	0.030	0.000	-0.281	-0.070
		迁移婚姻男性	-0.088	0.030	0.190	-0.194	0.018

续表

因变量	(I) 群体	(J) 群体	平均差异 (I-J)	标准误	显著性	95%置信区间	
						下界	上界
健康风险	失婚男性	迁移婚姻家庭子女	-0.089	0.032	0.275	-0.204	0.026
		迁移婚姻女性父母	-0.097	0.032	0.181	-0.212	0.019
		迁移婚姻男性父母	-0.070	0.032	0.587	-0.185	0.045
		失婚男性父母	0.158**	0.033	0.001	0.042	0.274
	失婚男性父母	迁移婚姻女性	-0.333**	0.030	0.000	-0.440	-0.227
		迁移婚姻男性	-0.246**	0.030	0.000	-0.353	-0.139
		迁移婚姻家庭子女	-0.247**	0.033	0.000	-0.363	-0.131
		迁移婚姻女性父母	-0.255**	0.033	0.000	-0.371	-0.138
		迁移婚姻男性父母	-0.228**	0.033	0.000	-0.344	-0.112
		失婚男性	-0.158**	0.033	0.001	-0.274	-0.042

究其原因，对于失婚男性父母来说，他们承受着儿子失婚带来的种种问题，但他们多是选择默默地承受和忍受，他们把儿子失婚的无奈与无助都放在心里，他们认为自己的心理健康风险传导性一般。相对于失婚男性而言，迁移婚姻女性自身及其父母与子女的健康风险传导的人群范围会更广，可能在原生家庭与新生家庭成员之间传导。

七　养老风险传导性的群体差异分析

(一) 单因素方差分析

表 7-61 为养老风险传导性的单因素方差分析结果。结果显示，7 组样本群体的养老风险传导性整体检验的 F 值为 7.325（$p =$ 0.000<0.01），达到显著水平，表明 7 组样本群体养老风险传导性的差异具有显著性。至于是哪些配对组别间的差异具有显著性，须进行事后两两配对比较方能得知。

表 7-61　养老风险传导性的单因素方差分析

		平方和	自由度	平均平方和	F 检验	显著性
养老风险	组间	14.018	6	2.336		
	组内	477.797	1498	0.319	7.325	0.000
	总和	491.815	1504			

（二）多重比较分析

采用 Scheffe 方法对 7 组样本群体的养老风险传导性均值差异进行事后比较，比较结果如表 7-62 所示。

结果显示，迁移婚姻女性父母高于 6 组群体（迁移婚姻女性、迁移婚姻男性、迁移婚姻家庭子女、迁移婚姻男性父母、失婚男性、失婚男性父母），差异均具有显著性。

表 7-62　养老风险传导性的群体多重比较（Scheffe）

因变量	(I)群体	(J)群体	平均差异(I-J)	标准误	显著性	95%置信区间 下界	95%置信区间 上界
养老风险	迁移婚姻女性	迁移婚姻男性	0.077	0.048	0.857	-0.093	0.247
		迁移婚姻家庭子女	0.005	0.053	1.000	-0.183	0.194
		迁移婚姻女性父母	-0.247**	0.053	0.002	-0.436	-0.058
		迁移婚姻男性父母	-0.010	0.053	1.000	-0.199	0.178
		失婚男性	0.066	0.053	0.956	-0.122	0.254
		失婚男性父母	-0.039	0.054	0.997	-0.229	0.151
	迁移婚姻男性	迁移婚姻女性	-0.077	0.048	0.857	-0.247	0.093
		迁移婚姻家庭子女	-0.072	0.053	0.935	-0.260	0.117
		迁移婚姻女性父母	-0.324**	0.053	0.000	-0.513	-0.135
		迁移婚姻男性父母	-0.087	0.053	0.845	-0.276	0.101
		失婚男性	-0.011	0.053	1.000	-0.200	0.177
		失婚男性父母	-0.116	0.054	0.587	-0.307	0.075
	迁移婚姻家庭子女	迁移婚姻女性	-0.005	0.053	1.000	-0.194	0.183
		迁移婚姻男性	0.072	0.053	0.935	-0.117	0.260
		迁移婚姻女性父母	-0.252**	0.058	0.004	-0.458	-0.046

续表

因变量	（I）群体	（J）群体	平均差异（I-J）	标准误	显著性	95%置信区间	
						下界	上界
养老风险	迁移婚姻家庭子女	迁移婚姻男性父母	-0.016	0.058	1.000	-0.221	0.190
		失婚男性	0.060	0.058	0.982	-0.145	0.265
		失婚男性父母	-0.044	0.058	0.997	-0.252	0.163
	迁移婚姻女性父母	迁移婚姻女性	0.247**	0.053	0.002	0.058	0.436
		迁移婚姻男性	0.324**	0.053	0.000	0.135	0.513
		迁移婚姻家庭子女	0.252**	0.058	0.004	0.046	0.458
		迁移婚姻男性父母	0.237**	0.058	0.011	0.031	0.443
		失婚男性	0.313**	0.058	0.000	0.107	0.518
		失婚男性父母	0.208**	0.058	0.050	0.000	0.416
	迁移婚姻男性父母	迁移婚姻女性	0.010	0.053	1.000	-0.178	0.199
		迁移婚姻男性	0.087	0.053	0.845	-0.101	0.276
		迁移婚姻家庭子女	0.016	0.058	1.000	-0.190	0.221
		迁移婚姻女性父母	-0.237**	0.058	0.011	-0.443	-0.031
		失婚男性	0.076	0.058	0.942	-0.129	0.281
		失婚男性父母	-0.029	0.058	1.000	-0.236	0.179
	失婚男性	迁移婚姻女性	-0.066	0.053	0.956	-0.254	0.122
		迁移婚姻男性	0.011	0.053	1.000	-0.177	0.200
		迁移婚姻家庭子女	-0.060	0.058	0.982	-0.265	0.145
		迁移婚姻女性父母	-0.313**	0.058	0.000	-0.518	-0.107
		迁移婚姻男性父母	-0.076	0.058	0.942	-0.281	0.129
		失婚男性父母	-0.105	0.058	0.779	-0.312	0.102
	失婚男性父母	迁移婚姻女性	0.039	0.054	0.997	-0.151	0.229
		迁移婚姻男性	0.116	0.054	0.587	-0.075	0.307
		迁移婚姻家庭子女	0.044	0.058	0.997	-0.163	0.252
		迁移婚姻女性父母	-0.208**	0.058	0.050	-0.416	0.000
		迁移婚姻男性父母	0.029	0.058	1.000	-0.179	0.236
		失婚男性	0.105	0.058	0.779	-0.102	0.312

究其原因，女性农民工婚姻迁移可能引发迁移婚姻女性对父

母养老支持弱化、迁移婚姻女性与兄弟姐妹间赡养老人纠纷，会直接引发迁移婚姻女性父母的养老风险。

八 社会稳定风险传导性的群体差异分析

表7-63为社会稳定风险传导性的单因素方差分析结果。结果显示，7组样本群体的社会稳定风险传导性整体检验的 F 值为1.075（$p=0.375>0.05$），未达到显著水平，表明7组样本群体社会稳定风险传导性的差异不具有显著性，无须进行事后两两比较。

表 7-63　社会稳定风险传导性的单因素方差分析

		平方和	自由度	平均平方和	F 检验	显著性
社会稳定风险	组间	0.574	6	0.096	1.075	0.375
	组内	133.175	1498	0.089		
	总和	133.749	1504			

第六节　克服性的群体差异分析

本节旨在比较分析7组样本群体（迁移婚姻女性、迁移婚姻男性、迁移婚姻家庭子女、迁移婚姻女性父母、迁移婚姻男性父母、失婚男性、失婚男性父母）之间关于女性农民工迁移婚姻风险克服性的差异性，具体比较人口风险、婚恋风险、家庭风险、经济风险、社会网络风险、健康风险、养老风险、社会稳定风险共8个一级指标克服性的群体差异。

一 人口风险克服性的群体差异分析

（一）单因素方差分析

表7-64为人口风险克服性的单因素方差分析结果。结果显示，7组样本群体的人口风险克服性整体检验的 F 值为21.744（$p=0.001<0.01$），达到显著水平，表明7组样本群体人口风险克服性的差异具有显著性。至于是哪些配对组别间的差异具有显著性，

须进行事后两两配对比较方能得知。

表 7-64 人口风险克服性的单因素方差分析

		平方和	自由度	平均平方和	F 检验	显著性
人口风险	组间	7.540	6	1.257		
	组内	86.577	1498	0.058	21.744	0.000
	总和	94.117	1504			

(二) 多重比较分析

采用 Scheffe 方法对 7 组样本群体的人口风险克服性均值差异进行事后比较，比较结果如表 7-65 所示。

结果显示，失婚男性低于 6 组群体（迁移婚姻女性、迁移婚姻男性、迁移婚姻家庭子女、迁移婚姻女性父母、迁移婚姻男性父母、失婚男性父母），差异均具有显著性。

表 7-65 人口风险克服性的群体多重比较 (Scheffe)

因变量	(I) 群体	(J) 群体	平均差值 (I-J)	标准误	显著性	95%置信区间 下界	95%置信区间 上界
人口风险	迁移婚姻女性	迁移婚姻男性	0.033	0.020	0.850	-0.040	0.110
		迁移婚姻家庭子女	-0.035	0.023	0.884	-0.110	0.050
		迁移婚姻女性父母	-0.020	0.023	0.993	-0.100	0.060
		迁移婚姻男性父母	-0.046	0.023	0.651	-0.130	0.030
		失婚男性	0.189**	0.023	0.000	0.110	0.270
		失婚男性父母	-0.016	0.023	0.998	-0.100	0.060
	迁移婚姻男性	迁移婚姻女性	-0.033	0.020	0.850	-0.110	0.040
		迁移婚姻家庭子女	-0.068	0.023	0.175	-0.150	0.010
		迁移婚姻女性父母	-0.053	0.023	0.490	-0.130	0.030
		迁移婚姻男性父母	-0.079	0.023	0.056	-0.160	0.000
		失婚男性	0.156**	0.023	0.000	0.080	0.240
		失婚男性父母	-0.049	0.023	0.589	-0.130	0.030

续表

因变量	(I)群体	(J)群体	平均差异(I-J)	标准误	显著性	95%置信区间	
						下界	上界
人口风险	迁移婚姻家庭子女	迁移婚姻女性	0.035	0.023	0.884	-0.050	0.110
		迁移婚姻男性	0.068	0.023	0.175	-0.010	0.150
		迁移婚姻女性父母	0.015	0.025	0.999	-0.070	0.100
		迁移婚姻男性父母	-0.012	0.025	1.000	-0.100	0.080
		失婚男性	0.223**	0.025	0.000	0.140	0.310
		失婚男性父母	0.018	0.025	0.997	-0.070	0.110
	迁移婚姻女性父母	迁移婚姻女性	0.020	0.023	0.993	-0.060	0.100
		迁移婚姻男性	0.053	0.023	0.490	-0.030	0.130
		迁移婚姻家庭子女	-0.015	0.025	0.999	-0.100	0.070
		迁移婚姻男性父母	-0.026	0.025	0.979	-0.110	0.060
		失婚男性	0.208**	0.025	0.000	0.120	0.300
		失婚男性父母	0.004	0.025	1.000	-0.080	0.090
	迁移婚姻男性父母	迁移婚姻女性	0.046	0.023	0.651	-0.030	0.130
		迁移婚姻男性	0.079	0.023	0.056	0.000	0.160
		迁移婚姻家庭子女	0.012	0.025	1.000	-0.080	0.100
		迁移婚姻女性父母	0.026	0.025	0.979	-0.060	0.110
		失婚男性	0.235**	0.025	0.000	0.150	0.320
		失婚男性父母	0.030	0.025	0.962	-0.060	0.120
	失婚男性	迁移婚姻女性	-0.189**	0.023	0.000	-0.270	-0.110
		迁移婚姻男性	-0.156**	0.023	0.000	-0.240	-0.080
		迁移婚姻家庭子女	-0.223**	0.025	0.000	-0.310	-0.140
		迁移婚姻女性父母	-0.208**	0.025	0.000	-0.300	-0.120
		迁移婚姻男性父母	-0.235**	0.025	0.000	-0.320	-0.150
		失婚男性父母	-0.205**	0.025	0.000	-0.290	-0.120
	失婚男性父母	迁移婚姻女性	0.016	0.023	0.998	-0.060	0.100
		迁移婚姻男性	0.049	0.023	0.589	-0.030	0.130
		迁移婚姻家庭子女	-0.018	0.025	0.997	-0.110	0.070

因变量	(I)群体	(J) 群体	平均差异(I-J)	标准误	显著性	95%置信区间 下界	95%置信区间 上界
人口风险	失婚男性父母	迁移婚姻女性父母	-0.004	0.025	1.000	-0.090	0.080
		迁移婚姻男性父母	-0.030	0.025	0.962	-0.120	0.060
		失婚男性	0.205**	0.025	0.000	0.120	0.290

究其原因，对失婚男性而言，因为婚姻适龄人口性别比失衡，男性遭遇婚姻挤压和失婚风险，进而引发迁移婚姻女性净迁出地的人口老龄化风险、人口总量减少风险和劳动力人口减少风险，这些风险是经济社会发展、人口发展与婚姻变迁的结果（马健雄，2004；田先红，2009；靳小怡等，2011；胡莹、李树茁，2015；杨筠、傅耀华，2015；李成华，2017；于潇等，2019），是结构性因素引发的结果，失婚男性靠个人努力非常难克服。

二　婚恋风险克服性的群体差异分析

（一）单因素方差分析

表 7-66 为婚恋风险克服性的单因素方差分析结果。结果显示，7 组样本群体的婚恋风险克服性整体检验的 F 值为 59.906（$p = 0.000 < 0.01$），达到显著水平，表明 7 组样本群体婚恋风险克服性的差异具有显著性。至于是哪些配对组别间的差异具有显著性，须进行事后两两配对比较方能得知。

表 7-66　婚恋风险克服性的单因素方差分析

		平方和	自由度	平均平方和	F 检验	显著性
婚恋风险	组间	28.570	6	4.762	59.906	0.000
	组内	119.070	1498	0.079		
	总和	147.640	1504			

（二）多重比较分析

采用 Scheffe 方法对 7 组样本群体的婚恋风险克服性均值差异

进行事后比较，比较结果如表7-67所示。

结果显示，迁移婚姻男性、迁移婚姻女性父母、迁移婚姻男性父母均低于迁移婚姻家庭子女，差异均具有显著性；失婚男性与失婚男性父母均低于5组群体（迁移婚姻女性、迁移婚姻男性、迁移婚姻家庭子女、迁移婚姻女性父母、迁移婚姻男性父母），差异均具有显著性。

表7-67　婚恋风险克服性的群体多重比较（Scheffe）

因变量	（I）群体	（J）群体	平均差异（I-J）	标准误	显著性	95%置信区间	
						下界	上界
婚恋风险	迁移婚姻女性	迁移婚姻男性	0.086	0.024	0.053	0.001	0.171
		迁移婚姻家庭子女	-0.025	0.026	0.990	-0.119	0.069
		迁移婚姻女性父母	0.099	0.027	0.051	0.005	0.193
		迁移婚姻男性父母	0.186**	0.026	0.000	0.092	0.280
		失婚男性	0.378**	0.026	0.000	0.284	0.472
		失婚男性父母	0.313**	0.027	0.000	0.218	0.408
	迁移婚姻男性	迁移婚姻女性	-0.086	0.024	0.053	-0.171	-0.001
		迁移婚姻家庭子女	-0.111**	0.027	0.008	-0.205	-0.017
		迁移婚姻女性父母	0.013	0.027	1.000	-0.082	0.107
		迁移婚姻男性父母	0.100	0.027	0.057	0.006	0.195
		失婚男性	0.292**	0.026	0.000	0.198	0.386
		失婚男性父母	0.227**	0.027	0.000	0.132	0.322
	迁移婚姻家庭子女	迁移婚姻女性	0.025	0.026	0.990	-0.069	0.119
		迁移婚姻男性	0.111**	0.027	0.008	0.017	0.205
		迁移婚姻女性父母	0.124**	0.029	0.006	0.021	0.226
		迁移婚姻男性父母	0.211**	0.029	0.000	0.109	0.314
		失婚男性	0.403**	0.029	0.000	0.300	0.505
		失婚男性父母	0.338**	0.029	0.000	0.234	0.441
	迁移婚姻女性父母	迁移婚姻女性	-0.099	0.027	0.051	-0.193	-0.005
		迁移婚姻男性	-0.013	0.027	1.000	-0.107	0.082
		迁移婚姻家庭子女	-0.124**	0.029	0.006	-0.226	-0.021

续表

因变量	(I)群体	(J)群体	平均差异(I-J)	标准误	显著性	95%置信区间	
						下界	上界
婚恋风险	迁移婚姻女性父母	迁移婚姻男性父母	0.087	0.029	0.166	-0.015	0.190
		失婚男性	0.279**	0.029	0.000	0.176	0.382
		失婚男性父母	0.214**	0.029	0.000	0.110	0.318
	迁移婚姻男性父母	迁移婚姻女性	-0.186**	0.026	0.000	-0.280	-0.092
		迁移婚姻男性	-0.100	0.027	0.057	-0.195	-0.006
		迁移婚姻家庭子女	-0.211**	0.029	0.000	-0.314	-0.109
		迁移婚姻女性父母	-0.087	0.029	0.166	-0.190	0.015
		失婚男性	0.191**	0.029	0.000	0.089	0.294
		失婚男性父母	0.127**	0.029	0.004	0.023	0.230
	失婚男性	迁移婚姻女性	-0.378**	0.026	0.000	-0.472	-0.284
		迁移婚姻男性	-0.292**	0.026	0.000	-0.386	-0.198
		迁移婚姻家庭子女	-0.403**	0.029	0.000	-0.505	-0.300
		迁移婚姻女性父母	-0.279**	0.029	0.000	-0.382	-0.176
		迁移婚姻男性父母	-0.191**	0.029	0.000	-0.294	-0.089
		失婚男性父母	-0.065	0.029	0.548	-0.168	0.039
	失婚男性父母	迁移婚姻女性	-0.313**	0.027	0.000	-0.408	-0.218
		迁移婚姻男性	-0.227**	0.027	0.000	-0.322	-0.132
		迁移婚姻家庭子女	-0.338**	0.029	0.000	-0.441	-0.234
		迁移婚姻女性父母	-0.214**	0.029	0.000	-0.318	-0.110
		迁移婚姻男性父母	-0.127**	0.029	0.004	-0.230	-0.023
		失婚男性	0.065	0.029	0.548	-0.039	0.168

究其原因，对于迁移婚姻男性、迁移婚姻女性父母、迁移婚姻男性父母而言，他们认为婚恋风险中的骗婚、未婚同居、未婚生育、迁移婚姻破裂、男性婚姻挤压、男性失婚等风险克服起来并不容易。经济社会发展相对落后地区的未婚女性农民工净流出，引发的婚姻资源匹配的地区不平衡性和不平等性，加剧相对落后地区男性的婚姻挤压程度，这种男性婚姻挤压和失婚风险不是失婚男性与失婚男性父母自身原因造成的，而是由性别比失衡

的结构性因素引发的（田先红，2009；胡莹、李树苗，2015；王向阳，2017；黄佳鹏，2019；魏永祺，2020），靠他们自身努力非常难克服。

三 家庭风险克服性的群体差异分析

（一） 单因素方差分析

表7-68为家庭风险克服性的单因素方差分析结果。结果显示，7组样本群体的家庭风险克服性整体检验的 F 值为39.457（$p = 0.000 < 0.01$），达到显著水平，表明7组样本群体家庭风险克服性的均值差异具有显著性。至于是哪些配对组别间的差异具有显著性，须进行事后两两配对比较方能得知。

表 7-68 家庭风险克服性的单因素方差分析

		平方和	自由度	平均平方和	F 检验	显著性
家庭风险	组间	19.922	6	3.320	39.457	0.000
	组内	126.054	1498	0.084		
	总和	145.976	1504			

（二） 多重比较分析

采用Scheffe方法对7组样本群体的家庭风险克服性均值差异进行事后比较，比较结果如表7-69所示。

结果显示，迁移婚姻女性低于4组群体（迁移婚姻女性父母、迁移婚姻男性父母、失婚男性、失婚男性父母），差异均具有显著性；迁移婚姻男性低于4组群体（迁移婚姻女性父母、迁移婚姻男性父母、失婚男性、失婚男性父母），差异均具有显著性；迁移婚姻家庭子女低于4组群体（迁移婚姻女性父母、迁移婚姻男性父母、失婚男性、失婚男性父母），差异均具有显著性。

表 7-69　家庭风险克服性的群体多重比较（Scheffe）

因变量	（I）群体	（J）群体	平均差异（I-J）	标准误	显著性	95%置信区间 下界	95%置信区间 上界
家庭风险	迁移婚姻女性	迁移婚姻男性	-0.035	0.025	0.917	-0.122	0.052
		迁移婚姻家庭子女	-0.076	0.027	0.261	-0.172	0.021
		迁移婚姻女性父母	-0.302 **	0.027	0.000	-0.399	-0.205
		迁移婚姻男性父母	-0.254 **	0.027	0.000	-0.350	-0.157
		失婚男性	-0.215 **	0.027	0.000	-0.312	-0.119
		失婚男性父母	-0.246 **	0.028	0.000	-0.343	-0.148
	迁移婚姻男性	迁移婚姻女性	0.035	0.025	0.917	-0.052	0.122
		迁移婚姻家庭子女	-0.041	0.027	0.899	-0.138	0.056
		迁移婚姻女性父母	-0.267 **	0.027	0.000	-0.365	-0.170
		迁移婚姻男性父母	-0.219 **	0.027	0.000	-0.316	-0.122
		失婚男性	-0.180 **	0.027	0.000	-0.277	-0.083
		失婚男性父母	-0.211 **	0.028	0.000	-0.309	-0.113
	迁移婚姻家庭子女	迁移婚姻女性	0.076	0.027	0.261	-0.021	0.172
		迁移婚姻男性	0.041	0.027	0.899	-0.056	0.138
		迁移婚姻女性父母	-0.227 **	0.030	0.000	-0.333	-0.121
		迁移婚姻男性父母	-0.178 **	0.030	0.000	-0.283	-0.073
		失婚男性	-0.140 **	0.030	0.001	-0.245	-0.034
		失婚男性父母	-0.170 **	0.030	0.000	-0.277	-0.064
	迁移婚姻女性父母	迁移婚姻女性	0.302 **	0.027	0.000	0.205	0.399
		迁移婚姻男性	0.267 **	0.027	0.000	0.170	0.365
		迁移婚姻家庭子女	0.227 **	0.030	0.000	0.121	0.333
		迁移婚姻男性父母	0.049	0.030	0.846	-0.057	0.155
		失婚男性	0.087	0.030	0.198	-0.018	0.193
		失婚男性父母	0.057	0.030	0.735	-0.050	0.163
	迁移婚姻男性父母	迁移婚姻女性	0.254 **	0.027	0.000	0.157	0.350
		迁移婚姻男性	0.219 **	0.027	0.000	0.122	0.316
		迁移婚姻家庭子女	0.178 **	0.030	0.000	0.073	0.283

因变量	（I）群体	（J）群体	平均差异（I-J）	标准误	显著性	95%置信区间	
						下界	上界
家庭风险	迁移婚姻男性父母	迁移婚姻女性父母	-0.049	0.030	0.846	-0.155	0.057
		失婚男性	0.038	0.030	0.947	-0.067	0.144
		失婚男性父母	0.008	0.030	1.000	-0.099	0.114
	失婚男性	迁移婚姻女性	0.215**	0.027	0.000	0.119	0.312
		迁移婚姻男性	0.180**	0.027	0.000	0.083	0.277
		迁移婚姻家庭子女	0.140**	0.030	0.001	0.034	0.245
		迁移婚姻女性父母	-0.087	0.030	0.198	-0.193	0.018
		迁移婚姻男性父母	-0.038	0.030	0.947	-0.144	0.067
		失婚男性父母	-0.030	0.030	0.984	-0.137	0.076
	失婚男性父母	迁移婚姻女性	0.246**	0.028	0.000	0.148	0.343
		迁移婚姻男性	0.211**	0.028	0.000	0.113	0.309
		迁移婚姻家庭子女	0.170**	0.028	0.000	0.064	0.277
		迁移婚姻女性父母	-0.057	0.030	0.735	-0.163	0.050
		迁移婚姻男性父母	-0.008	0.030	1.000	-0.114	0.099
		失婚男性	0.030	0.030	0.984	-0.076	0.137

究其原因，对迁移婚姻女性、迁移婚姻男性与迁移婚姻家庭子女而言，家庭风险中的迁移婚姻破裂家庭教育弱化风险一旦发生，子女与父母中的一方必然处在分离状态，从而产生家庭教育弱化风险，家庭教育弱化风险的克服需要父母与子女的共同努力，单靠个人努力非常难克服。

四 经济风险克服性的群体差异分析

（一）单因素方差分析

表 7-70 为经济风险克服性的单因素方差分析结果。结果显示，7 组样本群体的经济风险克服性整体检验的 F 值为 99.203（$p = 0.000 < 0.01$），达到显著水平，表明 7 组样本群体经济风险克服性的均值差异具有显著性。至于是哪些配对组别间的差异具有显著

性，须进行事后两两配对比较方能得知。

表 7-70　经济风险克服性的单因素方差分析

		平方和	自由度	平均平方和	F 检验	显著性
经济风险	组间	73.661	6	12.277	99.203	0.000
	组内	185.384	1498	0.124		
	总和	259.045	1504			

（二）多重比较分析

采用 Scheffe 方法对 7 组样本群体的经济风险克服性均值差异进行事后比较，比较结果如表 7-71 所示。

结果显示，失婚男性父母低于 6 组群体（迁移婚姻女性、迁移婚姻男性、迁移婚姻家庭子女、迁移婚姻女性父母、迁移婚姻男性父母、失婚男性），差异均具有显著性；失婚男性、迁移婚姻女性父母与迁移婚姻男性父母均低于 3 组群体（迁移婚姻女性、迁移婚姻男性、迁移婚姻家庭子女），差异均具有显著性；迁移婚姻女性、迁移婚姻男性均低于迁移婚姻家庭子女，差异具有显著性。

表 7-71　经济风险克服性的群体多重比较 （Scheffe）

因变量	(I)群体	(J)群体	平均差异(I-J)	标准误	显著性	95%置信区间 下界	95%置信区间 上界
经济风险	迁移婚姻女性	迁移婚姻男性	0.015	0.030	1.000	-0.090	0.120
		迁移婚姻家庭子女	-0.254**	0.033	0.000	-0.370	-0.140
		迁移婚姻女性父母	0.260**	0.033	0.000	0.140	0.380
		迁移婚姻男性父母	0.314**	0.033	0.000	0.200	0.430
		失婚男性	0.309**	0.033	0.000	0.190	0.430
		失婚男性父母	0.472**	0.033	0.000	0.350	0.590
	迁移婚姻男性	迁移婚姻女性	-0.015	0.030	1.000	-0.120	0.090
		迁移婚姻家庭子女	-0.269**	0.033	0.000	-0.390	-0.150
		迁移婚姻女性父母	0.245**	0.033	0.000	0.130	0.360

因变量	（I）群体	（J）群体	平均差异（I-J）	标准误	显著性	95%置信区间 下界	95%置信区间 上界
经济风险	迁移婚姻男性	迁移婚姻男性父母	0.300**	0.033	0.000	0.180	0.420
		失婚男性	0.294**	0.033	0.000	0.180	0.410
		失婚男性父母	0.457**	0.033	0.000	0.340	0.580
	迁移婚姻家庭子女	迁移婚姻女性	0.254**	0.033	0.000	0.140	0.370
		迁移婚姻男性	0.269**	0.033	0.000	0.150	0.390
		迁移婚姻女性父母	0.514**	0.036	0.000	0.390	0.640
		迁移婚姻男性父母	0.568**	0.036	0.000	0.440	0.700
		失婚男性	0.562**	0.036	0.000	0.430	0.690
		失婚男性父母	0.725**	0.036	0.000	0.600	0.850
	迁移婚姻女性父母	迁移婚姻女性	-0.260**	0.033	0.000	-0.380	-0.140
		迁移婚姻男性	-0.245**	0.033	0.000	-0.360	-0.130
		迁移婚姻家庭子女	-0.514**	0.036	0.000	-0.640	-0.390
		迁移婚姻男性父母	0.055	0.036	0.892	-0.070	0.180
		失婚男性	0.049	0.036	0.934	-0.080	0.180
		失婚男性父母	0.212**	0.036	0.000	0.080	0.340
	迁移婚姻男性父母	迁移婚姻女性	-0.314**	0.033	0.000	-0.430	-0.200
		迁移婚姻男性	-0.300**	0.033	0.000	-0.420	-0.180
		迁移婚姻家庭子女	-0.568**	0.036	0.000	-0.700	-0.440
		迁移婚姻女性父母	-0.055	0.036	0.892	-0.180	0.070
		失婚男性	-0.006	0.036	1.000	-0.130	0.120
		失婚男性父母	0.157**	0.036	0.005	0.030	0.290
	失婚男性	迁移婚姻女性	-0.309**	0.033	0.000	-0.430	-0.190
		迁移婚姻男性	-0.294**	0.033	0.000	-0.410	-0.180
		迁移婚姻家庭子女	-0.562**	0.036	0.000	-0.690	-0.430
		迁移婚姻女性父母	-0.049	0.036	0.934	-0.180	0.080
		迁移婚姻男性父母	0.006	0.036	1.000	-0.120	0.130
		失婚男性父母	0.163**	0.036	0.003	0.030	0.290
	失婚男性父母	迁移婚姻女性	-0.472**	0.033	0.000	-0.590	-0.350
		迁移婚姻男性	-0.457**	0.033	0.000	-0.580	-0.340

续表

因变量	(I)群体	(J) 群体	平均差异(I-J)	标准误	显著性	95%置信区间 下界	95%置信区间 上界
经济风险	失婚男性父母	迁移婚姻家庭子女	-0.725**	0.036	0.000	-0.850	-0.600
		迁移婚姻女性父母	-0.212**	0.036	0.000	-0.340	-0.080
		迁移婚姻男性父母	-0.157**	0.036	0.005	-0.290	-0.030
		失婚男性	-0.163**	0.036	0.003	-0.290	-0.030

究其原因，对失婚男性与失婚男性父母来说，在男性婚姻挤压大背景下，推高男性婚姻成本风险是他们靠个人努力非常难克服的。对迁移婚姻女性父母与迁移婚姻男性父母而言，他们很在意新生家庭与原生家庭之间的交往成本和彼此劳务支持，而客观存在的迁移婚姻女性新生家庭与原生家庭交往成本高风险和劳动力支持割裂风险靠个人努力是非常难克服的。相对于迁移婚姻女性与迁移婚姻男性而言，迁移婚姻家庭子女生活在社会变迁和婚姻变迁的时代，他们家庭经济观点更开放，家庭经济态度更积极，觉得迁移婚姻家庭经济上互不信任风险通过个人努力在很大程度上能克服。

五　社会网络风险克服性的群体差异分析

（一）单因素方差分析

表 7-72 为社会网络风险克服性的单因素方差分析结果。结果显示，7 组样本群体的社会网络风险克服性的整体检验的 F 值为 63.695（$p = 0.000 < 0.01$），达到显著水平，表明 7 组样本群体社会网络风险克服性的差异具有显著性。至于是哪些配对组别间的差异具有显著性，须进行事后两两配对比较方能得知。

表 7-72　社会网络风险克服性的单因素方差分析

		平方和	自由度	平均平方和	F 检验	显著性
社会网络风险	组间	45.490	6	7.582	63.695	0.000
	组内	178.310	1498	0.119		
	总和	223.800	1504			

（二）多重比较分析

采用 Scheffe 方法对 7 组样本群体的社会网络风险克服性总体均值差异进行事后比较，比较结果如表 7-73 所示。

结果显示，失婚男性低于 5 组群体（迁移婚姻女性、迁移婚姻男性、迁移婚姻家庭子女、迁移婚姻女性父母、迁移婚姻男性父母），差异均具有显著性；失婚男性父母低于 4 组群体（迁移婚姻女性、迁移婚姻男性、迁移婚姻家庭子女、迁移婚姻男性父母），差异均具有显著性；迁移婚姻女性父母低于 4 组群体（迁移婚姻女性、迁移婚姻男性、迁移婚姻家庭子女、迁移婚姻男性父母），差异均具有显著性；迁移婚姻女性、迁移婚姻男性、迁移婚姻家庭子女均低于迁移婚姻男性父母，差异均具有显著性。

表 7-73　社会网络风险克服性的群体多重比较（Scheffe）

因变量	（I）群体	（J）群体	平均差异（I-J）	标准误	显著性	95%置信区间 下界	95%置信区间 上界
社会网络风险	迁移婚姻女性	迁移婚姻男性	0.020	0.029	0.998	-0.083	0.124
		迁移婚姻家庭子女	0.032	0.032	0.986	-0.083	0.147
		迁移婚姻女性父母	0.169**	0.032	0.000	0.054	0.284
		迁移婚姻男性父母	-0.198**	0.032	0.000	-0.313	-0.083
		失婚男性	0.395**	0.032	0.000	0.280	0.510
		失婚男性父母	0.276**	0.033	0.000	0.159	0.392
	迁移婚姻男性	迁移婚姻女性	-0.020	0.029	0.998	-0.124	0.083
		迁移婚姻家庭子女	0.012	0.032	1.000	-0.104	0.127
		迁移婚姻女性父母	0.149**	0.033	0.002	0.033	0.264
		迁移婚姻男性父母	-0.219**	0.032	0.000	-0.334	-0.103
		失婚男性	0.374**	0.032	0.000	0.259	0.490
		失婚男性父母	0.255**	0.033	0.000	0.139	0.372
	迁移婚姻家庭子女	迁移婚姻女性	-0.032	0.032	0.986	-0.147	0.083
		迁移婚姻男性	-0.012	0.032	1.000	-0.127	0.104
		迁移婚姻女性父母	0.137**	0.035	0.021	0.011	0.263

续表

因变量	（I）群体	（J）群体	平均差异（I-J）	标准误	显著性	95%置信区间 下界	95%置信区间 上界
社会网络风险	迁移婚姻家庭子女	迁移婚姻男性父母	-0.230**	0.035	0.000	-0.356	-0.105
		失婚男性	0.363**	0.035	0.000	0.237	0.488
		失婚男性父母	0.244**	0.036	0.000	0.117	0.370
	迁移婚姻女性父母	迁移婚姻女性	-0.169**	0.032	0.000	-0.284	-0.054
		迁移婚姻男性	-0.149**	0.033	0.002	-0.264	-0.033
		迁移婚姻家庭子女	-0.137**	0.035	0.021	-0.263	-0.011
		迁移婚姻男性父母	-0.367**	0.035	0.000	-0.493	-0.242
		失婚男性	0.226**	0.035	0.000	0.100	0.351
		失婚男性父母	0.107	0.036	0.180	-0.020	0.234
	迁移婚姻男性父母	迁移婚姻女性	0.198**	0.032	0.000	0.083	0.313
		迁移婚姻男性	0.219**	0.032	0.000	0.103	0.334
		迁移婚姻家庭子女	0.230**	0.035	0.000	0.105	0.356
		迁移婚姻女性父母	0.367**	0.035	0.000	0.242	0.493
		失婚男性	0.593**	0.035	0.000	0.468	0.718
		失婚男性父母	0.474**	0.036	0.000	0.347	0.601
	失婚男性	迁移婚姻女性	-0.395**	0.032	0.000	-0.510	-0.280
		迁移婚姻男性	-0.374**	0.032	0.000	-0.490	-0.259
		迁移婚姻家庭子女	-0.363**	0.035	0.000	-0.488	-0.237
		迁移婚姻女性父母	-0.226**	0.035	0.000	-0.351	-0.100
		迁移婚姻男性父母	-0.593**	0.035	0.000	-0.718	-0.468
		失婚男性父母	-0.119	0.036	0.082	-0.246	0.007
	失婚男性父母	迁移婚姻女性	-0.276**	0.033	0.000	-0.392	-0.159
		迁移婚姻男性	-0.255**	0.033	0.000	-0.372	-0.139
		迁移婚姻家庭子女	-0.244**	0.036	0.000	-0.370	-0.117
		迁移婚姻女性父母	-0.107	0.036	0.180	-0.234	0.020
		迁移婚姻男性父母	-0.474**	0.036	0.000	-0.601	-0.347
		失婚男性	0.119	0.036	0.082	-0.007	0.246

究其原因，因为失婚，无论是在自己工作生活的社会网络中

还是在陌生人社会网络中，失婚男性群体容易被贴上各种负面或弱势标签，他们自己有意或无意与社会疏离，也容易遭受有意或无意的社会排斥，这种疏离和排斥的社会事实靠失婚男性与失婚男性父母自我努力并不容易克服（何绍辉，2010；李艳等，2012；刘利鸽等，2014；陆卫群等，2019）。对迁移婚姻女性、迁移婚姻男性、迁移婚姻家庭子女来说，他们遭受迁移婚姻引发的社会网络风险与自己关联性高，要靠自己努力去慢慢克服，并不会一帆风顺。对迁移婚姻女性父母来说，女儿远嫁，他们只能无奈接受和默默忍受，靠他们个人努力很难克服来自女儿的支持弱化风险，同时他们也认识到其女儿靠个人努力较难克服来自迁入地的社会排斥风险。

六　健康风险克服性的群体差异分析

（一）单因素方差分析

表 7-74 为健康风险克服性的单因素方差分析结果。结果显示，7 组样本群体的健康风险克服性整体检验的 F 值为 135.710（$p = 0.000 < 0.01$），达到显著水平，表明 7 组样本群体健康风险克服性的差异具有显著性。至于是哪些配对组别间的差异具有显著性，须进行事后两两配对比较方能得知。

表 7-74　健康风险克服性的单因素方差分析

		平方和	自由度	平均平方和	F 检验	显著性
健康风险	组间	64.099	6	10.683	135.710	0.000
	组内	117.924	1498	0.079		
	总和	182.023	1504			

（二）多重比较分析

采用 Scheffe 方法对 7 组样本群体的健康风险克服性均值差异进行事后比较，比较结果如表 7-75 所示。

结果显示，迁移婚姻女性、迁移婚姻男性与失婚男性均低于 3

组群体（迁移婚姻家庭子女、迁移婚姻女性父母、迁移婚姻男性父母），差异均具有显著性；失婚男性父母低于 6 组群体（迁移婚姻女性、迁移婚姻男性、迁移婚姻家庭子女、迁移婚姻女性父母、迁移婚姻男性父母、失婚男性），差异均具有显著性。

表 7-75　健康风险克服性的群体多重比较（Scheffe）

因变量	(I)群体	(J) 群体	平均差异(I-J)	标准误	显著性	95%置信区间 下界	上界
健康风险	迁移婚姻女性	迁移婚姻男性	0.101	0.024	0.056	0.017	0.186
		迁移婚姻家庭子女	-0.413**	0.026	0.000	-0.506	-0.319
		迁移婚姻女性父母	-0.156**	0.026	0.000	-0.250	-0.062
		迁移婚姻男性父母	-0.224**	0.026	0.000	-0.318	-0.131
		失婚男性	0.099	0.026	0.058	0.006	0.192
		失婚男性父母	0.280**	0.027	0.000	0.186	0.375
	迁移婚姻男性	迁移婚姻女性	-0.101	0.024	0.056	-0.186	-0.017
		迁移婚姻家庭子女	-0.514**	0.026	0.000	-0.608	-0.420
		迁移婚姻女性父母	-0.257**	0.026	0.000	-0.351	-0.163
		迁移婚姻男性父母	-0.325**	0.026	0.000	-0.419	-0.232
		失婚男性	-0.002	0.026	1.000	-0.096	0.091
		失婚男性父母	0.179**	0.027	0.000	0.084	0.274
	迁移婚姻家庭子女	迁移婚姻女性	0.413**	0.026	0.000	0.319	0.506
		迁移婚姻男性	0.514**	0.026	0.000	0.420	0.608
		迁移婚姻女性父母	0.257	0.029	0.100	0.154	0.359
		迁移婚姻男性父母	0.188	0.029	0.121	0.086	0.291
		失婚男性	0.512**	0.029	0.000	0.410	0.614
		失婚男性父母	0.693**	0.029	0.000	0.590	0.796
	迁移婚姻女性父母	迁移婚姻女性	0.156**	0.026	0.000	0.062	0.250
		迁移婚姻男性	0.257**	0.026	0.000	0.163	0.351
		迁移婚姻家庭子女	-0.257	0.029	0.100	-0.359	-0.154
		迁移婚姻男性父母	-0.068	0.029	0.471	-0.170	0.034
		失婚男性	0.255**	0.029	0.000	0.153	0.357
		失婚男性父母	0.437**	0.029	0.000	0.333	0.540

续表

因变量	（I）群体	（J）群体	平均差异（I-J）	标准误	显著性	95%置信区间 下界	95%置信区间 上界
健康风险	迁移婚姻男性父母	迁移婚姻女性	0.224 **	0.026	0.000	0.131	0.318
		迁移婚姻男性	0.325 **	0.026	0.000	0.232	0.419
		迁移婚姻家庭子女	-0.188	0.029	0.121	-0.291	-0.086
		迁移婚姻女性父母	0.068	0.029	0.471	-0.034	0.170
		失婚男性	0.323 **	0.029	0.000	0.221	0.425
		失婚男性父母	0.505 **	0.029	0.000	0.402	0.608
	失婚男性	迁移婚姻女性	-0.099	0.026	0.058	-0.192	-0.006
		迁移婚姻男性	0.002	0.026	1.000	-0.091	0.096
		迁移婚姻家庭子女	-0.512 **	0.029	0.000	-0.614	-0.410
		迁移婚姻女性父母	-0.255 **	0.029	0.000	-0.357	-0.153
		迁移婚姻男性父母	-0.323 **	0.029	0.000	-0.425	-0.221
		失婚男性父母	0.181 **	0.029	0.000	0.078	0.284
	失婚男性父母	迁移婚姻女性	-0.280 **	0.027	0.000	-0.375	-0.186
		迁移婚姻男性	-0.179 **	0.027	0.000	-0.274	-0.084
		迁移婚姻家庭子女	-0.693 **	0.029	0.000	-0.796	-0.590
		迁移婚姻女性父母	-0.437 **	0.029	0.000	-0.540	-0.333
		迁移婚姻男性父母	-0.505 **	0.029	0.000	-0.608	-0.402
		失婚男性	-0.181 **	0.029	0.000	-0.284	-0.078

究其原因，对迁移婚姻女性、迁移婚姻男性而言，他们要承受的健康风险与自身及其家庭成员关联度高，靠他们自己努力并不容易克服。受婚姻挤压影响而失婚的男性，其本人和所在家庭在婚姻资源和婚姻市场中相对弱势，靠失婚男性本人和其家庭较难克服失婚困境和失婚困境带来的身心健康问题，失婚男性父母也因为有儿子失婚而陷入深深的无助无奈、低自尊和自责中，由此在7组样本群体中失婚男性父母健康风险克服性均值最低。

七　养老风险克服性的群体差异分析

(一) 单因素方差分析

表7-76为养老风险克服性的单因素方差分析结果。结果显示，7组样本群体的养老风险克服性整体检验的 F 值为122.807（$p=0.000<0.01$），达到显著水平，表明7组样本群体养老风险克服性的差异具有显著性。至于是哪些配对组别间的差异具有显著性，须进行事后两两配对比较方能得知。

表 7-76　养老风险克服性的单因素方差分析

		平方和	自由度	平均平方和	F 检验	显著性
养老风险	组间	98.129	6	16.355		
	组内	199.495	1498	0.133	122.807	0.000
	总和	297.624	1504			

(二) 多重比较分析

采用Scheffe方法对7组样本群体的养老风险克服性均值差异进行事后比较，比较结果如表7-77所示。

结果显示，迁移婚姻家庭子女高于6组群体（迁移婚姻女性、迁移婚姻男性、迁移婚姻女性父母、迁移婚姻男性父母、失婚男性、失婚男性父母），差异均具有显著性。

表 7-77　养老风险克服性的群体多重比较 (Scheffe)

因变量	(I) 群体	(J) 群体	平均差异 (I-J)	标准误	显著性	95%置信区间 下界	95%置信区间 上界
养老风险	迁移婚姻女性	迁移婚姻男性	0.045	0.031	0.907	-0.060	0.150
		迁移婚姻家庭子女	-0.704**	0.034	0.000	-0.830	-0.580
		迁移婚姻女性父母	0.061	0.034	0.793	-0.060	0.180

续表

因变量	（I）群体	（J）群体	平均差异（I-J）	标准误	显著性	95%置信区间 下界	95%置信区间 上界
养老风险	迁移婚姻女性	迁移婚姻男性父母	0.052	0.034	0.887	-0.070	0.170
		失婚男性	0.132	0.034	0.051	0.010	0.250
		失婚男性父母	0.068	0.035	0.690	-0.050	0.190
	迁移婚姻男性	迁移婚姻女性	-0.045	0.031	0.907	-0.150	0.060
		迁移婚姻家庭子女	-0.749**	0.034	0.000	-0.870	-0.630
		迁移婚姻女性父母	0.016	0.034	1.000	-0.110	0.140
		迁移婚姻男性父母	0.007	0.034	1.000	-0.110	0.130
		失婚男性	0.087	0.034	0.377	-0.030	0.210
		失婚男性父母	0.023	0.035	0.998	-0.100	0.150
	迁移婚姻家庭子女	迁移婚姻女性	0.704**	0.034	0.000	0.580	0.830
		迁移婚姻男性	0.749**	0.034	0.000	0.630	0.870
		迁移婚姻女性父母	0.765**	0.037	0.000	0.630	0.900
		迁移婚姻男性父母	0.757**	0.037	0.000	0.620	0.890
		失婚男性	0.836**	0.037	0.000	0.700	0.970
		失婚男性父母	0.773**	0.038	0.000	0.640	0.910
	迁移婚姻女性父母	迁移婚姻女性	-0.061	0.034	0.793	-0.180	0.060
		迁移婚姻男性	-0.016	0.034	1.000	-0.140	0.110
		迁移婚姻家庭子女	-0.765**	0.037	0.000	-0.900	-0.630
		迁移婚姻男性父母	-0.008	0.037	1.000	-0.140	0.120
		失婚男性	0.071	0.037	0.725	-0.060	0.200
		失婚男性父母	0.008	0.038	1.000	-0.130	0.140
	迁移婚姻男性父母	迁移婚姻女性	-0.052	0.034	0.887	-0.170	0.070
		迁移婚姻男性	-0.007	0.034	1.000	-0.130	0.110
		迁移婚姻家庭子女	-0.757**	0.037	0.000	-0.890	-0.620
		迁移婚姻女性父母	0.008	0.037	1.000	-0.120	0.140
		失婚男性	0.080	0.037	0.599	-0.050	0.210
		失婚男性父母	0.016	0.038	1.000	-0.120	0.150

续表

因变量	（I）群体	（J）群体	平均差异（I-J）	标准误	显著性	95%置信区间 下界	95%置信区间 上界
养老风险	失婚男性	迁移婚姻女性	-0.132	0.034	0.051	-0.250	-0.010
		迁移婚姻男性	-0.087	0.034	0.377	-0.210	0.030
		迁移婚姻家庭子女	-0.836**	0.037	0.000	-0.970	-0.700
		迁移婚姻女性父母	-0.071	0.037	0.725	-0.200	0.060
		迁移婚姻男性父母	-0.008	0.037	0.599	-0.210	0.050
		失婚男性父母	-0.064	0.038	0.826	-0.200	0.070
	失婚男性父母	迁移婚姻女性	-0.068	0.035	0.690	-0.190	0.050
		迁移婚姻男性	-0.023	0.035	0.998	-0.150	0.100
		迁移婚姻家庭子女	-0.773**	0.038	0.000	-0.910	-0.640
		迁移婚姻女性父母	-0.008	0.038	1.000	-0.140	0.130
		迁移婚姻男性父母	-0.016	0.038	1.000	-0.150	0.120
		失婚男性	0.064	0.038	0.826	-0.070	0.200

究其原因，迁移婚姻家庭子女生活在社会变迁和养老变迁的时代，他们的婚姻家庭观点和养老观点更开放和趋于时代性，面对迁移婚姻女性对父母养老支持弱化风险、迁移婚姻女性与兄弟姐妹间赡养老人纠纷风险、失婚男性对父母养老支持弱化风险、失婚男性家庭养老功能缺失风险，他们更倾向于应该努力创造新的方式去积极克服。

八 社会稳定风险克服性的群体差异分析

（一）单因素方差分析

表7-78为社会稳定风险克服性的单因素方差分析结果。结果显示，7组样本群体的社会稳定风险克服性整体检验的 F 值为35.312（$p=0.000<0.01$），达到显著水平，表明7组样本群体社会稳定风险克服性的差异具有显著性。至于是哪些配对组别间的差异具有显著性，须进行事后两两配对比较方能得知。

表 7-78　社会稳定风险克服性的单因素方差分析

		平方和	自由度	平均平方和	F 检验	显著性
社会稳定风险	组间	13.641	6	2.274		
	组内	96.447	1498	0.064	35.312	0.000
	总和	110.088	1504			

（二）多重比较分析

采用 Scheffe 方法对 7 组样本群体的社会稳定风险克服性均值差异进行事后比较，比较结果如表 7-79 所示。

结果显示，迁移婚姻女性与迁移婚姻男性均低于迁移婚姻男性父母，差异均具有显著性；失婚男性低于 6 组群体（迁移婚姻女性、迁移婚姻男性、迁移婚姻家庭子女、迁移婚姻女性父母、迁移婚姻男性父母、失婚男性父母），差异均具有显著性。

表 7-79　社会稳定风险克服性的群体多重比较 （Scheffe）

因变量	（I）群体	（J）群体	平均差异（I-J）	标准误	显著性	95%置信区间 下界	95%置信区间 上界
社会稳定风险	迁移婚姻女性	迁移婚姻男性	-0.030	0.021	0.920	-0.107	0.046
		迁移婚姻家庭子女	-0.081	0.024	0.072	-0.166	0.003
		迁移婚姻女性父母	-0.111	0.024	0.052	-0.195	-0.026
		迁移婚姻男性父母	-0.140**	0.024	0.000	-0.224	-0.055
		失婚男性	0.189**	0.024	0.000	0.104	0.273
		失婚男性父母	-0.062	0.024	0.356	-0.148	0.023
	迁移婚姻男性	迁移婚姻女性	0.030	0.021	0.920	-0.046	0.107
		迁移婚姻家庭子女	-0.051	0.024	0.607	-0.136	0.034
		迁移婚姻女性父母	-0.080	0.024	0.083	-0.165	0.005
		迁移婚姻男性父母	-0.109**	0.024	0.002	-0.194	-0.025
		失婚男性	0.219**	0.024	0.000	0.134	0.304
		失婚男性父母	-0.032	0.024	0.944	-0.117	0.054

续表

因变量	（I）群体	（J）群体	平均差异（I-J）	标准误	显著性	95%置信区间	
						下界	上界
社会稳定风险	迁移婚姻家庭子女	迁移婚姻女性	0.081	0.024	0.072	−0.003	0.166
		迁移婚姻男性	0.051	0.024	0.607	−0.034	0.136
		迁移婚姻女性父母	−0.029	0.026	0.973	−0.122	0.063
		迁移婚姻男性父母	−0.059	0.026	0.531	−0.151	0.034
		失婚男性	0.270**	0.026	0.000	0.178	0.362
		失婚男性父母	0.019	0.026	0.997	−0.074	0.112
	迁移婚姻女性父母	迁移婚姻女性	0.111	0.024	0.052	0.026	0.195
		迁移婚姻男性	0.080	0.024	0.083	−0.005	0.165
		迁移婚姻家庭子女	0.029	0.026	0.973	−0.063	0.122
		迁移婚姻男性父母	−0.029	0.026	0.974	−0.122	0.063
		失婚男性	0.299**	0.026	0.000	0.207	0.392
		失婚男性父母	0.049	0.026	0.756	−0.045	0.142
	迁移婚姻男性父母	迁移婚姻女性	0.140**	0.024	0.000	0.055	0.224
		迁移婚姻男性	0.109**	0.024	0.002	0.025	0.194
		迁移婚姻家庭子女	0.059	0.026	0.531	−0.034	0.151
		迁移婚姻女性父母	0.029	0.026	0.974	−0.063	0.122
		失婚男性	0.328**	0.026	0.000	0.236	0.420
		失婚男性父母	0.078	0.026	0.186	−0.015	0.171
	失婚男性	迁移婚姻女性	−0.189**	0.024	0.000	−0.273	−0.104
		迁移婚姻男性	−0.219**	0.024	0.000	−0.304	−0.134
		迁移婚姻家庭子女	−0.270**	0.026	0.000	−0.362	−0.178
		迁移婚姻女性父母	−0.299**	0.026	0.000	−0.392	−0.207
		迁移婚姻男性父母	−0.328**	0.026	0.000	−0.420	−0.236
		失婚男性父母	−0.251**	0.026	0.000	−0.344	−0.158
	失婚男性父母	迁移婚姻女性	0.062	0.024	0.356	−0.023	0.148
		迁移婚姻男性	0.032	0.024	0.944	−0.054	0.117
		迁移婚姻家庭子女	−0.019	0.026	0.997	−0.112	0.074

续表

因变量	（I）群体	（J）群体	平均差异（I-J）	标准误	显著性	95%置信区间	
						下界	上界
社会稳定风险	失婚男性父母	迁移婚姻女性父母	−0.049	0.026	0.756	−0.142	0.045
		迁移婚姻男性父母	−0.078	0.026	0.186	−0.171	0.015
		失婚男性	0.251**	0.026	0.000	0.158	0.344

究其原因，相对于迁移婚姻女性与迁移婚姻男性，迁移婚姻男性父母往往认为，既然结婚成家了，迁移婚姻夫妻就要努力克服家庭矛盾纠纷和行为失范，共同踏实过日子，保证婚姻家庭稳定。随着农村女性迁移婚姻常态化，经济社会发展相对落后的农村地区和农村相对弱势的适婚男性成婚困难，承受婚姻挤压的男性增多，失婚男性为了改变失婚状态，必然会诱发非正常婚姻行为、失范性行为和其他失范行为（谢娅婷等，2015；王磊光，2017），这些影响社会稳定的失范行为需要综合治理，光靠他们个人努力较难克服。

第八章　女性农民工迁移婚姻风险的相关性分析

本章将通过定量数据揭示女性农民工迁移婚姻风险的可能性、关联性、严重性、传导性与克服性五种类型之间的相关性，分析不同类型之间是否具有相关关系以及相关关系的显著性程度与相关关系的方向。

第一节　研究设计

一　研究目标

在获得的女性农民工迁移婚姻风险 8 个一级指标、39 个二级指标的可能性、关联性、严重性、传导性与克服性五种类型的基本量化数据的基础上，通过定量数据统计分析揭示女性农民工迁移婚姻风险的可能性、关联性、严重性、传导性与克服性五种类型之间是否具有相关关系以及相关关系的显著性程度与相关关系的方向。具体完成以下研究目标：人口风险五种类型的相关性分析；婚恋风险五种类型的相关性分析；家庭风险五种类型的相关性分析；经济风险五种类型的相关性分析；社会网络风险五种类型的相关性分析；健康风险五种类型的相关性分析；养老风险五种类型的相关性分析；社会稳定风险五种类型的相关性分析。

二　研究数据

数据采用本课题组 2021 年 2 月组织的女性农民工迁移婚姻风险一系列调查数据。根据本次研究目标，1505 个有效样本的女性农民工迁移婚姻风险的 8 个一级指标（人口风险、婚恋风险、家庭风险、经济风险、社会网络风险、健康风险、养老风险、社会稳定风险）的可能性、关联性、严重性、传导性、克服性的均值数据（具体数据见第六章表 6-1 至表 6-40）全部纳入相关性分析。

三　变量设计

基于研究目标，本次相关性分析纳入的因变量为女性农民工迁移婚姻风险的 8 个一级指标（人口风险、婚恋风险、家庭风险、经济风险、社会网络风险、健康风险、养老风险、社会稳定风险）的可能性、关联性、严重性、传导性、克服性的均值。

四　统计方法

本次研究采用 SPSS 18.0 统计软件进行数据统计分析，具体运用相关性分析方法中的两两统计分析方法（Bivariate Analysis Correlation）。运用相关性分析方法，旨在分析女性农民工迁移婚姻风险 8 个一级指标（人口风险、婚恋风险、家庭风险、经济风险、社会网络风险、健康风险、养老风险、社会稳定风险）的可能性、关联性、严重性、传导性与克服性五种类型两两之间是否存在相关关系，两两之间相关关系是正相关（一个变量增加，另一个变量也增加）还是负相关（一个变量增加，另一个变量将减少）。本次统计分析过程中共同使用 Pearson 相关系数（Pearson Correlation Coefficient）和显著性（双侧）（Sig. 2-tailed）检验 5 种类型两两之间是否存在显著相关关系以及相关关系的方向。

第二节　人口风险的相关性分析

本节对女性农民工迁移婚姻风险的人口风险一级指标的可能性、关联性、严重性、传导性、克服性五种类型的相关性进行分析，具体分析不同类型之间是否具有相关关系以及相关关系的显著性程度与相关关系的方向。人口风险不同类型的相关性分析结果具体如表 8-1 所示。

表 8-1　人口风险不同类型的相关性分析

		人口风险的可能性	人口风险的关联性	人口风险的严重性	人口风险的传导性	人口风险的克服性
人口风险的可能性	Pearson 相关系数	1	0.423**	0.329**	0.308**	-0.108**
	显著性（双侧）		0.000	0.000	0.000	0.000
	N	1505	1505	1505	1505	1505
人口风险的关联性	Pearson 相关系数	0.423**	1	0.310**	0.255**	-0.106**
	显著性（双侧）	0.000		0.000	0.000	0.000
	N	1505	1505	1505	1505	1505
人口风险的严重性	Pearson 相关系数	0.329**	0.310**	1	0.376**	-0.134**
	显著性（双侧）	0.000	0.000		0.000	0.000
	N	1505	1505	1505	1505	1505
人口风险的传导性	Pearson 相关系数	0.308**	0.255**	0.376**	1	-0.157**
	显著性（双侧）	0.000	0.000	0.000		0.000
	N	1505	1505	1505	1505	1505
人口风险的克服性	Pearson 相关系数	-0.108**	-0.106**	-0.134**	-0.157**	1
	显著性（双侧）	0.000	0.000	0.000	0.000	
	N	1505	1505	1505	1505	1505

注：** 表示在 0.01 水平（双侧）上显著相关，* 表示在 0.05 水平（双侧）上显著相关。下同。

一　人口风险的可能性与关联性的相关性分析

人口风险的可能性与关联性的相关性分析结果具体如表 8-1 所示。数据显示，可能性与关联性的 Pearson 相关系数为 0.423，同时显著性（双侧）结果为 0.000（<0.01），具有显著性。

结果表明，人口风险的可能性与关联性具有显著相关性，且为正相关。人口风险的可能性程度越高（低），人口风险的关联性程度越高（低）；反之，人口风险的关联性程度越高（低），人口风险的可能性程度越高（低）。

二　人口风险的可能性与严重性的相关性分析

人口风险的可能性与严重性的相关性分析结果具体如表 8-1

所示。数据显示，可能性与严重性的 Pearson 相关系数为 0.329，同时显著性（双侧）结果为 0.000（<0.01），具有显著性。

结果表明，人口风险的可能性与严重性具有显著相关性，且为正相关。人口风险的可能性程度越高（低），人口风险的严重性程度越高（低）；反之，人口风险的严重性程度越高（低），人口风险的可能性程度越高（低）。

三　人口风险的可能性与传导性的相关性分析

人口风险的可能性与传导性的相关性分析结果具体如表 8-1 所示。数据显示，可能性与传导性的 Pearson 相关系数为 0.308，同时显著性（双侧）结果为 0.000（<0.01），具有显著性。

结果表明，人口风险的可能性与传导性具有显著相关性，且为正相关。人口风险的可能性程度越高（低），人口风险的传导性程度越高（低）；反之，人口风险的传导性程度越高（低），人口风险的可能性程度越高（低）。

四　人口风险的可能性与克服性的相关性分析

人口风险的可能性与克服性的相关性分析结果具体如表 8-1 所示。数据显示，可能性与克服性的 Pearson 相关系数为 -0.108，同时显著性（双侧）结果为 0.000（<0.01），具有显著性。

结果表明，人口风险的可能性与克服性具有显著相关性，且为负相关。人口风险的可能性程度越高（低），人口风险的克服性程度越低（高）；反之，人口风险的克服性程度越高（低），人口风险的可能性程度越低（高）。

五　人口风险的关联性与严重性的相关性分析

人口风险的关联性与严重性的相关性分析结果具体如表 8-1 所示。数据显示，关联性与严重性的 Pearson 相关系数为 0.310，同时显著性（双侧）结果为 0.000（<0.01），具有显著性。

结果表明，人口风险的关联性与严重性具有显著相关性，且为正相关。人口风险的关联性程度越高（低），人口风险的严重性程度越高（低）；反之，人口风险的严重性程度越高（低），人口风险的关联性程度越高（低）。

六　人口风险的关联性与传导性的相关性分析

人口风险的关联性与传导性的相关性分析结果具体如表 8-1所示。数据显示，关联性与传导性的 Pearson 相关系数为 0.255，同时显著性（双侧）结果为 0.000（<0.01），具有显著性。

结果表明，人口风险的关联性与传导性具有显著相关性，且为正相关。人口风险的关联性程度越高（低），人口风险的传导性程度越高（低）；反之，人口风险的传导性程度越高（低），人口风险的关联性程度越高（低）。

七　人口风险的关联性与克服性的相关性分析

人口风险的关联性与克服性的相关性分析结果具体如表 8-1所示。数据显示，关联性与克服性的 Pearson 相关系数为-0.106，同时显著性（双侧）结果为 0.000（<0.01），具有显著性。

结果表明，人口风险的关联性与克服性具有显著相关性，且为负相关。人口风险的关联性程度越高（低），人口风险的克服性程度越低（高）；反之，人口风险的克服性程度越高（低），人口风险的关联性程度越低（高）。

八　人口风险的严重性与传导性的相关性分析

人口风险的严重性与传导性的相关性分析结果具体如表 8-1所示。数据显示，严重性与传导性的 Pearson 相关系数为 0.376，同时显著性（双侧）结果为 0.000（<0.01），具有显著性。

结果表明，人口风险的严重性与传导性具有显著相关性，且为正相关。人口风险的严重性程度越高（低），人口风险的传导性程度越高（低）；反之，人口风险的传导性程度越高（低），人口风险的严重性程度越高（低）。

九 人口风险的严重性与克服性的相关性分析

人口风险的严重性与克服性的相关性分析结果具体如表 8-1 所示。数据显示，严重性与克服性的 Pearson 相关系数为 -0.134，同时显著性（双侧）结果为 0.000（<0.01），具有显著性。

结果表明，人口风险的严重性与克服性具有显著相关性，且为负相关。人口风险的严重性程度越高（低），人口风险的克服性程度越低（高）；反之，人口风险的克服性程度越高（低），人口风险的严重性程度越低（高）。

十 人口风险的传导性与克服性的相关性分析

人口风险的传导性与克服性的相关性分析结果具体如表 8-1 所示。数据显示，传导性与克服性的 Pearson 相关系数为 -0.157，同时显著性（双侧）结果为 0.000（<0.01），具有显著性。

结果表明，人口风险的传导性与克服性具有显著相关性，且为负相关。人口风险的传导性程度越高（低），人口风险的克服性程度越低（高）；反之，人口风险的克服性程度越高（低），人口风险的传导性程度越低（高）。

第三节 婚恋风险的相关性分析

本节对女性农民工迁移婚姻风险的婚恋风险一级指标的可能性、关联性、严重性、传导性、克服性五种类型的相关性进行分析，具体分析不同类型之间是否具有相关关系以及相关关系的显著性程度与相关关系的方向。婚恋风险不同类型的相关性分析结果具体如表 8-2 所示。

一 婚恋风险的可能性与关联性的相关性分析

婚恋风险的可能性与关联性的相关性分析结果具体如表 8-2 所示。数据显示，可能性与关联性的 Pearson 相关系数为 0.105，同时显著性（双侧）结果为 0.000（<0.01），具有显著性。

表 8-2　婚恋风险不同类型的相关性分析

		婚恋风险的可能性	婚恋风险的关联性	婚恋风险的严重性	婚恋风险的传导性	婚恋风险的克服性
婚恋风险的可能性	Pearson 相关系数	1	0.105**	0.064*	0.204**	0.059*
	显著性（双侧）		0.000	0.013	0.000	0.021
	N	1505	1505	1505	1505	1505
婚恋风险的关联性	Pearson 相关系数	0.105**	1	0.063*	-0.053*	0.056*
	显著性（双侧）	0.000		0.015	0.041	0.029
	N	1505	1505	1505	1505	1505
婚恋风险的严重性	Pearson 相关系数	0.064*	0.063*	1	0.106**	0.037
	显著性（双侧）	0.013	0.015		0.000	0.150
	N	1505	1505	1505	1505	1505
婚恋风险的传导性	Pearson 相关系数	0.204**	-0.053*	0.106**	1	0.005
	显著性（双侧）	0.000	0.041	0.000		0.838
	N	1505	1505	1505	1505	1505
婚恋风险的克服性	Pearson 相关系数	0.059*	0.056*	0.037	0.005	1
	显著性（双侧）	0.021	0.029	0.150	0.838	
	N	1505	1505	1505	1505	1505

结果表明，婚恋风险的可能性与关联性具有显著相关性，且为正相关。婚恋风险的可能性程度越高（低），婚恋风险的关联性程度越高（低）；反之，婚恋风险的关联性程度越高（低），婚恋风险的可能性程度越高（低）。

二　婚恋风险的可能性与严重性的相关性分析

婚恋风险的可能性与严重性的相关性分析结果具体如表 8-2 所示。数据显示，可能性与严重性的 Pearson 相关系数为 0.064，同时显著性（双侧）结果为 0.013（<0.05），具有显著性。

结果表明，婚恋风险的可能性与严重性具有显著相关性，且为正相关。婚恋风险的可能性程度越高（低），婚恋风险的严重性程度越高（低）；反之，婚恋风险的严重性程度越高（低），婚恋风险的可能性程度越高（低）。

三　婚恋风险的可能性与传导性的相关性分析

婚恋风险的可能性与传导性的相关性分析结果具体如表 8-2 所示。数据显示，可能性与传导性的 Pearson 相关系数为 0.204，同时显著性（双侧）结果为 0.000（<0.01），具有显著性。

结果表明，婚恋风险的可能性与传导性具有显著相关性，且为正相关。婚恋风险的可能性程度越高（低），婚恋风险的传导性程度越高（低）；反之，婚恋风险的传导性程度越高（低），婚恋风险的可能性程度越高（低）。

四　婚恋风险的可能性与克服性的相关性分析

婚恋风险的可能性与克服性的相关性分析结果具体如表 8-2 所示。数据显示，可能性与克服性的 Pearson 相关系数为 0.059，同时显著性（双侧）结果为 0.021（<0.05），具有显著性。

结果表明，婚恋风险的可能性与克服性具有显著相关性，且为正相关。婚恋风险的可能性程度越高（低），婚恋风险的克服性程度越高（低）；反之，婚恋风险的克服性程度越高（低），婚恋风险的可能性程度越高（低）。

五　婚恋风险的关联性与严重性的相关性分析

婚恋风险的关联性与严重性的相关性分析结果具体如表 8-2 所示。数据显示，关联性与严重性的 Pearson 相关系数为 0.063，同时显著性（双侧）结果为 0.015（<0.05），具有显著性。

结果表明，婚恋风险的关联性与严重性具有显著相关性，且为正相关。婚恋风险的关联性程度越高（低），婚恋风险的严重性程度越高（低）；反之，婚恋风险的严重性程度越高（低），婚恋风险的关联性程度越高（低）。

六　婚恋风险的关联性与传导性的相关性分析

婚恋风险的关联性与传导性的相关性分析结果具体如表 8-2 所示。数据显示，关联性与传导性的 Pearson 相关系数为 -0.053，同时显著性（双侧）结果为 0.041（<0.05），具有显著性。

结果表明，婚恋风险的关联性与传导性具有显著相关性，且为负相关。婚恋风险的关联性程度越高（低），婚恋风险的传导性程度越低（高）；反之，婚恋风险的传导性程度越高（低），婚恋风险的关联性程度越低（高）。

七　婚恋风险的关联性与克服性的相关性分析

婚恋风险的关联性与克服性的相关性分析结果具体如表 8-2 所示。数据显示，关联性与克服性的 Pearson 相关系数为 0.056，同时显著性（双侧）结果为 0.029（<0.05），具有显著性。

结果表明，婚恋风险的关联性与克服性具有显著相关性，且为正相关。婚恋风险的关联性程度越高（低），婚恋风险的克服性程度越高（低）；反之，婚恋风险的克服性程度越高（低），婚恋风险的关联性程度越高（低）。

八　婚恋风险的严重性与传导性的相关性分析

婚恋风险的严重性与传导性的相关性分析结果具体如表 8-2 所示。数据显示，严重性与传导性的 Pearson 相关系数为 0.106，同时显著性（双侧）结果为 0.000（<0.01），具有显著性。

结果表明，婚恋风险的严重性与传导性具有显著相关性，且为正相关。婚恋风险的严重性程度越高（低），婚恋风险的传导性程度越高（低）；反之，婚恋风险的传导性程度越高（低），婚恋风险的严重性程度越高（低）。

九　婚恋风险的严重性与克服性的相关性分析

婚恋风险的严重性与克服性的相关性分析结果具体如表 8-2 所示。数据显示，严重性与克服性的 Pearson 相关系数为 0.037，同时显著性（双侧）结果为 0.150（>0.05），不具有显著性。

结果表明，婚恋风险的严重性与克服性不具有显著相关性。

十　婚恋风险的传导性与克服性的相关性分析

婚恋风险的传导性与克服性的相关性分析结果具体如表 8-2 所示。数据显示，传导性与克服性的 Pearson 相关系数为 0.005，同时显著性（双侧）结果为 0.838（>0.05），不具有显著性。

结果表明，婚恋风险的传导性与克服性不具有显著相关性。

第四节　家庭风险的相关性分析

本节对女性农民工迁移婚姻风险的家庭风险一级指标的可能性、关联性、严重性、传导性、克服性五种类型的相关性进行分析，具体分析不同类型之间是否具有相关关系以及相关关系的显著性程度与相关关系的方向。家庭风险不同类型的相关性分析结果具体如表 8-3 所示。

表 8-3　家庭风险不同类型的相关性分析

		家庭风险的可能性	家庭风险的关联性	家庭风险的严重性	家庭风险的传导性	家庭风险的克服性
家庭风险的可能性	Pearson 相关系数	1	0.154**	0.141**	0.003	-0.119**
	显著性（双侧）		0.000	0.000	0.905	0.000
	N	1505	1505	1505	1505	1505
家庭风险的关联性	Pearson 相关系数	0.154**	1	0.098**	-0.055*	-0.143**
	显著性（双侧）	0.000		0.000	0.033	0.000
	N	1505	1505	1505	1505	1505
家庭风险的严重性	Pearson 相关系数	0.141**	0.098**	1	-0.021	-0.135**
	显著性（双侧）	0.000	0.000		0.406	0.000
	N	1505	1505	1505	1505	1505
家庭风险的传导性	Pearson 相关系数	0.003	-0.055*	-0.021	1	0.018
	显著性（双侧）	0.905	0.033	0.406		0.492
	N	1505	1505	1505	1505	1505

续表

		家庭风险的可能性	家庭风险的关联性	家庭风险的严重性	家庭风险的传导性	家庭风险的克服性
家庭风险的克服性	Pearson 相关系数	-0.119**	-0.143**	-0.135**	0.018	1
	显著性（双侧）	0.000	0.000	0.000	0.492	
	N	1505	1505	1505	1505	1505

一　家庭风险的可能性与关联性的相关性分析

家庭风险的可能性与关联性的相关性分析结果具体如表 8-3 所示。数据显示，可能性与关联性的 Pearson 相关系数为 0.154，同时显著性（双侧）结果为 0.000（<0.01），具有显著性。

结果表明，家庭风险的可能性与关联性具有显著相关性，且为正相关。家庭风险的可能性程度越高（低），家庭风险的关联性程度越高（低）；反之，家庭风险的关联性程度越高（低），家庭风险的可能性程度越高（低）。

二　家庭风险的可能性与严重性的相关性分析

家庭风险的可能性与严重性的相关性分析结果具体如表 8-3 所示。数据显示，可能性与严重性的 Pearson 相关系数为 0.141，同时显著性（双侧）结果为 0.000（<0.01），具有显著性。

结果表明，家庭风险的可能性与严重性具有显著相关性，且为正相关。家庭风险的可能性程度越高（低），家庭风险的严重性程度越高（低）；反之，家庭风险的严重性程度越高（低），家庭风险的可能性程度越高（低）。

三　家庭风险的可能性与传导性的相关性分析

家庭风险的可能性与传导性的相关性分析结果具体如表 8-3 所示。数据显示，可能性与传导性的 Pearson 相关系数为 0.003，同时显著性（双侧）结果为 0.905（>0.05），不具有显著性。

结果表明，家庭风险的可能性与传导性不具有显著相关性。

四 家庭风险的可能性与克服性的相关性分析

家庭风险的可能性与克服性的相关性分析结果具体如表 8-3 所示。数据显示，可能性与克服性的 Pearson 相关系数为 -0.119，同时显著性（双侧）结果为 0.000（<0.01），具有显著性。

结果表明，家庭风险的可能性与克服性具有显著相关性，且为负相关。家庭风险的可能性程度越高（低），家庭风险的克服性程度越低（高）；反之，家庭风险的克服性程度越高（低），家庭风险的可能性程度越低（高）。

五 家庭风险的关联性与严重性的相关性分析

家庭风险的关联性与严重性的相关性分析结果具体如表 8-3 所示。数据显示，关联性与严重性的 Pearson 相关系数为 0.098，同时显著性（双侧）结果为 0.000（<0.01），具有显著性。

结果表明，家庭风险的关联性与严重性具有显著相关性，且为正相关。家庭风险的关联性程度越高（低），家庭风险的严重性程度越高（低）；反之，家庭风险的严重性程度越高（低），家庭风险的关联性程度越高（低）。

六 家庭风险的关联性与传导性的相关性分析

家庭风险的关联性与传导性的相关性分析结果具体如表 8-3 所示。数据显示，关联性与传导性的 Pearson 相关系数为 -0.055，同时显著性（双侧）结果为 0.033（<0.05），具有显著性。

结果表明，家庭风险的关联性与传导性具有显著相关性，且为负相关。家庭风险的关联性程度越高（低），家庭风险的传导性程度越低（高）；反之，家庭风险的传导性程度越高（低），家庭风险的关联性程度越低（高）。

七 家庭风险的关联性与克服性的相关性分析

家庭风险的关联性与克服性的相关性分析结果具体如表 8-3 所示。数据显示，关联性与克服性的 Pearson 相关系数为 -0.143，同时显著性（双侧）结果为 0.000（<0.01），具有显著性。

结果表明，家庭风险的关联性与克服性具有显著相关性，且为负相关。家庭风险的关联性程度越高（低），家庭风险的克服性程度越低（高）；反之，家庭风险的克服性程度越高（低），家庭风险的关联性程度越低（高）。

八　家庭风险的严重性与传导性的相关性分析

家庭风险的严重性与传导性的相关性分析结果具体如表 8-3 所示。数据显示，严重性与传导性的 Pearson 相关系数为 -0.021，同时显著性（双侧）结果为 0.406（>0.05），不具有显著性。

结果表明，家庭风险的严重性与传导性不具有显著相关性。

九　家庭风险的严重性与克服性的相关性分析

家庭风险的严重性与克服性的相关性分析结果具体如表 8-3 所示。数据显示，严重性与克服性的 Pearson 相关系数为 -0.135，同时显著性（双侧）结果为 0.000（<0.01），具有显著性。

结果表明，家庭风险的严重性与克服性具有显著相关性，且为负相关。家庭风险的严重性程度越高（低），家庭风险的克服性程度越低（高）；反之，家庭风险的克服性程度越高（低），家庭风险的严重性程度越低（高）。

十　家庭风险的传导性与克服性的相关性分析

家庭风险的传导性与克服性的相关性分析结果具体如表 8-3 所示。数据显示，传导性与克服性的 Pearson 相关系数为 0.018，同时显著性（双侧）结果为 0.492（>0.05），不具有显著性。

结果表明，家庭风险的传导性与克服性不具有显著相关性。

第五节　经济风险的相关性分析

本节对女性农民工迁移婚姻风险的经济风险一级指标的可能性、关联性、严重性、传导性、克服性五种类型的相关性进行分析，具体分析不同类型之间是否具有相关关系以及相关关系的显著性程度与相关关系的方向。经济风险不同类型的相关性分析结果具体如表 8-4 所示。

表 8-4　经济风险不同类型的相关性分析

		经济风险的可能性	经济风险的关联性	经济风险的严重性	经济风险的传导性	经济风险的克服性
经济风险的可能性	Pearson 相关系数	1	0.129**	0.148**	0.057*	0.100**
	显著性（双侧）		0.000	0.000	0.027	0.000
	N	1505	1505	1505	1505	1505
经济风险的关联性	Pearson 相关系数	0.129**	1	0.310**	-0.035	0.342**
	显著性（双侧）	0.000		0.000	0.172	0.000
	N	1505	1505	1505	1505	1505
经济风险的严重性	Pearson 相关系数	0.148**	0.310**	1	0.040	0.140**
	显著性（双侧）	0.000	0.000		0.119	0.000
	N	1505	1505	1505	1505	1505
经济风险的传导性	Pearson 相关系数	0.057*	-0.035	0.040	1	-0.054*
	显著性（双侧）	0.027	0.172	0.119		0.036
	N	1505	1505	1505	1505	1505
经济风险的克服性	Pearson 相关系数	0.100**	0.342**	0.140**	-0.054*	1
	显著性（双侧）	0.000	0.000	0.000	0.036	
	N	1505	1505	1505	1505	1505

一　经济风险的可能性与关联性的相关性分析

经济风险的可能性与关联性的相关性分析结果具体如表 8-4 所示。数据显示，可能性与关联性的 Pearson 相关系数为 0.129，同时显著性（双侧）结果为 0.000（<0.01），具有显著性。

结果表明，经济风险的可能性与关联性具有显著相关性，且为正相关。经济风险的可能性程度越高（低），经济风险的关联性程度越高（低）；反之，经济风险的关联性程度越高（低），经济风险的可能性程度越高（低）。

二　经济风险的可能性与严重性的相关性分析

经济风险的可能性与严重性的相关性分析结果具体如表 8 - 4 所示。数据显示，可能性与严重性的 Pearson 相关系数为 0.148，同时显著性（双侧）结果为 0.000（<0.01），具有显著性。

结果表明，经济风险的可能性与严重性具有显著相关性，且为正相关。经济风险的可能性程度越高（低），经济风险的严重性程度越高（低）；反之，经济风险的严重性程度越高（低），经济风险的可能性程度越高（低）。

三　经济风险的可能性与传导性的相关性分析

经济风险的可能性与传导性的相关性分析结果具体如表 8 - 4 所示。数据显示，可能性与传导性的 Pearson 相关系数为 0.057，同时显著性（双侧）结果为 0.027（<0.05），具有显著性。

结果表明，经济风险的可能性与传导性具有显著相关性，且为正相关。经济风险的可能性程度越高（低），经济风险的传导性程度越高（低）；反之，经济风险的传导性程度越高（低），经济风险的可能性程度越高（低）。

四　经济风险的可能性与克服性的相关性分析

经济风险的可能性与克服性的相关性分析结果具体如表 8 - 4 所示。数据显示，可能性与克服性的 Pearson 相关系数为 0.100，同时显著性（双侧）结果为 0.000（<0.01），具有显著性。

结果表明，经济风险的可能性与克服性具有显著相关性，且为正相关。经济风险的可能性程度越高（低），经济风险的克服性程度越高（低）；反之，经济风险的克服性程度越高（低），经济风险的可能性程度越高（低）。

五　经济风险的关联性与严重性的相关性分析

经济风险的关联性与严重性的相关性分析结果具体如表 8 - 4 所示。数据显示，关联性与严重性的 Pearson 相关系数为 0.310，同时显著性（双侧）结果为 0.000（<0.01），具有显著性。

结果表明，经济风险的关联性与严重性具有显著相关性，且为正相关。经济风险的关联性程度越高（低），经济风险的严重性程度越高（低）；反之，经济风险的严重性程度越高（低），经济风险的关联性程度越高（低）。

六 经济风险的关联性与传导性的相关性分析

经济风险的关联性与传导性的相关性分析结果具体如表 8-4 所示。数据显示，关联性与传导性的 Pearson 相关系数为 -0.035，同时显著性（双侧）结果为 0.172（>0.05），不具有显著性。

结果表明，经济风险的关联性与传导性不具有显著相关性。

七 经济风险的关联性与克服性的相关性分析

经济风险的关联性与克服性的相关性分析结果具体如表 8-4 所示。数据显示，关联性与克服性的 Pearson 相关系数为 0.342，同时显著性（双侧）结果为 0.000（<0.01），具有显著性。

结果表明，经济风险的关联性与克服性具有显著相关性，且为正相关。经济风险的关联性程度越高（低），经济风险的克服性程度越高（低）；反之，经济风险的克服性程度越高（低），经济风险的关联性程度越高（低）。

八 经济风险的严重性与传导性的相关性分析

经济风险的严重性与传导性的相关性分析结果具体如表 8-4 所示。数据显示，严重性与传导性的 Pearson 相关系数为 0.040，同时显著性（双侧）结果为 0.119（>0.05），不具有显著性。

结果表明，经济风险的严重性与传导性不具有显著相关性。

九 经济风险的严重性与克服性的相关性分析

经济风险的严重性与克服性的相关性分析结果具体如表 8-4 所示。数据显示，严重性与克服性的 Pearson 相关系数为 0.140，同时显著性（双侧）结果为 0.000（<0.01），具有显著性。

结果表明，经济风险的严重性与克服性具有显著相关性，且为正相关。经济风险的严重性程度越高（低），经济风险的克服性程度越高（低）；反之，经济风险的克服性程度越高（低），经济风险的严重性程度越高（低）。

十　经济风险的传导性与克服性的相关性分析

经济风险的传导性与克服性的相关性分析结果具体如表 8-4 所示。数据显示，传导性与克服性的 Pearson 相关系数为 -0.054，同时显著性（双侧）结果为 0.036（<0.05），具有显著性。

结果表明，经济风险的传导性与克服性具有显著相关性，且为负相关。经济风险的传导性程度越高（低），经济风险的克服性程度越低（高）；反之，经济风险的克服性程度越高（低），经济风险的传导性程度越低（高）。

第六节　社会网络风险的相关性分析

本节对女性农民工迁移婚姻风险的社会网络风险一级指标的可能性、关联性、严重性、传导性、克服性五种类型的相关性进行分析，具体分析不同类型之间是否具有相关关系以及相关关系的显著性程度与相关关系的方向。社会网络风险不同类型的相关性分析结果具体如表 8-5 所示。

表 8-5　社会网络风险不同类型的相关性分析

		社会网络风险的可能性	社会网络风险的关联性	社会网络风险的严重性	社会网络风险的传导性	社会网络风险的克服性
社会网络风险的可能性	Pearson 相关系数	1	0.229**	0.203**	0.207**	-0.030
	显著性（双侧）		0.000	0.000	0.000	0.238
	N	1505	1505	1505	1505	1505
社会网络风险的关联性	Pearson 相关系数	0.229**	1	0.326**	0.073**	0.213**
	显著性（双侧）	0.000		0.000	0.005	0.000
	N	1505	1505	1505	1505	1505

		社会网络风险的可能性	社会网络风险的关联性	社会网络风险的严重性	社会网络风险的传导性	社会网络风险的克服性
社会网络风险的严重性	Pearson 相关系数	0.203 **	0.326 **	1	0.114 **	0.110 **
	显著性（双侧）	0.000	0.000		0.000	0.000
	N	1501	1505	1505	1501	1505
社会网络风险的传导性	Pearson 相关系数	0.207 **	0.073 **	0.114 **	1	0.059 *
	显著性（双侧）	0.000	0.005	0.000		0.021
	N	1505	1505	1505	1505	1505
社会网络风险的克服性	Pearson 相关系数	−0.030	0.213 **	0.110 **	0.059 *	1
	显著性（双侧）	0.238	0.000	0.000	0.021	
	N	1505	1505	1505	1505	1505

一 社会网络风险的可能性与关联性的相关性分析

社会网络风险的可能性与关联性的相关性分析结果具体如表8-5所示。数据显示，可能性与关联性的 Pearson 相关系数为 0.229，同时显著性（双侧）结果为 0.000（<0.01），具有显著性。

结果表明，社会网络风险的可能性与关联性具有显著相关性，且为正相关。社会网络风险的可能性程度越高（低），社会网络风险的关联性程度越高（低）；反之，社会网络风险的关联性程度越高（低），社会网络风险的可能性程度越高（低）。

二 社会网络风险的可能性与严重性的相关性分析

社会网络风险的可能性与严重性的相关性分析结果具体如表8-5所示。数据显示，可能性与严重性的 Pearson 相关系数为 0.203，同时显著性（双侧）结果为 0.000（<0.01），具有显著性。

结果表明，社会网络风险的可能性与严重性具有显著相关性，且为正相关。社会网络风险的可能性程度越高（低），社会网络风险的严重性程度越高（低）；反之，社会网络风险的严重性程度越高（低），社会网络风险的可能性程度越高（低）。

三 社会网络风险的可能性与传导性的相关性分析

社会网络风险的可能性与传导性的相关性分析结果具体如表 8-5 所示。数据显示，可能性与传导性的 Pearson 相关系数为 0.207，同时显著性（双侧）结果为 0.000（<0.01），具有显著性。

结果表明，社会网络风险的可能性与传导性具有显著相关性，且为正相关。社会网络风险的可能性程度越高（低），社会网络风险的传导性程度越高（低）；反之，社会网络风险的传导性程度越高（低），社会网络风险的可能性程度越高（低）。

四 社会网络风险的可能性与克服性的相关性分析

社会网络风险的可能性与克服性的相关性分析结果具体如表 8-5 所示。数据显示，可能性与克服性的 Pearson 相关系数为-0.030，同时显著性（双侧）结果为 0.238（>0.05），不具有显著性。

结果表明，社会网络风险的可能性与克服性不具有显著相关性。

五 社会网络风险的关联性与严重性的相关性分析

社会网络风险的关联性与严重性的相关性分析结果具体如表 8-5 所示。数据显示，关联性与严重性的 Pearson 相关系数为 0.326，同时显著性（双侧）结果为 0.000（<0.01），具有显著性。

结果表明，社会网络风险的关联性与严重性具有显著相关性，且为正相关。社会网络风险的关联性程度越高（低），社会网络风险的严重性程度越高（低）；反之，社会网络风险的严重性程度越高（低），社会网络风险的关联性程度越高（低）。

六 社会网络风险的关联性与传导性的相关性分析

社会网络风险的关联性与传导性的相关性分析结果具体如表 8-5 所示。数据显示，关联性与传导性的 Pearson 相关系数为 0.073，同时显著性（双侧）结果为 0.005（<0.01），具有显著性。

结果表明，社会网络风险的关联性与传导性具有显著相关性，且为正相关。社会网络风险的关联性程度越高（低），社会网络风险的传导性程度越高（低）；反之，社会网络风险的传导性程度越高（低），社会网络风险的关联性程度越高（低）。

七　社会网络风险的关联性与克服性的相关性分析

社会网络风险的关联性与克服性的相关性分析结果具体如表 8-5 所示。数据显示，关联性与克服性的 Pearson 相关系数为 0.213，同时显著性（双侧）结果为 0.000（<0.01），具有显著性。

结果表明，社会网络风险的关联性与克服性具有显著相关性，且为正相关。社会网络风险的关联性程度越高（低），社会网络风险的克服性程度越高（低）；反之，社会网络风险的克服性程度越高（低），社会网络风险的关联性程度越高（低）。

八　社会网络风险的严重性与传导性的相关性分析

社会网络风险的严重性与传导性的相关性分析结果具体如表 8-5 所示。数据显示，严重性与传导性的 Pearson 相关系数为 0.114，同时显著性（双侧）结果为 0.000（<0.01），具有显著性。

结果表明，社会网络风险的严重性与传导性具有显著相关性，且为正相关。社会网络风险的严重性程度越高（低），社会网络风险的传导性程度越高（低）；反之，社会网络风险的传导性程度越高（低），社会网络风险的严重性程度越高（低）。

九　社会网络风险的严重性与克服性的相关性分析

社会网络风险的严重性与克服性的相关性分析结果具体如表 8-5 所示。数据显示，严重性与克服性的 Pearson 相关系数为 0.110，同时显著性（双侧）结果为 0.000（<0.01），具有显著性。

结果表明，社会网络风险的严重性与克服性具有显著相关性，且为正相关。社会网络风险的严重性程度越高（低），社会网络风险的克服性程度越高（低）；反之，社会网络风险的克服性程度越高（低），社会网络风险的严重性程度越高（低）。

十　社会网络风险的传导性与克服性的相关性分析

社会网络风险的传导性与克服性的相关性分析结果具体如表 8-5 所示。数据显示，传导性与克服性的 Pearson 相关系数为 0.059，同时显著性（双侧）结果为 0.021（<0.05），具有显著性。

结果表明，社会网络风险的传导性与克服性具有显著相关性，且为正相关。社会网络风险的传导性程度越高（低），社会网络风险的克服性程度越高（低）；反之，社会网络风险的克服性程度越高（低），社会网络风险的传导性程度越高（低）。

第七节　健康风险的相关性分析

本节对女性农民工迁移婚姻风险的健康风险一级指标的可能性、关联性、严重性、传导性、克服性五种类型的相关性进行分析，具体分析不同类型之间是否具有相关关系以及相关关系的显著性程度与相关关系的方向。健康风险不同类型的相关性分析结果具体如表 8-6 所示。

表 8-6　健康风险不同类型的相关性分析

		健康风险的可能性	健康风险的关联性	健康风险的严重性	健康风险的传导性	健康风险的克服性
健康风险的可能性	Pearson 相关系数	1	0.014	0.046	0.037	−0.032
	显著性（双侧）		0.576	0.074	0.151	0.220
	N	1505	1505	1505	1505	1505
健康风险的关联性	Pearson 相关系数	0.014	1	−0.010	0.154**	0.074**
	显著性（双侧）	0.576		0.710	0.000	0.004
	N	1505	1505	1505	1505	1505
健康风险的严重性	Pearson 相关系数	0.046	−0.010	1	0.000	−0.023
	显著性（双侧）	0.074	0.710		0.988	0.371
	N	1505	1505	1505	1505	1505

续表

		健康风险的可能性	健康风险的关联性	健康风险的严重性	健康风险的传导性	健康风险的克服性
健康风险的传导性	Pearson 相关系数	0.037	0.154**	0.000	1	0.084**
	显著性（双侧）	0.151	0.000	0.988		0.001
	N	1505	1505	1505	1505	1505
健康风险的克服性	Pearson 相关系数	-0.032	0.074**	-0.023	0.084**	1
	显著性（双侧）	0.220	0.004	0.371	0.001	
	N	1505	1505	1505	1505	1505

一　健康风险的可能性与关联性的相关性分析

健康风险的可能性与关联性的相关性分析结果具体如表 8-6 所示。数据显示，可能性与关联性的 Pearson 相关系数为 0.014，同时显著性（双侧）结果为 0.576（>0.05），不具有显著性。

结果表明，健康风险的可能性与关联性不具有显著相关性。

二　健康风险的可能性与严重性的相关性分析

健康风险的可能性与严重性的相关性分析结果具体如表 8-6 所示。数据显示，可能性与严重性的 Pearson 相关系数为 0.046，同时显著性（双侧）结果为 0.074（>0.05），不具有显著性。

结果表明，健康风险的可能性与严重性不具有显著相关性。

三　健康风险的可能性与传导性的相关性分析

健康风险的可能性与传导性的相关性分析结果具体如表 8-6 所示。数据显示，可能性与传导性的 Pearson 相关系数为 0.037，同时显著性（双侧）结果为 0.151（>0.05），不具有显著性。

结果表明，健康风险的可能性与传导性不具有显著相关性。

四　健康风险的可能性与克服性的相关性分析

健康风险的可能性与克服性的相关性分析结果具体如表 8-6 所示。数据显示，可能性与克服性的 Pearson 相关系数为 -0.032，同时显著性（双侧）结果为 0.220（＞0.05），不具有显著性。

结果表明，健康风险的可能性与克服性不具有显著相关性。

五 健康风险的关联性与严重性的相关性分析

健康风险的关联性与严重性的相关性分析结果具体如表 8-6 所示。数据显示，关联性与严重性的 Pearson 相关系数为 -0.010，同时显著性（双侧）结果为 0.710（＞0.05），不具有显著性。

结果表明，健康风险的关联性与严重性不具有显著相关性。

六 健康风险的关联性与传导性的相关性分析

健康风险的关联性与传导性的相关性分析结果具体如表 8-6 所示。数据显示，关联性与传导性的 Pearson 相关系数为 0.154，同时显著性（双侧）结果为 0.000（＜0.01），具有显著性。

结果表明，健康风险的关联性与传导性具有显著相关性，且为正相关。健康风险的关联性程度越高（低），健康风险的传导性程度越高（低）；反之，健康风险的传导性程度越高（低），健康风险的关联性程度越高（低）。

七 健康风险的关联性与克服性的相关性分析

健康风险的关联性与克服性的相关性分析结果具体如表 8-6 所示。数据显示，关联性与克服性的 Pearson 相关系数为 0.074，同时显著性（双侧）结果为 0.004（＜0.01），具有显著性。

结果表明，健康风险的关联性与克服性具有显著相关性，且为正相关。健康风险的关联性程度越高（低），健康风险的克服性程度越高（低）；反之，健康风险的克服性程度越高（低），健康风险的关联性程度越高（低）。

八 健康风险的严重性与传导性的相关性分析

健康风险的严重性与传导性的相关性分析结果具体如表 8-6 所示。数据显示，严重性与传导性的 Pearson 相关系数为 0.000，同时显著性（双侧）结果为 0.988（＞0.05），不具有显著性。

结果表明，健康风险的严重性与传导性不具有显著相关性。

九 健康风险的严重性与克服性的相关性分析

健康风险的严重性与克服性的相关性分析结果具体如表 8-6 所示。数据显示，严重性与克服性的 Pearson 相关系数为 -0.023，同时显著性（双侧）结果为 0.371（>0.05），不具有显著性。

结果表明，健康风险的严重性与克服性不具有显著相关性。

十 健康风险的传导性与克服性的相关性分析

健康风险的传导性与克服性的相关性分析结果具体如表 8-6 所示。数据显示，传导性与克服性的 Pearson 相关系数为 0.084，同时显著性（双侧）结果为 0.001（<0.01），具有显著性。

结果表明，健康风险的传导性与克服性具有显著相关性，且为正相关。健康风险的传导性程度越高（低），健康风险的克服性程度越高（低）；反之，健康风险的克服性程度越高（低），健康风险的传导性程度越高（低）。

第八节 养老风险的相关性分析

本节对女性农民工迁移婚姻风险的养老风险一级指标的可能性、关联性、严重性、传导性、克服性五种类型的相关性进行分析，具体分析不同类型之间是否具有相关关系以及相关关系的显著性程度与相关关系的方向。养老风险不同类型的相关性分析结果具体如表 8-7 所示。

一 养老风险的可能性与关联性的相关性分析

养老风险的可能性与关联性的相关性分析结果具体如表 8-7 所示。数据显示，可能性与关联性的 Pearson 相关系数为 0.119，同时显著性（双侧）结果为 0.000（<0.01），具有显著性。

结果表明，养老风险的可能性与关联性具有显著相关性，且为正相关。养老风险的可能性程度越高（低），养老风险的关联性程度越高（低）；反之，养老风险的关联性程度越高（低），养老风险的可能性程度越高（低）。

表 8-7　养老风险不同类型的相关性分析

		养老风险的可能性	养老风险的关联性	养老风险的严重性	养老风险的传导性	养老风险的克服性
养老风险的可能性	Pearson 相关系数	1	0.119**	0.068**	0.003	0.062*
	显著性（双侧）		0.000	0.008	0.894	0.016
	N	1505	1505	1505	1505	1505
养老风险的关联性	Pearson 相关系数	0.119**	1	0.145**	0.032	-0.245**
	显著性（双侧）	0.000		0.000	0.221	0.000
	N	1505	1505	1505	1505	1505
养老风险的严重性	Pearson 相关系数	0.068**	0.145**	1	0.088**	-0.051*
	显著性（双侧）	0.008	0.000		0.001	0.048
	N	1505	1505	1505	1505	1505
养老风险的传导性	Pearson 相关系数	0.003	0.032	0.088**	1	0.026
	显著性（双侧）	0.894	0.221	0.001		0.316
	N	1505	1505	1505	1505	1505
养老风险的克服性	Pearson 相关系数	0.062*	-0.245**	-0.051*	0.026	1
	显著性（双侧）	0.016	0.000	0.048	0.316	
	N	1505	1505	1505	1505	1505

二　养老风险的可能性与严重性的相关性分析

养老风险的可能性与严重性的相关性分析结果具体如表 8-7 所示。数据显示，可能性与严重性的 Pearson 相关系数为 0.068，同时显著性（双侧）结果为 0.008（<0.01），具有显著性。

结果表明，养老风险的可能性与严重性具有显著相关性，且为正相关。养老风险的可能性程度越高（低），养老风险的严重性程度越高（低）；反之，养老风险的严重性程度越高（低），养老风险的可能性程度越高（低）。

三　养老风险的可能性与传导性的相关性分析

养老风险的可能性与传导性的相关性分析结果具体如表 8-7 所示。数据显示，可能性与传导性的 Pearson 相关系数为 0.003，同时显著性（双侧）结果为 0.894（>0.05），不具有显著性。

结果表明，养老风险的可能性与传导性不具有显著相关性。

四　养老风险的可能性与克服性的相关性分析

养老风险的可能性与克服性的相关性分析结果具体如表 8-7 所示。数据显示，可能性与克服性的 Pearson 相关系数为 0.062，同时显著性（双侧）结果为 0.016（<0.05），具有显著性。

结果表明，养老风险的可能性与克服性具有显著相关性，且为正相关。养老风险的可能性程度越高（低），养老风险的克服性程度越高（低）；反之，养老风险的克服性程度越高（低），养老风险的可能性程度越高（低）。

五　养老风险的关联性与严重性的相关性分析

养老风险的关联性与严重性的相关性分析结果具体如表 8-7 所示。数据显示，关联性与严重性的 Pearson 相关系数为 0.145，同时显著性（双侧）结果为 0.000（<0.01），具有显著性。

结果表明，养老风险的关联性与严重性具有显著相关性，且为正相关。养老风险的关联性程度越高（低），养老风险的严重性程度越高（低）；反之，养老风险的严重性程度越高（低），养老风险的关联性程度越高（低）。

六　养老风险的关联性与传导性的相关性分析

养老风险的关联性与传导性的相关性分析结果具体如表 8-7 所示。数据显示，关联性与传导性的 Pearson 相关系数为 0.032，同时显著性（双侧）结果为 0.221（>0.05），不具有显著性。

结果表明，养老风险的关联性与传导性不具有显著相关性。

七 养老风险的关联性与克服性的相关性分析

养老风险的关联性与克服性的相关性分析结果具体如表 8-7 所示。数据显示，关联性与克服性的 Pearson 相关系数为 -0.245，同时显著性（双侧）结果为 0.000（<0.01），具有显著性。

结果表明，养老风险的关联性与克服性具有显著相关性，且为负相关。养老风险的关联性程度越高（低），养老风险的克服性程度越低（高）；反之，养老风险的克服性程度越高（低），养老风险的关联性程度越低（高）。

八 养老风险的严重性与传导性的相关性分析

养老风险的严重性与传导性的相关性分析结果具体如表 8-7 所示。数据显示，严重性与传导性的 Pearson 相关系数为 0.088，同时显著性（双侧）结果为 0.001（<0.01），具有显著性。

结果表明，养老风险的严重性与传导性具有显著相关性，且为正相关。养老风险的严重性程度越高（低），养老风险的传导性程度越高（低）；反之，养老风险的传导性程度越高（低），养老风险的严重性程度越高（低）。

九 养老风险的严重性与克服性的相关性分析

养老风险的严重性与克服性的相关性分析结果具体如表 8-7 所示。数据显示，严重性与克服性的 Pearson 相关系数为 -0.051，同时显著性（双侧）结果为 0.048（<0.05），具有显著性。

结果表明，养老风险的严重性与克服性具有显著相关性，且为负相关。养老风险的严重性程度越高（低），养老风险的克服性程度越低（高）；反之，养老风险的克服性程度越高（低），养老风险的严重性程度越低（高）。

十 养老风险的传导性与克服性的相关性分析

养老风险的传导性与克服性的相关性分析结果具体如表 8-7 所示。数据显示，传导性与克服性的 Pearson 相关系数为 0.026，同时显著性（双侧）结果为 0.316（>0.05），不具有显著性。

结果表明，养老风险的传导性与克服性不具有显著相关性。

第九节　社会稳定风险的相关性分析

本节对女性农民工迁移婚姻风险的社会稳定风险一级指标的可能性、关联性、严重性、传导性、克服性共五种类型的相关性进行分析，具体分析不同类型之间是否具有相关关系以及相关关系的显著性程度与相关关系的方向。社会稳定风险不同类型的相关性分析结果具体如表 8-8 所示。

表 8-8　社会稳定风险不同类型的相关性分析

		社会稳定风险的可能性	社会稳定风险的关联性	社会稳定风险的严重性	社会稳定风险的传导性	社会稳定风险的克服性
社会稳定风险的可能性	Pearson 相关系数	1	0.107**	-0.019	0.008	0.135**
	显著性（双侧）		0.000	0.465	0.756	0.000
	N	1505	1505	1505	1505	1505
社会稳定风险的关联性	Pearson 相关系数	0.107**	1	-0.048	0.054*	0.129**
	显著性（双侧）	0.000		0.064	0.036	0.000
	N	1505	1505	1505	1505	1505
社会稳定风险的严重性	Pearson 相关系数	-0.019	-0.048	1	-0.014	-0.015
	显著性（双侧）	0.465	0.064		0.585	0.551
	N	1505	1505	1505	1505	1505
社会稳定风险的传导性	Pearson 相关系数	0.008	0.054*	-0.014	1	-0.020
	显著性（双侧）	0.756	0.036	0.585		0.437
	N	1505	1505	1505	1505	1505
社会稳定风险的克服性	Pearson 相关系数	0.135**	0.129**	-0.015	-0.020	1
	显著性（双侧）	0.000	0.000	0.551	0.437	
	N	1505	1505	1505	1505	1505

一 社会稳定风险的可能性与关联性的相关性分析

社会稳定风险的可能性与关联性的相关性分析结果具体如表 8-8 所示。数据显示，可能性与关联性的 Pearson 相关系数为 0.107，同时显著性（双侧）结果为 0.000（<0.01），具有显著性。

结果表明，社会稳定风险的可能性与关联性具有显著相关性，且为正相关。社会稳定风险的可能性程度越高（低），社会稳定风险的关联性程度越高（低）；反之，社会稳定风险的关联性程度越高（低），社会稳定风险的可能性程度越高（低）。

二 社会稳定风险的可能性与严重性的相关性分析

社会稳定风险的可能性与严重性的相关性分析结果具体如表 8-8 所示。数据显示，可能性与严重性的 Pearson 相关系数为-0.019，同时显著性（双侧）结果为 0.465（>0.05），不具有显著性。

结果表明，社会稳定风险的可能性与严重性不具有显著相关性。

三 社会稳定风险的可能性与传导性的相关性分析

社会稳定风险的可能性与传导性的相关性分析结果具体如表 8-8 所示。数据显示，可能性与传导性的 Pearson 相关系数为 0.008，同时显著性（双侧）结果为 0.756（>0.05），不具有显著性。

结果表明，社会稳定风险的可能性与传导性不具有显著相关性。

四 社会稳定风险的可能性与克服性的相关性分析

社会稳定风险的可能性与克服性的相关性分析结果具体如表 8-8 所示。数据显示，可能性与克服性的 Pearson 相关系数为 0.135，同时显著性（双侧）结果为 0.000（<0.01），具有显著性。

结果表明，社会稳定风险的可能性与克服性具有显著相关性，且为正相关。社会稳定风险的可能性程度越高（低），社会稳定风险的克服性程度越高（低）；反之，社会稳定风险的克服性程度越高（低），社会稳定风险的可能性程度越高（低）。

五 社会稳定风险的关联性与严重性的相关性分析

社会稳定风险的关联性与严重性的相关性分析结果具体如表 8-8 所示。数据显示，关联性与严重性的 Pearson 相关系数为-0.048，同时显著性（双侧）结果为 0.064（>0.05），不具有显著性。

结果表明，社会稳定风险的关联性与严重性不具有显著相关性。

六 社会稳定风险的关联性与传导性的相关性分析

社会稳定风险的关联性与传导性的相关性分析结果具体如表 8-8 所示。数据显示，关联性与传导性的 Pearson 相关系数为 0.054，同时显著性（双侧）结果为 0.036（<0.05），具有显著性。

结果表明，社会稳定风险的关联性与传导性具有显著相关性，且为正相关。社会稳定风险的关联性程度越高（低），社会稳定风险的传导性程度越高（低）；反之，社会稳定风险的传导性程度越高（低），社会稳定风险的关联性程度越高（低）。

七 社会稳定风险的关联性与克服性的相关性分析

社会稳定风险的关联性与克服性的相关性分析结果具体如表 8-8 所示。数据显示，关联性与克服性的 Pearson 相关系数为 0.129，同时显著性（双侧）结果为 0.000（<0.01），具有显著性。

结果表明，社会稳定风险的关联性与克服性具有显著相关性，且为正相关。社会稳定风险的关联性程度越高（低），社会稳定风险的克服性程度越高（低）；反之，社会稳定风险的克服性程度越高（低），社会稳定风险的关联性程度越高（低）。

八 社会稳定风险的严重性与传导性的相关性分析

社会稳定风险的严重性与传导性的相关性分析结果具体如表 8-8 所示。数据显示，严重性与传导性的 Pearson 相关系数为-0.014，同时显著性（双侧）结果为 0.585（>0.05），不具有显著性。

结果表明，社会稳定风险的严重性与传导性不具有显著相关性。

九　社会稳定风险的严重性与克服性的相关性分析

社会稳定风险的严重性与克服性的相关性分析结果具体如表 8-8 所示。数据显示，严重性与克服性的 Pearson 相关系数为 -0.015，同时显著性（双侧）结果为 0.551（>0.05），不具有显著性。

结果表明，社会稳定风险的严重性与克服性不具有显著相关性。

十　社会稳定风险的传导性与克服性的相关性分析

社会稳定风险的传导性与克服性的相关性分析结果具体如表 8-8 所示。数据显示，传导性与克服性的 Pearson 相关系数为 -0.020，同时显著性（双侧）结果为 0.437（>0.05），不具有显著性。

结果表明，社会稳定风险的传导性与克服性不具有显著相关性。

第九章　研究结论与对策思考

本章内容由三节构成，第一节提出本研究的主要结论；第二节在研究结论的基础上，提出女性农民工迁移婚姻风险防范的对策建议；第三节对本研究的局限性进行讨论，并对进一步研究进行展望。

第一节　研究结论

本研究综合运用人口学、社会学、管理学、统计学等学科的研究方法，首先，结合相关研究，提出女性农民工迁移婚姻风险理论框架；其次，运用扎根理论方法，基于213名访谈对象原始资料的识别，对女性农民工迁移婚姻风险内容进行概念化、范畴化与类属化；再次，依据逐级编码的结果，将核心范畴与主范畴分别作为风险的一级指标与二级指标，明确评估类型并进行等级量化赋值，编制评估问卷，构建了女性农民工迁移婚姻风险评估模型；最后，依据构建的风险评估模型，基于所收集的7组样本群体共1505个样本定量数据，分析女性农民工迁移婚姻风险的基本状况、群体差异、不同类型相关性。主要研究结论如下。

一　女性农民工迁移婚姻风险内容呈现多元化与多重并存

基于访谈对象原始资料，运用扎根理论逐级编码，使得所有范畴类属之间围绕女性农民工迁移婚姻风险建立联系，最终提炼为39个主范畴并聚焦为人口风险、婚恋风险、家庭风险、经济风险、社会网络风险、健康风险、养老风险、社会稳定风险共8个核心范畴，建构了系统化与整体化的女性农民工迁移婚姻风险内容体系框架。风险以多种形式表现出来，充分表明了女性农民工迁移婚姻风险呈现多元化和多重并存，渗透到相关风险承受者日常生活的多个领域。

二 女性农民工迁移婚姻风险的承受者呈现多样化

女性农民工迁移婚姻风险的主要承受者包括迁移婚姻女性、迁移婚姻男性、迁移婚姻家庭子女、迁移婚姻女性父母、迁移婚姻男性父母、失婚男性、失婚男性父母共7个群体。女性农民工迁移婚姻风险的承受者的多样化，体现了风险扩散可能产生的社会化效应和损失的社会广泛性，提醒我们要关注不同女性农民工迁移婚姻的风险承受者及其之间的相互关系，尽可能规避和预防风险在不同承受者之间的传导和扩大。

三 女性农民工迁移婚姻风险呈现多样化

（一）女性农民工迁移婚姻风险8个一级指标的5种类型呈现多样化

人口风险的发生可能性较大、关联性一般、后果较严重、传导性较强、很难克服；婚恋风险的发生可能性较大、关联性一般、后果较严重、传导性较强、克服性一般；家庭风险的发生可能性较大、关联性较强、后果很严重、传导性很强、较难克服；经济风险的发生可能性很大、关联性较强、后果较严重、传导性很强、较难克服；社会网络风险的发生可能性较大、关联性一般、后果较严重、传导性较强、较难克服；健康风险的发生可能性较大、关联性一般、后果较严重、传导性较强、克服性一般；养老风险的发生可能性较大、关联性较弱、后果较严重、传导性较强、较难克服；社会稳定风险的发生可能性较大、关联性较强、后果较严重、传导性很强、克服性一般。

（二）女性农民工迁移婚姻风险 39 个二级指标的 5 种
类型呈现多样化

1. 女性农民工迁移婚姻风险 39 个二级指标的可能性呈现多样化

人口风险的 5 个二级指标：迁移婚姻女性净迁出地婚姻适龄人口性别比失衡风险发生的可能性很大；迁移婚姻女性净迁出地人口老龄化风险发生可能性很大；迁移婚姻破裂单亲家庭子女数量增加风险发生可能性较大；迁移婚姻女性净迁出地人口总量减少风险发生可能性一般；迁移婚姻女性净迁出地劳动力人口减少风险发生可能性一般。

婚恋风险的 6 个二级指标：骗婚风险发生可能性一般；未婚同居风险发生可能性很大；未婚生育风险发生可能性较大；迁移婚姻破裂风险发生可能性较大；男性婚姻挤压风险发生可能性很大；男性失婚风险发生可能性很大。

家庭风险的 4 个二级指标：迁移婚姻家庭不稳定风险发生可能性较大；迁移婚姻女性家庭排斥风险发生可能性一般；迁移婚姻破裂家庭教育弱化风险发生可能性很大；失婚男性家庭功能不完整风险发生可能性很大。

经济风险的 4 个二级指标：迁移婚姻女性新生家庭与原生家庭交往成本高风险发生可能性很大；迁移婚姻家庭经济上互不信任风险发生可能性较大；迁移婚姻女性新生家庭与原生家庭劳动力支持割裂风险发生可能性很大；推高男性婚姻成本风险发生可能性很大。

社会网络风险的 5 个二级指标：迁移婚姻女性的新生家庭与原生家庭社会支持割裂风险发生可能性很大；迁移婚姻女性社会排斥风险发生可能性一般；迁移婚姻女性社会适应风险发生可能性很大；失婚男性社会疏离风险发生可能性很大；失婚男性社会排斥风险发生可能性很大。

健康风险的 6 个二级指标：迁移婚姻女性心理健康风险发生可能性较大；单亲迁移婚姻家庭子女心理健康风险发生可能性很大；

迁移婚姻女性父母心理健康风险发生可能性较大；失婚男性生殖健康风险发生可能性较大；失婚男性心理健康风险发生可能性很大；失婚男性父母心理健康风险发生可能性很大。

养老风险的 4 个二级指标：迁移婚姻女性对父母养老支持弱化风险发生可能性很大；迁移婚姻女性与兄弟姐妹间赡养老人纠纷风险发生可能性较大；失婚男性对父母养老支持弱化风险发生可能性一般；失婚男性家庭养老功能缺失风险发生可能性很大。

社会稳定风险的 5 个二级指标：非正常婚姻行为风险发生可能性较大；迁移婚姻家庭矛盾纠纷多发风险发生可能性较大；迁移婚姻夫妻行为失范风险发生可能性较大；失婚男性性行为失范风险发生可能性较大；失婚男性行为失范风险发生可能性较大。

2. 女性农民工迁移婚姻风险 39 个二级指标的关联性呈现多样化

人口风险的 5 个二级指标：迁移婚姻女性净迁出地婚姻适龄人口性别比失衡风险关联性较强；迁移婚姻女性净迁出地人口老龄化风险关联性较强；迁移婚姻破裂单亲家庭子女数量增加风险关联性一般；迁移婚姻女性净迁出地人口总量减少风险关联性一般；迁移婚姻女性净迁出地劳动力人口减少风险关联性一般。

婚恋风险的 6 个二级指标：骗婚风险关联性一般；未婚同居风险关联性一般；未婚生育风险关联性一般；迁移婚姻破裂风险关联性较强；男性婚姻挤压风险关联性较强；男性失婚风险关联性较强。

家庭风险的 4 个二级指标：迁移婚姻家庭不稳定风险关联性较强；迁移婚姻女性家庭排斥风险关联性一般；迁移婚姻破裂家庭教育弱化风险关联性较强；失婚男性家庭功能不完整风险关联性较强。

经济风险的 4 个二级指标：迁移婚姻女性新生家庭与原生家庭交往成本高风险关联性较强；迁移婚姻家庭经济上互不信任风险关联性一般；迁移婚姻女性新生家庭与原生家庭劳动力支持割裂风险关联性一般；推高男性婚姻成本风险关联性较强。

社会网络风险的 5 个二级指标：迁移婚姻女性的新生家庭与原

生家庭社会支持割裂风险关联性一般；迁移婚姻女性社会排斥风险关联性较强；迁移婚姻女性社会适应风险关联性较强；失婚男性社会疏离风险关联性很弱；失婚男性社会排斥风险关联性一般。

健康风险的6个二级指标：迁移婚姻女性心理健康风险关联性一般；单亲迁移婚姻家庭子女心理健康风险关联性较强；迁移婚姻女性父母心理健康风险关联性一般；失婚男性生殖健康风险关联性一般；失婚男性心理健康风险关联性较弱；失婚男性父母心理健康风险关联性较弱。

养老风险的4个二级指标：迁移婚姻女性对父母养老支持弱化风险关联性一般；迁移婚姻女性与兄弟姐妹间赡养老人纠纷风险关联性一般；失婚男性对父母养老支持弱化风险关联性很弱；失婚男性家庭养老功能缺失风险关联性很弱。

社会稳定风险的5个二级指标：非正常婚姻行为风险关联性较强；迁移婚姻家庭矛盾纠纷多发风险关联性较强；迁移婚姻夫妻行为失范风险关联性较强；失婚男性性行为失范风险关联性一般；失婚男性行为失范风险关联性一般。

3. 女性农民工迁移婚姻风险39个二级指标的严重性呈现多样化

人口风险的5个二级指标：迁移婚姻女性净迁出地婚姻适龄人口性别比失衡风险较严重；迁移婚姻女性净迁出地人口老龄化风险较严重；迁移婚姻破裂单亲家庭子女数量增加风险很严重；迁移婚姻女性净迁出地人口总量减少风险严重性一般；迁移婚姻女性净迁出地劳动力人口减少风险较严重。

婚恋风险的6个二级指标：骗婚风险较严重；未婚同居风险严重性一般；未婚生育风险较严重；迁移婚姻破裂风险很严重；男性婚姻挤压风险很严重；男性失婚风险很严重。

家庭风险的4个二级指标：迁移婚姻家庭不稳定风险很严重；迁移婚姻女性家庭排斥风险很严重；迁移婚姻破裂家庭教育弱化风险很严重；失婚男性家庭功能不完整风险很严重。

经济风险的4个二级指标：迁移婚姻女性新生家庭与原生家庭交往成本高风险较严重；迁移婚姻家庭经济上互不信任风险很严重；迁移婚姻女性新生家庭与原生家庭劳动力支持割裂风险较严

重；推高男性婚姻成本风险很严重。

社会网络风险的 5 个二级指标：迁移婚姻女性的新生家庭与原生家庭社会支持割裂风险较严重；迁移婚姻女性社会排斥风险严重性一般；迁移婚姻女性社会适应风险很严重；失婚男性社会疏离风险较严重；失婚男性社会排斥风险很严重。

健康风险的 6 个二级指标：迁移婚姻女性心理健康风险很严重；单亲迁移婚姻家庭子女心理健康风险很严重；迁移婚姻女性父母心理健康风险严重性一般；失婚男性生殖健康风险较严重；失婚男性心理健康风险较严重；失婚男性父母心理健康风险较严重。

养老风险的 4 个二级指标：迁移婚姻女性对父母养老支持弱化风险很严重；迁移婚姻女性与兄弟姐妹间赡养老人纠纷风险严重性一般；失婚男性对父母养老支持弱化风险较严重；失婚男性家庭养老功能缺失风险很严重。

社会稳定风险的 5 个二级指标：非正常婚姻行为风险较严重；迁移婚姻家庭矛盾纠纷多发风险很严重；迁移婚姻夫妻行为失范风险很严重；失婚男性性行为失范风险较严重；失婚男性行为失范风险较严重。

4. 女性农民工迁移婚姻风险 39 个二级指标的传导性呈现多样化

人口风险的 5 个二级指标：迁移婚姻女性净迁出地婚姻适龄人口性别比失衡风险传导性很强；迁移婚姻女性净迁出地人口老龄化风险传导性较强；迁移婚姻破裂单亲家庭子女数量增加风险传导性很强；迁移婚姻女性净迁出地人口总量减少风险传导性一般；迁移婚姻女性净迁出地劳动力人口减少风险传导性较强。

婚恋风险的 6 个二级指标：骗婚风险传导性较强；未婚同居风险传导性一般；未婚生育风险传导性较强；迁移婚姻破裂风险传导性很强；男性婚姻挤压风险传导性很强；男性失婚风险传导性很强。

家庭风险的 4 个二级指标：迁移婚姻家庭不稳定风险传导性很强；迁移婚姻女性家庭排斥风险传导性很强；迁移婚姻破裂家庭教育弱化风险传导性很强；失婚男性家庭功能不完整风险传导性

很强。

经济风险的 4 个二级指标：迁移婚姻女性新生家庭与原生家庭交往成本高风险传导性很强；迁移婚姻家庭经济上互不信任风险传导性很强；迁移婚姻女性新生家庭与原生家庭劳动力支持割裂风险传导性很强；推高男性婚姻成本风险传导性很强。

社会网络风险的 5 个二级指标：迁移婚姻女性的新生家庭与原生家庭社会支持割裂风险传导性很强；迁移婚姻女性社会排斥风险传导性较强；迁移婚姻女性社会适应风险传导性很强；失婚男性社会疏离风险传导性一般；失婚男性社会排斥风险传导性较强。

健康风险的 6 个二级指标：迁移婚姻女性心理健康风险传导性很强；单亲迁移婚姻家庭子女心理健康风险传导性很强；迁移婚姻女性父母心理健康风险传导性一般；失婚男性生殖健康风险传导性较强；失婚男性心理健康风险传导性较强；失婚男性父母心理健康风险传导性一般。

养老风险的 4 个二级指标：迁移婚姻女性对父母养老支持弱化风险传导性很强；迁移婚姻女性与兄弟姐妹间赡养老人纠纷风险传导性一般；失婚男性对父母养老支持弱化风险传导性较强；失婚男性家庭养老功能缺失风险传导性很强。

社会稳定风险的 5 个二级指标：非正常婚姻行为风险传导性很强；迁移婚姻家庭矛盾纠纷多发风险传导性很强；迁移婚姻夫妻行为失范风险传导性很强；失婚男性性行为失范风险传导性很强；失婚男性行为失范风险传导性很强。

5. 女性农民工迁移婚姻风险 39 个二级指标的克服性呈现多样化

人口风险的 5 个二级指标：迁移婚姻女性净迁出地婚姻适龄人口性别比失衡风险非常难克服；迁移婚姻女性净迁出地人口老龄化风险非常难克服；迁移婚姻破裂单亲家庭子女数量增加风险较能克服；迁移婚姻女性净迁出地人口总量减少风险非常难克服；迁移婚姻女性净迁出地劳动力人口减少风险非常难克服。

婚恋风险的 6 个二级指标：骗婚风险较能克服；未婚同居风险很能克服；未婚生育风险很能克服；迁移婚姻破裂风险较能克服；男性婚姻挤压风险非常难克服；男性失婚风险很难克服。

家庭风险的 4 个二级指标：迁移婚姻家庭不稳定风险较能克服；迁移婚姻女性家庭排斥风险很能克服；迁移婚姻破裂家庭教育弱化风险很难克服；失婚男性家庭功能不完整风险非常难克服。

经济风险的 4 个二级指标：迁移婚姻女性新生家庭与原生家庭交往成本高风险非常难克服；迁移婚姻家庭经济上互不信任风险较能克服；迁移婚姻女性新生家庭与原生家庭劳动力支持割裂风险很难克服；推高男性婚姻成本风险很难克服。

社会网络风险的 5 个二级指标：迁移婚姻女性的新生家庭与原生家庭社会支持割裂风险很难克服；迁移婚姻女性社会排斥风险较难克服；迁移婚姻女性社会适应风险较能克服；失婚男性社会疏离风险克服性一般；失婚男性社会排斥风险很难克服。

健康风险的 6 个二级指标：迁移婚姻女性心理健康风险较能克服；单亲迁移婚姻家庭子女心理健康风险很难克服；迁移婚姻女性父母心理健康风险克服性一般；失婚男性生殖健康风险较能克服；失婚男性心理健康风险很难克服；失婚男性父母心理健康风险很难克服。

养老风险的 4 个二级指标：迁移婚姻女性对父母养老支持弱化风险很难克服；迁移婚姻女性与兄弟姐妹间赡养老人纠纷风险较能克服；失婚男性对父母养老支持弱化风险较能克服；失婚男性家庭养老功能缺失风险非常难克服。

社会稳定风险的 5 个二级指标：非正常婚姻行为风险较难克服；迁移婚姻家庭矛盾纠纷多发风险较能克服；迁移婚姻夫妻行为失范风险较能克服；失婚男性性行为失范风险较能克服；失婚男性行为失范风险较能克服。

四　女性农民工迁移婚姻风险存在群体差异

（一）女性农民工迁移婚姻风险可能性存在群体差异

1. 人口风险可能性存在群体差异

失婚男性与失婚男性父母均高于 5 组群体（迁移婚姻女性、迁移婚姻男性、迁移婚姻女性父母、迁移婚姻男性父母、迁移婚姻家庭子女），差异均具有显著性；迁移婚姻家庭子女低于6组群体（迁移婚姻女性、迁移婚姻男性、迁移婚姻女性父母、迁移婚姻男性父母、失婚男性、失婚男性父母），差异均具有显著性。

2. 婚恋风险可能性存在群体差异

迁移婚姻女性与迁移婚姻男性均高于3组群体（迁移婚姻家庭子女、迁移婚姻男性父母、失婚男性父母），差异均具有显著性；迁移婚姻女性父母高于4组群体（迁移婚姻家庭子女、迁移婚姻男性父母、失婚男性、失婚男性父母），差异均具有显著性。

3. 家庭风险可能性存在群体差异

迁移婚姻女性高于6组群体（迁移婚姻男性、迁移婚姻家庭子女、迁移婚姻女性父母、迁移婚姻男性父母、失婚男性、失婚男性父母），差异均具有显著性；迁移婚姻家庭子女高于4组群体（迁移婚姻男性、迁移婚姻男性父母、失婚男性、失婚男性父母），差异均具有显著性；迁移婚姻女性父母高于3组群体（迁移婚姻男性、迁移婚姻男性父母、失婚男性父母），差异均具有显著性；失婚男性高于迁移婚姻男性，差异具有显著性。

4. 经济风险可能性存在群体差异

迁移婚姻女性高于5组群体（迁移婚姻男性、迁移婚姻家庭子女、迁移婚姻男性父母、失婚男性、失婚男性父母），差异均具有显著性；迁移婚姻女性父母高于3组群体（迁移婚姻男性、迁移婚姻男性父母、失婚男性父母），差异均具有显著性。

5. 社会网络风险可能性存在群体差异

迁移婚姻女性高于6组群体（迁移婚姻男性、迁移婚姻家庭子女、迁移婚姻女性父母、迁移婚姻男性父母、失婚男性、失婚男性父母），差异均具有显著性；失婚男性高于4组群体（迁移婚姻男性、迁移婚姻家庭子女、迁移婚姻女性父母、迁移婚姻男性父母），差异均具有显著性。

6. 健康风险可能性存在群体差异

失婚男性父母高于2组群体（迁移婚姻男性、失婚男性），差异均具有显著性。

7. 养老风险可能性存在群体差异

迁移婚姻女性高于 4 组群体（迁移婚姻男性、迁移婚姻女性父母、迁移婚姻男性父母、失婚男性），差异均具有显著性；迁移婚姻家庭子女高于 3 组群体（迁移婚姻男性、迁移婚姻男性父母、失婚男性），差异均具有显著性；失婚男性父母高于 5 组群体（迁移婚姻男性、迁移婚姻家庭子女、迁移婚姻女性父母、迁移婚姻男性父母、失婚男性），差异均具有显著性。

8. 社会稳定风险可能性存在群体差异

6 组群体（迁移婚姻女性、迁移婚姻男性、迁移婚姻家庭子女、迁移婚姻女性父母、迁移婚姻男性父母、失婚男性父母）均高于失婚男性，差异均具有显著性。

（二）女性农民工迁移婚姻风险关联性存在群体差异

1. 人口风险关联性存在群体差异

失婚男性高于 5 组群体（迁移婚姻女性、迁移婚姻男性、迁移婚姻女性父母、迁移婚姻男性父母、迁移婚姻家庭子女），差异均具有显著性；失婚男性父母高于 5 组群体（迁移婚姻女性、迁移婚姻男性、迁移婚姻女性父母、迁移婚姻男性父母、迁移婚姻家庭子女），差异均具有显著性；迁移婚姻男性父母高于 4 组群体（迁移婚姻女性、迁移婚姻男性、迁移婚姻女性父母、迁移婚姻家庭子女），差异均具有显著性；迁移婚姻女性父母高于 2 组群体（迁移婚姻女性、迁移婚姻家庭子女），差异均具有显著性；迁移婚姻男性与迁移婚姻女性均高于迁移婚姻家庭子女，差异均具有显著性。

2. 婚恋风险关联性存在群体差异

迁移婚姻女性高于 5 组群体（迁移婚姻家庭子女、迁移婚姻女性父母、迁移婚姻男性父母、失婚男性、失婚男性父母），差异均具有显著性；迁移婚姻男性高于 6 组群体（迁移婚姻女性、迁移婚姻家庭子女、迁移婚姻女性父母、迁移婚姻男性父母、失婚男性、失婚男性父母），差异均具有显著性；失婚男性高于 2 组群体（迁移婚姻家庭子女、迁移婚姻女性父母），差异均具有显著性。

3. 家庭风险关联性存在群体差异

迁移婚姻女性高于 4 组群体（迁移婚姻女性父母、迁移婚姻男性父母、失婚男性、失婚男性父母），差异均具有显著性；迁移婚姻男性高于 5 组群体（迁移婚姻女性、迁移婚姻女性父母、迁移婚姻男性父母、失婚男性、失婚男性父母），差异均具有显著性；迁移婚姻家庭子女高于 4 组群体（迁移婚姻女性父母、迁移婚姻男性父母、失婚男性、失婚男性父母），差异均具有显著性；迁移婚姻女性父母高于 2 组群体（失婚男性、失婚男性父母），差异均具有显著性；迁移婚姻男性父母高于 2 组群体（失婚男性、失婚男性父母），差异均具有显著性；失婚男性父母高于失婚男性，差异具有显著性。

4. 经济风险关联性存在群体差异

迁移婚姻女性高于 5 组群体（迁移婚姻男性、迁移婚姻家庭子女、迁移婚姻男性父母、失婚男性、失婚男性父母），差异均具有显著性；迁移婚姻男性高于 4 组群体（迁移婚姻家庭子女、迁移婚姻男性父母、失婚男性、失婚男性父母），差异均具有显著性；迁移婚姻家庭子女高于 2 组群体（失婚男性、失婚男性父母），差异均具有显著性；迁移婚姻女性父母高于 4 组群体（迁移婚姻家庭子女、迁移婚姻男性父母、失婚男性、失婚男性父母），差异均具有显著性；迁移婚姻男性父母高于 2 组群体（失婚男性、失婚男性父母），差异均具有显著性。

5. 社会网络风险关联性存在群体差异

迁移婚姻女性高于 6 组群体（迁移婚姻男性、迁移婚姻家庭子女、迁移婚姻女性父母、迁移婚姻男性父母、失婚男性、失婚男性父母），差异均具有显著性；迁移婚姻男性高于 3 组群体（迁移婚姻男性父母、失婚男性、失婚男性父母），差异均具有显著性；迁移婚姻家庭子女高于 3 组群体（迁移婚姻男性父母、失婚男性、失婚男性父母），差异均具有显著性；迁移婚姻女性父母高于 3 组群体（迁移婚姻男性父母、失婚男性、失婚男性父母），差异均具有显著性；迁移婚姻男性父母高于 2 组群体（失婚男性、失婚男性父母），差异均具有显著性；失婚男性高于失婚男性父母，差异具有显著性。

6. 健康风险关联性存在群体差异

迁移婚姻女性高于 6 组群体（迁移婚姻男性、迁移婚姻家庭子女、迁移婚姻女性父母、迁移婚姻男性父母、失婚男性、失婚男性父母），差异均具有显著性；迁移婚姻男性高于 4 组群体（迁移婚姻女性父母、迁移婚姻男性父母、失婚男性、失婚男性父母），差异均具有显著性；迁移婚姻家庭子女高于 4 组群体（迁移婚姻女性父母、迁移婚姻男性父母、失婚男性、失婚男性父母），差异均具有显著性；迁移婚姻女性父母高于 3 组群体（迁移婚姻男性父母、失婚男性、失婚男性父母），差异均具有显著性。

7. 养老风险关联性存在群体差异

迁移婚姻女性高于 3 组群体（迁移婚姻男性、迁移婚姻家庭子女、迁移婚姻男性父母），差异均具有显著性；迁移婚姻男性高于 2 组群体（迁移婚姻家庭子女、迁移婚姻男性父母），差异均具有显著性；迁移婚姻女性父母高于 4 组群体（迁移婚姻女性、迁移婚姻男性、迁移婚姻家庭子女、迁移婚姻男性父母），差异均具有显著性；失婚男性高于 4 组群体（迁移婚姻女性、迁移婚姻男性、迁移婚姻家庭子女、迁移婚姻男性父母），差异均具有显著性；失婚男性父母高于 4 组群体（迁移婚姻女性、迁移婚姻男性、迁移婚姻家庭子女、迁移婚姻男性父母），差异均具有显著性。

8. 社会稳定风险关联性存在群体差异

迁移婚姻女性高于 2 组群体（失婚男性、失婚男性父母），差异均具有显著性；迁移婚姻男性高于 3 组群体（迁移婚姻男性父母、失婚男性、失婚男性父母），差异均具有显著性；迁移婚姻家庭子女高于 5 组群体（迁移婚姻女性、迁移婚姻女性父母、迁移婚姻男性父母、失婚男性、失婚男性父母），差异均具有显著性；迁移婚姻女性父母高于 2 组群体（失婚男性、失婚男性父母），差异均具有显著性；迁移婚姻男性父母高于 2 组群体（失婚男性、失婚男性父母），差异均具有显著性。

（三）女性农民工迁移婚姻风险严重性存在群体差异

1. 人口风险严重性存在群体差异

失婚男性高于 5 组群体（迁移婚姻女性、迁移婚姻男性、迁移婚姻女性父母、迁移婚姻男性父母、迁移婚姻家庭子女），差异均具有显著性；失婚男性父母高于 5 组群体（迁移婚姻女性、迁移婚姻男性、迁移婚姻女性父母、迁移婚姻男性父母、迁移婚姻家庭子女），差异均具有显著性。

2. 婚恋风险严重性存在群体差异

迁移婚姻女性高于 3 组群体（迁移婚姻女性父母、迁移婚姻男性父母、失婚男性父母），差异均具有显著性；迁移婚姻男性高于 3 组群体（迁移婚姻女性父母、迁移婚姻男性父母、失婚男性父母），差异均具有显著性；迁移婚姻家庭子女高于迁移婚姻男性父母，差异具有显著性；失婚男性高于 3 组群体（迁移婚姻女性父母、迁移婚姻男性父母、失婚男性父母），差异均具有显著性。

3. 家庭风险严重性存在群体差异

迁移婚姻女性高于 4 组群体（迁移婚姻女性父母、迁移婚姻男性父母、失婚男性、失婚男性父母），差异均具有显著性；迁移婚姻男性高于 3 组群体（迁移婚姻女性父母、迁移婚姻男性父母、失婚男性父母），差异均具有显著性；迁移婚姻家庭子女高于 3 组群体（迁移婚姻女性父母、迁移婚姻男性父母、失婚男性父母），差异均具有显著性；失婚男性高于 2 组群体（迁移婚姻女性父母、迁移婚姻男性父母），差异均具有显著性。

4. 经济风险严重性存在群体差异

迁移婚姻女性高于 5 组群体（迁移婚姻男性、迁移婚姻家庭子女、迁移婚姻男性父母、失婚男性、失婚男性父母），差异均具有显著性；迁移婚姻男性与迁移婚姻家庭子女均高于 2 组群体（迁移婚姻男性父母、失婚男性父母），差异均具有显著性；迁移婚姻女性父母高于 5 组群体（迁移婚姻男性、迁移婚姻男性父母、迁移婚姻家庭子女、失婚男性、失婚男性父母），差异均具有显著性。

5. 社会网络风险严重性存在群体差异

迁移婚姻女性高于 5 组群体（迁移婚姻男性、迁移婚姻家庭子女、迁移婚姻男性父母、失婚男性、失婚男性父母），差异均具有显著性；迁移婚姻男性与迁移婚姻家庭子女均高于 2 组群体（迁移婚姻男性父母、失婚男性），差异均具有显著性；迁移婚姻女性父母高于 5 组群体（迁移婚姻男性、迁移婚姻男性父母、迁移婚姻家庭子女、失婚男性、失婚男性父母），差异均具有显著性；迁移婚姻男性父母与失婚男性父母均高于失婚男性，差异均具有显著性。

6. 健康风险严重性存在群体差异

迁移婚姻女性高于 3 组群体（迁移婚姻男性、迁移婚姻家庭子女、迁移婚姻女性父母），差异均具有显著性；失婚男性父母高于 3 组群体（迁移婚姻男性、迁移婚姻家庭子女、迁移婚姻女性父母），差异均具有显著性。

7. 养老风险严重性存在群体差异

迁移婚姻女性高于 5 组群体（迁移婚姻男性、迁移婚姻家庭子女、迁移婚姻男性父母、失婚男性、失婚男性父母），差异均具有显著性；迁移婚姻女性父母高于 6 组群体（迁移婚姻女性、迁移婚姻男性、迁移婚姻家庭子女、迁移婚姻男性父母、失婚男性、失婚男性父母），差异均具有显著性。

8. 社会稳定风险严重性存在群体差异

5 组群体（迁移婚姻女性、迁移婚姻女性父母、迁移婚姻男性父母、失婚男性、失婚男性父母）均高于迁移婚姻男性，差异均具有显著性。

（四）女性农民工迁移婚姻风险传导性存在群体差异

1. 人口风险传导性存在群体差异

失婚男性高于 6 组群体（迁移婚姻女性、迁移婚姻男性、迁移婚姻女性父母、迁移婚姻男性父母、迁移婚姻家庭子女、失婚男性父母），差异均具有显著性；失婚男性父母高于 5 组群体（迁移婚姻女性、迁移婚姻男性、迁移婚姻女性父母、迁移婚姻男性父母、迁移婚姻家庭子女），差异均具有显著性。

2. 婚恋风险传导性存在群体差异

迁移婚姻女性父母高于 2 组群体（迁移婚姻男性、迁移婚姻男性父母），差异均具有显著性；失婚男性高于 5 组群体（迁移婚姻女性、迁移婚姻男性、迁移婚姻家庭子女、迁移婚姻男性父母、失婚男性父母），差异均具有显著性。

3. 家庭风险传导性存在群体差异

失婚男性高于迁移婚姻女性父母，差异具有显著性。

4. 经济风险传导性存在群体差异

4组群体（迁移婚姻女性、迁移婚姻女性父母、失婚男性、失婚男性父母）均高于迁移婚姻家庭子女，差异均具有显著性。

5. 社会网络风险传导性存在群体差异

迁移婚姻女性高于 6 组群体（迁移婚姻男性、迁移婚姻家庭子女、迁移婚姻女性父母、迁移婚姻男性父母、失婚男性、失婚男性父母），差异均具有显著性；迁移婚姻女性父母高于迁移婚姻男性父母，差异具有显著性；失婚男性父母高于 3 组群体（迁移婚姻男性、迁移婚姻家庭子女、迁移婚姻男性父母），差异均具有显著性。

6. 健康风险传导性存在群体差异

6组群体（迁移婚姻女性、迁移婚姻男性、迁移婚姻家庭子女、迁移婚姻女性父母、迁移婚姻男性父母、失婚男性）均高于失婚男性父母，差异均具有显著性；迁移婚姻女性高于失婚男性，差异具有显著性。

7. 养老风险传导性存在群体差异

迁移婚姻女性父母高于 6 组群体（迁移婚姻女性、迁移婚姻男性、迁移婚姻家庭子女、迁移婚姻男性父母、失婚男性、失婚男性父母），差异均具有显著性。

（五）女性农民工迁移婚姻风险克服性存在群体差异

1. 人口风险克服性存在群体差异

6组群体（迁移婚姻女性、迁移婚姻男性、迁移婚姻家庭子女、迁移婚姻女性父母、迁移婚姻男性父母、失婚男性父母）均高于失婚男性，差异均具有显著性。

2. 婚恋风险克服性存在群体差异

迁移婚姻女性高于 3 组群体（迁移婚姻男性父母、失婚男性、失婚男性父母），差异均具有显著性；迁移婚姻家庭子女高于 5 组群体（迁移婚姻男性、迁移婚姻女性父母、迁移婚姻男性父母、失婚男性、失婚男性父母），差异均具有显著性；迁移婚姻男性、迁移婚姻女性父母与迁移婚姻男性父母均高于 2 组群体（失婚男性、失婚男性父母），差异均具有显著性。

3. 家庭风险克服性存在群体差异

4 组群体（迁移婚姻女性父母、迁移婚姻男性父母、失婚男性、失婚男性父母）均高于迁移婚姻女性、迁移婚姻男性与迁移婚姻家庭子女，差异均具有显著性。

4. 经济风险克服性存在群体差异

迁移婚姻女性与迁移婚姻男性高于 4 组群体（迁移婚姻女性父母、迁移婚姻男性父母、失婚男性、失婚男性父母），差异均具有显著性；迁移婚姻家庭子女高于 6 组群体（迁移婚姻女性、迁移婚姻男性、迁移婚姻女性父母、迁移婚姻男性父母、失婚男性、失婚男性父母），差异均具有显著性；迁移婚姻女性父母、迁移婚姻男性父母与失婚男性均高于失婚男性父母，差异具有显著性。

5. 社会网络风险克服性存在群体差异

5 组群体（迁移婚姻女性、迁移婚姻男性、迁移婚姻家庭子女、迁移婚姻女性父母、迁移婚姻男性父母）均高于失婚男性，差异均具有显著性；4 组群体（迁移婚姻女性、迁移婚姻男性、迁移婚姻家庭子女、迁移婚姻男性父母）均高于迁移婚姻女性父母和失婚男性父母，差异均具有显著性；迁移婚姻男性父母高于 3 组群体（迁移婚姻女性、迁移婚姻男性、迁移婚姻家庭子女），差异均具有显著性。

6. 健康风险克服性存在群体差异

3 组群体（迁移婚姻家庭子女、迁移婚姻女性父母、迁移婚姻男性父母）均高于迁移婚姻女性、迁移婚姻男性、失婚男性，差异均具有显著性；6组群体（迁移婚姻女性、迁移婚姻男性、迁移婚姻家庭子女、迁移婚姻女性父母、迁移婚姻男性父母、失婚男性）均高于失婚男性父母，差异均具有显著性。

7. 养老风险克服性存在群体差异

迁移婚姻家庭子女高于6组群体（迁移婚姻女性、迁移婚姻男性、迁移婚姻女性父母、迁移婚姻男性父母、失婚男性、失婚男性父母），差异均具有显著性。

8. 社会稳定风险克服性存在群体差异

迁移婚姻男性父母高于2组群体（迁移婚姻女性、迁移婚姻男性），差异均具有显著性；6组群体（迁移婚姻女性、迁移婚姻男性、迁移婚姻家庭子女、迁移婚姻女性父母、迁移婚姻男性父母、失婚男性父母）均高于失婚男性，差异均具有显著性。

五　女性农民工迁移婚姻风险的5种类型具有相关性

（一）人口风险的5种类型具有相关性

可能性与关联性具有显著相关性，且为正相关；可能性与严重性具有显著相关性，且为正相关；可能性与传导性具有显著相关性，且为正相关；可能性与克服性具有显著相关性，且为负相关；关联性与严重性具有显著相关性，且为正相关；关联性与传导性具有显著相关性，且为正相关；关联性与克服性具有显著相关性，且为负相关；严重性与传导性具有显著相关性，且为正相关；严重性与克服性具有显著相关性，且为负相关；传导性与克服性具有显著相关性，且为负相关。

（二）婚恋风险的5种类型具有相关性

可能性与关联性具有显著相关性，且为正相关；可能性与严重性具有显著相关性，且为正相关；可能性与传导性具有显著相关性，且为正相关；可能性与克服性具有显著相关性，且为正相关；关联性与严重性具有显著相关性，且为正相关；关联性与传导性具有显著相关性，且为负相关；关联性与克服性具有显著相关性，且为正相关；严重性与传导性具有显著相关性，且为正相关。

（三）家庭风险的 5 种类型具有相关性

可能性与关联性具有显著相关性，且为正相关；可能性与严重性具有显著相关性，且为正相关；可能性与克服性具有显著相关性，且为负相关；关联性与严重性具有显著相关性，且为正相关；关联性与传导性具有显著相关性，且为负相关；关联性与克服性具有显著相关性，且为负相关；严重性与克服性具有显著相关性，且为负相关。

（四）经济风险的 5 种类型具有相关性

可能性与关联性具有显著相关性，且为正相关；可能性与严重性具有显著相关性，且为正相关；可能性与传导性具有显著相关性，且为正相关；可能性与克服性具有显著相关性，且为正相关；关联性与严重性具有显著相关性，且为正相关；关联性与克服性具有显著相关性，且为正相关；严重性与克服性具有显著相关性，且为正相关；传导性与克服性具有显著相关性，且为负相关。

（五）社会网络风险的 5 种类型具有相关性

可能性与关联性具有显著相关性，且为正相关；可能性与严重性具有显著相关性，且为正相关；可能性与传导性具有显著相关性，且为正相关；关联性与严重性具有显著相关性，且为正相关；关联性与传导性具有显著相关性，且为正相关；关联性与克服性具有显著相关性，且为正相关；严重性与传导性具有显著相关性，且为正相关；严重性与克服性具有显著相关性，且为正相关；传导性与克服性具有显著相关性，且为正相关。

（六）健康风险的 5 种类型具有相关性

关联性与传导性具有显著相关性，且为正相关；关联性与克服性具有显著相关性，且为正相关；传导性与克服性具有显著相关性，且为正相关。

（七）养老风险的 5 种类型具有相关性

可能性与关联性具有显著相关性，且为正相关；可能性与严重性具有显著相关性，且为正相关；可能性与克服性具有显著相关性，且为正相关；关联性与严重性具有显著相关性，且为正相关；关联性与克服性具有显著相关性，且为负相关；严重性与传导性具有显著相关性，且为正相关；严重性与克服性具有显著相关性，且为负相关。

（八）社会稳定风险的 5 种类型具有相关性

可能性与关联性具有显著相关性，且为正相关；可能性与克服性具有显著相关性，且为正相关；关联性与传导性具有显著相关性，且为正相关；关联性与克服性具有显著相关性，且为正相关。

第二节　对策思考

女性农民工迁移婚姻风险是一个多维度的社会现象，不只关系到迁移婚姻中的当事人夫妻，还关系到其家庭成员与其他社会群体；不只关涉婚姻家庭问题，还关涉人口、经济、社会网络、健康、养老与社会稳定等问题。我国正处在深刻社会转型中，面临各方面的社会风险治理新挑战与新任务。随着女性农民工迁移婚姻的持续发生与常态化存在，其因迁移效应引发的风险也势必成为我国婚姻变迁中的现实问题与社会治理中的新问题，迫切需要政策干预。从本研究结果，我们也看到了女性农民工迁移婚姻风险的存在常态性、内容多重性、承受者多样性和现状复杂性。为此，要辨析政府、社会、社区、家庭、个人等主体在女性农民工迁移婚姻风险防范中的角色与责任，从宏观、中观与微观层面，明确女性农民工迁移婚姻风险防范的目标、主体、内容、措施、路径，构建女性农民工迁移婚姻风险防范机制。在风险防范目标方面，要建立有责任的婚姻、有保障的家庭、有秩序的社会；在风险防范主体方面，要形成多元主体广泛参与、良好合作与协同的局面；在风险防范内容方面，要加强婚姻伦理道德建设、健全婚姻家庭保障制度、推动婚姻市场良性运转、构建社会支持网络、健全心理卫生服务体系、促进社区融合；在风险防范措施方面，要强化法律规范、实施社区层面的婚姻家庭关系调适与危机干预、提供全方位社区支持、畅通多元化心理疏导渠道、提升个体抵御风险能力、保护弱势群体；在风险防范路径方面，要实施风险动态监测、构建风险预警机制、降低与阻断风险传导（仰和芝、张德乾，2020）。

一　把女性农民工迁移婚姻风险纳入基层社会治理体系

（一）各级政府要高度重视并承担女性农民工迁移婚姻风险的治理职责

从本研究结果来看，女性农民工迁移婚姻风险被遮蔽在各种风险中，并没有引起各级政府的足够重视，政府有关部门也较少有专门针对此风险的治理目标和治理措施。防范化解社会变迁过程中新出现的迁移婚姻风险，是各级政府的政治职责。各级政府部门要主动把握了解并正确认识对待女性农民工迁移婚姻风险这一我国社会变迁中的新风险，充分认识和识别女性农民工迁移婚姻风险可能带来的后果，认识到女性农民工迁移婚姻风险治理对人民美好生活实现和建设平安和谐社会的意义，并积极承担责任，发挥政府风险治理应有的作用。

（二）把女性农民工迁移婚姻风险纳入基层风险治理体系

社区既是风险的发生地，亦是风险治理的主阵地。农村社区治理是我国基层治理的重要组成部分，亦是实现乡村振兴有效治理的重要基础。农村社区风险治理应该与时俱进，把社会变迁过程中出现的各种新风险纳入治理内容。农村婚姻正处在剧烈的变迁和转型中，婚姻风险是基础的社会风险，综合影响个人、家庭与社区，婚姻风险治理是婚姻家庭稳定的基础和前提。女性农民工迁移婚姻风险交织叠加在人口、婚恋、家庭、经济、社会网络、健康、养老与社会稳定等多个领域，多重风险交织传导，给农村社区治理带来挑战。必须把女性农民工迁移婚姻风险纳入农村基层社区风险治理体系中，作为农村社区平安家庭创建和矛盾纠纷多元化解工作的重要内容和常态内容，要把做好女性农民工迁移婚姻风险防范工作与了解民情、顺应民意、化解风险结合起来，着力建设和谐社区。

（三）识别女性农民工迁移婚姻风险内容

风险识别是风险治理的基础。不同的农村社区要根据女性农民工迁移婚姻风险的实际情况，从人口风险、婚恋风险、家庭风险、经济风险、社会网络风险、健康风险、养老风险与社会稳定风险等方面识别女性农民工迁移婚姻风险的风险源、风险事件、风险后果与风险承受者，建立女性农民工迁移婚姻风险内容识别机制。其中，要重点识别女性农民工迁移婚姻有哪些风险源、风险源的主体、风险源的来源、风险源的类型、风险源的表现形式；可能有哪些风险事件、风险事件的表现形式与途径、风险事件发生的内在和外在条件、风险事件的可能后果、风险事件的发起者和承受者；识别风险后果的性质与程度、风险后果的类型、风险后果的表现形式、风险后果的影响、风险后果的影响范围、风险后果的影响时长、风险后果及其影响的实际承受者；发现一切可能的显在与潜在的风险承受者、直接与间接的风险承受者、不同风险承受者之间的关系。在风险识别基础上，编制女性农民工迁移婚姻风险清单，梳理风险源、风险事件、风险后果与风险承受者之间的关联性，对风险的可能性、关联性、严重性、传导性与克服性进行分析，建立女性农民工迁移婚姻风险基础数据识别库和分析报告制度。

（四）实施女性农民工迁移婚姻风险动态监测与预警

在风险识别的基础上，依据风险清单，对所在社区的女性农民工迁移婚姻风险进行动态监测与预警。第一，以问题为导向定期入户走访。组织网格员、基层民警、司法所工作人员、妇联干部、村"两委"成员、村民小组长、村人民调解委员会成员、社会工作者、村民志愿者等联动开展入户走访和跟踪调查，摸清女性农民工迁移婚姻风险情况，全面了解掌握风险易发家庭、人群、重点环节与引发风险苗头性问题。第二，以问题解决为导向排查梳理，进行风险登记造册。对存在风险倾向和有现实表现的，逐户逐人逐事登记，深入排查，一风险一研判，一户一档案，实时预测事态发展，实行动态跟踪管理。第三，关注重点家庭、重点人群与重点风险源。重点关注迁移婚姻家庭、迁移婚姻离异家庭、失婚家庭，重点关注迁移婚姻家庭的迁移婚姻女性社会适应困难、家庭矛盾纠纷、情感纠纷与离异、家庭暴力、单亲子女成长、婆媳矛盾、经济纠纷、未婚生育、心理健康隐患、家庭实际困难与需求，关注失婚家庭中失婚男性的社会疏离、社会排斥、家庭矛盾纠纷、非正常婚姻行为、不当性行为、失范行为，失婚男性及其父母的心理健康，以及失婚家庭的实际困难与需求，研判风险的诱因、性质与可能后果，建立风险排查调处工作台账，实时动态更新，对有可能引发重大风险事件的矛盾纠纷要及时上报，并组织专人调解跟踪处理与实时监控，尽量将各种风险扼杀在发生状态，化解风险的发生和造成的伤害，提高社区规避和化解风险的能力。

（五）多元协同治理女性农民工迁移婚姻风险

在坚持党委领导、政府负责、社会协同、公众参与、法治保障的乡村风险治理体制与自治、法治、德治相结合的风险治理格局基础上，多元协同治理女性农民工迁移婚姻风险。第一，多部门联动。公安、民政、司法、妇联等部门结合各自职责，加强联系，实现联动治理。第二，多主体参与。整合各种人力资源，充分发挥网格员、基层民警、司法所工作人员、村"两委"成员、村民小组长、村人民调解委员会成员、社会工作者、社区老党员、村民志愿者的作用，多主体参与风险治理。第三，多治理手段与方式。根据风险的性质和严重性程度，综合运用法律、政策、经济、行政等多种手段和宣传、教育、培训、调解、疏导、帮扶、能力建设等多种方式，综合防范风险。第四，多治理内容。在调解化解风险的同时，开展法治宣传教育、关爱救助、权利保障、婚姻家庭辅导、情绪调节、心理疏导、法律援助、能力建设，实现多内容防范治理风险。

二　构建女性农民工迁移婚姻风险防范的社会支持体系

（一）深入开展法治宣传教育，增强风险防范的法律意识

针对女性农民工迁移婚姻风险中的各种矛盾纠纷、不当行为和失范行为，以讲座、宣传栏、标语、表演、视频、公众号发文、发放宣传单与图书等方式开展婚姻家庭主题普法活动，加大对《中华人民共和国民法典》《中华人民共和国反家庭暴力法》《中华人民共和国家庭教育促进法》《中华人民共和国未成年人保护法》《中华人民共和国妇女权益保障法》《中华人民共和国老年人权益保障法》等法律法规的宣传力度，加深社区居民对婚姻家庭、人口、养老方面的法律法规的了解，使之融入社区居民的日常生活，强化法律监督，维护法律权威，预防和制止婚姻家庭和两性关系领域的违法行为与犯罪活动，引导社区居民增强风险防范的法律意识，依法化解矛盾纠纷，防范风险。

（二）开展婚姻家庭辅导教育，推进和谐婚姻家庭建设

针对女性农民工迁移婚姻风险中的婚姻家庭矛盾纠纷、养老困境、未婚同居与生育、婚姻挤压、婚姻成本居高不下等风险，在社区广泛开展婚姻家庭辅导教育，弘扬社会主义婚姻家庭文明新风，倡导正确的婚姻价值取向，革除婚俗陋习，自觉抵制高价

彩礼、人情攀比与婚嫁大操大办等不良习俗，积极引导青年树立文明、健康、理性的情感观与婚恋观，树立依法、文明向上的婚姻新风尚。宣传婚姻家庭文化、婚姻家庭责任与婚姻家庭美德，倡导优良家风，培养向上向善的家庭美德，引导建立平等、和睦与文明的婚姻家庭关系。聘请社会工作师、婚姻家庭辅导师、心理咨询师、律师等专业人员提供婚姻家庭关系和沟通技巧辅导，提升居民缔结幸福婚姻与建设美满家庭的能力，合法合理合情维护新生家庭和原生家庭的关系，履行养老责任，引导家庭成员妥善处理婚姻家庭法律关系以及家庭与其他社会成员的关系，开展婚姻危机干预和离婚辅导，有效预防和化解婚姻家庭矛盾纠纷，防范婚姻家庭风险。[1]

（三）消除社会排斥，促进社区融合

从本研究结果来看，迁移婚姻女性与失婚男性及其父母都容易被贴上各种负面身份标签和被污名化，遭遇不同程度有意无意的社会排斥风险，给迁移婚姻女性与失婚男性及其家庭生活带来负面影响，也不利于社区居民社会融合和和谐社区关系构建。为此，社区要积极营造多元包容的良好文化氛围，消除对特定人群的社会排斥，促进社区居民社会融合。具体表现在以下两个方面。第一，在人口大流动背景下，引导迁入地居民摒弃以"本地"与"本地人"的惯性思维意识去审视和评论来自"外地"的"外地媳妇"的地域偏见、文化偏见与集体不信任，以尊重区域多样性和文化多元性的视野和心态，接纳、尊重迁移婚姻女性与迁移婚姻家庭，同时也要引导迁移婚姻女性接纳和尊重迁入地的文化，从而形成社区居民相互接纳、尊重、信任的社会交往和社会认同氛围，促进社区居民的社区融合。第二，在传统的熟人社会，承受性别比失衡和遭受婚姻挤压的被动失婚男性群体容易被边缘化。社区应该引导居民认识和理解，失婚男性是一定历史阶段性别比

---

[1] 《民政部妇联关于加强新时代婚姻家庭辅导教育工作的指导意见》，http://mzt. hunan. gov. cn/mzt/fzlm/hyxt/c101150/c101153/202103/t20210316_14844092. html。

失衡与婚姻挤压的风险承受者，他们也因此丧失成婚与成家的机会。社区应积极营造不歧视、不排斥失婚男性的社会舆论氛围，关心失婚男性及其父母的生活困境，鼓励社区居民与失婚男性及其家庭进行正常的社会交往并提供力所能及的社会支持。

（四）重建社会支持网络，促进迁移婚姻女性更好地适应社会

对迁移婚姻女性而言，婚姻迁移不只是定居地与生活地的改变以及为人妻的角色转换，更重要的是她们必须面对新的日常生活情境、经济环境、文化环境和社会网络情境（仰和芝、李阳，2015），她们婚后所要面对的是婚姻适应与迁移适应的双重社会适应挑战。迁移婚姻女性来自原生家庭的社会支持弱化，对她们来说，婚后社会适应的过程也是社会支持网络重建的过程。社区应该给予迁移婚姻女性社会适应特别的关注与支持，积极协助她们在迁入地逐步建立个人、家庭、社区相结合的社会支持网络。具体表现在以下几个方面：第一，为迁移婚姻女性提供各种社会适应服务支持，主要提供婚姻辅导、家庭关系调适、生殖健康辅导、就业指导、民俗民风介绍、家庭矛盾纠纷调解、反家暴指导、情绪疏解、心理疏导等支持服务，及时有效地帮助她们摆脱社会适应困境；第二，迁移婚姻女性的丈夫及其家人在迁移婚姻女性迁移后的社会适应中起着举足轻重的作用，社区要引导迁移婚姻女性的丈夫及其家人以接纳、尊重、信任、理解的态度和实际支持帮助迁移婚姻女性尽快适应迁入地的生活；第三，依托社区妇女之家、儿童之家、家庭服务中心与社会工作室等公共场所，创造交往空间，引导迁移婚姻女性结识当地的同辈女性友伴并获得日常生活支持、信息支持和情感支持，增强对迁入地的认同感；第四，鼓励和引导迁移婚姻女性成立自己的自组织，组织化本身就是社会交往和社会支持网络的一部分，迁移婚姻女性之间相似的社会适应处境，使得彼此之间更容易相互理解、信任，自组织可以协助迁移婚姻女性扩大社会交往，获得彼此的互相鼓励与情感支持，获得实际生活的互帮互助，提

升参加社区活动积极性，增强对社区的认同感和归属感。

（五）提供成长服务，促进单亲家庭子女健康成长

针对迁移婚姻破裂单亲家庭子女家庭教育功能弱化、心理健康等风险，社区要通过全面排查为单亲家庭子女建立信息台账，实现定期走访与动态管理，提供各种以单亲家庭子女利益和健康成长需要为导向的服务。具体表现在以下几个方面：第一，落实单亲家庭子女的监护责任，明确单亲家庭子女的监护人和日常照顾者，确保单亲家庭子女得到妥善监护照料、亲情关爱和家庭温暖；第二，保证单亲家庭子女的人身安全、基本生活保障、健康权和受教育权，对家庭监护不当的单亲家庭子女遭受虐待、遗弃、意外伤害、不法侵害要实行强制报告，严厉禁止不利于单亲家庭子女身心健康的行为；第三，依法督促单亲家庭子女父母履行抚养义务，特别是督促不与子女共同生活的母亲（父亲）履行抚养义务和亲情关爱义务；第四，为单亲家庭子女提供监护指导、家庭关系调适、社会融入、行为矫治等专业支持服务，促进单亲家庭子女健康成长；第五，社区联合学校为单亲家庭子女提供心理健康问题评估，定期提供情绪疏解、心理辅导与咨询、危机干预等心理健康服务，强化人文关怀。

（六）完善社会支持，提升失婚男性综合能力和社会保障水平

因性别比失衡与婚姻挤压，自身及家庭的贫困性、弱势性和边缘化使部分男性成为被动失婚男性，失婚又进一步加剧了他们的弱势累积。从本研究结果来看，单靠失婚男性自身努力改变不了性别比失衡和婚姻挤压，为此，社区要为失婚男性提供各种支持服务。第一，与乡村振兴结合，为失婚男性提供职业技能培训和就业支持，提升失婚男性的职业能力，改善他们的经济状况，助力其家庭发展，从而提升他们在婚姻市场的竞争力。第二，移风易俗，营造遏制高价彩礼的舆论氛围和政策氛围；依法打击非法和非常规婚姻行为，保护相对弱势男性的婚姻利益；保障跨国

婚姻的合法性与跨国婚姻女性的权利；依托社区网络为大龄男性免费提供婚姻介绍服务。第三，关注失婚男性的生殖健康，提供生殖健康公共卫生服务，引导失婚男性掌握性与性安全知识，杜绝性失范行为，减少生殖健康疾病及其传播给失婚男性和社会带来的风险。第四，关注失婚男性及其父母的心理健康，提供情绪疏导、情感慰藉和心理疏导干预服务。第五，将失婚男性养老纳入社会保障兜底范围，保证失婚男性老有所依。

第三节　进一步研究

本书对女性农民工迁移婚姻风险进行了较为详细、系统、深入的研究，提出了女性农民工迁移婚姻风险理论框架，对女性农民工迁移婚姻风险内容进行了识别与概念化，构建了女性农民工迁移婚姻风险评估模型，量化分析了女性农民工迁移婚姻风险的基本状况、群体差异、不同类型相关性，得到了一些有价值的发现，但也存在某些局限性。

女性农民工迁移婚姻不只发生在农村，也有部分女性农民工的婚姻对象是城市居民，女性农民工从农村迁移到城市，成为居住和生活在城市的婚姻迁移女性。我国城乡在经济、政治、文化、社会发展等方面存在不同程度的差异，发生在城市的女性农民工迁移婚姻风险应该有其特殊性，未来研究应该把城市地区的女性农民工迁移婚姻风险承受者纳入研究范围，从而更全面地了解女性农民工迁移婚姻风险的城乡差异，进一步明确风险对城乡不同承受者的影响、传导性与后果。

各种风险并不是孤立出现和存在的，风险具有传导性，各种风险可能相互交织叠加与相互转化并形成特有的风险组合，产生新的风险和风险后果。未来研究可以进一步关注女性农民工迁移婚姻风险与其他风险之间的传导性，扩展对风险的综合研究，关注女性农民工迁移婚姻风险的连锁效应与扩散性，更好地预见风险传导走势和隐藏在其中的后果，防范风险传导扩散。

参考文献

一　著作类

安东尼·吉登斯，2001，《失控的世界》，周红云译，江西人民出版社。

安东尼·吉登斯、菲利普·萨顿，2019，《社会学基本概念》（第二版），王修晓译，北京大学出版社。

安东尼·吉登斯、克里斯多弗·皮尔森，2000，《现代性——吉登斯访谈录》，尹宏毅译，新华出版社。

奥尔特温·雷恩、伯内德·罗尔曼，2007，《跨文化的风险感知：经验研究的总结》，赵延东、张虎彪译，北京出版社。

陈庆德，2000，《人类学的理论预设与建构》，法律文献出版社。

陈向明，2000，《质的研究方法与社会科学研究》，教育科学出版社。

陈友华，2004，《中国和欧盟婚姻市场透视》，南京大学出版社。

大卫·丹尼，2009，《风险与社会》，马缨等译，北京出版社。

邓晓梅，2014，《农村婚姻移民的社会适应与时代变迁》，光明日报出版社。

狄波拉·勒普顿，2016，《风险》，雷云飞译，南京大学出版社。

刁统菊，2019，《华北乡村社会姻亲关系研究》，中国社会科学出版社。

风笑天，2009，《社会学研究方法》，中国人民大学出版社。

冯晓平，2017，《城市化进程中失地农民风险与分化研究》，中国社会科学出版社。

郭秋菊、靳小怡，2018，《婚姻挤压下的农村家庭养老》，社会科学文献出版社。

国家人口和计划生育委员会流动人口服务管理司，2012，《中国流动人口发展报告 2012》，中国人口出版社。

国家卫生和计划生育委员会流动人口司，2016，《中国流动人口发展报告 2016》，中国人口出版社。

黄欣荣，2007，《复杂性科学与哲学》，中央编译出版社。

吉国秀，2000，《婚姻仪礼变迁与社会网络重建：以辽宁省东部山区清原镇为个案》，中国社会科学出版社。

李存建，2012，《风险评估——理论与实践》，中国商务出版社。

李树茁等，2008，《农民工的社会支持网络》，社会科学文献出版社。

李霞，2010，《娘家与婆家：华北农村妇女的生活空间和后台权力》，社会科学文献出版社。

李欣广，2002，《产业发展风险与管理》，中国时代经济出版社。

林君芬，2016，《突发事件公共卫生风险评估理论与实践》，浙江大学出版社。

刘利鸽等，2014，《婚姻挤压下的中国农村男性》，社会科学文献出版社。

全国风险管理标准化技术委员会，2014，《风险管理 术语》（GB/T 23694—2013），中国标准出版社。

孙建平，2016，《建设工程质量安全风险管理》，同济大学出版社。

王周伟，2017，《风险管理》（第二版），机械工业出版社。

乌尔里希·贝克，2018，《风险社会》，张文杰、何博闻译，译林出版社。

谢尔顿·克里姆斯基、多米尼克·戈尔丁，2005，《风险的社会理论学说》，徐元玲等译，北京出版社。

阎云翔，2017，《礼物的流动：一个中国村庄中的互惠原则与社会网络》，李放春、刘瑜译，上海人民出版社。

仰和芝、张德乾，2018，《农村女性婚姻迁移者的社会融合》，人民出版社。

叶萧科，2006，《外籍与大陆配偶家庭问题与政策》，学富文化事业有限公司。

张群林等，2015，《中国农村大龄未婚男性：性现状、性风险和性安全》，社会科学文献出版社。

张曾莲，2017，《风险评估方法》，机械工业出版社。

朱力、陈如，2003，《城市新移民——南京市流动人口研究报告》，南京大学出版社。

朱淑珍，2002，《金融创新与金融风险：发展中的两难》，复旦大学出版社。

Douglas，M. & Widavsky，A. 1983. *Risk and Culture*：*An Essay on the Selection of Technological and Environmental Dangers*. University of California Press.

Knight，Frank H. 1921. *Risk*，*Uncertainty and Profit*. Houghton Fifflin Company.

二　论文类

艾大宾等，2010，《农村居民婚姻迁移空间演变及内在机制——以四川盆地为例》，《地理研究》第 8 期。

艾大宾、周丽，2010，《四川盆地农村人口婚姻迁移空间演变分析及对策探讨》，《人口学刊》第 6 期。

陈锋，2012，《"闪婚"与"跨省婚姻"：打工青年婚恋选择的比较研究》，《西北人口》第 4 期。

陈建兵，2020，《新生代农民工跨省婚姻的特征与生成归因——基于江西省 M 村的调查》，《青少年研究与实践》第 2 期。

陈讯，2020，《多重排斥、价值嬗变与农村跨省婚姻研究——以东莞宗族型 X 村为例》，《中国青年研究》第 9 期。

陈业强，2012，《怒江傈僳族妇女跨省婚姻迁移中的文化冲突研究》，《思想战线》第 2 期。

陈业强，2015，《社会性别视角下怒江傈僳族妇女跨省婚姻迁移研究》，《思想战线》第 1 期。

程广帅、万能，2003，《农村女性婚姻迁移人口的成因及影响》，《西北人口》第 4 期。

崔燕珍，2007，《农村人口外出流动对当地婚嫁行为的影响——以崔村的个案研究为例》，《中国青年研究》第 1 期。

戴胜利，2009，《企业营销风险传导机理与实证研究》，博士学位论文，武汉理工大学。

邓国彬、刘薇，2001，《农村女青年远嫁现象》，《青年研究》第 6 期。

邓希泉，2010，《婚姻挤压对社会稳定的影响研究》，《青年探索》第 6 期。

邓晓梅，2011，《国内异地联姻研究述评》，《人口与发展》第 4 期。

邓志强，2017，《上海两地婚姻的阶层匹配研究》，博士学位论文，华东师范大学。

邓智平，2004，《关于打工妹婚姻逆迁移的调查》，《南方人口》第 3 期。

丁百仁，2018，《农村外来媳妇的留守生活——基于皖西南 M 村的考察》，《山西农业大学学报》（社会科学版）第 5 期。

董天恩，1994，《通婚圈过小影响优生》，《现代农业》第 6 期。

董燕等，2009，《山西省跨省婚嫁的农村育龄妇女艾滋病及母婴传播性疾病调查》，《中国妇幼保健》第 35 期。

樊利，2013，《城市普通小学离异家庭子女心理健康教育》，《中小学心理健康教育》第 4 期。

方安迪，2020，《外来媳妇歧视型离婚研究》，硕士学位论文，武汉大学。

风笑天，2006，《农村外出打工青年的婚姻与家庭：一个值得重视的研究领域》，《人口研究》第 1 期。

冯乐安、马克林，2010，《西北农村地区的婚姻挤压现状——基于青海省 HY 县 S 乡婚姻市场的实证研究》，《中国青年研究》第 4 期。

甘品元，2007，《毛南族婚姻行为变迁研究》，《广西民族大学学报》（哲学社会科学版）第 6 期。

高发元、桂宇，2014，《婚姻挤压下怒江傈僳族的婚姻关系及两性择偶行为变迁研究》，《西南边疆民族研究》第 2 期。

苟欢迎、刘慧君，2018，《从婚配经历看农村大龄未婚男性的择偶困境及心理应对》，《人口与社会》第 7 期。

顾青，2010，《角色理论视角下的外来媳多元化社会融合及其对策研究——以上海市 A 区 Z 镇为例》，硕士学位论文，上海大学。

顾耀德，1991，《对边远地区女性人口涌入浙江之浅见》，《人口与经济》第 1 期。

桂华、余练，2010，《婚姻市场要价：理解农村婚姻交换现象的一个框架》，《青年研究》第 3 期。

郭秋菊、靳小怡，2012，《婚姻挤压下父母生活满意度分析——基于安徽省乙县农村地区的调查》，《中国农村观察》第 6 期。

郭秋菊、靳小怡，2016，《婚姻挤压对农村流动男性养老意愿的影响——基于压力应对理论的分析》，《人口学刊》第 2 期。

郭晓亭等，2004，《风险概念及其数量刻画》，《数量经济技术经济研究》第 2 期。

郭永昌等，2014，《大城市人口婚姻迁移的城乡梯度特征——以上海市黄浦区为例》，《城市问题》第 8 期。

郭于华，1994，《农村现代化过程中的传统亲缘关系》，《社会学研究》第 6 期。

果臻等，2018，《性别失衡背景下中国大龄未婚男性死亡研究》，《中国人口科学》第 6 期。

何绍辉，2010，《社会排斥视野下的农村青年婚配难解读——来自辽东南东村光棍现象的调查与思考》，《南方人口》第 4 期。

何甜田，2019，《中国女性流动人口未婚先孕及其影响因素分析》，《中国妇幼保健》第 16 期。

何小勇，2009，《当代发展风险问题的哲学研究》，博士学位论文，西安交通大学。

贺汉魂、皮修平，2005，《"农民工"：一个不宜再提的概念——"农民工"的伦理学思考》，《农村经济》第 5 期。

胡莹、李树茁，2015，《中国当代女性跨省婚姻迁移模式变迁研究》，《妇女研究论丛》第 1 期。

黄佳鹏，2019，《代际合力、婚姻市场与婚配梯度——以鄂西茅坪村大龄未婚男性群体为例》，《南京农业大学学报》（社会科学版）第 3 期。

黄金华，2008，《论哲学范畴之"风险"》，《南昌大学学报》（人文社会科学版）第 6 期。

黄润龙，2002，《江苏省外来婚嫁女的婚姻状态与观念》，《人口与经济》第 2 期。

J. A. L. 塞雷佐等，2017，《对风险概念的一种哲学伦理学分析》，《伦理学研究》第 2 期。

姜全保、李波，2011，《性别失衡对犯罪率的影响研究》，《公共管理学报》第 1 期。

焦丽，2009，《农村离异家庭子女心理健康调查研究》，硕士学位论文，山西师范大学。

靳小怡等，2010，《中国的性别失衡与公共安全——百村调查及主要发现》，《青年研究》第 5 期。

靳小怡等，2011，《性别失衡背景下中国农村人口的婚姻策略与婚姻质量——对 X 市和全国百村调查的分析》，《青年研究》第 6 期。

靳小怡等，2012，《"光棍"聚集与社区公共安全——全国百村调查的研究发现》，《西安交通大学学报》（社会科学版）第 6 期。

靳小怡、段朱清，2019，《天价彩礼源何来：城镇化下的中国农村男性婚姻成本研究》，《妇女研究论丛》第 6 期。

景晓芬、李松柏，2013，《农村婚姻迁移女性社会适应差异性研究》，《西北农林科技大学学报》（社会科学版）第 4 期。

李成华，2017，《城乡流动背景下婚姻挤压对中国农村婚姻暴力的影响研究》，硕士学位论文，西安交通大学。

李德，2008，《转型期城市农民工的婚姻策略》，博士学位论文，上海大学。

李宏利等，2013，《风险的概念、动态测量及其应用》，《人类工效学》第 4 期。

李磊，2012，《新生代农民工跨地区婚姻：法律、民俗与亲情的视角》，《中国青年研究》第 11 期。

李容芳，2019，《变迁与融入：少数民族妇女跨区域婚姻迁移的逻辑——兼评〈怒江傈僳族妇女跨省婚姻迁移研究〉》，《山东女子学院学报》第 3 期。

李树茁等，2019，《贫困、婚姻与养老——农村大龄未婚男性家庭发展的风险与治理》，《南京社会科学》第 8 期。

李卫东，2019，《流动模式与农民工婚姻稳定性研究：基于性别和世代的视角》，《社会》第 6 期。

李雪彦，2016，《婚姻贫困：一个困扰边远山区成年男性的恶梦》，《云南民族大学学报》（哲学社会科学版）第 1 期。

李雅宁等，2020，《孑然一身抑或社会支持：农村大龄未婚男性养老该何去何从?》，《山西青年》第 1 期。

李艳等，2012，《农村大龄未婚男性的社会融合问题探析》，《中国农村观察》第 6 期。

李艳等，2014，《分家、代内剥夺与农村男性的失婚》，《青年研究》第 3 期。

李艳等，2022，《"家本位"视角下农村婚姻迁移女性的社会适应研究》，《湖北农业科学》第 2 期。

李艳、李树茁，2008，《中国农村大龄未婚男青年的压力与应对——河南 YC 区的探索性研究》，《青年研究》第 11 期。

李志伟，2010，《信息系统风险评估及风险管理对策研究》，硕士学位论文，北京交通大学。

李致江，2016，《贵州民族地区青年农民工婚姻挤压的经济影响因素分析》，《贵州大学学报》（社会科学版）第 4 期。

栗志强，2011，《欠发达农村地区男青年婚姻迁移研究——对豫北 R 镇的调查》，《中国青年研究》第 5 期。

刘慧君，2017，《脆弱性视角下农村大龄未婚男性的生存质量：现状与未来——基于陕南地区的调查研究》，《人口与社会》第 1 期。

刘慧君、李树茁，2010，《性别失衡背景下的社会风险放大及其治理——基于群体性事件的案例分析》，《中国软科学》第 5 期。

刘慧君、谢晓佩，2017，《农村大龄未婚男性养老选择的代际差异及其养老脆弱性》，《人口与社会》第 3 期。

刘涛、王玉涵，2021，《我国性别失衡的社会风险与治理措施研究》，《杭州电子科技大学学报》（社会科学版）第 2 期。

刘岩，2006，《发展与风险——风险社会理论批判与拓展》，博士学位论文，吉林大学。

刘燕，2018，《农村外来媳妇社会适应的支持体系研究》，硕士学位论文，山西大学。

刘燕舞，2015，《婚姻中的贱农主义与城市拜物教——从农村光棍的社会风险谈起》，《社会建设》第 6 期。

刘月平，2017，《社会流动背景下农村外来媳妇嫁入地社会融入困境分析》，《农村经济与科技》第 3 期。

刘芝艳，2009，《当代中国青年农民工跨省婚姻研究》，硕士学位论文，华中科技大学。

刘中一，2005，《大龄未婚男性与农村社会稳定——出生性别比升高的社会后果预测性分析之一》，《青少年犯罪问题》第 5 期。

刘中一，2021，《性别失衡地区的婚姻生态：内卷与自洽》，《学术交流》第 5 期。

楼玮群、陈丽云，2004，《影响跨地婚姻中异地而居妇女婚姻满意度的因素研究》，《社会工作》第 3 期。

陆淑珍，2010，《基于 logistic 模型的外来人口婚姻迁移的影响因素分析——以珠三角某地为例》，《南方人口》第 5 期。

陆卫群等，2019，《婚姻挤压背景下农村大龄未婚男青年主观幸福感的调查研究》，《人口与社会》第 3 期。

陆学艺，2003，《农民工问题要从根本上治理》，《特区理论与实践》第 7 期。

罗福凯、汪葛平，1986，《"风险"概念及与"保险"的异同》，《金融与经济》第 11 期。

马健雄，2004，《性别比、婚姻挤压与妇女迁移——以拉祜族和佤族之例看少数民族妇女的婚姻迁移问题》，《广西民族学院学报》（哲学社会科学版）第 4 期。

马丽，2004，《跨省婚姻与粤北农村文化变迁调查研究》，《广西民族研究》第 3 期。

孟阳、李树茁，2017a，《被"污名化"的农村大龄未婚男性》，《文化纵横》第 3 期。

孟阳、李树茁，2017b，《性别失衡背景下农村大龄未婚男性的社会排斥——一个分析框架》，《探索与争鸣》第 4 期。

潘斌，2012，《风险：一个概念史的批判性考察》，《新媒体与社会》第 11 期。

潘斌、袁媛，2009，《实在论还是建构论——对风险范畴的认识论批判》，《贵州师范大学学报》（社会科学版）第 3 期。

任亚萍，2012，《外来媳妇婆媳矛盾的社会工作介入》，硕士学位论文，华东理工大学。

申艳芳、郝大海，2014，《外地媳妇的社会支持网络建设：以河北 N 村外地媳妇为例》，《人文杂志》第 1 期。

申艳芳、栾殿飞，2012，《社会排斥下"弱者"的抗争——华北农村外地媳妇的社会融入初探》，《兰州学刊》第 8 期。

沈文捷，2007，《城乡联姻造就城市新移民探析》，《南京财经大学学报》第 3 期。

沈义，2018，《婚姻挤压下农村大龄男性的养老意愿研究》，硕士学位论文，西安工程大学。

施磊磊，2014，《"苦痛"的记忆与"闪婚"的促发——对皖北 Y 村青年农民工婚姻实践的考察》，《南方人口》第 2 期。

石人炳，2006，《青年人口迁出对农村婚姻的影响》，《人口学刊》第 1 期。

石人炳、林文辉，2022，《中国女性跨省婚姻流入分布的影响因素及其空间效应》，《人口与发展》第 3 期。

宋丽娜，2010，《打工青年跨省婚姻研究》，《中国青年研究》第 1 期。

宋丽娜，2015，《"重返光棍"与农村婚姻市场的再变革》，《中国青年研究》第 11 期。

宋丽娜、王娜，2017，《新生代农民工婚恋路径的社会学解释——以相亲和自由恋爱为例》，《云南行政学院学报》第 4 期。

孙发平等，2019，《农村大龄男性婚配难问题探析——以青海东部山区为例》，《青海社会科学》第 6 期。

孙立平，2003，《城乡之间的"新二元结构"与农民工流动》，载李培林主编《农民工：中国进城农民工的经济社会分析》，社会科学文献出版社。

孙琼如，2004，《婚姻：农村女性迁移的翘翘板——农村女性婚姻迁移的社会学分析》，《青年探索》第 6 期。

孙阳阳，2010，《外来媳妇的夫妻关系及其社会工作介入研究——以上海市浦东新区 X 镇为例》，硕士学位论文，华东理工大学。

谭琳、黄博文，1999，《八十年代中国女性省际婚姻迁入的逐步回归分析》，《人口学刊》第 4 期。

谭琳等，1998，《女性婚姻迁入对其自身发展影响的研究——关于江苏张家港市的调查报告》，《妇女研究论丛》第 4 期。

谭琳等，2003，《"双重外来者"的生活——女性婚姻移民的生活经历分析》，《社会学研究》第 2 期。

谭雪洁，2008，《城市化进程中农村打工妹跨地区婚姻状况的调查与思考：以小屯镇虎狼爬岭地区为例》，《新学术》第 6 期。

唐立，2014，《单亲家庭子女社会支持研究》，硕士学位论文，中国青年政治学院。

唐彦东等，2019，《风险元理论研究》，《灾害学》第 4 期。

陶余来，2018，《应重新定义新时代"农民工"概念》，《工会信息》第 9 期。

陶自祥，2019，《内生与嵌入：外来媳妇家庭融入的社会文化阐释—以东莞 X 村婆媳关系冲突为例》，《中南民族大学学报》（人文社会科学版）第 2 期。

田华，1991，《西南农村妇女东迁婚配态势探析》，《南方人口》第 1 期。

田先红，2009，《碰撞与徘徊：打工潮背景下农村青年婚姻流动的变迁——以鄂西南山区坪村为例》，《青年研究》第 2 期。

宛敏华，2009，《中国农村跨省联姻的特征：以黄梅县 Z 村为例的分析》，《湖北师范学院学报》（哲学社会科学版）第 3 期。

汪静、何威，2020，《农村大龄未婚男性非常态婚育行为研究》，《青年研究》第 4 期。

王春光，2005，《农民工：一个正在崛起的新工人阶层》，《学习与探索》第 1 期。

王会、欧阳静，2012，《"闪婚闪离"：打工经济背景下的农村婚姻变革——基于多省农村调研的讨论》，《中国青年研究》第 1 期。

王磊光，2017，《乡村失婚青年是巨大的社会隐忧》，《中国青年》第 4 期。

王顺安、孙江辉，2009，《性别比失衡引发违法犯罪问题研究》，《河北学刊》第 2 期。

王思怡、陆经纬，2013，《少数民族婚姻移民融入与认同阶段的构成分析与研究——以浙江省长兴县虹星桥镇少数民族婚姻移民为例》，《改革与开放》第 8 期。

王通，2016，《电子银行风险评估与预警研究》，硕士学位论文，北京邮电大学。

王文超，1989，《风险概念的研讨》，《质量与可靠性》第 1 期。

王文龙，2010，《中部贫困山区远嫁女的人生流向》，《当代青年研究》第 10 期。

王向阳，2017，《婚备竞赛：共识、策略与行动——理解华北农村婚恋压力的一个中观机制》，《华东理工大学学报》（社会科学版）第 5 期。

王小璐、王义燕，2013，《新生代女性农民工的未婚先孕：婚姻过渡的个体化困境及秩序重建》，《南京农业大学学报》（社会科学版）第 5 期。

王晓蕾，2012，《未婚男性的心理行为问题研究——基于心理健康、攻击性和危险性性行为视角的实证研究》，博士学位论文，浙江大学。

王莹等，2019，《农村大龄未婚男性网络涉性行为影响因素分析》，

《中国公共卫生》第 12 期。

王志宇、方淑芬，2007，《风险概念研究》，《燕山大学学报》（哲学社会科学版）第 2 期。

韦艳等，2008，《农村大龄未婚男性家庭压力和应对策略研究——基于 YC 县访谈的发现》，《人口与发展》第 5 期。

韦艳等，2012，《性别失衡下相关利益者的微观失范研究》，《人口与发展》第 5 期。

韦艳等，2014，《农村婚姻迁移女性生活福利研究》，《青年研究》第 6 期。

韦艳、段婷婷，2016，《农村婚姻迁移女性的社会融合及影响因素研究——中国 9 省调查的发现》，《河北大学学报》（哲学社会科学版）第 2 期。

韦云波，2010，《镇宁县族际通婚模式及其影响因素研究》，硕士学位论文，华东师范大学。

魏国学等，2008，《转型期的中国农村人口高彩礼婚姻——基于经济学视角的研究》，《中国人口科学》第 4 期。

魏永祺，2020，《鄂西南农村适婚男性婚姻挤压问题研究》，硕士学位论文，湖北民族大学。

吴妫，2006，《当代中国城市婚姻移民的融入困境：社会网络视角下的解析——以上海市芷江西路街道外来媳妇为例》，硕士学位论文，上海大学。

吴文，2010，《农村女性婚姻迁移的社会学分析》，《黑河学刊》第 1 期。

肖涯宾，2018，《农民工跨地域通婚现象及婚姻稳定性研究》，硕士学位论文，福州大学。

谢娅婷等，2015，《婚姻挤压对中国农村不同群体安全感的影响——基于全国百村调查数据的分析》，《西北农林科技大学学报》（社会科学版）第 3 期。

谢志刚、周晶，2013，《重新认识风险这个概念》，《保险研究》第 2 期。

熊星星，2012，《农村打工女跨地域婚姻问题研究》，硕士学位论文，长春工业大学。

徐玉芬，2008，《欠发达地区农村跨省外来女婚姻现状问题及对策》，《中国社区医师》（医学专业半月刊）第 14 期。

薛敏霞、舒曼，2020，《性别失衡农村社会家庭风险及其应对策略》，《长江师范学院学报》第 3 期。

杨博、李树茁，2016，《婚姻挤压背景下流动男性 HIV/AIDS 传播的社会风险——基于风险性行为的比较分析》，《西安交通大学学报》（社会科学版）第 2 期。

杨华，2019，《农村婚姻挤压的类型及其生成机制》，《华中农业大学学报》（社会科学版）第 4 期。

杨建霞，2012，《20 世纪 80 年代以来农村外来媳妇嫁入地社会融入与政治参与研究述评》，《四川行政学院学报》第 6 期。

杨筠、傅耀华，2015，《我国婚姻挤压与人口安全问题研究：视角与范式》，《天府新论》第 1 期。

杨雪冬，2004，《全球化、风险社会与复合治理》，《马克思主义与现实》第 4 期。

杨雪燕等，2011，《中国农村大龄未婚男性的自慰行为——基于性别失衡背景的研究发现》，《人口与发展》第 3 期。

杨雪燕等，2013，《性别失衡背景下大龄未婚男性的商业性行为——基于中国农村地区的研究发现》，《人口学刊》第 1 期。

杨雪燕等，2017，《婚姻挤压对农村男性生命质量的影响》，《人口学刊》第 1 期。

杨云燕、张阳，2014，《试析拉祜族女性外嫁的原因和影响》，《楚雄师范学院学报》第 12 期。

杨子平，2006，《对风险及其相关概念的辨析》，《甘肃省经济管理干部学院学报》第 4 期。

仰和芝，2006，《农村打工女跨地区婚姻模式出现的成因及影响分析》，《农业考古》第 6 期。

仰和芝，2007，《农村打工女远嫁异地后心理状况分析》，《现代预防医学》第 24 期。

仰和芝、李阳，2015，《农村女性婚姻迁移者社会融合提升的对策思考》，《山东女子学院学报》第 3 期。

仰和芝、张德乾，2014，《农村女性婚姻迁移者经济融合的影响因素》，《农村经济》第 12 期。

仰和芝、张德乾，2020，《女性农民工迁移婚姻风险及其分析视角》，《山东女子学院学报》第 4 期。

仰和芝、张德乾，2021，《女性农民工迁移婚姻风险属性分析》，《井冈山大学学报》（社会科学版）第 5 期。

叶青、易丹辉，2000，《中国证券市场风险分析基本框架的研究》，《金融研究》第 6 期。

易文彬，2021，《婚姻半径与家庭关系：异地婚姻的形成及其影响——基于一个农民家庭三代婚姻的历史考察》，《中国青年研究》第 7 期。

殷海善，2010，《山西省晋西北贫困地区某乡镇光棍问题的调查研究》，《山西农业大学学报》（社会科学版）第 4 期。

尹旦萍，2022，《失序的欢愉：农村大龄未婚男性的性实践考察及思考》，《山东女子学院学报》第 4 期。

游正林，1992，《农村妇女远嫁现象研究——河北省香河县外来妇女情况调查》，《社会学研究》第 5 期。

于汐等，2019，《风险与重大岩土工程风险基本概念研究》，《自然灾害学报》第 6 期。

于潇等，2019，《中国男性婚姻挤压城乡差异研究》，《人口研究》第 4 期。

余练，2011，《多重边缘者：基于对 D 村光棍群体社会地位的考察》，《南方人口》第 6 期。

张翠娥、付敏，2011，《社会性别视角下移民社区农村女性城市融入研究》，《中州学刊》第 5 期。

张冠李，2020，《生命历程理论视角下女性跨省婚姻迁移决策的代际变迁——以杭州市萧山区江滨村“外来媳妇”为例》，《妇女研究论丛》第 3 期。

张和生，1995，《跨省区联姻扩大化成因与影响分析——江苏省淮阴市外进婚调查》，《社会学研究》第 5 期。

张群林等，2011，《中国农村大龄未婚男性安全性行为倾向的影响因素：基于计划行为理论的研究》，《西北人口》第 3 期。

张群林、孟阳，2015，《婚姻挤压下农村大龄未婚男性的多伴侣行为研究》，《中国性科学》第 9 期。

张群林、孟阳，2016，《农村大龄未婚男性的性风险及其影响因素：基于 KAP 的实证分析》，《西安交通大学学报》（社会科学版）第 2 期。

张群林、杨博，2014，《性别失衡背景下农村大龄未婚男性：性心理、性实践与性影响》，《青年研究》第 4 期。

张文宏、雷开春，2009，《城市新移民社会认同的结构模型》，《社会学研究》第 4 期。

赵代博等，2017，《农村高彩礼婚姻中资金转移路径分析》，《西北农林科技大学学报》（社会科学版）第 5 期。

赵丽丽，2008，《城市女性婚姻移民的社会适应及其影响因素研究——对上海市"外来媳妇"的调查》，上海交通大学学报（哲学社会科学版）第 3 期。

赵万里，1998，《科学技术与社会风险》，《科学技术与辩证法》第 6 期。

周海旺，2001，《上海市外来媳妇及其子女的户口政策研究》，《中国人口科学》第 3 期。

周建芳，2011，《农村异地联姻婚姻质量研究》，博士学位论文，南京大学。

周亮红，2009，《青年农民工"远亲婚恋"现象的社会学思考》，《湘潭师范学院学报》（社会科学版）第 4 期。

周云、谭远发，2017，《婚姻挤压、民生支出与强奸犯罪》，《重庆工商大学学报》（社会科学版）第 6 期。

ISO. 2018. "31000：2018 Risk Management—Guidelines." https://www.iso.org /standard /65694. html.

后　记

　　任何婚姻都具有不确定性，都有可能给婚姻当事人、相关者和社会造成不同程度的负面影响，产生伤害与损失，从而产生婚姻风险。婚姻风险是社会风险的重要组成部分，也是影响人们社会生活和社会关系以及社会稳定性的重要风险。因其呈现权宜性、策略性与自我建构性等特点，女性农民工迁移婚姻现实中呈现早恋与早婚、早孕与早育、婚恋市场失衡与婚姻挤压、娘家-婆家社会资本割裂、闪婚与私婚、闪离与逃婚等由迁移效应引发的多元困境，必然会引发和呈现新的风险。女性农民工迁移婚姻风险是一个多维度的社会现象，不只关系到迁移婚姻中的当事人夫妻，同时还关系到其家庭成员、其他群体；不只关系到婚姻家庭问题，还关系到人口、养老、社会资本、心理健康、公共安全等问题。

　　自2005年以来，我一直关注女性农民工迁移婚姻及其相关问题。在研究过程中，真真切切地感受并认识到女性农民工迁移婚姻不只会给迁移婚姻女性带来风险，同时也会给迁移婚姻女性的原生家庭和新生家庭成员以及其他社会成员带来风险。我国正处在深刻社会转型中，面临各方面的社会风险治理新挑战和新任务。随着女性农民工迁移婚姻的持续发生与长期存在，其因迁移效应引发的风险势必成为我国婚姻变迁中的现实问题与社会治理中的新问题，迫切需要理论研究与政策干预。

　　正是基于以上考虑，本书将女性农民工迁移婚姻放置于整个社会变迁中，尝试从风险的视角关注女性农民工迁移婚姻引发的问题和产生的影响，提出女性农民工迁移婚姻风险理论框架，对女性农民工迁移婚姻风险进行概念化和类属化，构建女性农民工迁移婚姻风险评估模型，分析女性农民工迁移婚姻风险的基本状况、群体差异、不同类型相关性，为构建女性农民工迁移婚姻风险防范机制提供借鉴。

本书在入户调查过程中，得到诸多同事和学生的鼎力协助，同时得到了调查地社区的大力帮助；本书出版获得了井冈山大学高峰学科经费支持；社会科学文献出版社编审付出了辛勤劳动。借本书出版机会，在此一并表示衷心的感谢。

由于作者水平有限，本书尚存在不足和欠缺，恳请读者批评指正。

仰和芝

2023 年 5 月 31 日

图书在版编目（CIP）数据

女性农民工迁移婚姻风险：评估与防范／仰和芝著
. -- 北京：社会科学文献出版社，2024.1（2025.2 重印）
ISBN 978-7-5228-2810-7

Ⅰ.①女…　Ⅱ.①仰…　Ⅲ.①女性-民工-婚姻问题
-研究-中国　Ⅳ.①D669.1

中国国家版本馆 CIP 数据核字（2023）第 219553 号

女性农民工迁移婚姻风险：评估与防范

著　　者／仰和芝

出 版 人／冀祥德
责任编辑／谢蕊芬
文稿编辑／张真真
责任印制／王京美

出　　版／社会科学文献出版社·群学分社（010）59367002
　　　　　地址：北京市北三环中路甲 29 号院华龙大厦　邮编：100029
　　　　　网址：www.ssap.com.cn
发　　行／社会科学文献出版社（010）59367028
印　　装／唐山玺诚印务有限公司

规　　格／开　本：787mm×1092mm　1/16
　　　　　印　张：24　字　数：342 千字
版　　次／2024 年 1 月第 1 版　2025 年 2 月第 2 次印刷
书　　号／ISBN 978-7-5228-2810-7
定　　价／128.00 元

读者服务电话：4008918866